北京市京师(深圳)律师事务所
BEIJING JINGSH LAW FIRM SHENZHEN OFFICE
京师浩然(前海)联营律师事务所
JINGSH & H Y LEUNG (QIAN HAI) LAW FIRM
系列丛书

证券
虚假陈述风险及应对

韩国良　杨久莹　龙　非 / 主编

法律出版社 | LAW PRESS
北京

图书在版编目(CIP)数据

证券虚假陈述风险及应对 / 韩国良，杨久莹，龙非主编. -- 北京 : 法律出版社，2023
ISBN 978 -7 -5197 -7716 -6

Ⅰ. ①证… Ⅱ. ①韩… ②杨… ③龙… Ⅲ. ①证券交易－经济纠纷－案例－中国 Ⅳ. ①D922. 287. 5

中国国家版本馆 CIP 数据核字(2023)第 050465 号

证券虚假陈述风险及应对
ZHENGQUAN XUJIA CHENSHU FENGXIAN JI YINGDUI

韩国良　杨久莹　龙　非　主编

策划编辑 邢艳萍
责任编辑 邢艳萍
装帧设计 鲍龙卉

出版发行 法律出版社
编辑统筹 法律应用出版分社
责任校对 朱海波
责任印制 刘晓伟
经　　销 新华书店

开本 710 毫米×1000 毫米　1/16
印张 22　　字数 360 千
版本 2023 年 4 月第 1 版
印次 2023 年 4 月第 1 次印刷
印刷 保定市中画美凯印刷有限公司

地址:北京市丰台区莲花池西里 7 号(100073)
网址:www. lawpress. com. cn
投稿邮箱:info@ lawpress. com. cn
举报盗版邮箱:jbwq@ lawpress. com. cn

销售电话:010 - 83938349
客服电话:010 - 83938350
咨询电话:010 - 63939796

书号:ISBN 978 -7 -5197 -7716 -6　　定价:82. 00 元

序

国良拿着《证券虚假陈述风险及应对》的书稿，让我写序。他说他想写一套针对上市公司的法律实务书籍。我曾在深交所工作20多年，主要工作内容是做上市公司监管、交易、产品创新和投资教育。2015年创办价值在线并推出了“易董”，截至2023年3月28日，核心产品“易董”已部署A股上市公司试用用户4595家，占全部上市公司比例89.68%，付费用户已达3152家，其中A股上市公司2900家，占全部上市公司比例55.65%。牵头完成股东大会网络投票、股权分置改革实施、上市公司董监高股份管理与监控体系、多项再融资并购重组重大创新案例，并牵头或参与监管法规、监管制度、监管流程、稽核机制等监管体系的建立。主持或参与重大资产重组、再融资、权证、可转债、公司债、优先股、股权激励等多项制度设计，经手上千例资本运作案例。有幸见证和亲历了当代中国《证券法》的发生、发展。所以，乐意为之。

认真看了一下，这确实是一本非常实用的上市公司证券虚假陈述法律应对的书籍，选题、体系和内容的编排都独具一格，清新扑面。

从选题上看，证券市场市场化、法治化改革主线是“建制度、不干预、零容忍”，所以动摇资本市场发展前提和基础的上市公司信息披露是监管执法机构重点打击的环节。故作者团队写的这本书刚好顺应改革主线，帮助上市公司的发行人，董事、监事、高级管理人员，证券公司，证券服务机构在法律框架内应对法律监管及民事索赔，紧扣证券市场发展时代。

在体系和内容的编排上，本书共分6章，分别是：第一章证券虚假陈述案件大数据分析，对证券监管行政诉讼案件、证券监管行政处罚案件及证券虚假陈述责任纠纷民事诉讼案件进行了简要的数据分析，还配有多幅图表，引人入胜；

第二章、第三章、第四章、第五章分别从发行人、董监高、证券公司、证券服务机构的角度对证券虚假陈述应对进行了分析,覆盖全面,条理清晰,内容专业,文笔流畅,实操性强;第六章为经典案例精析,这些案例不仅是补充读物,更多是用来诠释法律,能够更生动地说明问题。

我曾牵头完成了多个民事侵权受损投资者利益补偿等重大创新项目,对该领域有一些研究。我认为本书内容翔实,专业实用,是一本值得从业者用来指导实践的案头书;也期待作者团队有更多好的作品尽快面世。

是为序。

苏梅

价值在线董事长、创始人

前　言

《中共中央、国务院关于新时代加快完善社会主义市场经济体制的意见》指出,以信息披露为核心的股票发行注册制改革是加快建立规范、透明、开放、有活力、有韧性的资本市场的重要工作之一,是建立健全统一开放的要素市场的组成部分。《国务院关于进一步促进资本市场健康发展的若干意见》中将"建立和完善以信息披露为中心的股票发行制度"作为推进股票发行注册制改革的基础性工作,明确要求上市公司以投资者需求为导向,履行好信息披露义务。2019 年修订的《证券法》设专章从披露主体、披露事项、披露要求等角度对信息披露制度进行了系统性规定,与之配套修改的《上市公司重大资产重组管理办法》《证券交易所管理办法》等部门规章则细化了信息披露规则。信息披露已经成为中国证券市场改革的重要抓手,无论是在证券发行还是持续交易过程中,信息披露均可以缓减市场的信息不对称问题,引导投资者进行有效的价值投资,充分发挥证券市场的资源配置功能。

同时,随着中国资本市场不断完善和发展,中小投资者维权意识逐渐增强,证券虚假陈述责任纠纷等证券欺诈责任纠纷案件总体不断增多。在此过程中,人民法院形成了一些具有借鉴和指导意义的裁判观点和审判思路。为更好地维护公开、公平、公正的资本市场秩序,最高人民法院于 2022 年 1 月 21 日发布了《最高人民法院关于审理证券市场虚假陈述侵权民事赔偿案件的若干规定》(法释〔2022〕2 号),该规定在 2003 年 2 月 1 日实施的《最高人民法院关于审理证券市场因虚假陈述引发的民事赔偿案件的若干规定》(法释〔2003〕2 号,已废止)的基础上,对虚假陈述民事赔偿案件进行了全面的梳理和系统性总结,不仅为法院对该类案件的审理以及当事人的诉辩进一步指明了方向,更对证券市场信息披露制度的完善和证券市场的健康发展提供了有力的保障。

在实践中，虚假陈述是证券市场最典型的违法行为，证券虚假陈述者可能面临刑事、行政和民事三方面的法律责任，本书将从证券市场虚假陈述构成要件展开，聚焦虚假陈述的重大性判断及因果关系的认定，侧重从侵权民事责任方面进行分析，同时对行政责任和刑事责任方面进行简要介绍。

缩略语

全称	简称
《中华人民共和国证券法》(2019 年修订)	《证券法》
《中华人民共和国公司法》(2018 年修正)	《公司法》
《中华人民共和国律师法》(2017 年修正)	《律师法》
《中华人民共和国行政诉讼法》(2017 年修正)	《行政诉讼法》
《全国法院民商事审判工作会议纪要》(2019 年 11 月 8 日发布)	《九民纪要》
《最高人民法院关于审理证券市场虚假陈述侵权民事赔偿案件的若干规定》(法释〔2022〕2 号)	《新虚假陈述规定》
《最高人民法院关于审理证券市场因虚假陈述引发的民事赔偿案件的若干规定》(法释〔2003〕2 号,已废止)	《旧虚假陈述规定》
《上市公司信息披露管理办法》(2021 年修订)	《信披管理办法》
《全国法院审理债券纠纷案件座谈会纪要》(2020 年 7 月 15 日发布)	《债券会议纪要》
《证券发行上市保荐业务管理办法》(2023 年)	《保荐办法》
《最高人民法院关于民事诉讼证据的若干规定》(2019 年修正)	《证据规则》
《最高人民法院关于审理涉及会计师事务所在审计业务活动中民事侵权赔偿案件的若干规定》(法释〔2007〕12 号)	《审计侵权司法解释》

目 录

第一章　证券虚假陈述案件大数据分析

第一节　证券监管行政诉讼案件分析

——以中国证监会作为当事人的部分案件为样本

证券监管行政诉讼是资本市场法治建设的重要组成部分,也是促进资本市场依法行政不可或缺的重要外部力量。本节对 2013 年 1 月 1 日至 2022 年 10 月 1 日北京市第一中级人民法院、北京市高级人民法院、最高人民法院以及北京金融法院审理的以中国证券监督管理委员会(以下简称中国证监会)为当事人的行政诉讼案件进行简要梳理和分析,并形成报告。

一、数据来源

时间:2013 年 1 月 1 日至 2022 年 10 月 1 日

案例来源:Alpha 案例库

案由:行政诉讼

审理程序:一审、二审、再审

当事人:中国证监会

法院:最高人民法院、北京市高级人民法院、北京市第一中级人民法院、北京金融法院

案件数量:779 件

数据采集时间:2022 年 10 月 1 日

二、以中国证监会作为当事人的行政案件基本情况

(一)涉诉案件数量

据不完全统计,2013 年 1 月 1 日至 2022 年 10 月 1 日,最高人民法院、北京市高级人民法院、北京市第一中级人民法院、北京金融法院共审理行政案件 779 件,从图 1－1 的年份分布可以看到行政案例数量的变化趋势。

结合历年案件数量统计,中国证监会涉行政诉讼案件在 2017 年、2018 年出现两次爆发性增长,从 2019 年起案件数量逐年递减(见图 1－1)。

当然,上述统计数据也仅是根据 Alpha 案例库已公开的裁判文书统计得来,不排除大量案件尚未审结或暂未公开的情况。

图 1－1　2013 年 1 月 1 日至 2022 年 10 月 1 日中国证监会涉行政诉讼案件数量

(二)涉诉案件类型

在涉诉的 779 件案件中,一审案件有 390 件,二审案件有 302 件,再审案件有 87 件。

(三)涉诉案件案由

在涉诉的 779 件案件中,涉及证券监管的行为种类主要有行政处罚、行政复议、要求履行职责、其他行政行为、行政不作为、金融行政管理、行政赔偿、政府信息公开等,其中行政复议和行政处罚涉诉案件较多,分别为 381 件和 130 件。

（四）涉诉案件结案方式

1. 一审裁判结果

通过对一审 390 份裁判结果的可视化分析可以看到：全部驳回的有 210 件，占比为 53.85%；驳回起诉的有 76 件，占比为 19.49%；其他的有 54 件，占比为 13.85%，全部或部分支持的有 20 件，占比为 5.13%。

2. 二审裁判结果

通过对二审 302 份裁判结果的可视化分析可以看到：维持原判的有 288 件，占比为 95.36%；撤回上诉的有 7 件，占比为 2.32%；改判的有 4 件，占比为 1.33%。

3. 再审裁判结果

通过对再审 87 份裁判结果的可视化分析可以看到：驳回再审申请的有 79 件，占比为 90.80%；撤回上诉的有 4 件，占比为 4.60%；其他的有 2 件，占比为 2.30%。

（五）审理期限

通过对审理期限的可视化分析可以看到，审理时间更多处在 91～180 天的区间内，平均时间为 164 天。

三、案件结果概述

在 357 件一审案件中，判决中国证监会败诉的有 14 件，占比 3.92%；在 278 件二审案件中，改判 3 件，占比 1.08%；在 79 件再审案件中，提审或指令再审 1 件［（2013）行监字第 197 号］，占比 1.27%。

可见，中国证监会为当事人的行政案件数量不多，判决败诉的案件也很少，所以涉及行政处罚的市场主体一旦接到中国证监会的立案通知书应当及时寻找专业律师介入，要在案件还未移送行政处罚委员会之前进行及时沟通及申辩，不要被动等稽查局（首席稽查办公室）工作人员上门。这样市场主体既可以从源头争取到最大权益，也可以避免后续大量的投资者诉讼及高额的索赔。

四、高频规定

此处统计了行政案件中被援引的高频规定,见表 1 - 1 和表 1 - 2。

表 1 - 1　行政案件中被援引的高频实体规定

序号	法规名称	条目数	引用频次
1	中华人民共和国行政复议法(2017 年修正)	第 2 条	88
2	中华人民共和国证券法(2014 年修正)	第 1 条	85
3	中华人民共和国证券法(2019 年修订)	第 179 条第 1 款第 7 项	84
4	中华人民共和国证券法(2014 年修正)	第 179 条第 1 款第 7 项	73
5	中华人民共和国行政复议法(2017 年修正)	第 28 条第 1 款第 1 项	63
6	中华人民共和国行政复议法(2017 年修正)	第 14 条	55
7	中华人民共和国证券法(2014 年修正)	第 193 条	52
8	中华人民共和国证券法(2014 年修正)	第 202 条	50
9	中华人民共和国政府信息公开条例(2019 年修订)	第 2 条	50
10	中华人民共和国证券法(2014 年修正)	第 3 条	50
11	中华人民共和国证券法(2014 年修正)	第 178 条	48
12	中华人民共和国证券法(2019 年修订)	第 193 条第 1 款	46
13	中华人民共和国证券法(2019 年修订)	第 202 条	45
14	中华人民共和国证券法(2014 年修正)	第 63 条	43
15	中华人民共和国证券法(2014 年修正)	第 193 条第 1 款	42
16	中华人民共和国证券法(2014 年修正)	第 73 条	42
17	中华人民共和国证券法(2019 年修订)	第 73 条	40
18	中华人民共和国证券法(2019 年修订)	第 76 条第 1 款	39
19	中华人民共和国证券法(2019 年修订)	第 63 条	37
20	中华人民共和国证券法(2014 年修正)	第 233 条	35

表 1-2　行政案件中被援引的高频程序规定

序号	法规名称	条目数	引用频次
1	中华人民共和国行政诉讼法(2017 年修正)	第 69 条	377
2	中华人民共和国行政诉讼法(2017 年修正)	第 89 条第 1 款第 1 项	262
3	中华人民共和国行政诉讼法(2017 年修正)	第 79 条	128
4	最高人民法院关于适用《中华人民共和国行政诉讼法》的解释(2018 年修正)	第 116 条第 2 款	69
5	中华人民共和国行政诉讼法(2017 年修正)	第 91 条	65
6	最高人民法院关于执行《中华人民共和国行政诉讼法》若干问题的解释(2020 年施行)	第 56 条第 4 项	49
7	中华人民共和国行政诉讼法(2017 年修正)	第 25 条第 1 款	47
8	中华人民共和国行政诉讼法(2014 年修正)	第 69 条	46
9	最高人民法院关于适用《中华人民共和国行政诉讼法》的解释(2018 年修正)	第 69 条第 1 款第 1 项	45
10	最高人民法院关于适用《中华人民共和国行政诉讼法》若干问题的解释(2018 年修正)	第 3 条第 1 款第 1 项	43
11	最高人民法院关于适用《中华人民共和国行政诉讼法》若干问题的解释(2018 年修正)	第 3 条第 1 款第 8 项	42
12	中华人民共和国行政诉讼法(2017 年修正)	第 49 条第 4 项	32
13	中华人民共和国行政诉讼法(2014 年修正)	第 89 条第 1 款第 1 项	30
14	中华人民共和国行政诉讼法(2014 年修正)	第 49 条第 4 项	28
15	中华人民共和国行政诉讼法(2017 年修正)	第 62 条	22
16	最高人民法院关于适用《中华人民共和国行政诉讼法》的解释(2018 年修正)	第 12 条第 5 项	18
17	中华人民共和国行政诉讼法(2017 年修正)	第 49 条第 1 项	16
18	中华人民共和国行政诉讼法(2017 年修正)	第 45 条	14
19	中华人民共和国行政诉讼法(2014 年修正)	第 49 条	14
20	中华人民共和国行政诉讼法(2017 年修正)	第 70 条第 1 项	13

第二节　证券监管行政处罚案件分析

本节对2019年1月1日以来中国证监会作出的行政处罚案件进行简要梳理和分析,并形成报告。

一、报告数据来源

时间:2019年1月1日至2021年12月31日
案例来源:中国证监会官网
数据采集时间:2022年10月10日

二、中国证监会行政处罚情况

据不完全统计,2019年1月1日至2021年12月31日,中国证监会及其派出机构共作出处罚决定1016件,罚没款金额共计140.47亿元,市场禁入261人次。

其中,中国证监会处罚委处罚数量为2019年133件,2020年114件,2021年149件;地方证监会处罚数量为2019年163件,2020年235件,2021年222件(见表1-3)。

表1-3　2019~2021年办结行政处罚案件数量对比

单位:件

	2019年	2020年	2021年
行政处罚案件总量	296	349	371
中国证监会处罚委处罚数量	133	114	149
地方证监会处罚数量	163	235	222

其中,2019年全年共作出行政处罚决定296件,罚没款金额41.83亿元,市场禁入66人次;2020年全年作出处罚决定349件,罚没款金额53.11亿元,市场禁入100人次;2021年全年作出处罚决定371件,罚没款金额45.53亿元,市

场禁入95人次。

这里有一点值得我们特别注意，那就是2021年是2019年《证券法》全面实施的第一个完整年度。2021年全年作出的处罚决定比2020年多，但处罚金额和市场禁入却比2020年少。是因为证券类案件从线索发现到立案、审理、决定再到作出行政处罚客观上需要一个过程，2020年和2021年办结的行政处罚案件违法行为基本发生在2019年《证券法》生效之前，按照"从旧兼从轻"的法律适用原则，2021年全年作出的处罚金额比2020年少也就容易理解。另外，这也是前些年中国证监会从严打击证券违法活动、加强大案要案惩治和重点领域执法，使得证券市场违法多发、高发势头得到初步遏制的结果。

当然，上述统计数据也仅是根据中国证监会官网数据统计得来，不排除大量案件尚未审结或暂未公开的情况。

三、案件情况分类

经统计，中国证监会及其派出机构2021年度共作出处罚决定371件。其中证券虚假陈述类（信息披露违法）违法案件共处罚122件，内幕交易类120件，操纵市场类违法案件20件，中介机构未勤勉尽责类违法行为20件，证券从业人员违法类15件，非法出借证券账户14件，私募基金领域违法10件，其他类50件。

值得注意的是，为重点打击信息披露违法行为和内幕交易，近年来出台了《新虚假陈述规定》和《最高人民检察院、公安部关于公安机关管辖的刑事案件立案追诉标准的规定（二）》以及《证券期货违法行为行政处罚办法》，完善了证券违法行为人的民事责任、刑事责任及行政责任。

第三节　证券虚假陈述责任纠纷民事诉讼案件分析

证券虚假陈述责任纠纷民事诉讼是资本市场法治建设的重要组成部分，也是促进资本市场依法行政不可或缺的重要外部力量。本节对2013年1月1日以来的证券虚假陈述责任纠纷案件进行简要梳理和分析,并形成报告。

一、大数据报告数据来源

时间:2022 年 10 月 6 日之前

案例来源:Alpha 案例库

案由:证券虚假陈述责任纠纷

审理程序:一审、二审、再审

案件数量:57,481 件

数据采集时间:2022 年 10 月 6 日

二、证券虚假陈述责任纠纷民事诉讼的基本情况

(一)涉诉案件数量情况

据不完全统计,2013 年 1 月 1 日至 2022 年 10 月 6 日,有关证券虚假陈述责任纠纷的共 57,481 篇裁判文书。结合历年案件数量统计,证券虚假陈述责任纠纷民事诉讼案件在 2017 年、2019 年出现两次爆发性增长,从 2019 年起案件数量逐年递减(见图 1-2)。

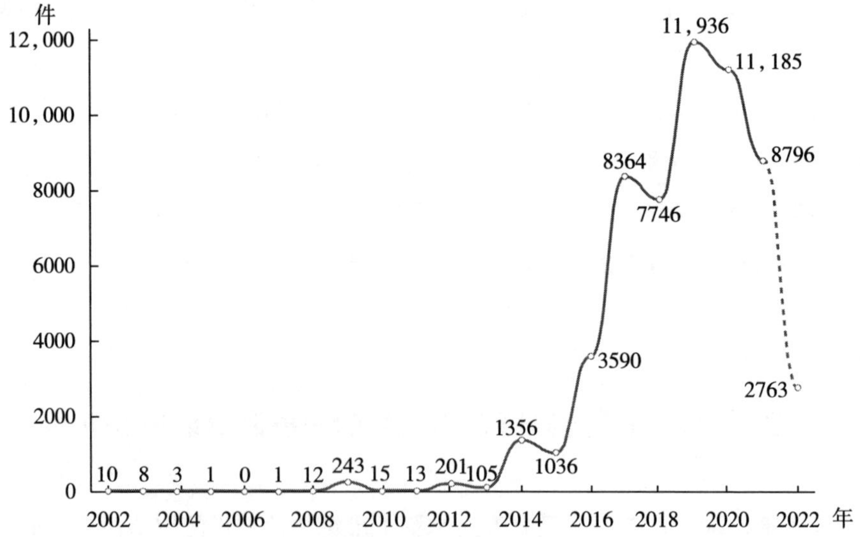

图 1-2　2013 年至 2022 年证券虚假陈述责任民事诉讼案件数量

当然,上述统计数据也仅是根据 Alpha 案例库已公开的裁判文书统计得来,不排除大量案件尚未审结或暂未公开的情况。

从地域分布来看,证券虚假陈述责任纠纷案例主要集中在上海市、北京市、江苏省,分别占比 22.07%、12.46%、10.65%。其中上海市的案件数量最多,达到 12,686 件。

(二)涉诉案件类型情况

在涉诉的 57,481 件案件中,一审案件有 44,094 件,二审案件有 12,562 件,再审案件有 825 件。经推算,一审上诉率约为 28.49%。

(三)涉诉案件结案方式

1. 一审裁判结果

通过对一审裁判 44,094 件结果的可视化分析可以看到:其他(大多为专业机构调解结案)的有 25,120 件,占比为 56.98%;全部/部分支持的有 8699 件,占比为 19.73%;撤回起诉的有 8163 件,占比为 18.52%;驳回起诉的有 1199 件,占比为 2.72%;全部驳回起诉的有 878 件,占比为 1.99%;不予受理的有 24 件,占比为 0.06%。

2. 二审裁判结果

通过对二审裁判 12,562 件结果的可视化分析可以看到:维持原判的有 9557 件,占比为 76.08%;撤回上诉的有 1637 件,占比为 13.03%;其他的有 928 件,占比为 7.39%;改判的有 399 件,占比为 3.17%;发回重审的有 41 件,占比为 0.33%。

3. 再审裁判结果

通过对再审裁判 825 件结果的可视化分析可以看到:驳回再审申请的有 668 件,占比为 80.97%;提审/指令审理的有 89 件,占比为 10.79%;发回重审的有 41 件,占比为 4.97%;撤回上诉的有 11 件,占比为 1.33%;其他的有 7 件,占比为 0.85%;改判的有 5 件,占比为 0.61%;维持原判的有 4 件,占比为 0.48%。

(四)案件标的

通过对标的额的可视化分析可以看到:标的额为 10 万元以下的案件数量

最多,有11,654件;10万元至50万元的案件有8803件;50万元至100万元的案件有648件;100万元至500万元的案件有602件;500万元至1000万元的案件有90件。可以看出,案件标的与案件量成反比。

(五)审理期限

通过对审理期限的可视化分析可以看到,审理时间更多处在31～90天的区间内,平均时间为100天。

三、高频规定

此处统计了证券虚假陈述责任纠纷案件中所有被援引的高频规定,见表1－4和表1－5。

表1－4　证券虚假陈述责任纠纷案件高频实体规定

序号	法规名称	条目数	引用频次
1	最高人民法院关于审理证券市场因虚假陈述引发的民事赔偿案件的若干规定(2003年)	第13条第2款	14,622
2	最高人民法院关于审理证券市场因虚假陈述引发的民事赔偿案件的若干规定(2003年)	第30条	12,025
3	最高人民法院关于审理证券市场因虚假陈述引发的民事赔偿案件的若干规定(2003年)	第18条	11,646
4	最高人民法院关于审理证券市场因虚假陈述引发的民事赔偿案件的若干规定(2003年)	第17条	10,757
5	最高人民法院关于审理证券市场因虚假陈述引发的民事赔偿案件的若干规定(2003年)	第19条	10,535
6	中华人民共和国证券法(2014年修正)	第63条	8587
7	最高人民法院关于审理证券市场因虚假陈述引发的民事赔偿案件的若干规定(2003年)	第32条	8532
8	最高人民法院关于审理证券市场因虚假陈述引发的民事赔偿案件的若干规定(2003年)	第20条	8514
9	最高人民法院关于审理证券市场因虚假陈述引发的民事赔偿案件的若干规定(2003年)	第31条	8210

续表

序号	法规名称	条目数	引用频次
10	最高人民法院关于审理证券市场因虚假陈述引发的民事赔偿案件的若干规定(2003 年)	第 33 条	8159
11	中华人民共和国证券法(2014 年修正)	第 69 条	5282
12	最高人民法院关于审理证券市场因虚假陈述引发的民事赔偿案件的若干规定(2003 年)	第 21 条	4691
13	最高人民法院关于审理证券市场因虚假陈述引发的民事赔偿案件的若干规定(2003 年)	第 8 条	4564
14	中华人民共和国证券法(2014 年修正)	第 193 条第 1 款	4126
15	中华人民共和国证券法(2014 年修正)	第 193 条	3771
16	中华人民共和国证券法(2014 年修正)	第 67 条	3320
17	最高人民法院关于审理证券市场因虚假陈述引发的民事赔偿案件的若干规定(2003 年)	第 19 条第 4 项	3235
18	最高人民法院关于审理证券市场因虚假陈述引发的民事赔偿案件的若干规定(2003 年)	第 35 条	3017
19	中华人民共和国证券法(2019 年修订)	第 63 条	2742
20	上市公司信息披露管理办法(2021 年)	第 30 条	2505

表 1-5　证券虚假陈述责任纠纷案件高频程序规定

序号	法规名称	条目数	引用频次
1	中华人民共和国民事诉讼法(2017 年修正)	第 253 条	11,232
2	中华人民共和国民事诉讼法(2017 年修正)	第 154 条第 1 款第 11 项	9645
3	中华人民共和国民事诉讼法(2017 年修正)	第 170 条第 1 款第 1 项	7352
4	中华人民共和国民事诉讼法(2017 年修正)	第 52 条第 1 款	6644
5	中华人民共和国民事诉讼法(2017 年修正)	第 145 条第 1 款	6318
6	最高人民法院关于适用《中华人民共和国民事诉讼法》的解释(2020 年修正)	第 221 条	3507
7	最高人民法院关于适用《中华人民共和国民事诉讼法》的解释(2018 年修正)	第 221 条	2912

续表

序号	法规名称	条目数	引用频次
8	中华人民共和国民事诉讼法(2017 年修正)	第 171 条	2558
9	中华人民共和国民事诉讼法(2012 年修正)	第 170 条第 1 款第 1 项	2107
10	中华人民共和国民事诉讼法(2012 年修正)	第 171 条	1959
11	中华人民共和国民事诉讼法(2021 年修正)	第 157 条第 1 款第 11 项	1639
12	中华人民共和国民事诉讼法(2017 年修正)	第 154 条第 1 款第 6 项	1631
13	中华人民共和国民事诉讼法(2017 年修正)	第 142 条	1575
14	中华人民共和国民事诉讼法(2012 年修正)	第 154 条第 1 款第 11 项	1574
15	中华人民共和国民事诉讼法(2012 年修正)	第 52 条第 1 款	1468
16	中华人民共和国民事诉讼法(2021 年修正)	第 55 条第 1 款	1431
17	中华人民共和国民事诉讼法(2017 年修正)	第 154 条第 11 项	1410
18	中华人民共和国民事诉讼法(2012 年修正)	第 28 条	1397
19	中华人民共和国民事诉讼法(2017 年修正)	第 175 条	1344
20	中华人民共和国民事诉讼法(2017 年修正)	第 64 条第 1 款	1302

第二章　发行人的应对

第一节　概　　述

虚假陈述的概念最早源于英国普通法的合同法和侵权法。[1] 在英美法中,虚假陈述一词为“misrepresentation”,是指以语言或其他行为作出与事实的实际情况不符的意思表示。《美国合同法重述(第二次)》将虚假陈述界定为一项“不符合事实的表示”。[2] 美国法学会(American Law Institute,ALI)在对该条进行评析时指出:隐匿与不公开亦可构成虚假陈述行为。在普通法国家,虚假陈述既可以是作为也可以是不作为,而且并不限于言词的形式。在大陆法系民法中,没有虚假陈述这个概念,不过大陆法系国家在证券立法中均借鉴了普通法系中的“虚假陈述”这一概念,并赋予其具体的内涵。

《新虚假陈述规定》第 4 条规定,所谓证券虚假陈述,是指信息披露义务人违反法律、行政法规、监管部门制定的规章和规范性文件关于信息披露的规定,在披露的信息中存在虚假记载、误导性陈述或者重大遗漏(见表 2－1)。结合《新虚假陈述规定》第 5 条的规定,“未按照规定披露信息”,是指信息披露义务人未按照规定的期限、方式等要求及时、公平披露信息。

---

〔1〕 参见杨峰:《证券民事责任制度比较研究》,法律出版社 2006 年版,第 183 页。

〔2〕 See Restatement (Second) of Contract, Chapter 7, § 159.

表 2－1　虚假陈述的类型

虚假陈述类型	定义	具体表现
虚假记载	是指信息披露义务人披露的信息中对相关财务数据进行重大不实记载，或者对其他重要信息作出与真实情况不符的描述	发行人披露的财务报表不实，包括：(1)虚构营业收入、虚增利润、对资产负债比例、生产经营情况进行虚构；(2)夸大利好或者隐瞒利空的财务信息使投资者无法对企业进行准确估值
误导性陈述	是指信息披露义务人披露的信息隐瞒了与之相关的部分重要事实，或者未及时披露相关更正、确认信息，致使已经披露的信息因不完整、不准确而具有误导性	夸大业绩收入、产量、销量和市场地位，以及对预测性信息存在夸大的情形
重大遗漏	是指信息披露义务人违反关于信息披露的规定，对重大事件或者重要事项等应当披露的信息未予披露	未披露关联交易、控股股东信息、预亏公告、关联方资金占用情况、重大诉讼或仲裁、重大违约情况、对外担保、对外借贷、对赌协议、重大资产重组、工程项目进展情况、股份代持、被行政机关或司法机关立案调查等
未按照规定披露信息	是指信息披露义务人未按照规定的期限、方式等要求及时、公平披露信息	重要的信息晚披露、小范围披露等

证券虚假陈述民事赔偿，是指证券投资者在受到信息披露义务人虚假陈述行为的侵害后，依法要求信息披露义务人或其他相关主体予以赔偿的民事制度。鉴于证券市场虚假陈述行为受民事侵权法律关系调整，其构成要件包括违法行为、过错、损害事实、因果关系四个。

1. 违法行为

信息披露义务人实施了虚假陈述行为，属于客观要件。最初，是否构成虚假陈述行为需要通过监管部门的行政处罚或司法机关的刑事裁判来认定，作为投资者提起虚假陈述民事赔偿的前提条件，这一前置性要求对投资者追究虚假陈述民事赔偿造成障碍，自 2020 年《最高人民法院关于证券纠纷代表人诉讼若干问题的规定》《债券会议纪要》实施以来，国家放松了虚假陈述民事赔偿案件以行政处罚或刑事裁判为前提的要求，《新虚假陈述规定》明确取消了此前置性要求,规定“人民法院不得仅以虚假陈述未经监管部门行政处罚或者人民法院生效刑事判决的认定为由裁定不予受理”。“前置程序”的取消虽然让虚假陈述民事案件的发起更加便利;但同时,为避免出现投资者滥诉现象,对被告主体产生不良影响,司法解释中明确了原告在起诉阶段应提交信息披露义务人实施虚假陈述的相关证据。相较于监管部门的调查能力,投资者搜集证据的能力较弱,投资者对虚假陈述行为的初步举证标准有待司法实践检验。但笔者认为法院在受理虚假陈述责任纠纷案件时,至少应当审查被诉的信息披露行为在关键时点上的应然状态和实然状态,并辅之以信息披露文件予以证明。

2. 过错

《证券法》第 85 条规定,信息披露义务人虚假陈述,“致使投资者在证券交易中遭受损失的,信息披露义务人应当承担赔偿责任”。

《新虚假陈述规定》第 13 条进一步规定:“证券法第八十五条、第一百六十三条所称的过错,包括以下两种情形:(一)行为人故意制作、出具存在虚假陈述的信息披露文件,或者明知信息披露文件存在虚假陈述而不予指明、予以发布;(二)行为人严重违反注意义务,对信息披露文件中虚假陈述的形成或者发布存在过失。”

3. 损害事实

侵权责任纠纷以损失的存在为前提,主张虚假陈述民事赔偿责任的投资者必须交易的是与虚假陈述直接关联的证券,且遭受损失。投资者交易了涉嫌虚假陈述行为的证券,但是其交易行为并未使其遭受损失,则不具有提起虚假陈述民事赔偿的条件,所以提起虚假陈述民事赔偿诉讼要以投资者遭受损失为要件。符合前述要求的投资者才有权通过民事诉讼追究相关责任主体的责任,至于损失如何认定、责任如何分配需通过因果关系进行分析论证。

4. 因果关系

证券虚假陈述案件中的因果关系分为交易因果关系和损失因果关系,应根据损失因果关系确定赔偿责任。为了降低投资者的举证责任,虚假陈述民事责任纠纷中对交易因果关系得采用推定规则,投资者无须证明其受到虚假陈述信息的影响,无须证明其系基于虚假陈述的信息而作出的交易行为,只要投资者在虚假陈述实施日至虚假陈述揭露日之间交易了与虚假陈述直接关联的证券，就推定投资者的投资行为与虚假陈述行为之间存在交易因果关系。虚假陈述实施日、虚假陈述揭露日、基准日三个时间节点是虚假陈述案件中认定投资者损失与虚假陈述行为之间因果关系的三个关键时点。《新虚假陈述规定》第7条第1款规定："虚假陈述实施日，是指信息披露义务人作出虚假陈述或者发生虚假陈述之日。"如果是虚假记载、误导性陈述，一般以信息披露文件发布或者首次公开之日作为虚假陈述的实施日。如果是消极的虚假陈述行为，比如不履行证券法律规定的信息披露义务或披露信息时发生重大遗漏，则以应当披露相关信息的期限届满后的第一个交易日为实施日。虚假陈述揭露日，是指虚假陈述在具有全国性影响的报刊、电台、电视台或监管部门网站、交易场所网站、主要门户网站、行业知名的自媒体等媒体上，首次被公开揭露并为证券市场知悉之日。在司法实践中，虚假陈述揭露日认定比虚假陈述实施日复杂，对于揭露日的认定是此类案件的一个难点。因为虚假陈述行为被揭示、被知晓往往有一个较长的过程，存在多个时间节点，应以哪个时间作为揭露日需要在具体案件中结合上述规定论证和认定。因此，具体案件中需要首先结合案件事实完成对"三日"（实施日、揭露日、基准日）的认定，继而结合投资者的交易行为，对交易因果关系作出认定。

交易因果关系成立仅能证明投资者在虚假陈述事实发生时交易了该证券，但并不能得出投资者交易虚假陈述所涉证券的损失都是虚假陈述行为造成的，虚假陈述民事赔偿责任的范围必须根据损失因果关系认定。众所周知，影响证券交易价格的因素非常多，虚假陈述行为在影响价格的同时可能与市场系统性风险、政策因素、行业因素等影响叠加，投资者在虚假陈述实施日至虚假陈述揭露日之间遭受的损失并非仅仅因为虚假陈述行为，往往是"多因一果"，所以法院必须查明、厘清虚假陈述行为直接导致的投资者损失的范围。《新虚假陈述规定》第31条规定，人民法院应当查明虚假陈述与原告损失之间的因果关系，以及导致原告损失的其他原因等案件基本事实，确定赔偿责任范围。如果投资者损失是证券市场的风险、证券市场对特定事件的过度反应、上市公司内外部经营环境等其他因素所导致的，投资者的这部分损失则与虚假陈述行为没有因果关系，不应由虚假陈述责任主体承担。

以上四个要件的认定规则及对应条文见表2-2。

表2-2 证券市场虚假陈述构成要件

构成要件	认定规则	对应条文
违法行为	①信息披露义务人违反法律、行政法规、监管部门指定的规章和规范性文件关于信息披露的规定； ②披露信息中存在虚假记载、误导性陈述或重大遗漏	《新虚假陈述规定》第4条
过错	信息披露义务人（无过错责任/严格责任）	《证券法》第85条 《新虚假陈述规定》第13～19条
因果关系	①投资者基于虚假陈述实施相应证券交易行为； ②相关证券的价格波动系由虚假陈述所致； ③不存在排除因果关系的情形	《新虚假陈述规定》第10～12条
损害事实	①投资者买入或卖出相关证券所造成的投资差额损失； ②投资差额损失部分的佣金和印花税（已删去"利息"损失）	《新虚假陈述规定》第25条

虚假陈述案件中的有效抗辩系为达到排除或减轻侵权责任的目的，对前述构成要件进行拆解——证明四个构成要件中全部或部分未得到满足。本章将从民事侵权责任的四个构成要件（违法行为、存在过错、损害事实及因果关系）出发，从证券发行人的角度逐一进行分析，为证券发行人在此类案件中的抗辩提供相关参考。

第二节　针对违法行为要件的抗辩

一、关于重大性的抗辩

(一)何为重大性

虚假陈述的重大性要件,是指可能对投资者进行投资决策具有重要影响的虚假陈述行为才具有可赔偿性。[1] 证券虚假陈述侵权案件中所谓的重大性,是就信息披露义务人所披露信息而言的。简言之,就是对投资者投资决策具有重要影响的信息才是具有重大性的信息,才能构成具有可赔偿性的证券虚假陈述侵权行为。[2]

《证券法》第 80 条第 1 款规定,发生可能对上市公司、股票在国务院批准的其他全国性证券交易场所交易的公司的股票交易价格产生较大影响的重大事件,投资者尚未得知时,公司应当立即将有关该重大事件的情况向国务院证券监督管理机构和证券交易场所报送临时报告,并予公告,说明事件的起因、目前的状态和可能产生的法律后果。

《信披管理办法》第 12 条第 1 款规定,上市公司应当披露的定期报告包括年度报告、中期报告。凡是对投资者作出价值判断和投资决策有重大影响的信息,均应当披露。第 22 条第 1 款规定,发生可能对上市公司证券及其衍生品种交易价格产生较大影响的重大事件,投资者尚未得知时,上市公司应当立即披露,说明事件的起因、目前的状态和可能产生的影响。

《公开发行证券的公司信息披露内容与格式准则第 1 号——招股说明书》(2015 年修订)第 3 条规定,本准则的规定是对招股说明书信息披露的最低要

---

〔1〕 参见最高人民法院民事审判第二庭编著:《〈全国法院民商事审判工作会议纪要〉理解与适用》,人民法院出版社 2019 年版,第 448 页。

〔2〕 参见最高人民法院民事审判第二庭编著:《〈全国法院民商事审判工作会议纪要〉理解与适用》,人民法院出版社 2019 年版,第 448 页。

求。不论本准则是否有明确规定,凡对投资者作出投资决策有重大影响的信息,均应披露。

《九民纪要》第85条指出:审判实践中,部分法院对重大性要件和信赖要件存在混淆认识,以行政处罚认定的信息披露违法行为对投资者的交易决定没有影响为由否定违法行为的重大性,应当引起注意。重大性,是指可能对投资者进行投资决策具有重要影响的信息,虚假陈述已经被监管部门行政处罚的,应当认为是具有重大性的违法行为。在案件审理过程中,对于一方提出的监管部门作出处罚决定的行为不具有重大性的抗辩,法院不予支持,同时应当向其释明,该抗辩并非民商事案件的审理范围,应当通过行政复议、行政诉讼加以解决。

《最高人民法院关于当前商事审判工作中的若干具体问题》指出,要在传统民事侵权责任的侵权行为、过错、损失、因果关系四个构成要件中研究证券侵权行为重大性、交易因果关系特殊的质的规定性。重大性,是指违法行为对投资者决定的可能影响,其主要衡量指标可以通过违法行为对证券交易价格和交易量的影响来判断。

《新虚假陈述规定》第10条规定:"有下列情形之一的,人民法院应当认定虚假陈述的内容具有重大性:(一)虚假陈述的内容属于证券法第八十条第二款、第八十一条第二款规定的重大事件;(二)虚假陈述的内容属于监管部门制定的规章和规范性文件中要求披露的重大事件或者重要事项;(三)虚假陈述的实施、揭露或者更正导致相关证券的交易价格或者交易量产生明显的变化。前款第一项、第二项所列情形,被告提交证据足以证明虚假陈述并未导致相关证券交易价格或者交易量明显变化的,人民法院应当认定虚假陈述的内容不具有重大性。被告能够证明虚假陈述不具有重大性,并以此抗辩不应当承担民事责任的,人民法院应当予以支持。"

上述法律、纪要或列举出重大事件,或规定上市公司特定文件的披露要求,由此可以看出,我国原则上构建了两种认定虚假陈述信息重大性的标准:一种是理性投资者标准,即如果该信息的披露将会实质性地影响投资人的投资决策,则认定该虚假陈述的信息具有重大性;另一种是价格敏感标准,即对股票交易价格产生实质性影响的信息具有重大性,常常通过虚假陈述行为实施前后股票价格的差异来进行判断。

理性投资者标准从投资者决策角度出发,外延相对较广,提高了投资者保护力度,扩展了监管机关的规制依据,具有较强的执法灵活性;[1] 而价格敏感标准则关注证券价格的实际变化,具备相对客观性和更强的证明力,提高了证券监管结果的确定性。从事前合规的角度来看,"投资者决策测试"和"价格敏感测试"主要为信息披露义务人提供一定的原则性指引。但由于上述两类测试的特点,对重大性的事前判断仍然存在一定的主观性和不确定性。一方面,信息对证券价格的实际影响是在未来发生的事件,义务人在事前只能预测信息是否"价格敏感",因而具备内在的不确定性;另一方面,信息是否为"投资者决策所必需"的判断具有高度主观性,义务人、市场参与者、监管机构和司法机关面对同样的信息,可能得出迥异的结果。概括而言,两类测试的事前指引作用来自对事后结果的预期,因此呈现出相对较强的原则性。

(二)美国关于重大性标准的司法和监管实践

自《美国 1933 年证券法》颁布以来,美国证券法律法规所设定的信息披露义务范围基本都以重大性标准为判断依据。遗憾的是,上述规则并未给出重大性的明确定义,而判例法又呈现出高度的不确定性。从美国现有司法实践来看,重大性的判断标准可以进一步分为原则性规范和规则性规范。美国最高法院在 TSC Industries, Inc. v. Northway, Inc. 案中,建立了判断重大性的原则性规范。[2] 该案涉及的问题是,在投票权征集过程中如何判断信息是否满足重大性标准。美国最高法院指出,如果有充分的可能性表明理性投资者认为该信息对其投资决策是重要的,或者认为该信息显著改变了现有的信息集,那么该信息即满足重大性标准,义务人应当进行披露。

然而由于系争案件的事实存在显著差异,法院对于上述原则性规范所涉及

---

〔1〕 参见齐斌:《证券市场信息披露法律监管》,法律出版社 2000 年版,第 170 ~ 176 页。

〔2〕 See Park J. J. , *Rules, principles, and the competition to enforce the securities laws*, California Law Review, Vol. 100:1, p. 115 - 181(2012).

要件的认定存在不一致的情况。一方面，对于何为“理性投资者”，部分判决认为该要件是一个抽象的概念，泛指参与证券市场的一般投资人，[1]而另一部分判决从证券市场微观结构出发，主张以机构投资人为代表的专业投资者是证券价格的决定力量，[2]因而应当从他们的角度考察信息的重大性。申言之，考虑到普通投资者与专业投资者所掌握的信息集和信息处理能力的差异，对于普通投资者重要的信息，可能对于专业投资者并不重要。[3] 另一方面，“显著改变现有信息集”要件要求违法行为向市场现有信息集加入新信息，如何判断是否存在新的信息，还存在一定争议。[4]

判断重大性的原则性规范虽然有助于威慑违法行为，但其依赖事后司法审判的特点在事前给市场参与者造成了较大的不确定性。实务界多次要求美国最高法院为重大性标准制定明确的规则性规范。在 Basic Inc. v. Levinson 案中，美国最高法院回应了该诉求，指出规则性规范有益于市场主体进行合规判断，但也存在较大的监管套利风险，重大性的判断标准应当以具体案件事实为依据(fact-based)，因而拒绝提供判断重大性的规则性规范。[5]

虽然美国最高法院持否定态度，但巡回法院的司法判例逐渐演化出一些经验法则(rule of thumb)。其中，影响最为广泛的是在涉及“规则 10b－5”(Rule 10b－5)的案件中，针对“显著改变现有信息集”要件进行的“价格敏感测试”。有效市场假说是价格敏感测试的理论基础。[6] 在半强有效市场，证券价格会迅速反映所有公开信息，因此，如果信息欺诈行为显著改变了投资者现有信息集，那么证券价格即会出现显著变化。“价格敏感测试”利用事件研究法等统计分析方法，测算信息首次被市场获知时相关证券的收益率变化。如果该证券存

---

〔1〕 Mills v. Elec. Auto-Lite Co., 396 U.S. 375 (1970).

〔2〕 See Ronald J. G. & Reinier H. K., *The mechanisms of market efficiency*, Virginia Law Rview, Vol. 70: 4, p. 549－644(1984).

〔3〕 Feit v. Leasco Data Processing Equipment Corp., 332 F. Supp. 544 (E. D. N. Y. 1971).

〔4〕 See Jill E. F. et al., *The logic and limits of event studies in securities fraud litigation*, Texas Law Review, Vol. 96, p. 553－621(2018).

〔5〕 485 U.S. 224 (1988).

〔6〕 Dura Pharm., Inc. v. Broudo, 544 U.S. 336 (2005).

在显著的超额收益,那么即满足“显著改变现有信息集”要件。当然,统计分析方法并不是万能的,有学者批评,当欺诈信息或者矫正信息首次被市场获悉时,往往还伴随着其他新信息,因而统计方法无法准确测量违规行为与价格变化之间的关系。[1] 而美国最高法院在 Halliburton Co. v. Erica P. John Fund, Inc. 案[2]中阐明了“价格敏感测试”对于判断重大性的作用:虽然原告在起诉阶段无须证明违规行为扭曲了证券价格,但是被告可以通过证明违规行为未影响证券价格而反驳原告的起诉请求。

与美国最高法院怠于提供规则性规范不同,美国证券交易委员会(Securities and Exchange Commission,SEC)作为证券市场的监管机构,存在向市场主体提供稳定预期的激励,从原则性规范和规则性规范两个维度提出判断重大性的监管标准。一方面,SEC 基本认可美国最高法院关于重大性的原则性规范,指出如果有充分的可能性表明理性投资者认为该信息对于其买卖已注册证券是重要的,那么该信息即满足重大性标准;[3] 另一方面,它虽然承认无法提供判断重大性的规则性规范,但为了给市场主体提供合规依据,也制定了一些具体的规则指引。首先,SEC 通过列举的方式指明了哪些领域的信息可能满足重大性标准。例如,在讨论与《公平披露条例》(Regulation Fair Disclosure)相关的信息是否满足重大性标准时,SEC 列举了收入、并购、新产品、管理层变更、审计事务所变更、其他发行在外证券和破产等领域的信息,指出涉及上述领域的信息都可能满足重大性标准。[4] 其次,SEC 拒绝给出明确的判断比例,以降低义务人通过策略行为规避监管要求的风险。例如,在《第 99 号会计公告》(Staff Accounting Bulletin No. 99)中,SEC 指出,在涉及财务信息的披露中,企业和审计师不能仅依据经验规则来披露达到或超过一定比例的财务信息,而是应当考虑定性因素,综合判断相关信息是否具备重大性。

---

[1] See Langevoort D. C., *Judgment day for fraud-on-the-market: reflections on Amgen and the second coming of Halliburton*, Arizona Law Review, Vol. 57:1, p. 37 – 60 (2015).

[2] 134 S. Ct. 2398 (2014).

[3] 17 C. F. R § 230.405 (2003).

[4] Selective Disclosure and Insider Trading, 65 Fed. Reg. 51716, 51721 (Aug. 15, 2000).

(三)我国司法实践中对重大性的审查

如前所述,在虚假陈述诉讼中,重大性标准如何界定、重大性审查中如何把握裁量要素和分配举证责任、如何衔接证券欺诈的行政责任和民事赔偿,是虚假陈述民事诉讼审判中的必答题,也是虚假陈述审判中的难题。在我国的司法实务中,重大性的审评准则呈现出主客观二元的规范模式。[1] 有关重要程度的准则,可参阅有关的法律法规中关于重要信息的说明。我国重大性的审查标准二分化的情形具体表现:根据《首次公开发行股票注册管理办法》第 40 条,发行人应当以投资者需求为导向,精准、清晰、充分地披露可能对公司经营业绩、核心竞争力、业务稳定性以及未来发展产生重大不利影响的各种风险因素。此处倾向于理性投资者标准,以信息是否会对投资者决策产生重大影响为准。而根据《证券法》第 81 条,如果出现了重大事项,会对公司的股票交易价格造成很大的冲击,而投资人并不知情,则公司必须及时将相关事项上报给证券交易所,此处采纳了市场反应判断标准。另外,根据部分学者对 2003 ~ 2019 年共 101 件证券虚假陈述民事赔偿案件进行分析,[2] 对于重大程度的认定,法院多以"对投资者的实际购买意向和对股价的重大作用"为依据,也就是"合理的投资人标准"。这也体现出我国在司法实践中对重大性的认定标准并无统一的评判。

近年来的司法裁判中逐步体现了一些裁量要素,如量化指标对整体财务的影响、市场影响大小、格式错误还是内容错误、是否被证券监管部门处罚、是否违反会计处理规则等要素。然而,如何在重大性要件审查中衔接行政处罚、何种要素应当纳入重大性的裁量范围、裁判要素之间的关系如何把握、具备和不具备行政处罚前提的举证责任如何配置、能否区分不同信息进行类型化裁判规则的构建等问题,在当前仍然缺乏统一的裁判指引。[3] 大部分裁判依据相关行政处罚决定书认定重大性,并辅以"重大事件""影响投资者购买意愿""对股

---

〔1〕 参见廖升:《虚假陈述侵权责任之侵权行为认定》,载《法学家》2017 年第 1 期。

〔2〕 参见汤欣、张然然:《虚假陈述民事诉讼中宜对信息披露"重大性"作细分审查》,载蒋锋、卢文道主编:《证券法苑》(第 28 卷),法律出版社 2020 年版,第 254 ~ 265 页。

〔3〕 参见严加武、陆文川:《虚假陈述重大性的司法认定》,载《金融法苑》2021 年总第 107 辑。

票价格/成交量产生较大影响”等泛泛说理。在保千里案[1]中，因涉重大资产重组事件，保千里电子公司向银信评估公司提供了虚假协议致使拟注入资产评估值虚增了9.84%，并对外进行公告，受到了中国证监会的行政处罚。保千里电子公司抗辩，披露违法行为本身不具有重大性，评估值相差2亿元，并未影响对赌中公司业绩承诺的实现和公司整体财务状况，不影响投资者的投资决策，对证券市场价格也未产生影响。影响投资者判断的是中达股份公司进行重大资产重组该信息本身，一审深圳市中级人民法院和二审广东省高级人民法院均未认可该抗辩，指出：虚构协议行为“构成《证券法》(2014年修正)第六十三条、第六十八条规定的所披露信息有虚假记载的违法行为，并受到中国证监会(2017)78号《行政处罚决定书》的行政处罚，构成证券虚假陈述”。在大连大福案[2]中，被告未及时披露对外担保和诉讼受到大连证监局的行政处罚，被告在民事诉讼中以揭露日后股价并未异常波动进行抗辩，法院并未对波动情况和定量进行审查，而是转向论证对外担保和重大诉讼属于法律规定的信息披露重大事宜且具有行政处罚决定书，从而认定具有重大性。广州市中级人民法院的法官认为，不能单纯从行政处罚角度认定虚假陈述的重大性，而判断信息重大性的精要在于综合判断多种信息，主要是财务数据信息，还应综合该虚假陈述行为对投资者决策和公司的股价走势等因素一起判断。[3]

部分学者采纳市场反应判断标准，认为“重大事实”为现存的足以影响证券价格的客观事实。[4] 还有学者认为不应当仅采纳一种标准，或将理性投资者判断标准与市场投资者判断标准融合，证券市场投资者一般而言对于能显著影响证券价格的信息较为敏感，反之亦然，故应将两种判断标准相互融合，以免偏颇。[5]

笔者认为，影响上市公司股价的信息必然会影响投资者决策，而影响投资

[1] 参见广东省高级人民法院民事判决书，(2019)粤民终2080号。

[2] 参见辽宁省大连市中级人民法院民事判决书，(2019)辽02民初762号。

[3] 参见龚连娣、谢春晖：《证券虚假陈述纠纷中信息重大性的认定》，载《人民司法》2014年第12期。

[4] 参见郭锋：《虚假陈述侵权的认定及赔偿》，载《中国法学》2003年第2期。

[5] 参见刘连煜：《内幕(线)交易之行为主体的理论与实务(上)——台湾最新案例研析》，载张育军、徐明主编：《证券法苑》(第6卷)，法律出版社2012年版，第246页。

者决策的信息显然足以影响上市公司股价,故对于重大标准的审查应兼采理性投资者标准与市场反应判断标准。一方面,市场反应判断标准更具有科学性与可操作性,更利于构建统一适用的量化标准。证券虚假陈述案件均发生于虚假信息被披露后,其证券市场价格变动已有清晰明确的记载。对于案件调查与审判而言,历史信息便于法院查明案件,通过事后分析判定虚假陈述信息是否具有重大性。另一方面,对于在证券发行过程中的虚假陈述行为而言,证券发行时的证券价格为定值,此时无法适用市场反应标准。因此,兼采理性投资者标准与市场反应判断标准可以避免出现单一标准无法适用的情形,更有利于对重大性的认定审查。

具体而言,被告可以根据以下事项对虚假陈述信息不具有重大性提出抗辩:

(1)多数投资者在知悉该信息后不会对相关证券价格作出合理的重估。即便证券交易规则等法律法规所涵盖的应当披露信息存在虚假陈述法定情形,也不能当然判定该虚假陈述信息具有重大性。诸如会计信息等法定应披露信息虽然存在虚假陈述情形,但其影响轻微,无论信息披露是否真实,均不会引起多数投资者对证券价格进行重新评估。

(2)公司已对该信息采取保密措施。[1] 上市公司或发行人应当采取保密措施的为内幕信息,包括非法定披露的重大信息与公开前的法定披露信息,如利润分配方案、重大资产重组、停牌事项、股东大会的表决情况。[2] 对于非法定的披露信息,若发行人或上市公司已对案涉信息采取尽职的保密措施,则已泄露的虚假信息即便对证券价格产生影响,也不应当被认定为重大事件。

(3)证券价格未受虚假陈述信息显著影响。证券市场价格蕴含着特定证券的系统性风险、非系统性风险、行业风险等特定影响因子。即便虚假陈述信息足以影响特定证券价格,但在综合考虑多种影响因子的背景下,在证券价格变

---

〔1〕 参见于守华、杨庆东:《评析会计界和法学界证券市场信息披露重大性标准的冲突》,载《商场现代化》2008 年第 5 期。

〔2〕 应采取保密措施的信息可参见《信披管理办法》、《董秘信息披露实用手册》(深圳证券交易所)、《上海证券交易所上市公司自律监管指引第 2 号——信息披露事务管理》中有关内容。

动不显著时难以认定虚假陈述信息的影响范围，被告可以对此主张虚假陈述内容不属于重大事件。

综上所述，虚假陈述内容重大标准的抗辩的本质在于削弱虚假陈述信息对证券价格的影响力度，采取理性投资者或市场反应判断标准，抗辩事由的根源均在于否认虚假陈述的影响力。

（四）取消前置程序导致了法院需对重大性进行认定

《旧虚假陈述规定》确立了证券市场虚假陈述民事赔偿案件需要以有关机关的行政处罚决定或人民法院的刑事裁判文书的提交为法院受理案件之前提。但随着我国资本市场的发展以及司法实践经验的不断积累，从 2015 年的《关于人民法院推行立案登记制改革的意见》和《最高人民法院关于当前商事审判工作中的若干具体问题》到 2020 年的《最高人民法院关于证券纠纷代表人诉讼若干问题的规定》和《债券会议纪要》可以明确看出最高人民法院在逐步放开证券民事诉讼的受理条件，逐步舍弃证券虚假陈述类案件受理的前置程序。而在《新虚假陈述规定》的第 2 条更是进一步明确“人民法院不得仅以虚假陈述未经监管部门行政处罚或者人民法院生效刑事判决的认定为由裁定不予受理”。

前置程序的废除将极大地便利投资者提起证券虚假陈述侵权案件，有效地保护了投资者的诉权，[1]但这一前置程序的废除将衍生出一系列新的问题，也对诉辩双方的控辩规则和策略造成了极大的影响。其中，最首要的问题就是：对于虚假陈述行为的重大性的认定标准以及对于重大性举证责任分配的问题。这也使得证券虚假陈述内容是否具有重大性成为发行人的一个有效抗辩点。

前置程序的取消对证券虚假陈述民事赔偿诉讼意义重大，其带来的主要变化如下：第一，投资人提起证券虚假陈述民事赔偿诉讼，将无须以行政处罚决定或生效的刑事裁判文书为前提，投资人在初步举证被告可能存在虚假陈述行为的情况下，即可提起证券虚假陈述民事赔偿诉讼，案件数量可能激增；第二，在没有行政处罚决定和生效的刑事裁判文书的情况下，被告的行为是否构成虚假

[1] 参见孙丽娟：《以虚假陈述为视角论证证券欺诈诉讼前置程序》，载《中国律师》2009 年第 12 期。

陈述行为,将成为此类案件核心争议焦点之一,原告和被告双方就此可能存在较大的诉争空间;第三,在没有行政处罚决定和生效的刑事裁判文书的情况下,法院认定被告的虚假陈述行为是否具备重大性,将成为本类案件另一核心焦点问题。

从法院认定引述的次数来看,《新虚假陈述规定》实施前,大部分法院从虚假陈述行为自身违反《证券法》等法律、法规的角度展开论述并加以认定。与此同时,仅以中国证监会已有行政处罚为由就直接认定具有重大性的类案占比也达到了28%,此时重大性在一定程度上属于投资者一方的免证事实,如华锐风电案、中基实业案、大唐电信案。这与《九民纪要》第85条规定"在案件审理过程中,对于一方提出的监管部门作出处罚决定的行为不具有重大性的抗辩,人民法院不予支持"相一致。早在2015年年底发布的《最高人民法院关于当前商事审判工作中的若干具体问题》规定,"重大性,是指违法行为对投资者决定的可能影响,其主要衡量指标可以通过违法行为对证券交易价格和交易量的影响来判断",但在审判实践中因有前置程序的存在,上述指导意见并未得到广泛采纳。经过7年的司法实践,《新虚假陈述规定》第10条规定,即使虚假陈述行为违反了《证券法》、部门规章或其他规范性文件,只要该行为未造成相关证券的交易价格或者交易量产生明显变化,被告仍有可能免于承担民事责任。另外,《新虚假陈述规定》取消了前置程序,意味着法院在审理案件时首先要判定是否存在虚假陈述行为、该行为又是否构成重大性,这无疑对法院审理的专业性提出了更高要求,结合与《新虚假陈述规定》同日发布的《最高人民法院、中国证券监督管理委员会关于适用〈最高人民法院关于审理证券市场虚假陈述侵权民事赔偿案件的若干规定〉有关问题的通知》第4条之规定,未来法院借助于第三方机构或人员的专业意见予以判断,可能会是大势所趋。同时,可以预见《新虚假陈述规定》施行后,重大性将成为被告重要抗辩理由之一。法院如何突破依赖监管结论的裁判模式以及司法和监管对同一行为的判断如何衔接、如何应对等问题,仍有待观察。《旧虚假陈述规定》明确规定,法院在受理虚假陈述民事赔偿案件时,需以行政处罚决定或刑事判决作为案件受理的前置程序。以中国证监会或其地方监管局的行政处罚为前置程序的案件占96.1%;以生效刑事判决为前置程序的案件占 1.7%，合计占 97.8%。可见，绝大多数法院都是以行政处罚决定或生效刑事判决作为案件受理的前提条件。[1]

在司法实践中，也有投资者以其他类型文书提起诉讼的情况，但是均被法院以"投资者未能提交相关行政处罚决定或者刑事判决"为由裁定不予受理或驳回起诉。其中投资者以上交所、深交所的自律监管措施、纪律处分提起诉讼的类案合计占 41.6%；以中国证监会或其地方监管局作出的行政监管措施提起诉讼的类案占 30.6%；以上市公司或其高级管理人员自认材料提起诉讼的类案占 11.1%；以经专业人士分析发现存在虚假嫌疑的类案占 8.3%；以财政部等其他行政机关行政处理的类案占 5.6%；致函上市公司，未得到合理解释的类案占 2.8%。[2]

《新虚假陈述规定》的发布，彻底废除前置程序要求，统一案件受理标准：只要投资者的起诉符合《民事诉讼法》第 122 条规定并提交相应证据，法院就应当受理；法院不得仅以虚假陈述未经行政处罚或生效刑事判决认定为由裁定不予受理，极大程度上保障了投资者诉权。与此同时，这也加大了投资者的举证责任及法院的审理难度：投资者需举证证明信息披露义务人实施了虚假陈述行为，其因虚假陈述行为进行交易并受到投资损失；法院也不能像以前直接依据行政处罚内容就认定信息披露义务人存在虚假陈述行为，并直接认定具有交易因果关系。

《新虚假陈述规定》明确取消证券虚假陈述责任纠纷前置程序后，在披露义务人未经行政处罚或刑事判决的情形下，原告起诉需要证明存在虚假陈述行为，同时还要证明虚假陈述行为具有重大性，但在抽象的"理性投资人标准"或"价格敏感性标准"之下，原告举证存在一定的难度。

鉴于此，在重大性的具体判断标准层面，《新虚假陈述规定》第 10 条第 1 款第 1 项、第 2 项回应了前述法律法规关于重大事件或重要事项的规定能否作为

---

〔1〕 参见郑长虹、郭彦雄：《证券虚假陈述责任纠纷大数据报告视角下的新、旧规对比》，载 iCourt 法秀 2022 年 2 月 21 日，https://mp.weixin.qq.com/s/-z0WcK1XY8VO702LXlhRew。

〔2〕 参见郑长虹、郭彦雄：《证券虚假陈述责任纠纷大数据报告视角下的新、旧规对比》，载 iCourt 法秀 2022 年 2 月 21 日，https://mp.weixin.qq.com/s/-z0WcK1XY8VO702LXlhRew。

判断重大性的依据的争议，肯定法律法规关于重大事件或者重要事项信息披露的规定可以作为虚假陈述行为重大性的判断依据。该规定实际上减轻了原告的举证责任，未来在证券虚假陈述责任纠纷中，原告可以援引信息披露的相关规定作为主张虚假陈述行为具有重大性的依据，标准相对明确、具体。

在重大性的抽象判断标准层面，最高人民法院没有坚持既往倾向于采"理性投资人标准"的意见，转而采取了"价格敏感性标准"。我们理解，可能是考虑到证券交易价格及交易量的变化更加直接、客观，作为判断重大性的标准可操作性更强。

根据《新虚假陈述规定》，"价格敏感性标准"作用主要有二。其一，根据第10条第1款第3项的规定，"价格敏感性标准"作为虚假陈述行为重大性的兜底条款，对法律法规未规定披露事项及达不到第10条第1款第1项、第2项相关规定的重大事件或重要事项标准的披露事项导致相关证券的交易价格或者交易量产生明显的变化，也可以认定为具有重大性。第二，根据第10条第2款的规定，针对原告依据第10条第1款第1项、第2项主张具有重大性的虚假陈述行为，被告可以提交证据进行反证，即通过证明虚假陈述并未导致证券交易价格或者交易量明显变化，否定虚假陈述行为的重大性。

(五)重大性的量化标准

将重大性作为构成虚假陈述的必要条件的逻辑基点实际上是一种价值平衡的结果。一方面，证券虚假陈述侵权责任的发生，正是因为信息披露义务人的虚假记载、误导性陈述、重大遗漏或不当披露等行为导致了投资者的损失，即信息披露义务人的虚假陈述行为具有可归责性。另一方面，在证券信息披露实践中，信息披露的范围本就不是百分之百精确的，若任何轻微的虚假陈述行为都构成侵权，则信息披露义务人必然时时处在信息披露恐慌中，这不仅会增加上市公司信息披露负担，还会降低信息披露质量，[1]最终亦将不利于

〔1〕 参见徐文鸣、刘圣琦：《新〈证券法〉视域下信息披露"重大性"标准研究》，载《证券市场导报》2020年第9期。

投资者的决策。[1] 因此,立法和司法都需要对可归责的证券虚假陈述行为的适当范围进行限定,而限定的标准就是,证券虚假陈述行为需要满足重大性标准。

在美国,公司和审计人员在进行重大性判定时往往使用定量5%的经验法则(rule of thumb)。[2] 即如果一个项目对净收入的影响低于一定的数字百分比,如5%,那么它就不具有重大性。为了加强对特殊事项的监管,世界各交易所已经逐渐发展出针对特殊事项的重大性测试法,如非日常交易、关联交易、重大诉讼或仲裁、担保、大额持股等;对于非特殊事项,仍然适用经验法则的5%标准。在美国的司法实践中,法院通常会优先采用定量方法判定,一些不满足定量方法的虚假陈述将不具有重大性,一些法院通常会拒绝判定低于5%的虚假陈述具有重大性。[3] 基于规则的可预见性、经济性和有效性,审判中应当优先适用定量因素进行裁量。对特殊事项的监管,适用交易所已经逐渐发展的针对特殊事项的重大性测试标准;[4] 对于非特殊事项,仍然适用经验法则的5%标准。如果特殊事项通过交易所的重大性测试,则应当推定其具有重大性。如果非特殊事项对净收入(净收入 = 收入 - 费用)的影响低于一定的数字百分比,如5%,那么它就不具有重大性。

---

〔1〕 参见丁宇翔:《证券虚假陈述前置程序取消的辐散效应及其处理》,载《财经法学》2021年第5期。

〔2〕 定量法起源于财务会计领域,20世纪80年代,鉴于司法测试的事后性和缺乏足够的SEC事前指导,公司和审计人员在进行重大性判定时往往使用定量5%的经验法则(rule of thumb)。SEC认可了对重大性采取定量方法的经验法则,即使公司以一种违反公认会计准则的方式记录不足5%占比的事件,但根据证券法,它也将不承担任何责任。See kennth C. Fang & Brad Jacobs, *Clarifying and Protecting Materiality Standards in Financial Statements: A Review of SEC Staff Accounting Bulletin 99*, 55 The Business Lawyer, Vol. 1039, p. 1039 - 1064(2000).

〔3〕 In re Kidder Peabody Sec. Litig, 10 F. Supp. 2d 398, 410(S. D. N. Y. 1998).

〔4〕 在信息披露的日常监管中,交易所针对非日常经营事项的披露进行了较为细致的量化测试指标,满足相关指标即达到事前披露的重大性标准。非日常经营事项具有高度的不可预期性和重大的潜在影响,是交易所信息披露监管的重点关注对象。交易所通过多重量化指标能够增强特殊交易披露监管可操作性和有效性,体现了交易所对不同非日常事项的风险高低和重大性程度的初步预判。交易所目前对于非日常经营性交易设定了10%的相对标准(资产总额、营业收入、净利润)和绝对额的事前信息披露标准,兼顾了保护投资者知情权和降低市值较小企业的信息披露成本。此外,交易所对于担保、关联交易等事项表示出了特别关注,信息披露标准低于5%的经验标准。

《证券法》提供了一套相对清晰和明确的披露清单,旨在尽可能全面地覆盖重要的信息类型,让披露义务人的事前信息筛选过程从“简答题”变为“判断题”。[1]

《证券法》第81条规定:“发生可能对上市交易公司债券的交易价格产生较大影响的重大事件,投资者尚未得知时,公司应当立即将有关该重大事件的情况向国务院证券监督管理机构和证券交易场所报送临时报告,并予公告,说明事件的起因、目前的状态和可能产生的法律后果。

前款所称重大事件包括:

“(一)公司股权结构或者生产经营状况发生重大变化;

“(二)公司债券信用评级发生变化;

“(三)公司重大资产抵押、质押、出售、转让、报废;

“(四)公司发生未能清偿到期债务的情况;

“(五)公司新增借款或者对外提供担保超过上年末净资产的百分之二十;

“(六)公司放弃债权或者财产超过上年末净资产的百分之十;

“(七)公司发生超过上年末净资产百分之十的重大损失;

“(八)公司分配股利,作出减资、合并、分立、解散及申请破产的决定,或者依法进入破产程序、被责令关闭;

“(九)涉及公司的重大诉讼、仲裁;

“(十)公司涉嫌犯罪被依法立案调查,公司的控股股东、实际控制人、董事、监事、高级管理人员涉嫌犯罪被依法采取强制措施;

“(十一)国务院证券监督管理机构规定的其他事项。”

再如,《上海证券交易所股票上市规则》(2023年2月修订)第6.1.3条规定:“除本规则第6.1.9条、第6.1.10条规定以外,上市公司发生的交易达到下列标准之一的,上市公司除应当及时披露外,还应当提交股东大会审议:

“(一)交易涉及的资产总额(同时存在账面值和评估值的,以高者为准)占

---

〔1〕参见徐文鸣、刘圣琦:《新〈证券法〉视域下信息披露“重大性”标准研究》,载《证券市场导报》2020年第9期。

上市公司最近一期经审计总资产的50%以上；

“(二)交易标的(如股权)涉及的资产净额(同时存在账面值和评估值的，以高者为准)占上市公司最近一期经审计净资产的50%以上，且绝对金额超过5000万元；

“(三)交易的成交金额(包括承担的债务和费用)占上市公司最近一期经审计净资产的50%以上，且绝对金额超过5000万元；

“(四)交易产生的利润占上市公司最近一个会计年度经审计净利润的50%以上，且绝对金额超过500万元；

“(五)交易标的(如股权)在最近一个会计年度相关的营业收入占上市公司最近一个会计年度经审计营业收入的50%以上，且绝对金额超过5000万元；

“(六)交易标的(如股权)在最近一个会计年度相关的净利润占上市公司最近一个会计年度经审计净利润的50%以上，且绝对金额超过500万元。

“上述指标涉及的数据如为负值，取绝对值计算。”

当法定交易或事件同时达到比例和绝对值的法定阈值时，与其相关的信息即满足重大性标准，披露义务人应当进行披露。满足重大性标准的法定情形能够在事前为信息披露义务人提供明确指引，避免义务人的错误判断导致遗漏重大信息。同时，它又具有“过滤”效果，限制对投资者决策无益甚至有误导作用的“噪声”信息，提高证券市场的整体效率。而量化指标也增强了标准的客观性和确定性，大幅减小监管和争议解决的成本。

由于披露清单系满足重大性标准的法定情形，因而上述清单同样适用于事后监管执法和司法审判活动，且其适用的优先级高于重大性的一般规定。以列举法规定的法定重大性标准是一般标准的具体化，在事项类型和量化程度上具备确定性，能够作为监管裁判的直接依据。此外，法定重大性标准的外延小于“价格敏感”和“投资者决策”标准，优先适用前者可以提高监管执法和司法审判结果的一致性和公平性。例如，在深圳能源集团股份虚假陈述案[1]中，该企业会计核算存在不实负债、收入和利润的记载，但由于占比尚未达到《证券法》

---

〔1〕 参见深圳市中级人民法院民事判决书，(2013)深中法商初字第47号。

和相关法规规定的量化标准，审理法院据此认定上述会计违规问题不足以影响投资者决策，最终并未承认上述信息满足重大性标准。而在广东超华科技股份虚假陈述案[1]中，最高人民法院和广东证监局计算了案涉公司虚增利润占当期利润总额和当期合并净利润的比例，进而直接说明该公司信息披露行为违反了《证券法》的相关规定。

在应某某等人与华闻传媒投资集团股份有限公司（以下简称华闻公司）证券虚假陈述责任纠纷申请再审案中，最高人民法院从所涉信息披露的财务会计报告的涉及金额、事件性质、影响力等方面综合判断，认定华闻公司在2008年年报中对相关数据进行调整，除归属于母公司所有者的净利润（调增13.18%）和利润总额（调增5.16%）调整的幅度较大以外，其余科目调整幅度均很小，并不能对股票市场产生实质性影响，其所披露的信息不构成重大错报，其信息披露行为不构成虚假陈述。

在袁某等个人与黄石东贝机电集团股份有限责任公司（以下简称东贝股份）证券虚假陈述责任纠纷案中，武汉市中级人民法院从两个方面认定案涉虚假陈述行为不具有重大性：（1）结合前述《证券法》第67条的规定，东贝股份未披露或未如实披露关联关系、关联交易、关联公司相关持股信息，其行为本质不同于以虚增重大业绩、隐瞒重大亏损、隐瞒重大债务等行为对股票投资者的投资行为造成重大性误导；（2）对实施日和揭露日前后10个交易日东贝B股的股价及成交量进行比对，案涉虚假陈述行为实质上并未对东贝B股的交易量、价格产生重大影响。

在韩某某等人与深圳能源集团股份有限公司证券虚假陈述责任纠纷案中，深圳市中级人民法院认为，被告存在负债不实、收入不实、利润不实等会计违规问题。经对比，上述财务会计违规问题所涉及的金额占被告总体资产比例很少，造成的影响较小，尚不足以影响投资者对投资被告公司的判断，也不足以达到《证券法》所规定的对“重大事件”作出违背事实真相的虚假记载、误导性陈述，或者在披露信息时发生重大遗漏、不正当披露信息的行为。同时，从相关信

---

[1] 参见最高人民法院民事判决书，（2020）最高法民申857－859号。

息发布后对被告股票的影响来看,市场反应出的股价涨跌幅并不明显,故被告行为不构成证券虚假陈述。

2019 年修订的《证券法》首次承认“投资者决策测试”的法律地位,第 19 条要求发行人“充分披露投资者作出价值判断和投资决策所必需的信息”。这意味着“投资者决策测试”的法律地位从行政规定上升为法律规定,进一步加强了法律效力。同时,“投资者决策测试”作为监管规定的信息披露最低合规标准,结合《证券法》推出的中国版集团诉讼制度,有助于提高证券私人执法强度,保障投资者的合法权益。此外,“投资者决策测试”的适用范围延伸至证券交易环节。

从学理角度来看,“投资者决策”标准具有高度的抽象性、可解释性和包容性,更贴近于兼具指导和兜底作用的“原则”而非可以直接适用的“规则”;从实践角度来看,信息披露所涉内容众多,不合规的行为模式层出不穷,个案认定不应当局限于“刚性”的规则。当规则出现漏洞或者无法适应证券市场的动态发展时,应当通过“投资者决策测试”来保护投资者合法权益。在大智慧案[1]中,大智慧公司虚假陈述期间发生了系统性风险:2015 年的股市异常波动、2016 年年初的市场熔断。上述事件导致大智慧公司虚假陈述行为与投资者损失之间因果关系的认定成为案件争议的主要焦点。在股市整体大幅波动下,市场价格严重扭曲,事件研究法也难以精确分离系统性风险和虚假陈述对公司股票价格的影响,此时规则性规范“价格敏感测试”的适用存在较大障碍。最高人民法院因而在裁判时援引“投资者决策测试”,论证了大智慧公司虚假陈述行为的负面影响,有效解决“价格敏感测试”失灵时重大性的认定问题。

此外,适用“投资者决策测试”需要结合具体案件事实进行说理,能最大范围地规制信息披露违法行为。以表 2-3 量化标准表中的应披露交易为例,如果一项交易产生的利润显著超出发行人最近一个会计年度经审计净利润的 10%,能够对投资者决策产生重大影响,那么即便该笔交易利润绝对值未达到 100 万元,信息披露义务人仍应当综合考虑该笔交易是否会影响投资者决策,来

---

〔1〕 参见最高人民法院民事判决书,(2019)最高法民申 6413 号。

判断是否满足重大性标准。由于发行人规模不同,对于同一敏感比例,大型公司和小型公司所反映的绝对值势必有所区别。随着多层次资本市场建设的深化,未来会有越来越多的小型公司通过证券市场融资,“投资者决策测试”的作用将越发凸显。

“价格敏感测试”作为重大性判断标准具有优先性。易言之,如果信息通过了“价格敏感测试”,那么其即具备重大性。由于“事件研究法”相较于其他判断工具更为严苛,如果当事人基于该方法能够发现相关信息引起证券价格的超额变化,那么上述发现对于证明相关信息满足重大性标准具备很强的证明力。如果信息未能通过“价格敏感测试”,那么成立一个可反驳的推定(rebuttable presumption),即该信息不符合重大性标准。

对于未通过“价格敏感测试”的信息,主张其具备重大性的一方当事人负有举证责任,证明“价格敏感测试”无效,如市场无效率、存在其他违法行为、存在其他干扰信息等。如果法院采纳“价格敏感测试”无效,那么可转向通过“投资者决策测试”定性判断信息是否满足重大性标准。[1]

(六)以行政处罚推定具有重大性是否合理

《新虚假陈述规定》第10条明确规定了虚假陈述内容是否构成重大性之标准。[2] 从中不难看出,中国证监会出台的相关规范性文件中规定的重大信息也具有《新虚假陈述规定》所称的重大性。故在有在先行政处罚甚至生效刑事判决的虚假陈述赔偿纠纷中,重大性的认定将极大程度地受到前置程序的影响。

在《新虚假陈述规定》出台前的司法实践中,法院几乎都会将行政处罚或生

---

〔1〕 参见徐文鸣、刘圣琦:《新〈证券法〉视域下信息披露“重大性”标准研究》,载《证券市场导报》2020年第9期。

〔2〕 《新虚假陈述规定》第10条规定:“有下列情形之一的,人民法院应当认定虚假陈述的内容具有重大性:(一)虚假陈述的内容属于证券法第八十条第二款、第八十一条第二款规定的重大事件;(二)虚假陈述的内容属于监管部门制定的规章和规范性文件中要求披露的重大事件或者重要事项;(三)虚假陈述的实施、揭露或者更正导致相关证券的交易价格或者交易量产生明显的变化。前款第一项、第二项所列情形,被告提交证据足以证明虚假陈述并未导致相关证券交易价格或者交易量明显变化的,人民法院应当认定虚假陈述的内容不具有重大性。被告能够证明虚假陈述不具有重大性,并以此抗辩不应当承担民事责任的,人民法院应当予以支持。”

效刑事判决中的虚假陈述行为等同于民事责任中的虚假陈述行为。《九民纪要》第85条甚至明确规定了虚假陈述已经被监管部门行政处罚的,应当视为具有重大性的违法行为,从而在实际上认可了行政处罚中虚假陈述内容应被推定具有重大性。

但事实上《九民纪要》规定的这种刚性的推定规则所遵循的是一种最节省司法成本的思路,是在平衡各方举证能力和法院审判效率等因素下所作的一种相对粗糙的折中处理,这种处理方式本身的合理性是有待商榷的。这是因为:一方面,行政法和民商法所保护的法益及其规范目的并不完全一致。[1] 行政法所保护的利益更多地关乎社会管理秩序,其功能在于惩罚和预防;而民商法所保护的利益主要是私人利益,其功能有时虽然也包括惩罚,但更多的是补偿和救济。[2] 另一方面,在实践中针对具体的虚假陈述所作出的行政处罚有时只考虑其合规性,即只要披露信息不符合事实就认定违规,从而给予行政处罚。至于该具体的违规披露行为是否真的对投资决策产生影响,则未必完全顾及,因而可能存在中国证监会认定构成虚假陈述违法行为但在民事赔偿诉讼中原告未被支持的情况。[3]

《信息披露违法行为行政责任认定规则》第三节规定,行政处罚应当根据信息披露义务人违法行为的客观方面和主观方面等综合审查认定其责任。就客观方面而言,虚假陈述是否重大只是考量因素之一,还需考虑信息披露违法事项对投资者投资判断的影响大小、违法后果、违法次数以及社会影响的恶劣程度等。就主观方面而言,需考虑信息披露义务人是故意还是过失、信息披露违法行为发生后是否采取补救措施以及是否配合监管机构的调查等。

根据上述规则,重大性并非行政处罚最主要的考虑因素,也不是必要的考虑因素,即便虚假陈述行为不具有重大性,也存在被中国证监会科以行政处罚

---

〔1〕 参见汤欣、张然然:《虚假陈述民事诉讼中宜对信息披露"重大性"作细分审查》,载蒋锋、卢文道主编:《证券法苑》(第28卷),法律出版社2020年版,第264页。

〔2〕 参见张旭:《民事责任、行政责任和刑事责任——三者关系的梳理与探究》,载《吉林大学社会科学学报》2012年第2期。

〔3〕 参见丁宇翔:《证券虚假陈述前置程序取消的辐散效应及其处理》,载《财经法学》2021年第5期。

的可能性。而民事诉讼中重大性是必要的构成要件，只有具有重大性的虚假陈述行为才具有可赔偿性。因此，欠缺重大性的行政处罚，本身就不能作为民事诉讼中认定虚假陈述行为重大性的依据。

行政处罚中监管部门主要考虑的是信息披露是否符合法律法规的规定。而民事诉讼中对重大性的认定，主要基于重大性的判断标准，考察虚假陈述行为是否足以影响证券价格或交易量、是否足以影响投资者决策。在实践中，部分被采取行政处罚措施的信息披露违法行为，违反的是合规性的要求，如交换与买卖承兑汇票、会计利润调整计入等，并不当然涉及证券欺诈。[1] 对同一行为基于监管权威的判罚与其是否足以触发民事责任，背后体现的实则是不同的法理逻辑。[2]

个别案件也对中国证监会的处罚事项进行了具体分析，并非一律认定受到行政处罚即等同于虚假陈述行为具有重大性(见表2－3)。

表2－3　行政处罚与虚假陈述行为重大性相关性的案例

案例名称	行政处罚情况	重大性认定
深圳能源案	财政部驻深圳市财政监察专员办事处对深圳能源公司2009年度会计信息质量进行了检查。检查发现，被告公司存在负债不实2356万元、收入不实3088万元、利润不实2300万元等会计违规问题，少缴各项税款430万元。其中：该公司下属深圳妈湾电力有限公司2009年少计其他业务收入793万元，少计营业外收入1886万元；下属深圳市广深沙角B电力有限公司2009年员工薪酬等收入1290万元未扣缴个人所得税。针对检查发现的问题，财政部驻深圳市财政监察专员办事处依法下达了处理决定，并对该公司及下属单位予以罚款	法院认为被告违反了《会计法》、会计规则、税收法律或者规章，而非证券法律规定，上述财务会计违规问题所涉及的金额占被告总体资产比例很少，造成的影响较小，尚不足以影响投资者对投资被告公司的判断，也不足以达到《证券法》所规定的对“重大事件”作出违背事实真相的虚假记载、误导性陈述或者在披露信息时发生重大遗漏、不正当披露信息的行为，且市场反应出的股价涨跌幅并不明显。因此，被告所涉行为仅是财务会计违规问题，并不构成证券市场虚假陈述[3]

---

〔1〕 参见汤欣、张然然：《虚假陈述民事诉讼中宜对信息披露“重大性”作细分审查》，载蒋锋、卢文道主编：《证券法苑》(第28卷)，法律出版社2020年版，第265页。

〔2〕 参见汤欣、张然然：《虚假陈述民事诉讼中宜对信息披露“重大性”作细分审查》，载蒋锋、卢文道主编：《证券法苑》(第28卷)，法律出版社2020年版，第265页。

〔3〕 参见深圳市中级人民法院民事判决书，(2013)深中法商初字第47号。

续表

案例名称	行政处罚情况	重大性认定
珠海中富案	中国证监会调查查明,2015 年 12 月初,被告为实现盈利,安排其关联方陈某勇,用其控制的公司深圳兴中投资合伙企业(以下简称兴中投资)购买被告子公司河南中富容器有限公司(以下简称河南中富)的股权。2015 年 12 月 15 日,被告与兴中投资签订《河南中富容器有限公司股权转让协议》。同日,被告董事会,审议通过出售河南中富股权的议案。在前述过程中,被告未履行关联交易审议程序,在被告披露的相关公告中,仅披露了被告向兴中投资出售河南中富的情况,而未将其作为关联交易予以披露。该行为构成《证券法》第 193 条第 1 款所述的情形,因此对被告及其相关责任人给予警告、罚款等行政处罚	一审法院认定:"《中华人民共和国证券法》第六十三条只是对虚假记载、误导性陈述或重大遗漏的一般性规定,仅凭证监会的处罚决定不能认定珠海中富的虚假陈述事项是否属于重大事件,应从陈述事项的性质、影响力等方面综合判断。2012-052 号公告中所涉及的收购事件最早于 2012 年 9 月 8 日已经公开披露,2012-052 号公告中披露的内容仅是对收购方案的调整情况,并非'投资者尚未得知的重大事件'本身,不符合《中华人民共和国证券法》第六十七条规定的重大事件的各项情形。"[1]
界龙实业案	中国证监会上海监管局认定,界龙实业公司 2015 年半年度报告、第三季度报告及年度报告,2016 年第一季度报告及半年度报告中未如实披露界龙集团公司持股情况,相关定期报告中有关股东持股情况部分存在虚假记载,违反了《证券法》第 63 条的规定,构成《证券法》第 193 条第 1 款所述的违法行为。对界龙实业公司责令改正、给予警告,并处以 30 万元罚款	法院认定:"无论界龙集团公司增持的虚假记载,还是两被借用账户自然人股东及其持股的虚假记载,均未对投资者的决策产生实质影响。此外,从 2015 年半年度报告发布日、行政处罚事先告知书公告日之后界龙实业公司股票的股价可以看出,其涨跌幅及走势与上证指数趋势基本相同,说明涉案虚假陈述信息的发布及虚假陈述行为被揭示,也并未对界龙实业公司股票的价格产生影响。"[2]

[1] 广东省高级人民法院民事判决书,(2018)粤民终 1414 号。

[2] 上海金融法院民事判决书,(2018)沪 74 民初 978 号。

续表

案例名称	行政处罚情况	重大性认定
孙某某与湖南尔康制药股份有限公司证券虚假陈述责任纠纷案	中国证监会湖南监管局查明，湖南尔康制药股份有限公司（以下简称尔康制药）从全资子公司全额现款购入原料不具有商业合理性，商品所有权上的主要风险和报酬没有发生转移，相关经济利益没有实际流入，商品的实际控制权没有发生转移。湖南尔康（香港）有限公司的会计处理不符合现行《企业会计准则第14号——收入》的规定。另外，尔康制药2015年年度财务报表虚增收入18,058,880.00元，虚增净利润15,859,735.04元，占当期合并报表披露营业收入1,755,998,915.76元的1.03%，披露净利润604,578,672.02元的2.62%。2016年年度财务报表虚增营业收入255,075,191.84元，虚增净利润232,254,448.80元，占当期合并报表披露营业收入2,960,896,815.03元的8.61%，披露净利润1,026,434,494.30元的22.63%。综上，尔康制药于2016年4月、2017年4月分别公告了2015年年度报告、2016年年度报告，存在虚假记录。对尔康制药责令改正，给予警告，并处以60万元罚款	最高人民法院认为：一方面，尔康制药2015年年度报告中虚增营业收入和虚增净利润，分别占当期合并报表披露营业收入和披露净利润的1.03%和2.62%，该增长率同比仅增长了1.3个百分点和5.5个百分点，没有对公司业绩和重要财务指标产生实质影响。另一方面，2015年年度报告公布前的两个多月（2016年1月29日至2016年4月5日），尔康制药的股价涨幅为22.26%，而该公司股票在2015年年度报告公布后仅上涨了2.99%，且卖出金额大于买入金额。一个多月后，尔康制药股价不涨反跌，即2016年4月7日至2016年5月9日整体上处于下跌态势，区间内跌幅达13.46%。而在尔康制药2015年年度报告发布后的一个月，“深证综合指数”“创业板指数”的区间跌幅均明显小于尔康制药的股价跌幅。因此，法院认定尔康制药2015年年度报告中的虚假陈述行为未对该公司股票的市场价格产生诸多影响，尔康制药当时股价涨跌是市场交易的正常反应，而非2015年年度报告中的虚假陈述行为所致。相关虚假陈述虽然被湖南证监局处罚，但不论是从虚假陈述的金额来看，还是从股价波动情况来看，该虚假陈述不具有重大性〔1〕

由此可见，在司法实践中，法院对于受到行政或刑事处罚违规披露行为并不是一律无条件地认定为民事侵权领域的证券虚假陈述侵权行为，毕竟行政违规行为与民事侵权行为分属于不同的部门法，本身存在巨大的差异，法院在审理过程中理应认识到此种差异，并作出应有的区分判断。在目前的司法背景下，即使在虚假陈述诉讼的受理条件中仍存在前置程序，但更多地似乎是作为

〔1〕 参见最高人民法院民事裁定书，（2021）最高法民申96－99号。

一种控制案件数量的手段,行政或刑事处罚仅仅是此类案件受理的基础,在案件进入实体程序之后,法院并不完全依赖行政机关的处罚判断,当然认定行政违法行为为民事侵权行为,而是给予其充分的论述。正是因为考虑到以行政处罚推定重大性的处理有可能造成的不合理性,《新虚假陈述规定》并未明确存在前置的行政处罚的情况下是否必然能推导出虚假陈述内容具有重大性,而是试图通过确定重大性认定的一般规则解决该问题,这实际上给予了法院灵活解释的空间,方便其在个案中通过自由裁量作出妥当的判断,同时也给予了发行人在重大性问题上可争辩的空间。

对于有行政处罚作为前置程序的案件,法院出于简便审理的考虑,往往会直接推定适用重大性推定规则,从而推定虚假陈述内容具有重大性。在此过程中,被告往往也因为存在一个在先的行政处罚而未能就此积极抗辩。但事实上,行政处罚决定书所认定的基本事实并非"铁证如山",而是可被推翻的。

首先,行政处罚决定书所认定的基本事实并不属于《证据规则》第 10 条所规定的事实,不具有免证事实的效力。因此,中国证监会等行政机关所作出的行政处罚决定书,仅仅具有形式证明力,不能证明其内容本身的真实性,所以不能直接认为被行政处罚决定书所认定的虚假陈述具有重大性。其次,即使认为行政处罚决定书所认定的基本事实具有免证事实的效力,根据《证据规则》第 10 条第 2 款规定,被告也可以在虚假陈述民事诉讼中举证推翻行政处罚决定书所认定的基本事实。换言之,在司法实践中,发行人可以通过观察虚假陈述被实施或者被揭示后,证券价格或交易量是否发生明显波动,来推翻行政处罚中对于虚假陈述重大性的认定。[1]

在实践中,若对虚假陈述内容已有行政处罚,发行人应当尽可能地搜集证据、积极推翻行政处罚决定书中对己方不利的事实认定。若发行人能够举证证明,相关虚假陈述内容未对相关证券的交易价格或交易量造成明显影响或进一

---

〔1〕 参见樊健:《证券虚假陈述重大性要件的再厘清:基于司法实践的批判性思考》,载《深圳社会科学》2021 年第 6 期。

步证明虚假陈述不具有重大性，则可以此为抗辩理由推翻原告关于相关虚假陈述内容的重大性主张。

而在无前置行政处罚或刑事判决情形下，原告需要先行完成虚假陈述的内容具有重大性的初步举证，证明其主张的虚假陈述内容符合《新虚假陈述规定》第10条所规定的重大性之内涵，这对原告的举证能力提出了较高的要求。而从发行人的角度来说，发行人更应当抓住机会，将虚假陈述的重大性要件作为重要的抗辩点。

综上所述，虚假陈述行为是否受到行政处罚与民事诉讼中虚假陈述行为是否具有重大性并不存在必然的关系，民事诉讼程序中应当依据《新虚假陈述规定》第10条的规定，独立对重大性作出认定。不能否认的是，大部分被处罚的虚假陈述行为属于第10条第1款第1项、第2项规定的信息披露违规行为，但我们倾向于认为，对于此类行为，法院仍应依据《新虚假陈述规定》第10条及相关信息披露规定作出认定，独立行使裁判权，并应按第10条第2款的规定允许被告提出反证。

(七)需考虑对证券价格及交易量的影响

域外法律经验中常常将重大性标准区分为两类：一类是理性投资者标准，[1]另一类是影响性标准。而影响性标准又可进一步分为投资决策的影响性标准和证券价格的影响性标准两个方面。其中，投资决策的影响性标准，是指如果该信息披露将实质性影响投资者的投资决策，则该信息就具备重大性；而证券价格的影响性标准，是指如果该信息披露将实质性影响证券的价格，则该信息就具备重大性。

在《新虚假陈述规定》出台前，相关立法和司法实践中往往会将投资者决策的影响性标准和证券价格的影响性标准并行或择一适用。《信披管理办法》同时采取了两个标准，在杨某东与北京无线天利移动信息技术股份有限公司等证

〔1〕 理性投资者标准的核心逻辑在于，一个理性的投资者在购买证券时有实质可能性认为该信息是重要的，则该信息具备重大性。

券虚假陈述责任纠纷案[1]中，北京市高级人民法院结合虚假陈述行为既影响了投资者购买京天利股票的意愿，亦对股票交易价格产生了影响，从而认定虚假陈述行为具有重大性。现行《证券法》第80条、第81条则采用证券价格的影响性标准，《九民纪要》第85条则采用投资者决策的影响性标准。至于《新虚假陈述规定》第10条则是考虑到交易价格相对直观，从便利司法实践的角度出发，将证券价格的影响性标准作为判断虚假陈述内容是否构成重大性的核心尺度，并辅以对交易量指标的观测部分，兼顾了投资者决策的影响性标准。

而《新虚假陈述规定》明确的重大性认定标准，也已经在司法实践中体现。例如，在杜某与新疆汇嘉时代百货股份有限公司证券虚假陈述责任纠纷案[2]（以下简称新疆汇嘉案）中，一审法院与二审法院在虚假陈述行为是否构成重大性的问题上给出了截然相反的结论。一审法院认为，发行人未披露涉案巨额关联交易"会影响投资者对上市公司资产状况、业绩与投资价值的判断，足以影响投资者的决策"，"属于能够影响投资者决策的虚假陈述"；加上新疆证监局对发行人作出的行政处罚，印证发行人的虚假陈述行为已严重违反证券交易相关规则，系重大违法行为。故一审认定虚假陈述行为构成重大性。《新虚假陈述规定》施行后，二审法院则据此认为发行人的股票价格在揭露日至基准日并未下跌，反而呈上升趋势，交易量亦未超出正常区间，鉴于该虚假陈述行为未导致证券交易价格、交易量的明显变化，故认定该虚假陈述不具有重大性。因此，发行人在对虚假陈述行为的重大性进行抗辩时，应当抓住当前司法实践对重大性的认定标准，重点关注虚假陈述行为是否对证券价格和交易量这两个指标产生实质性影响。

值得注意的是，实践中可能存在虚假陈述内容被揭露时相关证券已经停牌或处于无法交易的特殊状态，这将有可能导致通过证券价格或交易量确定虚假陈述是否具备重大性的方法难以实施，对此法院有可能会在个案中采用投资者

---

[1] 参见北京市高级人民法院民事判决书，(2017)京民终565号。

[2] 参见新疆维吾尔自治区高级人民法院民事判决书，(2022)新民终1号。

决策的影响性标准进行自由裁量。除此之外，尽管《新虚假陈述规定》亦将“影响交易量”作为重大性的判断标准之一，但实践中股票成交量增大而股价不变的情况并不鲜见。并且实践中还存在一种观点认为，证券虚假陈述损害赔偿问题最终是要落实到价格上，故即便有交易量变化，只要证券价格无波动就不会导致投资者损失，投资者的赔偿请求也就无从谈起。[1] 若在个案中呈现交易量明显变化但交易价格平稳的情况，该观点也可作为发行人主张相关虚假陈述内容不具有重大性的理由之一。

另外，在认定交易量变化时，通常还需要进一步区分不同类型的虚假陈述来确定交易量变化判断的关键期日，在针对虚假记载和误导性陈述的情形时，因其客观上存在两次信息披露行为，而这两次信息披露都可能会对证券市场产生影响，故应当同时考察虚假陈述日以及揭露日的交易量变化；而在针对重大遗漏的情形时，因其客观上仅有一次信息披露的行为，则可以仅考虑揭露日的交易量变化（见表2－4）。

表2－4　影响交易量是否具有重大性的案例对比

影响交易量而具有重大性案例	未明显影响交易量而不具有重大性案例
在(2021)川民终177号判决书中，法院认定：“证券虚假陈述行为的重大性，是指公司行为对投资决定的可能性影响，主要包括投资者投资意愿等，其主要衡量指标可以通过该行为对证券交易价格和交易量的影响来判断。本案中，金亚科技公司发布《关于收到中国证监会立案调查通知书的公告》后，金亚科技股价在停牌前的三个交易日均跌停，下跌幅度高达27%，而同期深圳创业板指数仅下跌6%。由此可见，金亚科技公司披露的上述事项，已对投资者购买或抛售金亚科技股票的意愿产生影响，同时也对金亚科技股票的交易价格产生了明显影响。”	在(2020)最高法民申5877号判决书中，法院认定：“2015年年报公布前的两个多月(2016年1月29日至2016年4月5日)，尔康制药的股价涨幅为22.26%，而该公司股票在2015年年报公布后仅上涨了2.99%，且卖出金额大于买入金额。一个多月后，尔康制药股价不涨反跌，即2016年4月7日至2016年5月9日整体上处于下跌态势，区间内跌幅达13.46%。而在尔康制药2015年年报发布后的一个月，‘深证综合指数’‘创业板指数’的区间跌幅均明显小于尔康制药的股价跌幅。因此，原审法院认为尔康制药2015年年报中的虚假记载行为未对该公司股票的市场价格产生诱多影响；尔康制药当时股价涨跌是市场交易的正常反应，而非2015年年报中的虚假记载行为所致，理据充分，本院予以认可。”

[1] 参见陈洁：《虚假陈述民事赔偿制度的新发展理念及其规范实现》，载《法律适用》2022年第3期。

续表

影响交易量而具有重大性案例	未明显影响交易量而不具有重大性案例
在(2020)黔民终 813 号判决书中,法院认为:"天成控股公司在 2015 年已经业绩亏损的条件下,如 2016 年的业绩继续亏损,将面临退市风险。基于此,天成控股公司 2016 年的业绩是盈利还是亏损必然会对投资者的决策产生重大影响……在排除系统性因素的条件下,无论是虚假陈述的'实施日'还是'揭露日'前后的股票价格差距过大都意味着虚假陈述对证券价格产生了实质性影响……一审法院根据'揭露日'前后的股价来判断是否符合价格敏感标准并无不当……"	在(2020)最高法民申 6845 号、6848 号判决书中,法院认为:"2015 年年报公布前两个多月……股价涨幅为 22.26%,而在公布了 2015 年年报公布后,尔康制药股价仅上涨了 2.99%,且卖出金额大于买入金额。之后一个多月,尔康制药股价不涨反跌,从 2016 年 4 月 7 日到 2016 年 5 月 9 日股价整体处于下跌态势,区间内跌幅达到 13.46%,2015 年年报中的虚假记载行为未对尔康制药股票的市场价格产生诱多的影响。"

二、关于预测性信息的抗辩

一般而言,预测性信息主要包括对利润、收入、每股盈亏、资本成本等财务事项的预测陈述,对上市公司未来经营的计划与目标的陈述,对未来一段时间内经济表现的陈述,对前述预测性信息所依据的合理假设和基础事实的陈述等。预测性信息在上市公司发布的公告中主要以"业绩预告""业绩快报""盈利预测"等方式呈现。预测性信息作为上市公司自愿披露信息的一部分,相比定期强制披露信息而言,更能反映出公司动态经营状况以及未来经营情况的趋势,且发布的信息往往是信息披露人的主观判断,具有实时性、前瞻性、主观性的特点。前瞻性信息披露对信息不对称有显著影响,信息不对称和外资持股对股票流动性有显著影响,而信息不对称在前瞻性披露与股票流动性之间起中介作用。资本市场流动性越强,投资者将资金投向资本市场的吸引力就越大。前瞻性信息对投资者作出投资决策发挥重要作用,而对于经营者上市公司而言,披露预测性信息也是吸引投资者的重要手段。构建预测性信息安全港规则的理论基础在于鼓励和保护发行人主动披露前瞻性信息,避免受前瞻性信息不确定性影响而承担虚假陈述或证券欺诈责任。如果只是因为业绩未能达到披露预期,就要求披露者承担证券欺诈责任,无疑过度增加了上市公司的披露风险,违背了证券市场公平原则并导致预测性信息披露流于形式。

我国对上市公司强制披露信息有严格的监管措施，而对于自愿披露的预测性信息从法律法规的变迁中（见表2-5），我们可以看出立法者随证券市场的繁荣发展对预测性信息披露所持态度的变化。以业绩预告为主的预测性信息披露经历了从强制披露到自愿与强制相结合的过程。从预测性信息披露内容上来看，强制披露的情形作了类型化扩充、预测性信息的更正条件和内容更加具体；从上市公司对披露预测性信息承担责任上看，实现了从不可抗力免责到《新虚假陈述规定》构建预测性信息"安全港规则"的转变。

表2-5　中国预测性信息法律法规变迁

发布时间	文件名称	颁布单位	法律位阶	状态	主要内容
2004年11月25日	《深圳证券交易所股票上市规则》(2004年修订)	深交所	行业规定	失效	第六章规定业绩预告的强制披露情况：净利润为负值；业绩大幅变动。其中业绩大幅变动指净利润与上年同期相比上升或者下降50%以上。比较基数较小的公司，经本所同意，可以豁免进行业绩预告。同时规定了业绩预告修正公告披露内容及条件
2004年11月29日	《上海证券交易所股票上市规则》(2004年修订)	上交所	行业规定	失效	第六章规定业绩预告的强制披露情况：净利润为负值；业绩大幅变动。其中业绩大幅变动指净利润与上年同期相比上升或者下降50%以上。比较基数较小的公司，经本所同意可以豁免进行业绩预告
2006年5月18日	《上海证券交易所股票上市规则》(2006年5月修订稿)	上交所	行业规定	失效	在《上海证券交易所股票上市规则》(2004年修订)的基础上，补充规定财务数据和指标的差异幅度将达到10%的，应当及时披露业绩快报更正公告，说明具体差异及造成差异的原因；差异幅度达到20%的，公司应当在披露相关定期报告的同时，以董事会公告的形式进行致歉，说明对公司内部责任人的认定情况等

续表

发布时间	文件名称	颁布单位	法律位阶	状态	主要内容
2008 年 9 月 4 日	《上海证券交易所股票上市规则》(2008 年修订)	上交所	行业规定	失效	在《上海证券交易所股票上市规则》(2006 年 5 月修订)的基础上,增加强制披露业绩预告“实现扭亏为盈”情形、进一步细化可以豁免披露业绩预告情形
2008 年 9 月 5 日	《深圳证券交易所股票上市规则》(2008 年修订)	深交所	行业规定	失效	在《深圳证券交易所股票上市规则》(2006 年 5 月修订)基础上,增加强制披露业绩预告“实现扭亏为盈”情形,进一步细化可以豁免披露业绩预告情形
2018 年 9 月 30 日	《上市公司治理准则》(2018 年修订)	中国证监会	部门规范性文件	有效	第 91 条　鼓励上市公司除依照强制性规定披露信息外,自愿披露可能对股东和其他利益相关者决策产生影响的信息。 自愿性信息披露应当遵守公平原则,保持信息披露的持续性和一致性,不得进行选择性披露,不得利用自愿性信息披露从事市场操纵、内幕交易或者其他违法违规行为,不得违反公序良俗、损害社会公共利益。 自愿披露具有一定预测性质信息的,应当明确预测的依据,并提示可能出现的不确定性和风险
2019 年 3 月 1 日	《科创板上市公司持续监管办法(试行)》	中国证监会	部门规章	有效	第 13 条　科创公司和相关信息披露义务人认为相关信息有助于投资者决策,但不属于依法应当披露信息的,可以自愿披露。科创公司自愿披露的信息应当真实、准确、完整,科创公司不得利用该等信息不当影响公司股票价格,并应当按照同一标准披露后续类似事件

续表

发布时间	文件名称	颁布单位	法律位阶	状态	主要内容
2020 年 2 月 14 日	《上市公司证券发行管理办法》(2020 年修正)	中国证监会	部门规章	失效	第 67 条　上市公司披露盈利预测的,利润实现数如未达到盈利预测的百分之八十,除因不可抗力外,其法定代表人、盈利预测审核报告签字注册会计师应当在股东大会及中国证监会指定报刊上公开作出解释并道歉;中国证监会可以对法定代表人处以警告。 利润实现数未达到盈利预测的百分之五十的,除因不可抗力外,中国证监会在三十六个月内不受理该公司的公开发行证券申请
2020 年 2 月 28 日	《深圳证券交易所上市公司规范运作指引》(2020 年修订)	深交所	行业规定	失效	自愿披露预测性信息时,应当以明确的警示性文字,具体列明相关的风险因素,提示投资者可能出现的不确定性和风险。对业绩预告、业绩快报及修正做出规范,未来报告期内业绩和财务状况在净利润为负值等特定情况下强制披露、业绩预告披露时间、比较基数较小情形下的豁免披露、披露业绩预告的措辞不得采用措辞模糊的表述、公司应当在业绩预告中作出声明,并披露不确定因素的具体情况及其影响程度、业绩预计区间计算方法等
2021 年 3 月 18 日	《上市公司信息披露管理办法》(2021 年修订)	中国证监会	部门规章	有效	第 5 条　除依法需要披露的信息之外,信息披露义务人可以自愿披露与投资者作出价值判断和投资决策有关的信息,但不得与依法披露的信息相冲突,不得误导投资者。信息披露义务人自愿披露的信息应当真实、准确、完整。自愿性信息披露应当遵守公平原则,保持信息披露的持续性和一致性,不得进行选择性披露。 信息披露义务人不得利用自愿披露的信息不当影响公司证券及其衍生品种交易价格,不得利用自愿性信息披露从事市场操纵等违法违规行为

续表

发布时间	文件名称	颁布单位	法律位阶	状态	主要内容
2022 年 1 月 7 日	《深圳证券交易所股票上市规则》(2022 年修订)	深交所	行业规定	被修改	相比《深圳证券交易所股票上市规则》(2020 年修订),增加应当进行业绩预告的情形以及预告时间要求;进一步明确何为业绩预告与实际经营情况的具体差异;增加业绩快报强制披露情形;增加披露业绩快报修正公告的情形;增加上市公司及董监高对披露业绩预告的审慎义务,需对披露业绩预告、盈利预测等预测性信息的准确性负责
2022 年 1 月 21 日	《新虚假陈述规定》	最高人民法院	司法解释	有效	增加预测性信息构成虚假陈述的免责事由:预测性信息与实际经营情况存在重大差异原则上不构成虚假陈述,但有三个例外情况:一是信息披露文件未对影响该预测实现的重要因素进行充分风险提示的;二是预测性信息所依据的基本假设、选用的会计政策等编制基础明显不合理的;三是预测性信息所依据的前提发生重大变化时,未及时履行更正义务的

对于预测性信息,《旧虚假陈述规定》并未作出规定。在司法实践中,如何合理界定、区别预测性信息和虚假陈述,对上市公司信息披露制度的执行有着重大影响。一概而论,将与实际经营情况存在差异的预测性信息认定为虚假陈述势必影响上市公司信息披露的积极性,与信息披露制度的初衷背道而驰;但把握标准过于宽松,又不利于投资者合法权益的保护。考虑到预测性信息的披露具有较高的风险,同时为了促进和鼓励信息披露义务人积极披露预测性信息,《新虚假陈述规定》对于发行人披露的预测性信息采取了安全港制度,即原则上就预测性信息的披露给予信息披露义务人必要的责任免除。

《新虚假陈述规定》第 6 条以"原则 + 例外"的形式规定了预测性信息构成虚假陈述的条件。该条款旨在规定三种披露预测性信息构成虚假陈述的例外情形督促发行人主动按照规范披露信息以期获得安全港规则的保护。预测性信息安全港规则具有鼓励、规范、引导上市公司披露前瞻性信息的进步意义,但是关于第6条中相关概念的解释以及自愿披露信息的相关规定都散见于中国证监会和证券交易所颁布的各类指引及准则中,这给法院在适用法律上增添了难度。例如,适用安全港规则的前提是预测性信息与实际经营情况存在重大差异,第6条第2款指明重大差异参照监管部门和证券交易场所的有关规定认定。例如,根据《上海证券交易所股票上市规则》(2023年2月修订),上市公司披露业绩快报后,如预计本期业绩或者财务状况与已披露的业绩快报数据和指标差异幅度达到20%以上,或者最新预计的报告期净利润、扣除非经常性损益后的净利润或者期末净资产与已披露的业绩快报发生方向性变化的,应当及时披露业绩快报更正公告,说明具体差异及造成差异的原因。

针对预测性信息披露与实际经营情况存在重大差异而引发的虚假陈述侵权案件,发行人在诉讼中的有力抗辩角度是其在披露预测性信息时已经进行了充分风险提示、该预测性信息所依据的编制基础适当,并且该预测性信息的前提未发生重大变化或在前提发生重大变化时已适时更正该等预测性信息。否则,预测性信息也可以构成证券市场的虚假陈述行为,应承担虚假陈述产生的民事赔偿责任。例如,在保某明与贵州长征天成控股股份有限公司证券虚假陈述责任纠纷案[1]中,天成控股公司发布的2016年年度业绩盈利1000万元至1500万元的业绩预告与实际亏损9700万元严重不符,其行为构成虚假记载,属于重大事件。基于天成控股公司依据无合理基础的事项,在没有客观事实证实的情况下,通过出具业绩预告虚构和捏造2016年年度经营业绩将实现扭亏为盈的预测信息,法院认定该行为属于证券虚假陈述行为。由于前述关于预测性信息的抗辩点所涉及的事项都与预测性信息披露的配套操作有关,并且这些操作的成本相比其可能引发的虚假陈述侵权风险而言是很小的,因此在实操层面上,我们更建议发行人加强预测性信息披露的事前风险把控,在披露预测性信息之前就选取适当的编制基础并做好充分的风险揭示,在相关预测前提发生重大变化时亦能及时进行更正。

---

〔1〕 参见贵州省高级人民法院民事判决书,(2020)黔民终855号。

深圳市中级人民法院在朱某某与海控南海发展股份有限公司证券虚假陈述责任纠纷案中,首次适用“预测性信息安全港”制度,对认定预测性信息的规则作出了论述。该案判决认为,预测性信息是对将来可能发生事项的预测,具有不确定性,实践中不可能做到与后来发生的事实完全一一对应。法院认为,对于案涉相关事项和数据是否构成重大事件,应当从数据误差占比、事件性质、影响力等方面进行综合判断:

海南特玻公司(海控南海发展股份有限公司控股子公司)2016 年递延所得税资产确认审慎性不足问题。深圳证监局指出的问题包括两个方面:(1)海南特玻公司 2016 年年底关于 4 号生产线在 2018 年 1 月可以实现投产的预测明显不合理;(2)海南特玻公司 2016 年年底关于 4 号生产线 2018 年至 2021 年毛利的预测缺乏依据。对此,法院认为,递延所得税资产确认金额是上市公司对未来利润的预测性数据推算出来的金额,属于预测性数据的披露。对该类问题披露,是对将来可能发生问题的预测,具有一定的不确定性,不同于对已经发生的现实问题的披露,实践中不可能做到与后来发生的事实完全一一对应。对此,应从下述两个方面进行审查:一是看上市公司披露预测性信息时的主观心理状态,即上市公司当时是否有理由真实地相信预测性信息,是否有意出具虚假预测信息误导投资人;二是看上市公司在披露预测性信息时是否作了预测具有不确定性的警示性提示。具体到本案中,第一,中航三鑫公司就海南特玻公司 4 号生产线的特殊生产条件、产品销售行情、政府环保政策变动等可能影响预测数据的原因、社会背景等因素作了合理解释,现有证据无法认定其系有意出具虚假预测信息误导投资人。第二,中航三鑫公司根据深圳证监局的要求采取整改措施后,深圳证监局没有对其违规行为进一步采取行政处罚等措施。第三,根据深圳证监局认可的中航三鑫公司整改报告,其对 4 号生产线毛利预测数据进行调整后,“2020 ~2021 年的平均毛利率为 20.31%,较 2015 年年底预测的毛利率下降 1.01%;该生产线可使用年限内平均毛利率为 22.47%,较 2015 年年底预测毛利率下降 2.55%”,说明中航三鑫公司的预测性数据与整改后的数据差额较小,尚不足以构成“重大性问题”。第四,中航三鑫公司在 2016 年年度报告第五节财务报告中告知投资者:“由于经营活动的内在不确定性,需要对无法准确计量的包括未来发生的递延所得税资产等九个项目在内的报表项目的账面价值进行判断、估计和假设,这些估计的不确定性所导致的结果可能造成对未来受影响的资产或负债的账面金额进行重大调整。”也即中航三鑫公司在年度报告中已经对未来递延所得税资产数值等预测具有不确定性向投资者作了明确的警示性提示。综上,中航三鑫公司虽然对海南特玻公司 2016 年递延所得税资产确认审慎性不足,但该确认陈述建立在一定合理性推断基础之上,并已经以善意方式予以披露,且公司年报中用明确的警示性语言直接告知了预测的不确定性。故法院认为中航三鑫公司就海南特玻公司的递延所得税资产确认审慎性不足,不足以构成证券虚假陈述。

关于海南特玻公司 2016 年递延所得税资产确认和资产减值准备计提所依据的盈利预测数据不一致的问题。法院认为,首先,海南特玻公司虽然是中航三鑫公司的下属核心子公司,但是其数据不会直接体现在中航三鑫公司年报中,只能间接地与其他相关公司的数据合并后体现在中航三鑫公司的相关财务报表中,就日常经验法则而言,海南特玻公司向评估公司和年度审计的会计师事务所分别提交的盈利预测数据不会直接影响投资者的决策。其次,根据中航三鑫公司整改报告,经过重新测算,海南特玻公司 2016 年年度合并报表调整递延所得税 906.28 万元,该调整额只占中航三鑫公司总资产 6,774,387,932.73 元的 0.1338%;调整增加利润总额亏损数 -83.36 万元,调整后的利润总额为 -4675.62 万元,也即调整的亏损数值只占利润总额的 1.782%。从上述数据来看,海南特玻公司的勘误修正数据在年报整体数据中所占比例极小,不足以构成影响投资者决策的重大事项。

综上,经过对比可见:中航三鑫公司的上述问题所涉金额占总体资产比例很小,造成的影响也较小,尚不足以影响投资者对该公司的判断;且无充分证据证明中航三鑫公司对海南特玻公司 2016 年递延所得税资产确认审慎性不足的预测系有意为之。鉴于上述因素,法院认为中航三鑫公司在本案中被责令整改的行为不属于证券法律法规规定的对“重大事件”作出违背事实真相的虚假记载、误导性陈述或者在披露信息时作出重大遗漏、不正当披露信息的行为。

可见,法院从两个方面进行了审查:一是看上市公司披露预测性信息时的主观心理状态,即上市公司当时是否有理由真实地相信预测性信息,是否有意出具虚假预测信息误导投资者;二是看上市公司在披露预测性信息时是否作了预测具有不确定性的警示性提示。虽然行政监管部门确认中航三鑫公司的预测性数据审慎性不足,但只有信息披露义务人“违反法律规定、进行虚假陈述并致使投资人遭受损失的”,才属于证券虚假陈述责任纠纷的处理范围。具体而言:首先,中航三鑫公司就年度报告中出现违规数据的原因、社会背景等因素作了合理解释,现有证据无法认定其系有意出具虚假预测信息误导投资人;其次,中航三鑫公司在年度报告中已经对未来递延所得税资产数值等预测信息具有不确定性向投资者作了明确的警示性提示;最后,中航三鑫公司违规行为所涉数额只占公司相应的利润、资产数额极小的比例,达不到影响投资者决策的程度。基于此,深圳市中级人民法院认为中航三鑫公司的行为不足以构成证券虚假陈述。

第三节　针对因果关系的抗辩

一、从笼统的交易因果关系认定到结合了损失因果关系的两层因果关系认定的演变

笔者认为,虚假陈述纠纷案件本质而言是一种特殊的侵权损害赔偿纠纷案件。关于因果关系要件的认定,《旧虚假陈述规定》延续了一般侵权关系中的表述习惯——“虚假陈述与损害结果之间存在因果关系”(见表2-6),而《新虚假陈述规定》则在原基础上,针对虚假陈述这一特殊侵权关系,进一步创设和细分了“交易因果关系”与“损失因果关系”的二维因果关系论证体系。

表2－6　因果关系要件——《新虚假陈述规定》《旧虚假陈述规定》演变

《新虚假陈述规定》	《旧虚假陈述规定》
第11条　原告能够证明下列情形的,人民法院应当认定原告的投资决定与虚假陈述之间的交易因果关系成立: (一)信息披露义务人实施了虚假陈述; (二)原告交易的是与虚假陈述直接关联的证券; (三)原告在虚假陈述实施日之后、揭露日或更正日之前实施了相应的交易行为,即在诱多型虚假陈述中买入了相关证券,或者在诱空型虚假陈述中卖出了相关证券	第18条　投资人具有以下情形的,人民法院应当认定虚假陈述与损害结果之间存在因果关系: (一)投资人所投资的是与虚假陈述直接关联的证券; (二)投资人在虚假陈述实施日及以后,至揭露日或者更正日之前买入该证券; (三)投资人在虚假陈述揭露日或者更正日及以后,因卖出该证券发生亏损,或者因持续持有该证券而产生亏损
第12条　被告能够证明下列情形之一的,人民法院应当认定交易因果关系不成立: (一)原告的交易行为发生在虚假陈述实施前,或者是在揭露或更正之后; (二)原告在交易时知道或者应当知道存在虚假陈述,或者虚假陈述已经被证券市场广泛知悉; (三)原告的交易行为是受到虚假陈述实施后发生的上市公司的收购、重大资产重组等其他重大事件的影响; (四)原告的交易行为构成内幕交易、操纵证券市场等证券违法行为的; (五)原告的交易行为与虚假陈述不具有交易因果关系的其他情形	第19条　被告举证证明原告具有以下情形的,人民法院应当认定虚假陈述与损害结果之间不存在因果关系: (一)在虚假陈述揭露日或者更正日之前已经卖出证券; (二)在虚假陈述揭露日或者更正日及以后进行的投资; (三)明知虚假陈述存在而进行的投资; (四)损失或者部分损失是由证券市场系统风险等其他因素所导致; (五)属于恶意投资、操纵证券价格的
第31条　人民法院应当查明虚假陈述与原告损失之间的因果关系,以及导致原告损失的其他原因等案件基本事实,确定赔偿责任范围。 被告能够举证证明原告的损失部分或者全部是由他人操纵市场、证券市场的风险、证券市场对特定事件的过度反应、上市公司内外部经营环境等其他因素所导致的,对其关于相应减轻或者免除责任的抗辩,人民法院应当予以支持	—

按照虚假陈述欺诈的一般要件,原告需证明其对被告虚假陈述的合理信赖。但在现代股票市场的“非面对面”交易中,普通投资者对被告虚假陈述的合理信赖难以举证。所以目前的证券虚假陈述侵权发展出了“市场欺诈理论”支持之下的信赖推定规则。即只要是被告从事了具有重大性的虚假陈述,且原告

在虚假陈述存续期间交易了证券,则推定认为原告的交易系信赖该虚假陈述的结果,除非被告可以反证推翻该等推定。“市场欺诈理论”为这一规则提供了进一步的解说。也即之所以可以推定原告只要从事了交易就能认为其信赖了虚假陈述,系因为该虚假陈述会影响证券价格,而原告的交易肯定会参考证券价格,故这种推定是具有合理性的。

推定因果关系的构建依据在于将证券市场价格视为链接虚假陈述信息与投资者信赖利益受损之间因果关系的环节,因果关系的确定以信赖利益的确定为前提。[1] 该理论的实践背景为美国的“半强有效证券市场”,其特征为投资者所进行交易的证券市场被认为是公平、公正、公开的。[2] 然而“弱有效”态势仍为我国证券市场的特征,证券市场中所有已公开、已披露的信息无法全然反馈或作用于证券的价格之上,[3]因而因果关系的推定与损害赔偿责任的确定基础并不如美国证券市场的半强有效市场理想,实践中可能会引发责任认定问题。因此在研究推定因果关系的抗辩问题前,应先对市场欺诈理论的基础及其适用方式进行界定与厘清。

市场欺诈理论的学理基础为市场有效性假说,在市场有效性假说的理论框架之下,所有已公开、已披露,且证券市场参与主体均能获取的信息都可反馈于证券价格之上。在实证分析研究中,证券市场被分为三种:强势市场、半强势市场与弱势市场。在弱势市场中,证券价格反映了市场中的历史信息,在“半强”态势的证券市场中,仅有信息披露义务主体或其他证券市场参与人所公开、披露的信息方能反馈在证券价格之中。在“强势”态势的证券市场中,证券的价格除受所有已公开、披露信息的影响,还会受到特定未披露信息的作用。市场欺诈理论在我国学界已有一定理论研究成果,相关学者认为,证券虚假陈述民事责任因果关系基于对信息信赖的合理性,如此便将因果关系演化为信赖关系。进一步而言,该等因果关系具有两层内涵,即交易因果关系(transaction

[1] 参见黄超程:《“欺诈市场理论”的内涵及其价值》,载《知识经济》2012 年第 17 期。

[2] 参见姜彦君:《论“市场欺诈理论”与证券内幕交易民事责任因果关系的确立及借鉴》,载《商业研究》2008 年第 8 期。

[3] 参见吴利群:《基于非理性市场理论的我国证券市场发展分析》,载《商业时代》2021 年第 8 期。

causation)与损失因果关系(loss causation)。[1]

所谓交易因果关系,是指投资者以信任行为者的虚假陈述为基础进行证券交易,强调投资者的投资决策和当事人的虚假陈述存在内在的联系。也就是说,股票交易的决策是建立在对虚假陈述的信任基础上的,这就等同于侵权法中的责任成立的因果关系。[2] 而损失因果关系,是指投资者在证券交易中所遭受的损害是由侵权人的虚假陈述造成的,其内涵为在证券市场投资者与证券虚假陈述行为之间所建立的根本关联,在一般民事侵权责任理论中,属于"责任范围"的因果关系。[3]

这种因果关系的分类标准体系源于美国法律实践,美国法院之所以把操纵市场侵权因果关系划分成这样,是因为在美国,因果关系通常分为事实因果关系和法律因果关系,也就是采用两步分析法来认定因果关系。第一步叫作事实原因,其判定方法也可叫作"若非—则无(but for)规则",即某一行为或原因力是所导致的结果的必要条件。第二步叫作法律上的原因或近因。回归证券虚假陈述因果关系问题的领域后,若将事实因果关系与法律因果关系相结合,便能将一般侵权因果关系的划分转化为证券虚假陈述行为因果关系中的交易因果关系与损失因果关系之概念。[4]

市场欺诈理论仅推定了交易因果关系,且未对虚假陈述行为如何作用于交易行为提供解释依据。《新虚假陈述规定》第11条尽管没有对买卖行为和损害之间作出清晰的划分,但是已经包含了买卖和损害之间的强制推断。在一般侵权法的理念中,原告需证明虚假陈述行为与交易行为之间具有直接关系。然而,在证券市场中,交易行为可能受证券分析师的行业研究报告、财经杂志报道、证券经纪人推荐等间接渠道的影响,投资者在进行交易行为时一般也不会留存上述相关文件。因此,交易因果关系在一般侵权法的视野下难以进行举

---

〔1〕 参见刘新民:《中国证券法精要:原理与案例》,北京大学出版社2013年版,第282~286页;彭冰:《中国证券法学》,高等教育出版社2007年版,第254~255页。

〔2〕 参见徐文鸣:《注册制背景下债市虚假陈述司法裁判的金融逻辑——以五洋债代表人诉讼为例》,载《证券市场导报》2021年第5期。

〔3〕 参见陈结:《证券虚假陈述中审验机构连带责任的厘清与修正》,载《中国法学》2021年第6期。

〔4〕 参见廖升:《操纵证券市场侵权责任之因果关系》,载《法学评论》2017年第1期。

证,进而损失因果关系在交易因果关系缺位下亦难以举证,由此便促成了市场欺诈理论的适用。

市场欺诈理论在证券虚假陈述领域的运用源于美国法律实践,在 1986 年 Peil v. Speiser 案中,被告 Marvin Speiser 与 Roy Marcus 均为健康化学公司(Health-Chem Corporation)高级管理人员,原告认为上述高级管理人员夸大了公司某种对于吉卜赛飞蛾治理产品的功效,在股价飙升期间买入健康化学公司 500 份股票,在上述虚假陈述更正后,原告因卖出公司股票而损失数千美元。经案件中的审理法院查明,原告系在股票经纪人推荐下购买了健康化学公司的股票,而股票经纪人对于健康化学公司前景判断系基于《金融世界》(Financial World)杂志中关于上述产品的文章与报道。该案中的法院认为,在自由开放的发达证券市场中,公司股票价格取决于有关公司及其业务的可用重大信息,即便受损害投资者的决策并非直接基于证券虚假陈述信息,但基于市场欺诈理论,市场中所有已公开的信息均能反馈于投资者的投资决策之中。因此法院认为,原告可以通过证明被告作出重大虚假陈述来满足其对因果关系要素的举证责任。[1]

在 1988 年 Basic, Inc. v. Levinson 案中,法院进一步确立了市场欺诈理论可适用于证券市场欺诈。在该案中 Combustion Engineering 与 Basic Incorporated 公司在合并磋商过程中多次作出虚假陈述,否认公司合并信息,否认其知晓合并行为足以引起大量公司股票交易活动。该案中审理法院认为,基于市场欺诈理论,提起证券虚假陈述损害赔偿并不要求每位原告直接依赖被告公司的陈述。[2]

根据《美国 1934 年证券交易法》第 10b－5 条规则,原告必须能够既清楚买卖的原因,又能确定损害的原因。在判断合理信赖存在时,必须符合以下条件:(1)原告知晓且信赖虚假陈述信息;(2)原告基于前述信赖进行与虚假陈述相关的证券交易;(3)原告的信赖需具有合理性,且达到足以使其改变交易决策行

[1] Peil v. Speiser, 806 F. 2d 1154, 1160－1161, 1986.

[2] Basic, Inc. v. Levinson 485 U. S. 224, 1988.

为的程度。[1] 这种推定免除了《美国1934年证券交易法》中第10b－5条规则所确立的过于严苛的因果关系证明责任，符合并支持该法案要求充分披露和促进对市场诚信的依赖的政策。

市场欺诈理论在美国证券法律实践中的运用一定程度上系基于便利集团诉讼目的而确立。在集团诉讼中集体的信赖问题优于个人问题，[2] 且在举证层面难以证明所有原告举证虚假陈述行为与损失间的因果关系，否则将会令诉讼集团中的成员无法形成共同信赖。在缺乏集团诉讼机制的情形下，法院难以逐个审理大量的证券虚假陈述案件。故而通过市场欺诈理论直接推定参与交易投资者对于证券市场中的信息具有同等信赖合理性。该等推定因果关系考虑了经济效益与公平之间的法益平衡，加重占据信息披露义务绝对优势方的虚假陈述损害赔偿责任，从而达到激励其真实全面披露信息的目的，促进证券市场的良性发展。[3]

我国现有法律法规对于市场欺诈理论及美国证券法律实践进行了一定的借鉴，但我国的证券市场发展水平、证券法律实践及相关理论研究水平仍然与美国存在较大差异。市场欺诈理论在我国证券法律实践中存在部分适用问题。

在前述美国法院判决中，法院均认为美国股票市场属半强势市场，即目前股票价格已充分反映所有公开信息，因此投资者无法利用情报分析的结果来预测股票价格，从而获得高额回报。在该市场情境中，所有已公开信息均会在不同程度影响投资者的决策行为，进而对证券价格产生实质性影响。我国虚假陈述因果关系认定同样采纳了前述市场欺诈理论；但不同之处在于，关于我国是否达到半强势市场，学术界存在诸多争议。

在一个弱势的股市中，股价仅能反映出历史的资讯，而对现有的已知资讯却没有足够的反映，所以不管被告有没有欺骗，都无法对股价产生任何的冲击，

---

〔1〕 参见马其家：《美国证券法上虚假陈述民事赔偿因果关系的认定及启示》，载《法律适用》2006年第3期。

〔2〕 参见罗斌：《程序法视野下的欺诈市场理论研究——以证券集团诉讼的确认为中心》，载《政法论坛》2009年第4期。

〔3〕 参见石一峰：《违反信息披露义务责任中的交易因果关系认定》，载《政治与法律》2015年第9期。

没有一个投资人可以依靠股价来决定其投资决策。由此,虚假陈述推定因果关系的适用基础便会遭受质疑,并由此产生一系列问题。

部分学者通过统计数理模型对我国的沪深证券交易市场进行分析后认为,目前我国证券市场暂未达到半强势市场态势。[1] 在市场有效性欠缺,即证券价格并不能充分反映所有已公开信息的情景下,市场欺诈理论便失去理论根基。在弱有效市场中,原告对于证券虚假陈述因果关系无法直接推定,而需根据个案举证。若盲目适用市场欺诈理论将会过度减轻原告的举证责任,由此提高案件胜诉率,将市场风险过分地转嫁给上市公司,由此可能诱发投资者的轻率投资行为,[2] 因此应当根据侵权行为的"相关性"为市场欺诈理论的特殊适用提供解释依据。[3]

相反,也有部分学者在承认我国证券市场处于弱势市场的前提下,认为弱势市场态势并不足以否认市场欺诈理论及推定因果关系的适用,但市场欺诈理论及推定因果关系的适用应当结合特定证券市场的发展水平加以限制或分别界定。例如,有学者指出应有条件地适应因果关系推定,在案件中法院不能直接推定市场的有效性,而应根据证券市场的日常交易量、各类研究跟踪报告以及证券交易的历史记录等综合判断。另外,由于市场欺诈理论不能肯定地推断出损害的原因,只能推断出因果关系,而在我国的证券法律中却没有明确地规定这两种因果联系,将两种因果联系一起认定为对投资人利益的过度偏好,因此,在运用市场欺诈理论来推定这一因果关系时,还需要进一步的研究。[4]

有学者认为,A 股市场的总市值、流通市值、上市公司及做市商的数量、日均证券交易量等均为市场欺诈理论的适用提供坚实支撑,我国 A 股市场已具备市场欺诈理论的适用前提。在新三板市场领域,虽新三板所引入的做市商制度

---

〔1〕 参见潘睿、朱建华:《我国股票市场的有效性探究与分析》,载《中国管理信息化》2022 年第 1 期;朱瑞:《我国沪深股市弱式有效性实证研究》,载《时代金融》2018 年第 20 期。

〔2〕 参见焦津洪:《"欺诈市场理论"研究》,载《中国法学》2003 年第 2 期。

〔3〕 参见于莹、潘林:《证券虚假陈述侵权责任中信赖推定之证成——欺诈市场理论局限性的克服》,载《法制与社会发展》2011 年第 2 期。

〔4〕 参见陆思璇:《"欺诈市场理论"的三原色——金融、社会与法律三方面的分析》,载《中国证券期货》2020 年第 5 期。

能增加市场的流动性，[1]但新三板市场由于市场规模、做市商数量等，暂不能适用市场欺诈理论处理虚假陈述案件。[2]

还有部分学者指出，市场欺诈理论在《证券法》中的适用扩张了因果关系的推定范围，隐含规定了投资者交易信赖推定，该等推定不仅借鉴了美国证券法律中对交易因果关系的推定，同时还一并建立了损失因果关系的推定，在该等强有力的因果关系推定之下，上述两种因果关系的证明责任便得到了豁免，但同时也限制了被告对于推定因果关系反驳的举证，属于为保护投资者而便宜行事。[3]

《旧虚假陈述规定》参照域外法“市场欺诈理论”和“信赖推定原则”之经验，确定了交易因果关系的推定规则，从而降低投资者的举证责任。[4] 具体而言，《旧虚假陈述规定》规定，投资者在虚假陈述实施日后买入、揭露日或更正日后卖出或持有并产生差价损失的，即推定虚假陈述与投资者损害结果之间产生因果关系，从而推导出信息披露义务人的赔偿责任。不难发现，这实际上是基于虚假陈述实施时段和投资者持股时段而作出的一种因果关系举证责任倒置规则，并且属于一种“可辩驳的信赖推定”。《旧虚假陈述规定》未对交易因果关系和损失因果关系进行明确区分，但并不意味着最高人民法院忽略或取消了二者的区别。《最高人民法院关于审理证券市场虚假陈述司法解释的理解与适用》中曾指出，在此类案件中采纳市场欺诈理论推定因果关系，并非将原告的“合理信赖”这一连接虚假陈述行为与损害结果之间的要件取消，被告仍可通过举证推翻这种推定的信赖。[5]

“合理信赖”属于法定构成要件，而且，这种信赖应当是“合理”的，即在同等条件下，负有同等注意义务的人确实存在被虚假陈述误导的可能。因此，对

---

〔1〕 参见闵豫南：《做市商制度与新三板市场流动性研究》，载《现代经济探讨》2020 年第 12 期。

〔2〕 参见樊健：《我国证券市场虚假陈述交易上因果关系的新问题》，载《中外法学》2016 年第 6 期。

〔3〕 参见耿利航：《欺诈市场理论反思》，载《法学研究》2020 年第 6 期。

〔4〕 参见李国光主编：《最高人民法院关于审理证券市场虚假陈述案件司法解释的理解与适用》，人民法院出版社 2003 年版，第 258 页。

〔5〕 参见李国光主编：《最高人民法院关于审理证券市场虚假陈述案件司法解释的理解与适用》，人民法院出版社 2015 年版，第 250 页。

“合理信赖”的判断,应根据投资者身份和技能等情况的不同而有所区分。机构投资者作为专业的投资机构,具备相对雄厚的投资资金、丰富的投资经验和专业的分析研究能力,通常还应严格遵循投资决策程序。机构投资者相较于普通投资者而言,显然负有更高的审慎注意义务。如果没有证据证明专业投资机构尽到了审慎注意义务,而其仅仅是信赖一个不具备这些条件的普通投资者可能“合理信赖”的虚假陈述,则此时对于普通投资者的“合理信赖”对于机构投资者而言实属“不合理信赖”,不能基于这种“不合理信赖”适用“推定信赖”原则,推定其投资决策与虚假陈述之间存在因果关系。

《旧虚假陈述规定》第 19 条明确列举了被告抗辩因果关系不成立的五种情形,但并未区分交易因果关系抗辩理由和损失因果关系抗辩理由。在司法实践中,面对投资者的索赔请求,被告多以损失因果关系不成立来进行抗辩,即投资者的损失系由证券市场的系统性风险造成,还有更多被告在抗辩时将交易因果关系和损失因果关系的理由混在一起。

因《旧虚假陈述规定》未严格对交易因果关系和损失因果关系进行区分,所以法院在裁量时经常会出现不区分认定的情况。例如,华塑控股案,法院认为根据《旧虚假陈述规定》第 18 条,投资者的情形符合该规定的三个要件,就应确认华塑控股的虚假陈述与投资者主张的损害结果之间具有因果关系。再如,华锐风电案,投资者在虚假陈述实施日及以后至更正日之前买入股票,并在更正日及以后卖出或持续持有,应确认华锐风电的虚假陈述与投资者主张的损害结果之间具有因果关系。

我们发现,近年来部分法院对交易因果关系和损失因果关系有开始公开认定的趋势,与《新虚假陈述规定》采用二重因果关系结构的修改思路是一致的。例如,西南证券案,对于实施日至揭露日买入但在揭露日前即被卖出的股票所产生的投资损失,与虚假陈述没有交易因果关系,其买入成本不应纳入平均买入价的计算范围,被告举证证明原告的损失是由系统性风险等其他因素所致,应当认定虚假陈述与投资损失之间不存在损失因果关系。再如,新大洲控股案,从交易因果关系角度分析,上市公司对外提供关联担保的行为客观上增加了公司对外承担债务的风险,显然会对证券市场上投资者是否进行投资决策产生影响;从损失因果关系角度分析,股票价格未随大盘走势上涨而是出现下跌的事实佐证了案涉虚假陈述行为明显对股票价格产生了较大影响。

在既往司法实践中,有判例认为,如机构投资者未能举证证明其已尽到审慎注意义务,或其投资行为明显不具有合理性,应认定交易因果关系不成立。但是,毕竟《旧虚假陈述规定》未独立规定交易因果关系,且由于《旧虚假陈述规定》中前置程序的存在,部分观点混淆了重大性和交易因果关系,认为被行政处罚的信息披露违法行为必然会影响投资者的投资决策。因此,在《旧虚假陈述规定》中,也有部分判例一概推定机构投资者的投资决策与案涉虚假陈述之间具有因果关系,呈现出对机构投资者的注意义务不作特别考察的裁判倾向。

《新虚假陈述规定》沿用了《旧虚假陈述规定》的因果关系推定规则,并在后者的基础上将虚假陈述侵权中的因果关系进一步区分成两层因果关系,即交易因果关系和损失因果关系。所谓交易因果关系,即信息披露义务人的虚假陈述行为与投资者进行证券交易(包括诱多型虚假陈述中买入相关证券的行为,以及在诱空型虚假陈述中卖出相关证券的行为)之间的因果关系;而损失因果关系则是指信息披露义务人的虚假陈述行为与投资者的损失之间的因果关系。二者是一个递进的关系,即交易因果关系是损失因果关系的前提,并且仅在两类因果关系都成立的情形下,方可认定证券虚假陈述侵权的因果关系成立。交易因果关系与损失因果关系这两层因果关系,分别对应侵权法上的事实因果关系和法律因果关系,二者的侧重有所不同、成立与否的评判标准不同、对应的“可辩驳”事由亦不相同。故在具体的案件中,发行人亦应当将两层因果关系进行区分并逐一进行抗辩。证券市场因虚假陈述引发的民事赔偿案件本质上属于因特殊侵权行为引起的纠纷,因此,虚假陈述行为与投资者的投资决策及损失之间存在交易因果关系和损失因果关系,是信息披露义务人承担民事责任的前提条件。《旧虚假陈述规定》的基本出发点是保护合理的投资者,即证券交易市场的投资者在推定合理信赖虚假陈述的情况下,可以确认虚假陈述行为与损害结果之间具有因果关系,但未对交易因果关系和损失因果关系进行区分。《新虚假陈述规定》在“推定信赖原则”不变的基础上,回归侵权法理,明确采用二重因果关系的结构,即当交易因果关系存在时,才需要对损失因果关系作进一步分析和判断。

在《新虚假陈述规定》的上述反证情形中，最能触及交易因果关系判断核心的，系“原告的交易行为是受到虚假陈述实施后发生的上市公司的收购、重大资产重组等其他重大事件的影响”情形。该条情形表明的是，交易因果关系是对“信赖虚假陈述”与“作出交易决策”之间是否具有因果关系的判断。换言之，交易因果关系的判断核心是考察原告的交易决策究竟是基于信赖虚假陈述作出的，还是基于其他原因作出的。如果是基于其他原因作出的，则相当于有明确的证据表明被告的虚假陈述行为并没有对原告起到“欺诈”的效果，那么即使发生证券投资损失，该等损失与虚假陈述之间也自然没有因果关系，不应予以赔偿。

可见，因果关系构成要件（见表2－7）的认定不仅是《新虚假陈述规定》的重大调整之一，更是虚假陈述民事侵权诉讼中应当正确把握的要点之一。

表2－7　因果关系构成要件

因果关系构成要件		
	交易因果关系	结果因果关系
证明目的	是否受虚假陈述影响买卖相关证券	投资损失是否由虚假陈述造成
认定标准	法律拟制	应当查明
	交易发生时间在虚假陈述实施日至虚假陈述揭露日/更正日的，推定交易因果关系成立	综合查明造成投资者损失的其他原因、各项原因对最终损失结果的作用力大小等事实，以确定结果因果关系的大小/比例
抗辩事由	证明交易时间不在受影响时段内，交易时明知、存在介入因素、存在违规交易等法定例外情形，可以否定交易因果关系成立	证明投资损失部分或全部是由虚假陈述行为以外的其他风险所致，可以相应减轻或者免除原告责任

《新虚假陈述规定》明确了交易因果关系作为证券虚假陈述侵权责任要件的独立地位，并在第12条列举了可以证明交易因果关系不成立的四种具体情形，其中第3项明确规定，如果原告的交易行为受到虚假陈述实施后发生的上市公司的收购、重大资产重组等其他重大事件的影响，则应当认定交易因果关系不成立，由此“避免民事责任制度异化为保险制度”[1]。同时，《新虚假陈述

〔1〕参见林文学、付金联、周伦军：《〈关于审理证券市场虚假陈述侵权民事赔偿案件的若干规定〉的理解与适用》，载《人民司法》2022年第7期。

规定》还作出兜底性规定，明确被告可以通过举证证明原告的交易行为与虚假陈述不具有交易因果关系的其他情形实现免责抗辩。例如，被告能够举证证明原告的投资决策主要是受到证券市场或者特定行业的重大事件影响。实际上，在适用《旧虚假陈述规定》的情形下，在北大医药案中，审理法院即判决认为原告买入股票主要是受“牛市”行情影响，据此认定交易因果关系不成立。

目前就该“合理信赖”问题争议较多地集中于机构投资人，而争议的焦点在于其是否能直接适用推定因果关系，即基于投资者身份来否定存在交易因果关系（见表 2－8）。其逻辑在于，专业投资者，如对证券投资具有较高分析水平的、对证券发行人了解更为深入的、基于其他原因并不需要完全依赖信息披露作出投资判断的、与上市公司实质上进行“面对面”交易的投资者等，不应当属于上述司法解释所倾斜保护的对象，而应当受平等保护。推定因果关系本来是为了方便投资者信赖因素举证而作出的特殊处理，但当特定投资者本身负有另一层更高的审慎决策义务和相应的理性分析能力时，其就有一定的去伪存真鉴别义务和条件，不应轻易地将自身判断建立在对虚假陈述的信赖之上。这里的特定投资者往往是指证券市场上的专业投资者，其基于证券信息而非证券价格开展交易，是证券市场信息的接收者、分析者，也是价格的制造者、协调者，其不仅限于机构投资者或法人投资者，具体可以包括具有证券发行询价资格的投资者、具有证券非公开发行认购资格的投资者、具有在新三板、科创板市场交易资格的投资者等。这些投资者的投资经验和抗风险能力都远高于一般投资者，不应当完全适用交易因果关系推定原则。[1] 这一观点最高人民法院起草《旧虚假陈述规定》时就有所考量，[2] 也得到了一些法官[3] 和学者[4] 的认可，并在司法实践中有所体现（见表 2－8）。

---

〔1〕 参见缪因知：《证券虚假陈述与投资者损失因果关系否定的司法路径》，载蔡建春、卢文道主编：《证券法苑》（第 30 卷），法律出版社 2021 年版，第 92 页。

〔2〕 参见李国光主编：《最高人民法院关于审理证券市场虚假陈述案件司法解释的理解与适用》，人民法院出版社 2003 年版，第 109 页。

〔3〕 参见贾纬：《证券市场侵权民事责任之完善》，载《法律适用》2014 年第 7 期。

〔4〕 参见樊建：《我国证券市场虚假陈述交易上因果关系的新问题》，载《中外法学》2016 年第 6 期。

表2-8　基于投资者身份否定存在交易因果关系的案例

案例名称	裁判要旨
大成基金管理有限公司与广夏(银川)实业股份有限公司证券虚假陈述责任纠纷案〔1〕	法院认为,大成基金未能合理运用自身专业知识和专业技能对银广夏股票的投资价值进行判断,决策过程中存在不周全和瑕疵之处,亦未能完全履行证券投资决策程序,不能确定其尽到了充分的审慎义务和注意义务。作为专业投资机构,其投资行为有重大不合理性,故与银广夏的虚假陈述行为之间不存在交易因果关系
广州市创势翔投资有限公司与丹东欣泰电气股份有限公司、兴业证券股份有限公司、北京兴华会计师事务所证券虚假陈述责任纠纷案〔2〕	法院认为,虽然欣泰电气于2016年6月2日发布的《关于收到中国证券监督管理委员会〈行政处罚和市场禁入事先告知书〉的公告》以及2016年7月8日发布的《关于收到证监会〈行政处罚决定书〉及〈市场禁入决定书〉的公告》中对该虚假陈述的违法行为予以揭露,但该虚假陈述主要内容早在2015年11月27日《欣泰电气关于对以前年度重大会计差错更正与追溯调整的公告》中就予以了公开及更正,证券市场已对其虚假陈述行为本身给股价所带来的影响进行了充分的评价,故此时的揭露已不是"首次被公开揭露",不符合《旧虚假陈述规定》第20条关于揭露日的规定,原告作为专业性的投资机构,对投资的上市公司动态应更为敏感,其投资决策应更为理性,故原告认为以2016年5月23日停牌日作为更正日的主张不应予以支持

可见,我国金融审判领域对于机构投资人的司法态度是,机构投资人相较于普通个人投资人具有更高的专业能力和决策能力,也应当承担高于普通个人投资人的注意义务,这样才能使得虚假陈述的影响更加客观和理性。例如机构投资人未严格履行投资决策程序,或决策过程中存在瑕疵或过错,均可以作为否定其能合理信赖虚假陈述的事由。

因此,虽然法律法规设置了信赖推定原则,但并非没有挑战的可能,尤其是对于机构投资人,其投资决策中的注意义务和关注重点可能会成为今后该类型案件中审理的重点,也是信息批露义务人将自身举证责任引向相对方的有效路径,而这实际上就会涉及举证责任分配和证明标准的问题。

《最高人民法院关于适用〈中华人民共和国民事诉讼法〉的解释》(2022年修正)第108条第1款规定了民事诉讼的证明标准,即"对负有举证证明责任的

〔1〕 参见宁夏回族自治区高级人民法院民事判决书,(2007)宁民商终字第74号。

〔2〕 参见辽宁省沈阳市中级人民法院民事判决书,(2017)辽01民初959号。

当事人提供的证据,人民法院经审查并结合相关事实,确信待证事实的存在具有高度可能性的,应当认定该事实存在"[1],也即所谓"高度盖然性"。按照通说,高度盖然性是根据事物发展的高度概率进行判断的一种认识方法,是人们在对事物的认识达不到逻辑必然性条件时不得不采用的一种认识手段,也是普遍适用于民事诉讼中的证明标准。比如,《人民法院报》2021 年 8 月 10 日第 3 版公布的吴某诉苏某健康权纠纷案中,法院认定:"虽无直接证据证明行为人造成受害人人身损害,但从高度盖然性证据规则推断,受害人所受损伤应系侵权人的侵权行为造成的,侵权人应承担相应的民事责任。"

然而,"高度盖然性"由于缺乏统一的认识和客观标准,在民商事审判中存在较大的不确定性,也可能导致类型案件中的差异化结果,而该标准的适用也有赖于法官关于证据能否达到其对待证事实的内心确认,这在不同法官之间也会产生差异。在证券虚假陈述责任纠纷案件中,推定因果关系是主要原则,投资人只需证明其符合《新虚假陈述规定》第 11 条即完成举证,而信息批露义务人需要证明存在因果关系阻断事由。对于《新虚假陈述规定》就交易因果关系规定的五项阻断事由,除第 1 项通过实施日确定比较明确以外,就原告在交易时知晓与否,信息批露义务人一方就难以举证证明,其只能通过原告的有限举证发现其投资交易或决策中的异常,从而提出抗辩。对于涉及内幕交易等证券违法行为的,除非有行政监管文件、刑事受理文件或相关公开报道、文件等,否则也较难证明。而法院对于兜底事项通常都比较谨慎,且实践中更难适用。可以看出,重大事件的影响可能会成为信息批露义务人抗辩的重要关注点,对此,其常见的证据包括上市公司在实施日左右的相关公告、个股及相关板块的股票走势等,但该证据能否达到《新虚假陈述规定》所规定的重大事件影响标准就有赖于高度盖然性。如果该重大事件影响足以左右原告的投资决策或足以反映其投资决策的考量因素不包括虚假陈述因素,则可能达到否定交易因果关系的标准,否则,可能只会影响损失因果关系,也就是最终损失金额的确定。

此外,法院是否会要求原告对其投资决策举证也是信息批露义务人抗辩的

---

[1] 参见《人民法院报》2021 年 8 月 10 日,第 3 版。

重要因素,如法院要求原告提供证据证明其投资决策的考量因素或其相关类似投资的情况,且其反映的因素与虚假陈述无关,则可以阻断交易因果关系。

二、交易因果关系的抗辩:否定投资者系对虚假陈述的信赖而进行投资决策

《新虚假陈述规定》第 11 条规定了推定原告的投资决定与虚假陈述之间的交易因果关系成立的三个条件:一是有虚假陈述行为,二是交易标的证券的关联性,三是投资者在虚假陈述影响期间(实施日之后至揭露日之前)实施了相应交易行为。

不难发现,否定存在交易因果关系的理由,本质上是要证明特定投资者并非基于对虚假陈述的信赖而作出交易决策。但由于特定投资者是否产生信赖并进行决策本身仅发生在投资者主观意识中,被告只能通过外部观察和表现侧面佐证。为了避免对投资者权益保护过度,《新虚假陈述规定》第 12 条又以列举的方式规定了推翻交易因果关系的抗辩事由,这也将成为发行人就交易因果关系抗辩的重要依据。

针对交易因果关系的抗辩事由具体罗列了以下四种情形:一是原告的交易行为发生在虚假陈述实施前,或者是在揭露或更正之后;二是原告在交易时知道或者应当知道存在虚假陈述,或者虚假陈述已经被证券市场广泛知悉;三是原告的交易行为受到虚假陈述实施后发生的上市公司的收购、重大资产重组等其他重大事件的影响;四是原告的交易行为构成内幕交易、操纵证券市场等证券违法行为。除此之外,《新虚假陈述规定》还增加了交易因果关系抗辩的"其他情形"作为兜底条款,在努力平衡原被告举证责任的同时,赋予法院一定的自由裁量空间。

关于情形一,无论是《新虚假陈述规定》实施前,在陈某与湖南千山制药机械股份有限公司、瑞华会计师事务所(以下简称瑞华事务所)等证券虚假陈述责任纠纷案[1],还是《新虚假陈述规定》实施后,适用《新虚假陈述规定》第 12 条第 1 项作为裁判依据的黄某琼与康美药业股份有限公司(以下简称康美药业)

---

〔1〕 参见湖南省长沙市中级人民法院民事判决书,(2020)湘 01 民初 1787 号。

等证券虚假陈述责任纠纷案[1],投资者在虚假陈述行为实施日和披露日之间并无任何交易行为的,法院最终均认定虚假陈述行为与投资者主张的损失不存在因果关系。

关于情形二,在保千里案中,广东省高级人民法院认为,投资者的注意义务应当与其专业能力相匹配,中车公司作为特定投资者,负有更高的注意义务,但在“面对面”证券交易中中车公司完成交易因果关系举证证明义务后,举证责任发生转移,保千里公司需提供证据证明其虚假陈述行为和中车公司认购股票之间没有交易因果关系。为此,中车公司提供了其参与保千里公司非公开发行股票的可行性研究报告。该报告表明,中车公司参与保千里公司非公开发行股票的认购主要系基于保千里公司业绩增长较快的经营现状,以及对保千里公司未来成长空间和保千里公司股票上涨的预期,而行政处罚决定书认定的 9 份虚假的意向性协议对保千里公司业绩以及未来市场预期具有明显影响。因此,中车公司认购保千里公司非公开发行股票受到保千里公司的虚假陈述行为影响,具有事实依据。保千里公司虽上诉主张其虚假陈述行为与中车公司认购股票之间没有交易因果关系,但并未提供证据证实中车公司知道或者应当知道案涉虚假陈述行为而进行投资。

另外,在刘某与康美药业证券虚假陈述责任纠纷案[2]中,原告买入康美药业股票前,已有多家媒体发布了大量质疑康美药业披露的财务信息真实性的文章,康美药业也已被中国证监会立案调查,年度报告载明了被出具保留意见的审计报告,且被证券交易所监管问询。原告在此情况下仍买入康美药业股票属于明知披露信息不实而“自甘风险”的投资行为,故法院最终认定原告投资损失与案涉虚假陈述行为之间不存在因果关系。

关于情形三,在吴某某与北大医药股份有限公司、北大资源集团控股有限公司等证券虚假陈述责任纠纷案[3]中,法院基于案涉虚假陈述行为属于诱空型虚假陈述,并认为该行为不会导致投资者积极买入股票,且查明原告买入股

---

〔1〕 参见广东省广州市中级人民法院民事判决书,(2020)粤 01 民初 980 号。

〔2〕 参见广东省广州市中级人民法院民事判决书,(2021)粤 01 民初 726 号。

〔3〕 参见重庆市高级人民法院民事判决书,(2019)渝民终 345 号。

票的时间主要在北大医药公司证券虚假陈述实施日一年后即 2014 年下半年“牛市”开始后，也表明了原告的投资行为未受虚假陈述事项影响，与北大医药公司的信息披露违法行为无关，故法院最终认定案涉虚假陈述行为与原告投资交易行为没有因果关系。

关于其他情形，在韩某与山东京博控股股份有限公司证券虚假陈述责任纠纷案[1]中，法院认为，京博公司系违反非例行信息及时披露义务，属于消极沉默的诱空型虚假陈述，不会诱使投资者作出积极的投资决定，因此原告的投资交易并非由京博公司未及时披露信息的行为所决定，认定投资交易与虚假陈述行为之间不存在交易的因果关系。再如，在杨某与国民技术股份有限公司证券虚假陈述责任纠纷案[2]中，法院认为，投资者系基于对市场既有信息的研判继而作出投资决策，并非受未披露信息行为的影响而积极买入国民技术股票，故认定投资行为与虚假陈述行为不具有因果关系。

三、损失因果关系的抗辩：系统性风险和非系统性风险的剔除

（一）系统性风险和非系统性风险的概念

系统性风险，是指由于某种全局性的共同因素引起的投资收益的可能变动，这种因素以同样的方式对所有证券的收益产生影响。由于这些因素来自企业外部，是单一证券无法抗拒和回避的，属于不可回避、不可分散的风险。通常而言，系统性风险的引发因素包括政治风险、经济风险、社会风险等。系统性风险一般由虚假陈述期间的市场指数、板块指数等来度量，[3]主要有以下几种不同的形式：通货膨胀风险、利率风险、汇率风险、宏观经济风险、社会政治风险、市场风险等。由于证券市场的复杂性，相关政治、经济变动等诱因对证券市场是否存在影响及其影响大小的衡量和认定存在一定的困难。因此，在司法实践中，通常认为以大盘、行业板块等指数的波动情况作为判断系统性风险因素是

---

〔1〕 参见山东省高级人民法院民事判决书，(2015)鲁商终字第 327 号。

〔2〕 参见广东省高级人民法院民事判决书，(2020)粤民终 1132 号。

〔3〕 参见甘培忠、彭运朋：《论证券虚假陈述民事赔偿中系统风险所致损失数额的认定》，载《甘肃社会科学》2014 年第 1 期。

否存在以及影响大小的参考依据。如果更正日至基准日,大盘、行业板块等指数存在大幅同向波动情形,应认定股价的下跌系全部或部分系统性风险所致,与虚假陈述之间不存在因果关系[1]。

非系统性风险是指个别上市公司发生的特定事件所引发的风险,如公司诉讼、合并、高管变动等因素对证券价格产生影响的风险,即由其自身因素而导致的证券价格变动。[2] 例如,在冯某与文峰大世界连锁发展股份有限公司证券虚假陈述责任纠纷案[3]中,法院就将操纵市场行为视作一种非系统性因素,认为投资者损失是由操纵市场所致。有学者认为,该等风险产生的根本原因系足以影响证券价格的大户投资者与散户投资者之间的信息不对称。[4] 该等风险同样会作用于整体证券价格,且根据《新虚假陈述规定》第 19 条规定,非系统性风险当属于被告可以对损失因果关系提出抗辩的"其他情形"。损失因果关系本身解决的是责任的定量问题,实质是对损害赔偿范围的限制。[5] 从司法实践来看,可以系统性风险或非系统性风险来进行责任阻断抗辩,即只要证明相关证券的价格波动系由于该等系统性或除虚假陈述行为本身之外的其他非系统性风险所致,即便其实施了虚假陈述行为,在逻辑上亦无须承担侵权责任。

《旧虚假陈述规定》和《新虚假陈述规定》均对系统性风险及非系统性风险抗辩可以纳入归责裁量范围作出了规定,其中《旧虚假陈述规定》相对简单和模糊,导致了在司法实践中存在一定的争议,甚至在部分案件中出现了只认可系统性风险而不认可非系统性风险的影响的情况。而《新虚假陈述规定》更加贴合实际,在表述上更加直接和明确,其第 31 条第 2 款规定:"被告能够举证证明原告的损失部分或者全部是由他人操纵市场、证券市场的风险、证券市场对特定事件的过度反应、上市公司内外部经营环境等其他因素所导致的,对其关于相应减轻或者免除责任的抗辩,人民法院应当予以支持。"其中,需要特别注意

---

〔1〕 参见贵州省高级人民法院民事判决书,(2020)黔民终 855 号。

〔2〕 参见田岚:《公司治理、财务重述与股票非系统性风险》,载《财会通讯》2020 年第 22 期。

〔3〕 参见江苏省高级人民法院民事判决书,(2017)苏民终 2209 号。

〔4〕 参见杜敏杰、田新民:《股票市场非系统性风险的交易行为解释》,载《经济与管理研究》2006 年第 3 期。

〔5〕 参见丁宇翔:《证券虚假陈述前置程序取消的辐散效应及其处理》,载《财经法学》2021 年第 5 期。

的是,《新虚假陈述规定》将上市公司内部经营环境因素所致的损失也作为可抗辩事由之一。这对于自身经营不善或财务状况不佳的发行人而言,将是一个有力的抗辩事由。例如,在李某某与新疆中基实业股份有限公司证券虚假陈述责任纠纷案[1]中,中基公司的抗辩点之一就是投资损失系由系统性风险因素以及非系统性风险的公司自身经营不利等因素造成的,与虚假陈述行为之间没有因果关系,该抗辩理由经法院查明后也被采信,法院认为,投资者主张的投资损失主要是基于证券市场系统性风险、中基公司自身经营不善及公司连年亏损可能面临退市的风险从而导致股价连续下跌造成的,属于正常的投资风险,与中基公司案涉虚假陈述行为没有因果关系。

(二)系统性风险的剔除

在认定系统性风险后,如何精准确定系统性风险对虚假陈述的影响,成为系统性风险抗辩权行使的重要问题。已有诸多学者对系统性风险的计算问题提出计算方法及依据,主流观点仍然是根据证券市场指数进行计算,具体而言包括:(1)证券综合指数计算法,指数变化直接作为计算系统性风险依据;[2](2)综合指数和板块指数并列计算法,以板块指数为主、以综合指数为辅,赋予相应权数综合测算系统性风险大小;[3](3)在综合指数和行业板块指数中选择最具有关联性的指数计算。[4] 然而,在司法实践中,并非所有法院均按照证券市场指数衡量系统性风险,在实践中法院一般通过以下三种方式确定系统性风险的影响力度:

(1)人民法院酌定系统性风险扣除比例

在司法实践中,以酌定形式确认系统性风险所占损失比例的法院认为,鉴于股市本身的复杂程度,相关政治经济变动等因素对股票市场产生的冲击以及

---

〔1〕 参见新疆维吾尔自治区高级人民法院生产建设兵团分院民事判决书,(2017)兵民终29号。

〔2〕 参见贾纬:《证券市场虚假陈述民事案件的赔偿范围》,载《人民司法》2002年第11期。

〔3〕 参见甘培忠、彭运朋:《论证券虚假陈述民事赔偿中系统风险所致损失数额的认定》,载《甘肃社会科学》2014年第1期。

〔4〕 参见刘振:《关于证券市场系统风险所致损失数额的认定》,载《人民司法》2008年第11期。

对股票的影响程度的判断有一定难度，[1]且案件当事人难以对系统性风险进行充分举证。出于案件处理公平，应当由法院在综合各种因素的基础上，酌定系统性风险比例及相应的损失扣除金额。

如在前述陈某、济南高新发展股份有限公司案中，济南市中级人民法院认为，该案中有系统性风险的影响因素需要排除，而对于系统性风险因素的参考范围，我国并没有作出特别的规定，法院将参考天业公司从开市后的第一日至基准日的股价变动来考虑系统性风险。该案从披露日 2018 年 5 月 3 日以后第一个复牌日 2018 年 5 月 16 日至基准日 2018 年 8 月 15 日，受国内外金融政策、房地产行业政策等的影响，天业公司股价的下跌趋势与沪深 300 指数及行业指数的下滑趋势相符。虽然法院在该案中考察了证券市场指数，但该指数的变动仅作为法官对系统性风险认定因素的参照，与系统性风险扣除比例之确定无涉。济南市中级人民法院认为，天业公司股票价格的下滑并非仅出于其个股原因，而是当时股市中的一种常见情况，可以认为天业公司的股票价格部分是受股市系统性风险所影响。法院根据以上情况，在扣除系统性风险的影响后，认为天业公司仅应负 30.2% 的责任。

在董某、山西路桥股份有限公司（以下简称山西路桥）案中，太原市中级人民法院对于系统性风险比例因素计算的论证及审查则更为细致，法院分别从证券市场指数、股票交易特性及案涉上市公司的行业特定角度论证。法院认为，从披露日 2017 年 4 月 17 日起的首个交易日到交易基准日，山西路桥的股价由 6.17 元下跌到 4.44 元，下跌了 28.04%，与市场走势基本相符。股票的交易是一种具有盈利和亏损的投资，股价的波动与公司经营状况、行业景气水平、市场表现等多种因素有关。另外，案涉证券 ST 三维是一个化学行业企业，受到了国家的环境保护等方面的影响。本案符合条件的投资人可以要求被告赔偿损失，但因其所遭受的系统性风险较大，则应从总体损失中予以扣除。因此，法庭认定，原告 20% 的赔偿要求由被告承担。

上述案例中法院仅参照了证券市场指数等作为系统性风险比例计算的依

---

〔1〕 参见山西省太原市中级人民法院民事判决书，(2021) 晋 01 民初 854 号。

据,但并未给出计算公式或方法。经济学界对于系统性风险已经形成了诸如矩阵模型、网络模型、违约率强度模型等度量方法,[1]且各自具有缺陷或优点。因此,法官并非专业的金融从业或研究人员,对于涉及系统性风险计算的专业领域问题直接根据证券市场指数等因素酌定比例,其专业性或准确性存在一定被质疑的空间,不利于对损失的公正衡量。

(2)人民法院采用直接比例法、相对比例法等数学方式确定系统性风险扣除比例

在司法实践中,部分人民法院在参照证券市场指数的基础上,根据指数的变动幅度直接或相比较确定系统性风险的比例。所谓直接比例法,是指法院直接参照大盘指数或行业指数,以其变动幅度作为系统性风险及损失的扣除比例。该计算方式未充分参考证券市场整体价格波动与个股之间的渐进传导关系,且将复杂的系统性风险计算问题简单化、直接化,因而在实践中鲜有法院采用该计算方法。

相对比例法的运用则更为广泛。所谓相对比例法,是指将证券市场相关指数变动与案涉证券价格变动相除,将相关指数与案涉证券变动相比较,最终的投资差额损失 = 投资差额损失 × (1 - 系统性风险相对比例)。[2] 在采用多种指数计算时,需先行计算各指数的均值,以平均分摊指数变动的幅度。[3] 例如,在陈某、金花企业(集团)股份有限公司案中,西安市中级人民法院即采用了相对比例法测算对比区间的系统性风险比例:“对比区间系统性风险比例 = (上证综合指数涨跌幅 + 医药生物行业指数涨跌幅 + 申万中药行业指数涨跌幅) ÷ 股票涨跌幅 ÷ 指数数量”。

在恒天海龙案[4]中,法院认为,自揭露日 2011 年 6 月 2 日至基准日 2012

---

[1] 参见巴曙松、王凤娇、孔颜:《系统性金融风险的测度方法比较》,载《湖北经济学院学报》2011 年第 1 期。

[2] 参见张宝生、周伟、刘思远:《证券虚假陈述民事赔偿案件系统风险的认定标准和计算方法》,载郭锋主编:《金融服务法评论》(第 7 卷),法律出版社 2015 年版,第 320 页。

[3] 参见彭真明:《论会计师事务所不实财务报告的民事责任——兼评上海大智慧公司与曹建荣等证券虚假陈述责任纠纷案》,载《法学评论》2020 年第 1 期。

[4] 参见山东省济南市中级人民法院民事判决书,(2016)鲁 01 民初 1987 号。

年4月23日,深市A股流通总市值下跌10%,化学纤维A股流通总市值下跌23%,恒天海龙股票流通总市值下跌了30%。揭露日至基准日,以行业板块"化学纤维A股总市值"为参照对象,按照揭露日至基准日化学纤维A股的下跌幅度/揭露日至基准日恒天海龙的下跌幅度计算,系统性风险的影响因素为76.67%(23%或30%);以大盘"深市A股流通总市值"为参照对象,揭露日至基准日深市A股的下跌幅度/揭露日至基准日恒天海龙的下跌幅度计算,影响因素为33.33%(10%或30%)。如果综合考虑化学纤维板块和大盘的影响因素,系统性风险的影响比例为55%=[(33.33%+76.67%)/2]。

此外,在前述加加食品案中,虽然案涉证券计算区间内曾经出现停牌,已停止交易,但并不能据此认为系统性风险在停牌期间不再对该证券价格产生影响。正如案件中法院所认为,市场和产业类股的下滑对加加公司股票的冲击,虽然由于加加公司暂停上市并未立刻反映其股票价格,但由于加加公司的股票暂停上市,这一系统性风险并未被消除。而加加公司却因为这一系列的风险而跌势不减,一直到了加加公司开市后,加加公司的股价才开始回升。在众和股份虚假陈述案[1]中,福州市中级人民法院认为,对于股票市场系统性风险的扣减,应以股票价格与股票价格指数和行业指数的涨跌作比较,用"相对比例法"来减去股票市场的系统性风险。由此可见,法院将系统性风险认定为指数变动,即所有证券的整体性风险,与案涉证券价格变动的相关性。但与加加食品案不同的是,该案中法院认为,在众和股份股价处于暂停状态时,由于不能进行买卖,因此在这段时间内也没有采用同步指标比较方法。法院并未参考停牌期间系统性风险的积聚,而仅考察了证券可交易区间内的系统性风险。

(3)人民法院委托第三方机构确定系统性风险扣除比例

在司法实践中,部分法院已经开始采取依职权委托第三方专业机构的方式对证券虚假陈述案件进行损失核定。目前人民法院主要委托的核定损失机构包括中证资本市场法律服务中心有限公司(如藏格控股虚假陈述案[2])、中国

---

〔1〕 参见福建省福州市中级人民法院民事判决书,(2019)闽01民初1972号。

〔2〕 参见青海省高级人民法院民事判决书,(2021)青民终70号。

证券投资者保护基金有限责任公司(如山东墨龙石油机械股份虚假陈述案[1])、上海高金金融研究院(如中兵红箭股份虚假陈述案[2])及上海交大金融研究中心(如普天公司虚假陈述案[3])。该等专业机构出具的“意见书”“鉴定书”等鉴定意见,虽因涉及专业数量金融模型及分析,但实践中法院一般会给予当事人在庭前充分的了解时间,以在庭审中对鉴定意见进行有效且充分的质证。[4]综合而言,采取第三方出具损失核定意见的方式更有助于减轻法院负担,提升司法效率,以及借助专业机构的金融专业知识对案件整体的损失核定产生较为科学的认知,促进实现案件公正。在李某、奥瑞德光电股份有限公司、大华会计师事务所虚假陈述案中,哈尔滨市中级人民法院根据其职责,从上海证券交易所调阅了原告公司的股份交易记录,并根据当事人的请求,由上海高金金融研究所审核并出具损失核定意见书。该鉴定意见中对系统性风险建立了一套定量的亏损数学模型,利用收益曲线的同步比较方法,定量地研究了影响股票价格的各个重要因子,并利用其他主要因子所构成的收益曲线,得出了股票市场的盈亏。对于该等计算方法,法院认为:“该方法科学精确、覆盖面广、现实可行,能够合理地反映投资者损失情况。”且“庭审过程中,各方当事人均同意投资者买卖公司股票情况以本院向上海证券交易所调取的交易数据为准”。[5] 相较于前述法院简单地根据指数测算,专业金融机构采取构建金融模型的方式则更为精确科学,较容易获得当事人认可。相比之下,人民法院一般不具有金融背景的审判专业人士,且该等分析需消耗大量司法资源,并不适宜由法院承担。然而在实际中,虽然理论界于系统性风险的计算已有诸多研究模型及实证分析,且系统性风险的测算已经有较为丰富的经验。但源于证券市场涉及多种人为与非人为因素,对于系统性风险的精确度量或复原仅仅具备理论上的可能性,即便最为复杂的数量模型也只能最大限度地趋近、拟合系统性风险的客观

[1] 参见山东省高级人民法院民事判决书,(2020)鲁民终 2925 号。

[2] 参见湖南省高级人民法院民事判决书,(2021)湘民终 1058 号。

[3] 参见上海金融法院民事判决书,(2020)沪民终 294 号。

[4] 参见张文婷、阮申正:《基于“多因子量化模型”精准核定证券虚假陈述投资者损失——许某某等诉普天公司证券虚假陈述责任纠纷案》,载《上海法学研究》集刊 2021 年第 8 卷。

[5] 参见黑龙江省哈尔滨市中级人民法院民事判决书,(2021)黑 01 民初 2353 号。

真实情况。即便如此,为实现损失因果关系的精确度量,实现侵权损害赔偿的补偿性,科学化、精确化度量系统性风险对于案件公正处理具有极为重要的意义。因此,系统性风险的计算往往需要对诸多市场因素进行专业、深度、全面的分析,该等研究并非一般法官所能承担,故在司法实践中,对系统性风险的计算委托给专业金融机构具有充分的合理性。

在举证责任方面,根据《新虚假陈述规定》第31条第2款,在对抗辩事由充分举证的前提下,被告可以主张相应减轻或免除其责任的抗辩。[1] 该条规定的缺陷在于仅仅将举证系统性风险存在的主体局限于被告,而被告只会在对自己有利的情况下才会举证。但证券市场的影响是整体性的,并不会对案件当事人产生不同的作用,且市场风险既包括证券价格下跌风险,也包括价格上涨的风险,[2] 故而应当允许原告对系统性风险的存在加以举证。根据学者对证券虚假陈述判决研究发现,实践中存在较多因被告无法充分举证而致使系统性风险抗辩无法认定的情形。[3]

在李某和大连天神娱乐业一案的破产申请中,尽管被告以股票价格的变化作为证明,提出了对系统性风险的辩护,但大连市中级人民法院认为被告没有充分的证据来证实系统性风险对证券市场造成的巨大冲击,从而使整个股价出现剧烈波动。[4]

在黄某辉和獐子岛集团股份有限公司的证券欺诈案中,被告认为,人民法院在审理虚假陈述民事赔偿案件时,应充分考虑和认定证券市场风险和非市场风险对投资者的投资损失所产生的影响,并予以剔除。从而辩称其中绝大多数损失是由除了股票市场系统性风险和非系统性风险以外的一些未证实因素所

---

〔1〕 参见《新虚假陈述规定》第31条第2款规定:"被告能够举证证明原告的损失部分或者全部是由他人操纵市场、证券市场的风险、证券市场对特定事件的过度反应、上市公司内外部经营环境等其他因素所导致的,对其关于相应减轻或者免除责任的抗辩,人民法院应当予以支持。"

〔2〕 参见凌然:《从损失计算看我国证券虚假陈述赔偿制度的不足》,载《区域金融研究》2018年第5期。

〔3〕 参见徐文鸣、莫丹:《证券虚假陈述投资者损失的理论模型与实证研究——基于有效市场假说》,载《广东财经大学学报》2019年第6期。

〔4〕 参见辽宁省大连市中级人民法院民事判决书,(2021)辽02民初888号。

引起,与本案中的不实声明没有任何的因果联系,因此,原告的损害应当于6.52%的范围内由被告来承担。被告同样提交了证券市场指数变动等涉及系统性风险诱因的证据,但该案中大连市中级人民法院认为应由被告证明存在这种风险的原因,如汇率、利率、国内和国际突发事件、经济和政治体制的变化。[1] 该等证明标准将被告的因果关系证明责任界定得过于抽象,一般而言,对于金融政策、国内和国际的突发事件,被告仅需列举其认为足以影响案涉证券价格的诱因即可,但对于如何证明该等事件与证券价格变动之间的因果关系,被告几乎难以完成举证。即被告需要完成证明重大政策变动等事件对证券市场整体产生影响,再证明证券市场所发生的整体性风险与案涉证券间产生传导。政策、制度变动等事件对证券市场整体的影响尚且缺乏精细、准确的度量模型或机制,一般而言,该等风险传导的度量具有“事后性”,即仅能通过事后的假设分析与回归分析测算该等风险间的传导。对于被告而言,该等举证责任所需承担的证明量极大、证明难度较高,进而无法完成对系统性风险抗辩的举证责任。因此,过重的举证责任会限制被告对系统性风险的抗辩权。

对于包括发行人在内的被告而言,可提供大盘指数、行业指数等证券市场指数在虚假行为陈述后至披露日前的走势图、证券市场指数与案涉证券价格变动对比图、相关新闻报道等证据。在具体指数的选取上,被告应当选取与其证券类型相应的市场指数、行业指数或参考股票来举证,其中对于行业指数的选取,应当以中国证监会每季度所发布的上市公司行业分类结果为准。因系统性风险的存在属于客观免责事由,在理想状态下,人民法院仅进行事实判断,故法院可以依职权通过相关证券市场指数判断证券市场的系统性风险,被告的举证责任得以相应减轻。

风险的存在本身不代表其在每个具体案件中都会发挥决定性影响,其影响的有无及大小相对难以界定,这也是过往司法实践对系统性风险进行认定的难点所在。在具体案件中,被告如要成功援引系统性风险作减免责抗辩,根据诉讼举证规则,需要举证证明系统性风险的影响在多大程度上造成了原告的损

---

[1] 参见辽宁省大连市中级人民法院民事判决书,(2021)辽02民初962号。

失,并据此主张减免己方的责任。

在早期的司法实践中,在被告进行抗辩和相应举证的情况下,法院亦通常会审查相关指数是否出现大幅的波动,以判定系统性风险在个案中是否为投资者投资损失的肇因。具体而言,一般可分为以下三种情形:

(1)个股与指数波动一致,被告或可全部免责。在此情形中,通常可以推定个股的价格变动是由整体市场的风险因素所致,与虚假陈述没有因果关系。如在最高人民法院审理的亚太实业案中,法院认定被告亚太实业公司揭露日至基准日的股价跌幅与大盘基本一致,系统性风险对亚太实业个股的影响比例近于100%,进而认为原告的案涉股票投资全部损失均由证券市场系统性风险所致,驳回了原告的诉讼请求。

(2)个股与指数波动方向相反,被告的减免责抗辩主张可能不被采纳,需承担证券虚假陈述的赔偿责任。在此个股价格逆市而行的情境下,依常理和感觉就不难先入为主地得出系统性风险对投资者损失并无助力,而应归责于虚假陈述行为的倾向性判断。例如,在(2018)粤民终439号判决书[1]中,法院查明案涉股票呈4.87%下跌,而同时期的上证指数却上涨6.02%,深证成指亦上涨4.60%,据此法院认定不足以说明存在系统性风险和行业风险,案件不存在损失是由证券市场系统性风险等因素所致的因果关系的例外情形,对被告的减免责抗辩不予支持。

(3)个股波动幅度大于指数波动,可剔除系统性风险影响的部分损失。在个股波动与指数波动方向一致但幅度大于指数波动的情况下,其波动通常是虚假陈述及系统性风险等其他因素综合导致的结果,由信息披露义务人承担全部的责任显然不是公平之举,在司法实践中通常会结合相对波动比例的大小对系统性风险所影响的部分损失予以剔除。例如,在(2016)鲁民终1682号判决书[2]中,法院查明:揭露日至基准日A股化学纤维板块下跌幅度为23%,案涉股票的下跌幅度为30%,占比为76.67%;深市A股的下跌幅度为10%,案涉股

---

〔1〕 参见广东省高级人民法院民事判决书,(2018)粤民终439号。

〔2〕 参见山东省高级人民法院民事判决书,(2016)鲁民终1682号。

票的下跌幅度为30%，占比为33.33%。因此，综合考虑大盘和行业板块对案涉股票个股的影响，以55%[1]作为该案系统性风险因素的剔除比例。

《新虚假陈述规定》第31条第2款大大地丰富了损失因果关系的否定情形，除了证券市场的风险外，还包括他人操纵市场、证券市场对特定事件的过度反应、上市公司内外部经营环境等其他因素。由于证券市场本身的复杂多变性，投资者的损失在绝大多数情况下会受到其他系统和非系统性因素的影响，该规定对上市公司来说是需要重点关注的抗辩理由。可以预见，今后法庭上对于损失因果关系的交锋也将更为激烈，特定事件的影响以及上市公司内外部经营环境的变化影响很可能被被告反复援引。若发行人在具体案件中能举证证明存在上述情形，则可以此抗辩要求剔除这类系统性风险和非系统性风险所致的损失，从而减轻或免除其责任。

黄某某与银基烯碳新材料集团股份有限公司证券虚假陈述责任纠纷[2]就属于股市系统性风险与其他非系统性因素影响叠加所致的投资损失与虚假陈述行为之间不具有因果关系的典型案例。在该案中，法院认为，投资者要面临市场系统性风险对证券市场股票价格产生的影响，系统性风险可以通过大盘指数等综合反映。2015年12月18日至2016年4月25日，烯碳新材股价从9.80元跌至8.92元，股价下跌9%。深证成指下跌21%，烯碳新材所属于新材料行业板块下跌21%，石墨烯板块下跌27%。2016年11月23日至12月21日，烯碳新材股价下跌19%。深证成指下跌6%，新材料行业板块下跌11%，石墨烯板块下跌11%。上述数据客观上表明市场出现了整体性大跌，烯碳新材也受大盘影响而下跌，与深证成指大盘指数、所在新材料行业及所在石墨烯板块的涨跌情况保持一致。因此，本案中市场系统性风险客观存在，即使烯碳新材不存在虚假陈述行为，其股票价格在上述期间亦难免下跌。重大资产重组失败导致股价下跌。烯碳新材因为连续两年亏损成为ST股票。ST类股票曾被部分投资者戏称为“不死鸟”。ST类股票经营业绩差、有退市风险，之所以能够受到部

---

〔1〕 即(33.33% +76.67%)/2。

〔2〕 参见辽宁省高级人民法院民事判决书，(2019)辽民终455号。

分投资者的青睐，很大一部分是因为有重组之后“乌鸡变凤凰”的可能性。但随着退市制度的真正实施，ST 类股票重组失败也会导致股票价格暴跌。2015 年 12 月 17 日，《关于公司发行股份购买资产并募集配套资金暨关联交易方案的议案》的公布导致烯碳新材股票价格在 9 个交易日上涨了 36.70%。但这也为重组失败后的暴跌埋下了隐患。虚假陈述行为实施日至基准日，受大盘指数下跌、公司净利润下降、审计机构不发表意见的审计报告，尤其是重大资产重组失败的影响，烯碳新材股价累计下跌 26.94%。最后，烯碳新材在《2015 年年度报告》更正披露信息时，烯碳新材的此项投资款已经全额收回，烯碳新材的投资虚假陈述行为并未造成投资者交易受损。因此，黄某某的投资损失是股市系统性风险和烯碳新材重组失败等叠加所致，黄某某的投资损失与烯碳新材的虚假陈述行为之间不具有因果关系。

即使无法全部免除责任，过往实践中仍有不少发行人成功主张剔除系统性因素或非系统性因素所造成损失的案例。

如蒋某与山西路桥股份有限公司证券虚假陈述责任纠纷案[1]，虽然法院认定投资者损害结果与山西路桥股份有限公司虚假陈述行为之间存在因果关系，但法院仍然考虑到市场风险因素所致投资者的损失占比较重，应在计算投资者投资损失赔偿数额时予以扣除，故法院酌定山西路桥股份有限公司对投资者诉请的投资损失的 20% 承担赔偿责任。

在中国高科集团股份有限公司与张某某等证券虚假陈述责任纠纷案[2]中，投资者部分投资损失系由市场风险所致，法院酌定扣除投资差额损失的 30%。这种在衡量投资者损失时，允许剔除系统性风险和非系统性风险因素的做法，是为了在因果关系推定的基础上，避免虚假陈述赔偿沦为投资者的“保险”工具，亦是为了贯彻“买者自负”的投资理念，培养更加成熟的证券投资市场。

在李某某与上海创兴资源开发股份有限公司证券虚假陈述责任纠纷案[3]

---

〔1〕 参见山西省高级人民法院民事判决书，(2021)晋民终 135 号。

〔2〕 参见北京市高级人民法院民事判决书，(2021)京民终 956 号。

〔3〕 参见上海市第一中级人民法院民事判决书，(2017)沪 01 民初 596 号。

中,法院认为,如果原告的损失或者部分损失是由证券市场系统性风险等其他因素所致,应当认定虚假陈述与损害结果之间不存在因果关系。本案中,2015年6月19日至12月2日,沪深股市发生大幅波动,上证综指、中证流通指数以及与被告属同一行业的绝大部分公司股票均大幅下跌。因此法院认为,创兴资源股票大幅下跌亦有证券市场风险因素的影响,投资者因此造成的损失不属于创兴资源的赔偿范围。对于该种市场风险因素所致投资者权益减少的部分在投资者投资差额损失中所占的比例,法院酌情认定为60%。原告的投资损失除与创兴资源的虚假陈述存在关联外,也同时受到证券市场风险因素的影响。因此在确定投资损失与虚假陈述因果关系时,应将包括系统性风险在内的其他因素导致投资人的损失排除在外。

在对可剔除因素进行具体分析时,司法实践中的一些案件常常会通过横向考察可比指数和同类股票走势,并同时纵向考察虚假陈述实施日和揭露日或更正日的案涉个股走势,纵横考量应当剔除的系统性因素和非系统性因素。例如,在林某某与宝安鸿基地产集团股份有限公司证券虚假陈述责任纠纷案[1]中,一审法院认为,从横向来看,案涉股票价格涨跌幅与大盘、所在行业板块,以及其他同类企业股票价格的整体走势基本一致,涨跌幅度并不突出;从纵向来看,案涉股票价格在虚假陈述实施日和揭露日后的一段时期内,没有在短时间内出现大起大落或连续涨跌停等异常状况,走势没有发生异常大幅波动,进而综合认定没有证据表明虚假陈述行为导致了股价波动、严重背离其市场价值。并认为案涉股票价格产生波动的原因应当是除了虚假陈述以外、同样影响着其他个股的宏观因素、产业因素、市场因素等多重因素。

但也有观点认为,在进行横向考察时,将案涉股票走势与可比指数和同类股票走势进行比对,其横向参考标准的正当性不足,案涉个股价格未有异常大幅波动才是“釜底抽薪”,即将“系统性风险有影响”和“虚假陈述无影响”这两个理由区分开,认为应当直接论证虚假陈述的实施和揭露并未带来股价波动,从而彻底排除虚假陈述与投资者损失之间的因果关系和赔偿责任。并在这之

[1] 参见广东省高级人民法院民事判决书,(2015)粤高法民二终字第1028号。

上提出，应当着重对虚假陈述实施日和揭露日（或更正日）案涉个股的价格变动进行分析。[1] 但从发行人的角度来看，仍然应当分析各个可能影响案涉个股股价的因素，剔除所有可能的影响，进行全面的抗辩。

同时，实践中关于系统性风险及非系统性风险的量化问题，也给律师和法官提出了专业性挑战，并且给予了受理法院较大的自由裁量权。《新虚假陈述规定》第 31 条规定，人民法院应当查明虚假陈述与原告损失之间的因果关系，被告能够举证证明原告的损失部分或者全部是由他人操纵市场、证券市场的风险、证券市场对特定事件的过度反应、上市公司内外部经营环境等其他因素所导致的，应当相应减责或免责。而就具体如何查明"损失因果关系"，此前的《债券会议纪要》第 24 条第 2 款曾规定："人民法院在案件审理中，可以委托市场投资者认可的专业机构确定欺诈发行、虚假陈述行为对债券持有人和债券投资者损失的影响。"《最高人民法院、中国证券监督管理委员会关于适用〈最高人民法院关于审理证券市场虚假陈述侵权民事赔偿案件的若干规定〉有关问题的通知》也规定，法院可以征求证券业自律管理组织、投资者保护机构等单位的意见。但是，《新虚假陈述规定》本身并未明确规定，此种征求意见具体应以何种形式使用，证据效力如何。

例如，在中国高科案[2]中，发行人中国高科的上诉主张主要是，应委托第三方专业机构对本案系统性风险及非系统性风险扣除比例进行核定，并认为一审法院未经第三方专业机构的核定，直接将系统性风险所致 15 个自然人投资者部分投资损失比例酌定为 30%，且未对本案非系统性风险扣除比例进行核定，此种扣除方式不科学、不合理。对此，北京市高级人民法院认为，《新虚假陈述规定》并未规定法院在审理此类案件中，必须委托第三方专业机构对证券市场的风险扣除比例进行核定，而《最高人民法院、中国证券监督管理委员会关于适用〈最高人民法院关于审理证券市场虚假陈述侵权民事赔偿案件的若干规定〉有关问题的通知》规定，"案件审理过程中，人民法院可以就诉争虚假陈述行

---

〔1〕 参见缪因知：《证券虚假陈述与投资者损失因果关系否定的司法路径》，载蔡建春、卢文道主编：《证券法苑》（第 30 卷），法律出版社 2021 年版，第 85～86 页。

〔2〕 参见北京市高级人民法院民事判决书，（2021）京民终 956 号。

为违反信息披露义务规定情况、对证券交易价格的影响、损失计算等专业问题征求中国证监会或者相关派出机构、证券交易场所、证券业自律管理组织、投资者保护机构等单位的意见”,其中亦未强制性要求委托第三方专业机构对证券市场的风险扣除比例进行核定,即法院有权综合判断后自行酌情决定。

从该判决来看,虽然在此前虚假陈述系列案中,上海、湖南等地法院发展出委托第三方机构采取“同步指数对比法”“收益率曲线同步对比法”等更精细的做法,但此类处理耗费的司法资源较多,并非在各个案件中均有能力采取。从(2021)京民终956号、(2020)京民终591号等判决书来看,北京的法院系统可能持更保守的做法,以较为简便、容易执行的“统一比例法”和法院自行酌定为主。

在司法实践中,法院一般通过证券市场的综合指数、流通股市总值、股票所在行业板块指数及市值等数据的变动情况来综合判断系统性风险是否存在。虽然法院对参考标准的选取首先取决于案件当事人的举证和质证,但往往也会结合更加多样的参考标准来进行交叉对比,更为准确地揭示案涉股票波动与市场波动的关系,避免倚重单一标准造成判断错误。例如,在安泰集团案中,法院以上证指数、被告所在板块指数、黑色金属冶炼及压延加工业流通股加权平均值等作为认定系统性风险是否存在的参考指标;在顺灏科技案中,法院以深证成指、包装材料板块指数等作为认定系统性风险是否存在的参考指标。

法院对系统性风险的认定结论与案涉股票在揭露日的涨跌息息相关。在前述案例中,法院均肯定了股市异常波动期间证券市场出现了整体性的波动,但对于系统性风险是否存在、系统性风险是否造成了投资者投资损失的裁判结论并不一致。例如,本案的审理法院认为,创兴资源股票自揭露日至基准日大幅下跌,说明受到证券市场系统性风险的影响,系统性风险造成投资者损失的60%,该部分损失与创兴资源的虚假陈述行为缺乏关联,不属于赔偿范围。而新力金融案的审理法院认为,新力金融股票在虚假陈述行为之前、虚假陈述行为之日至揭露日的表现一直优于大盘的走势,在揭露日以后,新力金融股票非但没有暴跌,反而出现上涨,并稳定地保持优于大盘和同类板块股票价格的走势。由此可见,原告的投资损失系由证券市场的系统性风险及个人操作因素造成,与新力金融虚假陈述行为并无关联。据此认为,原告的投资损失与新力金融虚假陈述行为之间不存在因果关系。

随着证券虚假陈述纠纷案件的日益多发和司法实践经验的积累,裁判机构亦发现,过往的简单参照大盘或行业板块指数判断系统性风险是否在投资者损失中发挥作用的做法缺少科学定量的依据,亦无法兼顾不同投资者买卖标的股票的时间、数量之差异等个性化因素,存在一定的弊端。因此,在近几年的司法实践中,逐渐有法院开始借助专业机构的力量来进行损失和因果关系认定,通常做法是委托第三方专业机构利用量化计算模型核定包括系统性风险、证券虚假陈述在内的各种因素在投资者损失中的作用,并出具专业报告。目前主要的损失核定机构包括中证资本市场法律服务中心有限公司、中国证券投资者保护基金有限责任公司、上海高金金融研究院和深圳价值在线信息科技股份有限公司。

例如,西安市中级人民法院在作出(2021)陕01民初568号判决书[1]的过程中,则委托中证资本市场法律服务中心对原告的损失金额进行核定。中证资本采用"同步指数对比法",将每个投资者持股期间的个股跌幅与参考指数(上证综合指数、申万一级行业指数和申万三级行业指数)的平均跌幅进行对比,用相对比例法扣除系统性风险的影响,同时考察指数变化与股价变化,充分考虑投资者买入股票数量和指数波动因素,将投资者每笔买入股票的数量与参考指数当日收盘数值相对应,买入股票数量的权重能够在指数上得到反映,并根据投资者在揭露日后卖出及基准日持股情况扣除证券市场系统性风险比例,并最终得出投资者损失未受到证券市场系统性风险影响的结论。

再如,上海金融法院与上海高金金融研究院合作开发的系统,采用"收益率曲线同步对比法"对系统性风险因素和非系统性风险因素进行核定,具体计算方式(见表2-9)。

---

[1] 参见陕西省西安市中级人民法院民事判决书,(2021)陕01民初568号。

表 2-9 “多因子模型”收益率曲线对比法

以(2018)沪 74 民初 1399 号“上海普天”案[1]为例	
组建多因子模型	
模型层次[2]	1. 采用国家因子考虑市场风险对股票收益的影响; 2. 采用行业因子考虑行业对股票收益的影响; 3. 采用风格因子考虑各种基本面因素对股票收益的影响
常见风格因子	规模因子 size、价值因子 book to price、beta 因子、盈利因素 earning yield、杠杆因子 leverage、成长因子 growth、动量因子 momentum、波动率因子 volatility 和流动性因子 liquidity[3]
个案风格因子	充电桩概念、ST 概念
模拟计算	
模拟日收益率(A 股)	使用整个 A 股市场的个股日收益率对国家因子暴露[4]矩阵(全为 1)、行业因子暴露矩阵 I 和风格以及概念因子暴露矩阵 S 进行线性回归可以模拟出大盘、行业以及常见风格因子和概念因子带来的日收益率
模拟日收益率(B 股)	B 股市场中股票数量有限(100 只左右),缺乏多因子模型计算所需样本,因此采用 A 股 B 股关联法计算普天公司 B 股的模拟日收益率

[1] 普天公司于 2015 年至 2016 年因充电桩概念产生的股价波动,以及 2017 年因经营业绩持续亏损而被列入 ST 后产生的股价波动,可能与其实施虚假陈述行为无关,被告主张在计算赔偿责任时予以扣除。对此,核定意见认为,应当基于大盘因素、行业因素、个股风格因素(含充电桩以及 ST 概念因素)先模拟计算出普天公司在除虚假陈述因素外其他因素影响下形成的股票日收益率,再以实施日的前一交易日的股票实际收盘价为初始价格,依据该收益率模拟出普天公司受影响期间的每日股票价格,并计算模拟投资损失及模拟损益比例。同时,依据移动加权平均法,计算出自投资者第一笔有效买入开始的买入均价,并进一步计算包含虚假陈述因素影响的名义投资损失及名义损益比例。最终通过比较二者之间的差额,得出投资者因虚假陈述导致的投资差额损失。

[2] 一般而言,被金融分析机构最广泛援引和参照的多因子模型指的是摩根士丹利资本国际公司(MSCI)旗下的“Barra 风格因子模型”(应用于多因子选股分析和结构化风险因子分析);2012 年,MSCI 发布了面向中国股票市场的多因子模型——CNE5,该模型考虑了一个国家因子、多个行业因子以及多个风格因子。

[3] 上海普天案中的核算意见主要参考了 CNE5 标准来选取风格因子。目前,根据 2018 年 MSCI 发布的最新的中国股票市场多因子模型——CNE6,已新增了反映公司质量的 quality 因子,反映市场情绪的 sentiment 因子以及衡量公司分红状况的 dividend yield 因子。

[4] 行业术语,可理解为在特定公式中进行取值。

续表

模拟损益比例	模拟损益比例 = 模拟投资损失/模拟买入成本 × 100%
	模拟投资损失 = 模拟买入成本(模拟买入均价 × 实施日至揭露日的净买入股数) - 模拟回收成本(揭露日后每笔卖出股数 × 卖出股票模拟价格 + 基准日后仍持有股数 × 模拟基准价)
	模拟基准价 = 揭露日至基准日每日模拟股价的平均值
名义损益比例	名义损益比例 = 名义投资损失/名义买入成本 × 100%
	名义投资损失 = 名义买入成本(买入均价 × 实施日至揭露日的净买入股数) - 名义回收成本(揭露日后每笔卖出股数 × 实际卖出股票价格 + 基准日后仍持有股数 × 基准价)
	买入均价 = (∑本次购入股票金额 + 本次购入前持股成本)/(∑本次购入股票数量 + 本次购入前持股数量)
投资差额损失	可获赔的损失金额 = 名义买入成本 × (名义损益比例 - 模拟损益比例)

其后,在(2021)湘民终1022号、(2021)黑01民初2353号、(2021)沪74民初252号、(2021)浙02民再54号、(2020)沪74民初1546号、(2021)最高法民申6708号、(2020)沪民终666号等裁判文书中,均采用了基于"多因子模型"的收益率曲线对比的核定方法。因此,我们有理由预计在未来的证券虚假陈述纠纷案件的裁判中,法院会更多地参考专业机构对投资者损失的核定结果,而非简单地自行酌定裁量,以促使裁判结果更加公平合理。

(三)非系统性风险的剔除

非系统性风险指的是与系统性风险无关的,如他人操纵市场、证券市场对特定事件的过度反应、上市公司内外部经营环境变化等导致投资收益波动的风险。

相较于系统性风险,非系统性风险因素在司法实践中更是呈现出多样性和争议性。在司法实践中,人民法院由于缺乏对非系统性风险合理有效的量化方式,在证券虚假陈述案中一般对被告提出的非系统性风险抗辩不予认定或浅谈即止。该等抗辩遭法院否定的原因主要在于,被告未能充分就非系统性风险诱因对证券价格产生的具体影响进行举证,由此应承担举证不能的不利后果。例如,在众和股份虚假陈述案〔1〕中,福州市中级人民法院认为,由于众和集团收购锂电业项目失败,核心资产存在重大减值的危险,因此众和集团应当承担举证的义务,但目前的证据不足以说明其与公司的业务活动会对公司股票价格造成冲击和严重影响,因而无法举证的不利法律后果将转嫁给原告。

值得注意的是,在《新虚假陈述规定》施行以前,《旧虚假陈述规定》未明确将“非系统性风险”列为因果关系的阻却事由之一(仅得援引“其他因素”提出非系统性风险抗辩)。因此,有部分案例的审理法院曾以没有明文规定为由不支持非系统性风险抗辩。如康美药业案〔2〕,广州市中级人民法院在 2022 年裁判时仍认为,“按照《最高人民法院关于审理证券市场因虚假陈述引发的民事赔偿案件的若干规定》第十九条之规定,缺乏扣除非系统风险导致的损失的法律依据”……“部分被告提出了诸如经营不善、实际控制人曾行贿等应当扣除非系统风险的理由,但未举证证明何种事件应当作为非系统风险,也未证明该等事件独立于虚假陈述行为对康美药业股价产生消极影响,故本案缺乏扣除非系统风险的依据”,因此对于部分被告扣除非系统性风险的主张不予支持。

另外,与系统性风险的影响可以依赖指数波动情况进行量化计算不同,非系统性风险的界定、对个股价格的影响有无、影响大小均更加难以判定,亦很难举证予以证明。这也导致法院很难查明应予扣减的金额,从而出现部分法院对此抗辩不予支持的情况。例如在前述康美药业案中,法院还认为,“部分被告提出了诸如经营不善、实际控制人曾行贿等应当扣除非系统性风险的理由,但未举证证明何种事件应当作为非系统性风险,也未证明该等事件独立于虚假陈述行为对康美药业股价产生消极影响”。

在一般情况下,公司的信用风险、经营风险、流动性风险等都属于公司的风险,即该等风险仅与特定证券相关,因此对于非系统性风险的界定不宜采取概括方式。上市公司自身可能诱发证券价格变动的事件难以预测,故对非系统性风险同样难以进行有限列举。在认定非系统性风险时,人民法院可以非系统性

〔1〕 参见福建省福州市中级人民法院民事判决书,(2020)闽 01 民初 2530 号。
〔2〕 参见广东省广州市中级人民法院民事判决书,(2020)粤 01 民初 2171 号。

风险的概念为界定，即由上市公司自身所致的、与证券市场整体变化无关的事件都可认定为非系统性风险的诱因，进而再计算该事件在投资者损失中的酌定扣除比例。非系统性风险的认定目前在学术界均已得到认可，在法院的判例中，也有越来越多的案件对非系统性风险进行了认定。

1. 案外人操纵证券市场导致股价波动

如在（2017）苏民终 2154 号判决书[1]中，一审法院认为，"虽然文峰股份在公告中未如实披露陆某某系代文峰集团持有该 14.88% 股权这一信息，且因此受到证监会处罚，但该发布公告行为本身与文峰股份发布'高送转'等信息、徐某控制账户组实施交易、徐某某通过大宗交易减持等行为具有紧密关联性及不可分割性，已共同构成操纵市场之行为并实际造成证券价格异常波动，故原告以虚假陈述为由要求文峰股份承担赔偿责任的主张，于法无据，本院不予支持"。[2] 二审法院予以维持。

2. 其他重大交易事实对股价波动存在较大影响

在（2019）粤 03 民初 2196 号"联建光电案"中，深圳市中级人民法院在委托中证法律服务中心进行损失核定、剔除系统性风险影响因素的结果基础上，综合考虑该案所涉期间较长、联建光电发布的资产收购信息对投资者投资决策、投资损失具有影响，虚增利润占比较小等因素，进一步酌定扣除 50% 的其他因素造成的投资损失。[3]

3. 自身经营风险对股价波动存在一定影响

在（2021）鲁 01 民初 1723 号判决书[4]中，法院认为，"天业公司存在除虚假陈述外的自身经营风险因素……天业公司 2017 年度出具非标准意见审计报告，天业公司 2017 年度净利润为 -227,455,972.32 元。可以看出，天业公司股票本身系弱势股，该部分属于天业公司经营管理不善、内控制度存在缺陷等自

〔1〕 参见江苏省高级人民法院民事判决书，（2017）苏民终 2154 号。

〔2〕 参见江苏省南京市中级人民法院民事判决书，（2017）苏 01 民初 431 号。

〔3〕 参见《护航中小投资者维权之路——简评全国首例"支持诉讼 + 示范判决"案》，载江西法院网 2021 年 12 月 8 日，http://jxgy.jxfy.gov.cn/article/detail/2021/11/id/6421638.shtml。

〔4〕 参见山东省济南市中级人民法院民事判决书，（2021）鲁 01 民初 1723 号。

身经营风险因素造成。并且天业公司该自身经营风险因素对股价的影响在虚假陈述揭露后仍会持续存在,故也应在本案虚假陈述赔偿中剔除……重大资产重组终止导致投资者预期落空、信心受挫,很大程度上也影响了天业公司股价的下跌……综上,上述系统风险因素、天业公司自身经营风险因素、投资者自身投资风险因素与天业公司虚假陈述行为被揭露产生叠加效应,共同加剧了天业公司股价的下跌,本院综合考量上述因素判定天业公司承担 30.2% 的赔偿责任”。

在近年司法实践中,特定证券价格受到非系统性风险因素的影响日趋凸显,被告的举证与抗辩更为翔实,人民法院已逐渐认定非系统性风险因素为损失影响因素之一。同时,在学术界,部分学者认为可以将发生于类似上市公司的同类非系统性风险信息纳入非系统性风险的认定,该等“介入力”可以阻断部分损失因果关系。[1]

非系统性风险的认定尚且存在较大难度,即便在人民法院认定非系统性风险的案例中,对于该等风险的测算方法一般仅存在两种主要形式。第一,部分法院参照系统性风险的计算,直接参考非系统性因素酌定该等风险的扣除比例。以尔康制药案为例,最高人民法院在综合考虑了以上各种因素对其股价的影响后,酌情确定了系统性风险和其他因素对尔康制药股价的影响,认定该等风险在损失中的扣除比例为 10%。[2] 第二,在法院委托第三方专业机构进行损失核定时,部分损失核定意见书中同样对非系统性风险进行了判定与计算。例如,在方正科技虚假陈述案中,其未按照规定披露应当披露的关联交易。此外,公司经营业绩下降、负债等也会对方正科技股票的股价造成重大影响,虽然这种情况对公司股票的股价没有明显的影响,不能成为扣除补偿比例的其他因素,但法院仍在案件中委托上海交大金融研究院对证券市场风险的扣除比例以及投资差额损失进行专业科学的计算。研究院采取事件研究的方法,筛选在案件所涉及的证券交易区间内,足以对案涉证券价格的上涨或下跌产生重要影响

〔1〕 参见王琪延、白日荣:《统计在法律中的应用与展望》,载《统计研究》2008 年第 5 期。

〔2〕 参见最高人民法院民事判决书,(2020)最高法民申 6806 号。

的事件,在此基础上,通过观测上述重大事件在特定窗口期对股票收益率产生的影响,测算出非系统性风险的影响,与法院的斟酌相比,事件研究法已经发展出了一个较为完善、科学的数学模式。[1]

鉴于上述第三方专业机构的鉴定意见中已对损失因果关系的系统性及非系统性风险抗辩事由进行了全面的考量,且采取了事件研究法等科学的计算分析方法,故对于两种证券市场风险均可以委托第三方专业机构进行认定与计算,识别分析及争取援引系统性风险和非系统性风险抗辩来减免责任,尽可能地收集证据证明系统性风险和除虚假陈述行为本身之外的其他非系统性风险对投资者损失所造成的影响并主张对该部分减免责任,一旦抗辩成功,无疑将有可能大幅地降低乃至免除赔偿责任。

四、投资者作出的交易决定与虚假陈述类型不符

《新虚假陈述规定》拓宽了被告的抗辩空间,并对被告抗辩理由作出了区分和细化。《新虚假陈述规定》将《旧虚假陈述规定》第 19 条第 4 项损失因果关系剥离后,在原有四种法定情形的基础上进行了修改和增设,在交易因果关系层面,给予了被告更多的抗辩理由。

情形一:增加了“交易行为发生在虚假陈述实施前”的时间节点规定。从投资者交易行为的时间点上,判断交易因果关系的“有或无”。

情形二:增加了“虚假陈述已经被证券市场广泛知悉”情形。此情形在北汽新能源案、康美药业案中已被法院前瞻性地采用,即信息披露义务人可能实施了多个虚假陈述行为,前面的虚假陈述行为已经被市场揭露,虽然后续还有虚假陈述行为,但因虚假陈述被揭露的意义在于对证券市场发出了警示信号,提醒投资者重新判断股票价值,故在前述虚假陈述行为揭露后再买入,就不属于可以赔偿的范围。

情形三:增加了“原告的交易行为是受到虚假陈述实施后发生的上市公司的收购、重大资产重组等其他重大事件的影响”情形。而此前法院在审理此类

---

[1] 参见上海金融法院民事判决书,(2020)沪 74 民初 115 号。

案件时,如银基新材料案,只能引用《旧虚假陈述规定》第19条第4项“系统风险等其他因素所导致”,认定原告的投资行为、交易损失与虚假陈述行为不具有法律上的因果关系,驳回原告全部诉讼请求。

情形四:将“属于恶意投资、操纵证券价格的”完善为“原告的交易行为构成内幕交易、操纵证券市场等证券违法行为”。内幕交易和操纵证券市场行为原本就是证券市场严厉打击的违法行为,自然要排除其索赔权利,原告构成内幕交易、操纵证券市场的违法行为案例较少,司法实践中多为被告实施内幕交易等违法行为。

情形五:增加了“原告的交易行为与虚假陈述不具有交易因果关系的其他情形”的兜底条款。

根据对市场走向和投资人判断的影响,虚假陈述可以分为诱多型虚假陈述和诱空型虚假陈述。在229组类案中,投资者因诱多型虚假陈述而买入证券的有221组,占96.5%;因诱空型虚假陈述而卖出证券的有7组,占3.1%;因单一案件中先后出现了诱多型、诱空型两种虚假陈述行为的有1组,占0.4%。[1]可见,诱多型虚假陈述引发的案件数量占绝大多数,这与实践中信息披露义务人多通过虚构好消息、隐瞒坏消息的方式,来促使投资者买入股票,进而抬高股价的现象相符。我国股市原则上不允许做空,对于现行存在的诱空型虚假陈述行为在《旧虚假陈述规定》中未明确规定,导致最高人民法院及各地法院在审理“诱空”类案件过程中,对于诱空型虚假陈述的内涵、因果关系的认定等并未形成一致的意见。

在司法实践中,以下虚假陈述曾被认定为诱空型的虚假陈述:(1)上市公司作为信息披露义务人,披露公司为代他人持有股票,但实际并非股权代持;[2](2)隐瞒将给公司带来大幅利润增长的重要合同签订信息;[3](3)隐瞒属于利

---

〔1〕 参见郑长虹、郭彦雄:《证券虚假陈述责任纠纷大数据报告视角下的新、旧规对比》,载iCourt法秀2022年2月21日,https://mp.weixin.qq.com/s/-z0WcK1XY8VO702LXlhRew。

〔2〕 参见最高人民法院民事裁定书,(2016)最高法民申502号。

〔3〕 参见广东省高级人民法院民事判决书,(2015)粤高法民二终字第1041号、第1057号、第1058号、第1066号。

好性质的收购其他公司的消息。[1] 另外,上市公司股东作为信息披露义务人时,持股比例达到特定比例后继续增持但不予报告和公告,也可能被认定为诱空型的虚假陈述。[2]

在司法实践中,以诱空型虚假陈述实施后投资者的交易方向与诱空型虚假陈述不一致作为抗辩理由最为常见。譬如,在“京博控股”“勤上光电”系列案中,一审法院均认为,诱空型虚假陈述并不会诱使投资者作出积极的投资决定,不应认定投资行为与虚假陈述行为之间存在交易因果关系。[3] 此处“积极的投资决定”应仅指“股票买入决定”,因为诱空型虚假陈述作出之后,可能会诱使投资者因股票价格的持续走低作出卖出股票的决定。

如在吴某某与北大医药股份有限公司、北大资源集团控股有限公司等证券虚假陈述责任纠纷案[4]中,法院认为,北大医药公司 2013 年 6 月 14 日发布《关于股东协议转让公司股份的签约提示性公告》后,北大医药公司股票当天收盘价为 13.20 元,较上一日下跌为 2.22%。至 2013 年 6 月 25 日,北大医药公司股票价格较《关于股东协议转让公司股份的签约提示性公告》发布当日股价下跌 22.58%,远高于同期医药制造业股票价格的跌幅 7.91% 及深证综指的跌幅 9.81%。截至 2014 年 4 月 11 日北大医药公司发布股票停牌公告,其股票价格为 13.42 元,仍未达到《关于股东协议转让公司股份的签约提示性公告》发布前一日的收盘价。由此可知,北大医药公司虚假陈述的行为对外表现为控股股东减持股票,但实际仍由相关联的北大资源公司持有股票,该行为不应导致投资者积极买入股票,而应是卖出股票。虽然吴某某上诉称作为受让方的北京政

---

〔1〕 参见广东省高级人民法院民事判决书,(2019)粤民终 1038 号、1039－1046 号、1047 号、1048 号、1049 号、1050 号、1052 号。

〔2〕 参见山东省高级人民法院民事判决书,(2015)鲁商终字第 327 号;辽宁省大连市中级人民法院民事判决书,(2017)辽 02 民初 406 号等。

〔3〕 京博控股系列案可参见山东省高级人民法院民事判决书,(2015)鲁商终字第 327 号;勤上光电系列案可参见广东省高级人民法院民事判决书,(2019)粤民终 1038 号、1039－1046 号、1047 号、1048 号、1049 号、1050 号、1052 号等。本书在此处虽说明是一审法院观点,但二审法院并未推翻,且维持了一审法院的判决。

〔4〕 参见重庆市高级人民法院民事判决书,(2019)渝民终 345 号。

泉公司具有实力,本案所涉的虚假陈述应为诱多型虚假陈述,但其并未出示证据加以证明,也与股价的变动不符。故一审法院认定为本案所涉虚假陈述属于诱空型虚假陈述并无不当,吴某某关于本案所涉虚假陈述为诱多型虚假陈述的理由不成立,本院不予支持。最后,2014 年 4 月 11 日北大医药公司发布股票停牌公告至 2014 年 10 月 20 日北大医药公司发布开市复牌公告,北大医药公司相继发布了投资建设北大医药公司麻柳制造基地项目、收购深圳市一体医疗科技有限公司 100% 股权、设立北大医疗肿瘤医院管理有限公司、北大医药公司为北大人民医院提供合同金额为 88,880,099.789 元的体外诊断试剂与耗材供应及配送等利好消息。至 2014 年 10 月 20 日,北大医药公司股价为 22.58 元,涨幅为 68.26%,远高于同期深证综指的涨幅 23.24%、深证成指的涨幅 8.14%、深证节指的涨幅 23.3%、医药制造业股票的涨幅 11.1%。吴某某买入股票时间主要在 2014 年下半年北大医药公司发布一系列利好消息及股票市场"牛市"开始后,表明吴某某的投资行为并非受代持股份事项的影响,不能证明其损失与北大医药公司的信息披露违法行为之间具有因果关系。

在杨某与国民技术股份有限公司证券虚假陈述责任纠纷案〔1〕中,法院认为,首先,国民技术未及时披露的两份协议属于利好消息,国民技术延迟公布利好消息的行为,属于诱空型虚假陈述,不会诱使投资者作出积极的投资决策,不属于《旧虚假陈述规定》第 18 条和第 19 条规定应予赔偿的虚假陈述行为。其次,投资者的投资行为并非受案涉虚假陈述行为影响。国民技术未及时披露两份补充协议的行为并没有让投资者产生合理信赖从而影响投资决策。国民技术虽未披露《补充协议 1》《补充协议 2》,但在 2015 年 11 月 9 日、2016 年 3 月 2 日国民技术已披露过《合伙协议》《追加投资协议》,投资者在投资买入国民技术股票时已了解国民投资的 5 亿元一事。国民技术未披露的协议是对已经披露的协议内容的补充,未披露两份补充协议的行为不会增加投资者对国民技术股票的合理信赖并且诱使投资者追加对国民技术股票的投资。换言之,投资者系基于对市场既有信息的研判继而作出投资决策,并非受未披露信息行为的影

〔1〕 参见广东省高级人民法院民事判决书,(2020)粤民终 1132 号。

响而积极买入国民技术股票。投资者上诉称未及时披露的协议并非利好消息，相反会影响投资信心。法院认为该主张不符合本案事实，也不符合常理，不予采信。最后，国民技术股价的下跌主要归结于失联事件而非证券虚假陈述行为。2015 年 11 月 27 日至 2017 年 11 月 28 日，国民技术股票虽有下跌，但走势与其所属的创业板指数的整体走势基本一致，跌幅还小于创业板指数跌幅。2017 年 11 月 29 日，国民技术发布《关于重大事项停牌的公告》，称前海旗隆、北京旗隆的相关人员失去联系，国民技术于 2017 年 11 月 28 日晚间已紧急安排向公安机关报案。国民技术股票于 2017 年 11 月 29 日起停牌，至 2017 年 12 月 20 日起复牌，复牌后出现大幅下跌。2017 年 12 月 20 日至 2018 年 1 月 5 日，国民技术股票价格下跌。这主要归结于失联事件引起的公司自身的非系统性风险因素，并非由案涉虚假陈述行为所致。

可见，最高人民法院及各地法院对于"诱空型虚假陈述"在具体案例中形成了基本趋同的观点，同时裁判结果也基本一致，即以不属于《旧虚假陈述规定》第 18 条和第 19 条规定应予赔偿的虚假陈述行为为由，驳回投资者的诉讼请求。

事实上，诱空型虚假陈述与诱多型虚假陈述对股票价格走势上的影响恰恰相反。诱多型虚假陈述对股票价格影响的基本逻辑是：发行人发布虚假利好消息，引起证券市场行情上涨并被投资者看好，从而诱使投资者作出积极买入的投资决策，构成交易因果关系。在虚假陈述被揭示时，利好消息被揭穿，市场获知真相后股票被重新估价，因而引起股价大幅下跌，直到基准日时股价恢复到真实价值附近。投资者在虚假陈述实施日之后买入股票，在揭露日或更正日之前卖出股票或者继续持有该股票，造成投资损失，构成损失因果关系。

但前述诱多型虚假陈述因果关系的认定无法套用于诱空型虚假陈述因果关系的认定。对于诱空型虚假陈述来讲，虚假陈述行为实施后，通常会引起市场低迷情绪并被看空，导致原本稳定的股价开始偏离真实价值向下运行或者本应上涨而稳定不变，但当利空消息被揭穿或者所隐瞒的利好消息被释放，股价会上涨，直至基准日时恢复到真实价值附近。在此情形下，只有在虚假陈述行为实施日前即持有股票，并在实施日后、揭露日或更正日前卖出股票，才有可能构成诱空型虚假陈述的交易因果关系。投资者因没有享受到本应享有的信息红利而受到利益损害,该部分投资者的前述损失与虚假陈述行为,则构成损失因果关系。上述认定的原因在于,诱空型虚假陈述行为中,利好消息没有披露不会诱使投资者作出积极的投资决策,而利空消息的发布只会加速投资者作出卖出股票的决策,至少不会作出进一步投资的决策,除非其认为该股票具有持有或投资价值,但这与虚假陈述行为已没有因果关系。

如前文所述,在诱多型的虚假陈述中,受到虚假陈述影响的"交易决定"为买入决定;在诱空型虚假陈述中,受到虚假陈述影响的交易决定为卖出决定。这是交易因果关系定义的应有之义。因此,投资者作出的交易决定与虚假陈述类型不符时,不能推定交易因果关系的存在。

五、投资者的投资行为是否存在恶意投资或操纵证券市场嫌疑

从交易因果关系的角度来解释,存在恶意投资、操纵证券市场价格行为的投资者,已经可以推定其明知虚假陈述存在,或无论是否明知虚假陈述存在都会投资,[1]也就无法推定投资者系基于信赖股票价格而作出投资决定,因而投资行为与虚假陈述之间并不存在交易因果关系。

在皇台酒业案中,针对投资者袁某某和陈某某二人的投资行为,法院认为,袁某某作为企事业单位工人,无法证明其用于购买案涉股票的1.45亿元巨额资金来源,且其集中优势资金连续买卖,数量巨大,同时与陈某某二人存在一致操作行为,已具有操纵证券价格行为的特征,因此认定投资者的损失与虚假陈述之间不存在因果关系。[2] 该案虽未直接指出投资者存在操纵证券价格的行为可以推翻交易因果关系;但就解决思路而言,亦有推翻交易因果关系的考量。

---

〔1〕 参见李国光主编:《最高人民法院关于审理证券市场虚假陈述案件司法解释的理解与适用》,人民法院出版社2015年版,第252页。

〔2〕 参见最高人民法院民事裁定书,(2019)最高法民申5497号、5539号。

六、作出投资决定是否系因投资者的交易习惯

投资者在虚假陈述行为揭露日前后的频繁买入卖出行为，可能推翻交易因果关系的推定。如在中水远洋系列案中，法院认为，投资者已经形成了频繁买卖股票的操作规律和交易习惯，且交易习惯和规模在虚假陈述行为实施日、揭露日前后均保持了持续性和稳定性，故认为虚假陈述行为并未对投资者的交易决定产生影响。[1]

而投资者在虚假陈述揭露日之后，存在的买进卖出的行为，更能证明投资决定与虚假陈述不存在交易因果关系。例如最高人民法院在宝安鸿基案中就强调，投资者在虚假陈述实施日甚至揭露日之后仍在进行买入卖出行为，应当认定其交易决定并未受虚假陈述行为的影响，故不产生交易因果关系。[2] 哈工智能案中法院也有类似观点。[3]

但需要注意的是，以虚假陈述揭露日之后的买卖行为来推断不存在交易因果关系也可能不被法院认可。在安泰集团系列案中，山西省高级人民法院认为，安泰集团主张以投资者在揭露日之后买入股票的行为来推定投资者实施日至揭露日买入股票时的意思表示，进而认为投资者损失与虚假陈述行为无因果关系的观点与《旧虚假陈述规定》不符。[4]

第四节　关于损失的抗辩

一、损失的范围

损害的存在是侵权民事责任的基础要件之一，在瞬息万变的证券市场中投

---

〔1〕参见北京市第二中级人民法院民事判决书，(2018)京02民初262号、263号、264号。

〔2〕参见最高人民法院民事裁定书，(2016)最高法民申502号。

〔3〕参见江苏省高级人民法院民事裁定书，(2018)苏民申400号。关于该案的事实部分，可参见江苏省南京市中级人民法院民事判决书，(2016)苏01民初84号。

〔4〕参见山西省高级人民法院民事判决书，(2018)晋民终402号、424号、427号。

资者的损失通常都是由市场上多种因素合力造成的,故在虚假陈述侵权案件中一个重点且难点的工作就是,区分虚假陈述给投资者造成的损失和正常市场风险带来的损失。

《新虚假陈述规定》第 25 条明确规定,信息披露义务人的责任范围以原告因虚假陈述而发生的实际损失为限,并进一步规定该实际损失包括投资差额损失、投资差额损失部分的佣金和印花税。该规定体现了证券虚假陈述侵权责任系以填补损害为基本原则。

需要注意的是,《新虚假陈述规定》并未明确投资者的实际损失是否应当包含资金利息的问题。特别是在涉及债券类虚假陈述侵权案件时,对于资金利息是否应算作投资者的实际损失变得尤为重要。《债券会议纪要》第 22 条基于债券还本付息的特征,规定债券虚假陈述纠纷案件中损失的认定应当区分两种情形:一是在判决前已经卖出债券的,赔偿范围限于实际损失;二是在判决前仍持有债券的,赔偿范围为本金及利息,即包括实际损失和可得利益损失。在前述第二种情形下,债券发行人因其本身就负有还本付息的义务,其赔偿范围应包括债券本金及利息,这往往不存在争议。但对于发行人之外的其他主体(主要是中介机构)的赔偿责任范围,是否也应当同发行人一样包含债券本金及利息,实践中往往会存在较大争议,中介机构通常会以其本身不负有对债券还本付息义务为由主张赔偿责任范围应限于债券的实际损失。

例如,在王某与五洋建设集团股份有限公司、陈某樟证券虚假陈述责任纠纷案[1]中,一审法院并未采纳中介机构对损失范围的抗辩,而是认定债券持有人的损失包括本金、利息、逾期利息,中介机构在此范围内承担(全额或部分)连带赔偿责任。

二、集中竞价的股票交易中投资差额损失的计算

对于股票损失的计算,《新虚假陈述规定》第 27 条和第 28 条对于集中竞价的股票交易市场中因虚假陈述造成的投资差额损失的计算方式进行了规定,并

---

〔1〕 参见浙江省杭州市中级人民法院民事判决书,(2020)浙 01 民初 1691 号。

区分了诱多型虚假陈述以及诱空型虚假陈述的投资差额损失计算方法。《旧虚假陈述规定》并未明文规定诱空型虚假陈述行为,也因此导致在《新虚假陈述规定》出台之前,我国司法实践中涉及诱空型虚假陈述的案件长期以来缺少相关规定的指引,更有甚者直接以法律未作规定为由认为不构成虚假陈述行为。例如,在李某钢与国民技术股份有限公司证券虚假陈述责任纠纷案[1]中,法院认为,国民技术公司未及时披露的两份协议属于利好消息,国民技术公司延迟公布利好消息的行为,属于诱空型虚假陈述,不属于《旧虚假陈述规定》第18条和第19条规定的虚假陈述与损害结果之间存在因果关系的情形。

对于诱多型虚假陈述的投资差额损失,其涉及的是投资者在实施日之后、揭露日或更正日之前买入的股票,而诱空型虚假陈述所涉及的则是投资者在实施日之后、揭露日或更正日之前卖出的股票,二者相关投资差额的具体计算方式如下:

诱多型虚假陈述的投资差额损失 = [投资者在实施日之后、揭露日或更正日之前买入股票的平均价格 - 投资者在揭露日或更正日之后、基准日之前卖出股票的平均价格] × 已卖出的股票数量 + [投资者在实施日之后、揭露日或更正日之前买入股票的平均价格 - 基准价格] × 基准日之前未卖出的股票数量

诱空型虚假陈述的投资差额损失 = [投资者在揭露日或更正日之后、基准日之前买回股票的平均价格 - 投资者在实施日之后、揭露日或更正日之前卖出股票的平均价格] × 买回的股票数量 + [基准价格 - 投资者在实施日之后、揭露日或更正日之前卖出的平均价格] × 基准日之前未买回的股票数量

诱多型虚假陈述导致的投资损失主要表现为"受虚假陈述影响高价买入、揭露后低价卖出",而《新虚假陈述规定》并没有对买入均价计算作出具体规定,理论上存在实际成本法、移动加权平均法、综合加权平均法、先进先出移动加权平均法等计算方法。在司法实践中,各地法院确认买入均价的计算方法也不尽相同,近年来,多数法院越来越倾向于采用移动加权平均法或先进先出移动加

[1] 参见最高人民法院民事裁定书,(2021)最高法民申3787号。

权平均法。例如,在丁某华与欧浦智网股份有限公司证券虚假陈述责任纠纷案[1]中,中证服务中心采用移动加权平均法计算买入均价,核定了原告首笔有效买入日期、买入均价、揭露日至基准日卖出的欧浦智网股数以及基准日仍持有的欧浦智网股数。且经中证服务中心核定,投资者并未因在虚假陈述揭露日或者更正日及以后卖出该证券,或者因持续持有该证券而产生亏损,法院也对此核定结果予以确认,认定投资者不存在损失。而在前述中国高科案[2]中,法院认为15名自然人投资者在中国高科虚假陈述实施日之前即持有中国高科股票,法院按照有利于保护证券投资者合法权益的原则,如果投资者在虚假陈述实施日至基准日期间有卖出股票的情况,按照“先进先出”的原则,先行抵扣投资者在虚假陈述实施日之前已经持有的股票,且对该部分股票收回的相应资金,不计入投资者买入证券平均价格或卖出证券平均价格的成本。

三、关于“三日一价”的认定

在上述虚假陈述损失计算方式中涉及四个重要概念,也是实践中常说到的“三日一价”,即虚假陈述的实施日、虚假陈述的揭露日或更正日、投资差额损失计算的基准日以及损失计算的基准价格。在《新虚假陈述规定》施行前,证券虚假陈述责任纠纷案件的争议焦点,主要集中在重大性的认定,实施日、更正日/揭露日、基准日(以下简称“三个日期”)的认定,交易因果关系、损失因果关系的认定,诉讼时效起算点这7方面,其中“三个日期”的认定和损失因果关系的认定所产生的争议居多,占比79.7%,[3]基本每个案件中的诉辩焦点都涉及“三个日期”的认定以及是否存在损失因果关系。

(一)虚假陈述行为实施日

《旧虚假陈述规定》第20条第1款规定的虚假陈述实施日,是指作出虚假陈述或者发生虚假陈述之日。司法实践中法院认定实施日的情形大部分以《旧

---

[1] 参见广东省广州市中级人民法院民事判决书,(2021)粤01民初835号。

[2] 参见北京市高级人民法院民事判决书,(2021)京民终956号。

[3] 参见郑长虹、郭彦雄:《证券虚假陈述责任纠纷大数据报告视角下的新、旧规对比》,载iCourt法秀2022年2月21日,https://mp.weixin.qq.com/s/-z0WcK1XY8VO702LXlhRew。

虚假陈述规定》第20条规定的“积极地披露”予以认定,如上市公司发布年报等主动发布信息之日作为实施日的类案占70.4%。此外还存在大量以表现为“消极的隐瞒”予以认定,如以隐瞒相关信息届满第一个交易日认定实施日的类案占14.6%;以应当披露信息的起算日起或者触及披露时点的两个交易日认定实施日的类案占6.6%;以隐瞒重大事件第二个交易日认定实施日的类案占4.3%。[1]

《新虚假陈述规定》对不同类型的虚假陈述进行区分,并规定了具体的认定标准,即信息披露义务人在证券交易场所的网站或者符合监管部门规定条件的媒体上公告发布具有虚假陈述内容的信息披露文件,以披露日为实施日;通过召开业绩说明会、接受新闻媒体采访等方式实施虚假陈述的,以该虚假陈述的内容在具有全国性影响的媒体上首次公布之日为实施日。信息披露文件或者相关报道内容在交易日收市后发布的,以其后的第一个交易日为实施日。因未及时披露相关更正、确认信息构成误导性陈述,或者未及时披露重大事件或者重要事项等构成重大遗漏的,以应当披露相关信息期限届满后的第一个交易日为实施日。

1. 积极作为的虚假陈述行为实施日的确定

在积极作为的虚假陈述行为中,信息披露义务人披露的信息存在虚假记载或误导性陈述,投资者与信息披露义务人之间对于积极作为的虚假陈述行为实施日的争议鲜少,但仍有部分投资者将违法行为实施日和虚假陈述行为实施日混淆。

在汤某某与鞍山重型矿山机器股份有限公司、九好网络科技集团有限公司证券虚假陈述责任纠纷案[2]中,针对鞍山重型矿山机器股份有限公司(以下简称鞍山重机公司)虚假记载财务数据的虚假陈述行为实施日,投资者主张实施日为《重组预案》发布之日即2015年11月14日,理由在于投资者是基于鞍山重机公司发布重组公告行为的误导,对鞍山重机公司股票的价值作出了错误判

〔1〕 参见郑长虹、郭彦雄:《证券虚假陈述责任纠纷大数据报告视角下的新、旧规对比》,载iCourt法秀2022年2月21日,https://mp.weixin.qq.com/s/-z0WcK1XY8VO702LXlhRew。

〔2〕 参见辽宁省沈阳市中级人民法院民事判决书,(2020)辽01民初146号。

断。一审及二审法院均认为虚假陈述行为是鞍山重机公司在《重大资产置换及发行股份购买资产并募集配套资金暨关联交易报告书》中虚假的财务记载,而并非资产重组本身。同时,二审法院认为,鞍山重机公司的行为是否构成虚假陈述行为,应以相应的行政处罚决定书或者刑事判决书为先决条件,行政处罚决定书或者刑事判决书未认定相关行为构成信息披露违法行为的,在民事赔偿诉讼中法院均不会将其认定为虚假陈述行为。本案《重组预案》未被行政处罚决定书认定为信息披露违法,不属于《旧虚假陈述规定》所述的虚假陈述行为,因此《重组预案》公告日不是本案虚假陈述行为实施日。

综上所述,在确定积极作为的虚假陈述行为实施日时,不仅需要区分证券虚假陈述行为实施日与违法行为实施日,还需要明确行政处罚决定书或刑事判决书中认定的信息披露违法行为。如果行政处罚决定书或刑事判决书未将该行为认定为信息披露违法行为,法院在审理证券虚假陈述民事赔偿案中也不会将其认定为虚假陈述行为。例如该行为不属于《旧虚假陈述规定》所述的虚假陈述行为,则该行为实施日必然不是虚假陈述行为实施日。

2. 消极沉默的虚假陈述行为实施日的确定

消极沉默的虚假陈述行为,是指信息披露义务人没有依法披露或是推迟披露信息的行为。确定虚假陈述行为实施日之时,投资者往往希望将法定应当披露信息的发生之日认定为虚假陈述行为实施日,以扩大买入股票的期间。事实上,消极沉默的虚假陈述行为实施日应当确定为信息披露法定期限的最后一个期日。

在大连大福控股股份有限公司与胡某证券虚假陈述责任纠纷案[1](以下简称大福控股与胡某案)中,大连大福控股股份有限公司(以下简称大福控股)未披露对外提供担保和涉及公司重大诉讼事项的信息,其中针对未披露重大担保事项的虚假陈述,投资者主张虚假陈述行为实施日为2014年5月16日,即大福控股为陈某提供担保当日。一审法院认为,大福控股于2014年5月16日未履行相关决策程序对外提供担保,亦未进行公开披露,依法属于应立即报告和

〔1〕 参见辽宁省高级人民法院民事判决书,(2019)辽民终1002号。

公告之披露情形,故该日是大福控股最早作出虚假陈述之日,应确认该日为虚假陈述行为实施日。大福控股不服一审判决,向辽宁省高级人民法院提起上诉。二审法院根据 2007 年《信披管理办法》第 2 条"信息披露义务人应当真实、准确、完整、及时地披露信息,不得有虚假记载、误导性陈述或者重大遗漏"及第 71 条"及时,是指自起算日起或者触及披露时点的两个交易日内"的规定,认为"立即"应当理解为合理期限内及时公告。结合大福控股所实施的虚假陈述行为,二审法院认为大福控股虚假陈述的实施日应当为自起算日起或者触及披露时点的两个交易日内,故应确认 2014 年 5 月 21 日为虚假陈述行为实施日(17 日、18 日为法定休息日)。

在黄某某与银基烯碳新材料集团股份有限公司证券虚假陈述责任纠纷案[1]中,法院同样认为消极沉默的虚假陈述行为实施日的确定应取决于信息披露的法定期限。在法定期限内未予公告的,即构成消极的虚假陈述行为,法定期限的最后一个日期即为消极虚假陈述行为的实施日。因此,法院认定银基烯碳新材料集团股份有限公司(以下简称银基烯碳公司)的投资行为及借款行为应在协议签署后两个交易日内披露。而银基烯碳公司未在法定期限内予以披露,故投资虚假陈述行为和借款虚假陈述行为的实施日分别为上述法定期限的最后一日,即 2015 年 11 月 12 日和 2016 年 4 月 28 日。

以前述新疆汇嘉案[2]为例,汇嘉时代公司实施的多个关联交易行为时间连续,性质均系应及时披露的相关重点信息,其负有及时披露的义务,故一审法院将案涉一系列关联交易行为的首次发生时间作为起算日,并依据 2007 年《信披管理办法》第 71 条第 1 款第 2 项关于"及时,是指自起算日起或者触及披露时点的两个交易日内"的法律定义,一审法院认定虚假陈述实施日为 2018 年 1 月 12 日。二审法院适用《新虚假陈述规定》第 7 条第 3 款"因未及时披露相关更正、确认信息构成误导性陈述,或者未及时披露重大事件或者重要事项等构成重大遗漏的,以应当披露相关信息期限届满后的第一个交易日为实施日"之

---

〔1〕 参见辽宁省高级人民法院民事判决书,(2019)辽民终 455 号。

〔2〕 参见新疆维吾尔自治区高级人民法院民事判决书,(2022)新民终 1 号。

规定,认定应当披露相关信息届满日为2018年1月12日,则虚假陈述实施日应为2018年1月12日后的第一个交易日即2018年1月15日。

在确定消极沉默的虚假陈述行为的实施日时,首先应当确定该信息的法定披露期限。如果法律已明确规定上市公司或其他信息披露义务人对该项信息披露的时间点,信息披露义务人未在该时间节点前进行披露,则该信息披露时间节点为虚假陈述行为实施日。例如,《证券法》第71条第2款明确规定信息披露义务人必须在达成协议后3日内进行公告,如信息披露义务人未在3日内依法进行公告,则协议达成的第3日即为虚假陈述行为实施日。对于法律未明确规定上市公司或其他信息披露义务人对信息披露的具体时间点,实践中一般要求重大事项发生当日起两个交易日内进行披露。例如,《证券法》第78条规定的及时披露信息的义务,第81条第1款规定的立刻披露重大事项义务等。2007年《信披管理办法》第71条第1款第2项对"及时"作出了解释,但没有对"立刻"进行解释。在大福控股与胡某案中,二审法院认为"立刻"应当参照"及时"的含义,解释为"自起算日起或者触及披露时点的两个交易日内"。据此可见,法院在实务中对"立刻"及"及时"采用同一标准来确定信息披露义务人履行法定信息披露义务的时间点。

证券虚假陈述民事赔偿诉讼中,投资者损失与虚假陈述行为之间的因果关系认定是确定赔偿责任的关键,而确定虚假陈述行为实施日是判断因果关系的首要因素。由于虚假陈述行为的实施具有隐蔽性和专业性,且投资者对虚假陈述行为实施日的认识具有局限性,认定虚假陈述行为实施日难度较大,往往是证券虚假陈述民事赔偿案的争议焦点之一。

投资者在主张虚假陈述行为实施日时首先应分辨出信息披露义务人实施虚假陈述行为的类型,通过虚假陈述行为的类型来判断虚假陈述行为实施日。积极作为的虚假陈述行为实施日为记载虚假或误导性信息的材料公告之日;消极沉默的虚假陈述行为实施日则为履行法定信息披露义务期限的最后一日。

（二）更正日/揭露日

《旧虚假陈述规定》第20条第3款规定的虚假陈述更正日,是指虚假陈述行为人在中国证监会指定披露证券市场信息的媒体上,自行公告更正虚假陈述并按规定履行停牌手续之日。在类案检索中,有11.8%的类案涉及更正日的认定,其中以中国证监会指定媒体公告更正并停牌之日认定更正日的占8.6%,仅以自行公告更正之日认定为更正日的占3.2%。[1] 换言之,在司法实践中"履行停牌手续"并非法院认定更正日的必要条件,法院在具体认定时仍会结合交易规则、交易惯例及具体案情中股市变化、股价影响等因素来进行实质性考量。此种认定方式显然更符合司法实践的需求,故《新虚假陈述规定》对更正日的认定相应地删除了"并按规定履行停牌手续"的要求。

《旧虚假陈述规定》第20条第2款规定的虚假陈述揭露日,是指虚假陈述在全国范围发行或者播放的报刊、电台、电视台等媒体上,首次被公开揭露之日。但此规定内容更侧重于揭露的载体、形式等外在形式,而未对具体认定标准等实质性内容予以细化,导致司法实践中揭露日的认定存在标准不一的情况。在类案检索中,有88.2%的类案涉及揭露日的认定,其中以在媒体上首次被公开揭露之日认定为揭露日的仅占15.4%;而以上市公司公告立案调查信息公开之日认定揭露日的占43.4%;以上市公司公告行政处罚之日认定揭露日的占25.3%;以上市公司发布更正公告之日认定揭露日的占3.2%。[2] 同时从该等类案中发现,目前各地法院逐渐形成了"以立案调查通知书公告日为揭露日"这一较为统一的认识。

《新虚假陈述规定》对揭露日的认定也采用了以立案调查通知书公告日为揭露日的标准,并增加了"证券交易场所等自律管理组织因虚假陈述对信息披露义务人等责任主体采取自律管理措施的信息公布之日"的情形。此外,《新虚假陈述规定》还增加了"信息披露义务人实施的虚假陈述呈连续状态的,以首次被公开揭露并为证券市场知悉之日为揭露日。信息披露义务人实施多个相互独立的虚假陈述的,人民法院应当分别认定其揭露日"的规定,该规定解决了司法实践中的现实需求,此前北汽蓝谷案中对多个呈连续状态的虚假陈述如何认

---

〔1〕 参见郑长虹、郭彦雄:《证券虚假陈述责任纠纷大数据报告视角下的新、旧规对比》,载iCourt法秀2022年2月21日,https://mp.weixin.qq.com/s/-z0WcK1XY8VO702LXlhRew。

〔2〕 参见郑长虹、郭彦雄:《证券虚假陈述责任纠纷大数据报告视角下的新、旧规对比》,载iCourt法秀2022年2月21日,https://mp.weixin.qq.com/s/-z0WcK1XY8VO702LXlhRew。

定揭露日与《新虚假陈述规定》的观点相一致，此裁判观点也被其他法院多次采用。

关于警示性，虽然《旧虚假陈述规定》并未对此作出明确规定，但法院在裁判时通常都会考虑揭露行为的警示性要件，而多数判例又会将虚假陈述行为被揭露后股票价格是否下跌作为判断市场反应的标准。例如，前述山西路桥案〔1〕，山西路桥公司的虚假陈述行为被央视财经频道于2018年4月17日晚首次报道，且报道之后，山西三维集团股份有限公司连续3个交易日股票收盘价格跌幅偏离值达14.69%，构成股票交易异常波动，足以对市场起到警示作用，故法院将2018年4月17日确定为虚假陈述的揭露日。而《新虚假陈述规定》也对此进行了明确规定，将公开交易市场对相关信息的反应等证据作为判断投资者是否知悉虚假陈述的标准。这一点在2022年1月29日作出判决的前述康美药业案〔2〕中也得到了印证，康美药业股价在被自媒体质疑后短期内急速下挫，走势与上证指数、行业指数的走势存在较大背离，法院认定市场对自媒体的揭露行为作出了强烈反应，说明自媒体揭露行为对市场显现出很强的警示作用，满足揭露行为的警示性要件。

《新虚假陈述规定》还进一步明确了推定揭露日的法律地位，即除非当事人有相反证据足以反驳外，否则监管部门以涉嫌信息披露违法为由对信息披露义务人立案调查的信息公开之日，及证券交易场所等自律管理组织因虚假陈述对信息披露义务人等责任主体采取自律管理措施的信息公布之日，应当认定为揭露日。在王某华与中兵红箭股份有限公司证券虚假陈述责任纠纷案〔3〕中，中兵红箭股价在诉争前后两个揭露日均存在市场反应，但立案调查公告日在先，是中兵红箭公司虚假陈述首次被公开揭露之日，且立案调查公告日公司股价的波动与系统其他指数波动关联性较低，对中兵红箭公司公告的信息反应更加明显，故法院认定中兵红箭公司发布立案调查公告日为揭露日。

此外，当存在多个虚假陈述行为时，对于如何确定揭露日的问题，实践中也

---

〔1〕 参见山西省高级人民法院民事判决书，(2021)晋民终135号。

〔2〕 参见广东省广州市中级人民法院民事判决书，(2020)粤01民初980号。

〔3〕 参见湖南省高级人民法院民事判决书，(2021)湘民终1022号。

已有相关讨论(见表2-10)。

表2-10　多项虚假陈述揭露日的确定

虚假陈述行为之间各自独立,不存在必然联系时,首次披露日应单独认定	存在多项虚假陈述行为,且虚假陈述行为之间存在联系,则视为一个整体的虚假陈述行为,揭露日为整体虚假陈述行为被首次揭露之日
以北汽蓝谷案为例,北汽蓝谷公司存在未依法披露重大诉讼事件和未依法披露重大担保事件两个虚假陈述行为,法院则分别确定相应的虚假陈述实施日和揭露日。法院考虑到后一项虚假陈述行为的揭示进一步叠加影响,对投资者的决策综合发生作用,使后一个虚假陈述行为揭示后的市场反应能够完整体现出两个虚假陈述行为共同作用的结果,确认以在后的重大诉讼事件揭露日为依据计算投资者投资差额损失为宜	以耿某与福建众和股份有限公司、许某成证券虚假陈述责任纠纷[1]为例,法院认为,众和股份主要因《信贷借款合同》及债务违约等相关经营活动引发系列虚假陈述行为,各违法行为相互关联,行为持续期间相互重合,上述系列虚假陈述行为已构成一个整体,难以分割,可认定为同一个虚假陈述行为的持续。从司法实践来看,多数法院均认为,对于被告在一段期间内实施的多个虚假陈述行为,如果多个行为之间存在关联性、持续性、不可分性,即可认定为同一虚假陈述行为的延续,应以系列虚假陈述行为的首次实施日作为案件的实施日,以最后一个揭露日作为案件的揭露日。综上,本案以最后一个揭露日即2017年9月12日为揭露日

对此,《新虚假陈述规定》也对司法实践作出了明确回应,区分了虚假陈述呈连续或独立状态时揭露日的区分认定标准。即信息披露义务人实施的虚假陈述呈连续状态的,以首次被公开揭露并为证券市场知悉之日为揭露日;信息披露义务人实施多个相互独立的虚假陈述的,人民法院应当分别认定揭露日。而在投资者损害结果同时与两项虚假陈述行为具有因果关系的情况下,又涉及以哪一项虚假陈述行为的揭露日作为计算基数的问题。此时,应考虑两项虚假陈述行为对于投资者市场决策的影响和市场反应程度等因素综合认定。

(三)基准日

证券市场的交易价格受多种因素影响,正常状态下一直处于波动中。当虚假陈述行为被揭露后,证券市场会作出相应的反应,最直接的表现就是证券交易价格出现异常波动。随着时间的推移,虚假陈述的利多或利空消息逐渐被市场吸收、消化,虚假陈述行为给投资者带来的影响也趋于湮灭。因此,有必要确

---

[1] 参见福建省福州市中级人民法院民事判决书,(2020)闽01民初1758号。

定一个时间节点，投资者在此节点之前发生的投资损失纳入虚假陈述行为赔偿的计算范围，在此节点之后发生的损失则认为并非受虚假陈述行为影响而导致，这一时间节点就是投资差额损失计算的基准日。

由此可见，法律拟制投资差额损失计算的基准日是虚假陈述行为被揭露或更正后对证券市场产生影响的终结时间点，是计算投资差额损失的截止日期。前述法律规定立足于虚假陈述行为对证券市场造成的影响，以揭露日至基准日证券价格上涨或下跌的情况为依据，能够真实、全面地反映证券虚假陈述侵权行为的损害后果。确定证券虚假陈述民事赔偿纠纷案件中的基准日，关系计算投资差额损失的时间期间和金额，也是考量投资者的损失与虚假陈述行为之间是否具有因果关系以及计算损失的依据。

《新虚假陈述规定》第 26 条规定，投资差额损失计算的基准日，是指在虚假陈述揭露或更正后，为将原告应获赔偿限定在虚假陈述所造成的损失范围内，确定损失计算的合理期间而规定的截止日期。在采用集中竞价的交易市场中，自揭露日或更正日起，被虚假陈述影响的证券集中交易累计成交量达到可流通部分 100% 之日为基准日。自揭露日或更正日起，集中交易累计换手率在 10 个交易日内达到可流通部分 100% 的，以第 10 个交易日为基准日；在 30 个交易日内未达到可流通部分 100% 的，以第 30 个交易日为基准日。虚假陈述揭露日或更正日至基准日每个交易日收盘价的平均价格，为损失计算的基准价格。无法依前款规定确定基准价格的，人民法院可以根据有专门知识的人的专业意见，参考对相关行业进行投资时的通常估值方法，确定基准价格。

结合司法实践中的裁判思路和观点，《新虚假陈述规定》对基准日的认定进行了重构，统一规定为“累计成交量达到可流通部分 100% 之日”，同时根据换手率的时间长短，限定了一个最少 10 个交易日、最多 30 个交易日的基准日确定方式。同时基于证券交易相较于一般交易行为更复杂、更具专业性等特点，《新虚假陈述规定》增加了对于依据前述方法仍不能确定基准价格的，“人民法院可以根据有专门知识的人的专业意见，参考对相关行业进行投资时的通常估值方法，确定基准价格”的兜底条款。

根据以上“三日一价”的定义可知，在计算虚假陈述损失时，实施日、揭露日和更正日是为了锚定因虚假陈述受损的交易股票之范围，基准日则是为了限定虚假陈述损失范围而拟定的日期，而基准价格则是针对在虚假陈述揭露日或更正日后没有卖出（诱多）或买回（诱空）的情形下因缺少相应的卖出平均价格或买回平均价格而为确定损失金额而拟定的一个价格基准。实践中考虑到证券市场中特定股票每日价格之间的波动可能非常大，在个案中不同的“三日一价”将有可能导致损失计算结果产生较大差异。例如，在周某与成都华泽钴镍材料股份有限公司、国信证券股份有限公司（以下简称国信证券）、瑞华事务所（特殊普通合伙）证券虚假陈述责任纠纷案[1]中，因四川省高级人民法院对成都市中级人民法院认定的虚假陈述揭露日发生改变，进而导致基准日、基准价均重新认定，也直接导致投资者在揭露日之前的投资差额、佣金、利息为0。而且，由于基准价从3.72元变更为19.78元，这也使侵权主体因虚假陈述行为需承担的赔偿额大幅降低。因此，对于“三日一价”的认定往往也会成为诉辩双方激烈争辩的焦点，发行人可根据案件具体情况争取有利于己方的认定，争取更低的损失计算金额。

第五节　关于责任的追偿

一、共同连带责任下发行人可就超出法院认定责任比例部分内部追偿

由于证券市场信息披露是由多个主体共同实施完成的，因此在证券虚假陈述侵权案中，通常原告会同时起诉多个主体，并主张这些主体实施了共同的虚假陈述侵权行为，因而需共同承担连带责任。根据《民法典》第178条和第1168条规定，构成共同侵权的每一主体应当承担连带责任，并且连带责任人对外承担了赔偿责任后，还需要在内部确定各自的责任，明确相应的追偿权行使规则。对此需要通过比较各责任主体的过错和原因力来确定内部责任，如果根据过错

---

〔1〕 参见四川省高级人民法院民事判决书，(2020)川民终293号。

和原因力难以确定连带责任人责任大小的，可以视为各连带责任人的过错程度和原因力大小是相当的，在这种情况下应当在数个连带责任人之间平均分配责任份额。[1] 因此，在证券虚假陈述侵权中，若在数个被告共同向原告全额承担生效裁判文书所裁判的责任之后，发行人实际承担的责任超出其对内应当承担的责任比例的，发行人有权就多承担的责任部分向相应被告进行追偿，反之亦然。

需要特别注意的是，司法实践中法院一般都将发行人认定为第一责任人，对投资者的损失承担全额赔偿责任，但对于发行人之外的中介机构则有可能根据其各自的过错而认定其对损失承担连带责任或是部分连带责任（在确定的比例范围内承担连带赔偿责任）。在部分连带责任的情况下，发行人对部分连带责任人的追偿范围应当以后者应承担的比例为限。

除此之外，根据《新虚假陈述规定》第 23 条第 2 款，保荐机构、承销机构等责任主体和发行人之间关于虚假陈述损害赔偿的另行约定不得对抗法院认定的赔偿责任，即前者不得以相关约定为由向发行人作出超出法定追偿权之外的追偿。这是为了防止保荐机构和承销机构通过预先和发行人进行约定的方式转嫁其未能勤勉尽责之风险。《新虚假陈述规定》并未规定保荐机构和承销机构之外其他中介机构是否可以事先约定为由向发行人进行法定追偿之外的追偿，这还有待后续进一步明确，但这不妨碍发行人在面对中介机构的这类追偿时，依然可对此进行抗辩。

二、发行人可对组织、指使虚假陈述的控股股东、实际控制人追偿

在发行人造假中，董事和高级管理人员的肆意妄为只是内因。针对证券监管部门、沪深证券交易所对上市公司采取行政处罚或监管措施的案例统计信息显示，证券市场出现的发行人、上市公司违法违规情况，大多数都与控股股东、实际控制人违法操控发行人和上市公司有关[2]。

---

〔1〕 参见最高人民法院民法典贯彻实施工作领导小组主编：《中华人民共和国民法典侵权责任编理解与适用》，人民法院出版社 2020 年版，第 55 页。

〔2〕 参见湘财证券课题组、周卫青：《IPO 注册制下发行人与中介机构虚假陈述民事责任研究》，载《证券市场导报》2021 年第 4 期。

相比发达国家,我国发行人的股权结构尤为集中。尤其是对于中小板民营上市公司,研究表明第一大股东持股比例较高,且前三大股东之间持股比例悬殊,实际控制人的类型以单一控制人或家族为主,多个自然人制衡性的类型较为少见,实际控制人的控制权绝对比例较高。[1] 此种股权结构的现实特点决定了,当发行人存在违法违规行为时,控股股东和实际控制人往往难辞其咎,而且通常情况下都是主谋。例如,在康美药业案中,公司实际控制人马某田组织策划实施了财务造假。[2] 在索菱股份案中,实际控制人肖某亦知悉、授意索菱股份虚增营业收入、体外支付费用,授意、支持通过各种方式筹措资金达到虚增营业收入和体外支付费用的目的。[3]

2019 年《证券法》修订的一个重要变化是,发行人和上市公司的控股股东和实际控制人也需要承担信息披露的第一责任。《证券法》第 24 条第 2 款规定:"股票的发行人在招股说明书等证券发行文件中隐瞒重要事实或者编造重大虚假内容,已经发行并上市的,国务院证券监督管理机构可以责令发行人回购证券,或者责令负有责任的控股股东、实际控制人买回证券。"同时该法第 80 条第 3 款规定:"公司的控股股东或者实际控制人对重大事件的发生、进展产生较大影响的,应当及时将其知悉的有关情况书面告知公司,并配合公司履行信息披露义务。"根据中国证监会长期监管实践,此类掌握重要信息的控股股东、实际控制人承担第一性意义的信息披露责任,需要通过上市公司履行信息披露义务。[4]

《证券法》虽然对控股股东、实际控制人的民事追责作了规定,但司法实践

---

〔1〕 参见蒋学跃:《中小板民营上市公司治理状况实证分析报告》(深证综研字第 0179 号),载深圳证券交易所网,https://www.szse.cn/aboutus/research/research/report/index.html。

〔2〕 参见《康美药业股份有限公司关于公司及原实际控制人相关刑事案件进展情况的公告》(临 2021－096),载巨潮资讯网,http://www.cninfo.com.cn/new/disclosure/detail?orgId=gssh0600518&announcementId=1211614397&announcementTime=2021－11－18。

〔3〕 参见《中国证监会行政处罚决定书》(〔2020〕105 号),《中国证监会市场禁入决定书》(〔2020〕22 号)。

〔4〕 参见《中国证监会行政处罚决定书》(〔2017〕44 号),《中国证监会行政处罚决定书》(〔2018〕32 号)等。

中控股股东、实际控制人承担民事责任的司法判例却非常少。直到 2019 年才出现第一例公开的实际控制人被判承担赔偿责任的案例——* ST 大控时任董事长、实际控制人代某被判承担虚假陈述损害赔偿责任。

以往我国证券立法一直侧重于建立以发行人、上市公司为第一责任主体的法律责任模式,上市公司作为第一责任主体承担赔偿责任。这虽然体现了优先保护中小投资者合法权益的立法理念,但上市公司作为第一责任主体承担赔偿责任可能对现有中小股东造成二次伤害,很可能出现“大股东犯错、小股东埋单”的结果。

针对控股股东、实际控制人操纵上市公司实施虚假陈述侵权行为,证券监管部门一直强调要管好“关键少数”,在惩罚对象上“追首恶”。该理念也被最高人民法院发布的司法解释采纳,《新虚假陈述规定》第 20 条规定,若发行人的控股股东、实际控制人组织、指使发行人虚假陈述的,投资者可以直接请求发行人的控股股东、实际控制人承担虚假陈述民事赔偿责任,同时还规定了发行人在承担赔偿责任后可对控股股东、实际控制人追偿其实际支付的损失。这是考虑到实践中,信息披露义务人的虚假陈述行为往往是在控股股东、实际控制人的组织、指使下发生的,并且往往控股股东、实际控制人是虚假陈述行为的最大受益者,若仅让发行人承担赔偿责任不仅有违公正,而且还可能对投资者造成二次伤害。〔1〕 因此,发行人在承担相应赔偿责任后,可以进一步向组织、指使发行人虚假陈述的控股股东、实际控制人进行追偿。

关于发行人的控股股东、实际控制人及董事、监事、高级管理人员(以下简称董监高)等被告的责任承担及责任比例问题,发行人的控股股东或实际控制人操纵上市公司进行虚假陈述行为,主观上应为故意,构成共同侵权,依法应承担连带赔偿责任。就此问题,司法实践中已达成共识。深圳市中级人民法院在涉 C 公司、E 公司等案件判决中,对涉及董监高责任问题,详细分析不同被告的职责范围、任职情况、专业背景等,力争精细量化各责任主体的赔偿责任,做到“过罚相当”。在(2021)粤 03 民初 3259 号案中,除判决 F 公司实际控制人承担

---

〔1〕 参见汤欣、李卓卓:《新修虚假陈述民事赔偿司法解释评析》,载《法律适用》2022 年第 3 期。

全部连带责任外,另判令其董监高承担1%至60%不等的多达六个类别的比例连带责任。[1]

针对控股股东、实际控制人操纵上市公司实施虚假陈述行为屡禁不止的问题,证券监管部门多次强调要管好“关键少数”,在惩罚对象上“追首恶”。《新虚假陈述规定》第20条明确规定发行人的实际控股股东、控制人组织、指使上市公司实施虚假陈述的,投资者可以直接起诉控股股东、实际控制人,请求其作为第一责任主体承担赔偿责任。[2] 在(2021)粤03民初2361号案中,深圳市中级人民法院查明,赵某作为东方金钰股份有限公司股份占比超过50%的实际控制人、董事长、总裁,2016年12月至2018年5月,授意、指挥、指使副总裁杨某等人,通过虚构营业收入、利润总额和应收账款等方式实施诱多型虚假陈述违法违规行为,诱使投资者高位买入股票,并造成投资者损失。根据查明的前述事实及原告诉请,深圳市中级人民法院判决G公司实际控制人赵某作为第一责任主体赔偿投资者的损失。该案是《新虚假陈述规定》自2022年1月22日施行以来,全国首宗依照该司法解释判决实际控制人作为第一责任主体的案件。

---

〔1〕 参见《深圳市索菱实业股份有限公司关于新增投资者诉讼事项及进展的公告》(2020-020),载http://static.cninfo.com.cn/finalpage/2022-02-17/1212384999.PDF。

〔2〕 参见《深圳中院宣判一起证券虚假陈述责任纠纷案——依最新司法解释判令某公司实际控制人作为第一责任主体赔偿投资者损失》,载中国法院网,https://www.chinacourt.org/article/detail/2022/02/id/6532033.shtml。

第三章 董监高的应对

第一节 概 述

《证券法》以及《信披管理办法》等法律、法规、部门规章均明确上市公司所披露的信息应当符合真实、准确、完整、及时、公平的要求,同时也为信息披露义务人设置了严格的法律责任,以此作为督促上市公司规范运作的重要手段。根据《信披管理办法》第 62 条之规定,信息披露义务人是指上市公司及其董监高、股东、实际控制人,收购人,重大资产重组、再融资、重大交易有关各方等自然人、单位及其相关人员,破产管理人及其成员,以及法律、行政法规和中国证监会规定的其他承担信息披露义务的主体。由此可见,法定的信息披露义务人并不局限于上市公司的董监高。但因虚假陈述被处罚时,除了上市公司本身外,首当其冲的往往是上市公司的董监高,毕竟董监高需要参与公司内部的日常治理,行使监督、管理、决策等职能,对上市公司的情况较为熟悉,与相关的虚假陈述行为有着密不可分的关系。

例如,康美药业案的处罚对象涉及在年度报告上签字的董监高共计 22 人,处罚金额总计 535 万元;康得新虚假陈述案的处罚对象涉及在年度报告上签字或投赞成票的董监高共计 13 人,处罚金额总计 196 万元。类似处罚的案例还有龙力生物、东方金钰、公准股份、保千里、獐子岛、千山药机等。在这些案例的处罚决定书中,中国证监会无一例外地提到董监高曾在相关文件上签字,本应保证披露内容的真实、准确、完整,但实际上却未能勤勉尽责地履行义务,未能甄别披露内容,因此将他们认定为对信息披露违法行为直接负责的主管人员或其他直接责任人员,承担相应责任。当事人提出陈述和申辩意见后,中国证监会均以当事人未能提供其勤勉尽责的证据为由,对其陈述和申辩意见不予采纳。由此不难看出,上市公司董监高承担虚假陈述责任的原因在于其未能履行应尽的勤勉义务。

《新虚假陈述规定》出台之前,司法实践已明确表明,在证券虚假陈述民事赔偿案件中,行政处罚决定并非确定诉讼被告的前提,且行政责任有别于民事责任,未承担行政责任不当然意味着民事责任的免除。根据《新虚假陈述规定》第 2 条〔1〕可明确得知,即使董监高没有被行政处罚,也不当然免除其民事责任,其仍需要特别重视实体抗辩,举证证明自己已勤勉尽责等,不然被判定承担民事赔偿责任的可能性较大。

根据《新虚假陈述规定》的规定和过往司法实践,董监高可能的责任类型有:

(1)全额连带责任。董监高如果存在故意等情况(如组织、参与策划虚假陈述等)时,则可能会被判定承担全额连带责任。比如,在金亚科技案〔2〕中,法院认定周某作为金亚科技公司实施虚假陈述违法行为时的董事、董事长,被中国证监会认定为负有直接责任的主管人员,故判定周某对金亚科技公司证券虚假陈述承担全额连带责任。

(2)比例连带责任。董监高存在过错,在投资人损失的一定范围内承担连带赔偿责任。比如,在康美药业案〔3〕中,法院基于董监高的职位、参与程度、过失大小等,判定部分董监高分别在投资人损失的 20%、10%、5% 的范围内承担连带赔偿责任。

(3)比例补充责任。董监高存在过错,在投资人损失的一定范围内承担补充赔偿责任。比如,在众和股份虚假陈述案〔4〕中,法院认定独立董事仅是未采

〔1〕《新虚假陈述规定》第 2 条规定:"原告提起证券虚假陈述侵权民事赔偿诉讼,符合民事诉讼法第一百二十二条规定,并提交以下证据或者证明材料的,人民法院应当受理:(一)证明原告身份的相关文件;(二)信息披露义务人实施虚假陈述的相关证据;(三)原告因虚假陈述进行交易的凭证及投资损失等相关证据。人民法院不得仅以虚假陈述未经监管部门行政处罚或者人民法院生效刑事判决的认定为由裁定不予受理。"

〔2〕参见四川省高级人民法院民事判决书,(2021)川民终 201 号。

〔3〕参见广东省广州市中级人民法院民事判决书,(2020)粤 01 民初 2171 号。

〔4〕参见福建省福州市中级人民法院民事判决书,(2019)闽 01 民初 1972 号。

取必要合理的调查措施以核实财务报告的真伪，故法院在综合考量3个独立董事的职能定位、工作方式、知情程度和主观态度的基础上，酌定3个独立董事分别在5%范围内承担补充赔偿责任。

需要特别注意的是，并不是购买了董监高责任险，董监高就高枕无忧。董监高责任险是指公司董监高在履行职责过程中，因其疏忽或不当行为被追究责任时由保险公司负责赔偿的保险。[1] 自康美药业案[2]判定公司董事（特别是独立董事）承担巨额赔偿责任后，购买董监高责任险再次被诸多上市公司提上议程。但需要注意的是，该保险并非董监高的"免死金牌"，更多是"将军上的头盔"，在一定程度上起到事后补救作用，而且该等赔偿补救仍需要满足一定前提条件，比如，(1)董监高本身在虚假陈述过程中，不能是基于故意或恶意违法等行为，通常只能是其在履行职责过程中因疏忽大意过失被判定向投资人承担民事责任时，保险公司才可能予以赔偿；(2)赔偿的金额不能是行政处罚中的罚金或刑事判决中被判定承担的罚金，因为该等惩罚性质的罚金不能通过保险方式予以转嫁。同时，即使购买董监高责任险，在虚假陈述中违法违规的董监高也不能免除计入诚信档案、被公开谴责、被市场禁入甚至遭受刑事处罚等责任，显然依法履行职责才是董监高尽责的重中之重，不能过多依赖于事后一定程度补救的董监高责任险。

在我国的证券行政处罚实践中，在听证过程中，也有不少董事申辩称自己信赖专家的意见应予免责。但在我国的证券执法实践中，中国证监会坚持认为，董监高不能以专家的报告未发现为由为自己开脱责任。例如，在2007年的安信信托公司虚假陈述行政处罚案中，中国证监会认为，会计责任和审计责任是两种不同的责任。保证会计资料的真实性、准确性、合法性是被审计单位的会计责任，会计师事务所的审计责任不能代替、减轻或免除会计主体的会计责任。因此，安信信托公司及董事会全体董事（包括独立董事）都受到了行政处

---

〔1〕 参见符望、朱颖琦：《上市公司董监高责任险中的如实告知义务及相关问题——对一起美国中概股上市公司跨国保险索赔案例的思考》，载黄红元、卢文道主编：《证券法苑》（第20卷），法律出版社2017年版，第284页。

〔2〕 参见广东省广州市中级人民法院民事判决书，(2020)粤01民初2171号。

罚。又如,在2016年的亚太实业公司虚假陈述行政处罚案中,中国证监会认为,当上市公司披露的财务信息出现虚假记载、误导性陈述或重大遗漏时,不能以审计机构未发现、未指出或者存在过错为由,免除上市公司及其有关人员(董事)应承担的责任。对此,蒋大兴教授批评道,董事所负的应为监督责任、管理责任,而不应是会计责任,不能将董事看成是会计师。

目前,我国监管机构对合理信赖审计报告的要求很高,董监高成功援引审计报告而使自己免责的案例很少。这种做法扩张了董监高的责任,忽视了社会分工的必要性、合理性。在社会学家迪尔凯姆看来,正是在分工的基础上,才有社会的合作和团结。如果没有差异,也就没有结合,没有组织。组织结合了各种差异,形成了合力。换言之,社会分工导致了组织的必要性。社会分工是社会进化的结果,社会分工使社会从"低密度社会"进化到了"高密度社会"。董监高可以信赖专家的意见,这种信赖也是一种合理信赖,而不是无条件信赖。合理信赖意味着,需要以一定的调查为前提。董监高不做任何调查地无条件信赖是不允许的。因此,只有董监高在发现或收到危险信号后是否采取了调查、纠正、补救等措施,才可以合理信赖专家意见。[1]

值得注意的是,除行政责任和民事责任外,若董监高证券虚假陈述情节严重、涉及金额巨大或造成严重后果,还将构成违规披露、不披露重要信息罪,董监高面临承担刑事责任的风险。

我国《刑法》在1997年修订的版本的第160条就规定了"欺诈发行股票、债券罪",规定了在招股说明书、认股书、公司、企业债券募集办法等文件中,不得隐瞒重要事实或者编造重大虚假内容,发行股票或者公司、企业债券。例如有数额巨大、后果严重或者有其他严重情节的,当时的惩罚力度是,最高处5年以下有期徒刑或者拘役,并处或者单处非法募集资金金额1%以上5%以下罚金。在随后的1999年修正、2001年第一次修正、2001年第二次修正、2002年修正、2005年修正、2006年修正、2009年第一次修正、2009年第二次修正、2011年修

---

〔1〕 参见邢会强:《上市公司虚假陈述行政处罚内部责任人认定逻辑之改进》,载《中国法学》2022年第1期。

正、2015 年修正、2017 年修正中，对于第 160 条的各个方面，都没有作出任何变动。2020 年修正的《刑法》自 2021 年 3 月 1 日起实施，对于原来的欺诈发行股票、债券罪，进行了大幅修改，罪名发生了变化，变为“欺诈发行证券罪”。这是为了配合 2019 年《证券法》对证券范围的扩大所作出的变动。

2019 年修订的《证券法》第 2 条对于证券的定义作出了扩大，由 2014 年修正的《证券法》定义的“股票、公司债券和国务院依法认定的其他证券的发行和交易”，扩大为“股票、公司债券、存托凭证和国务院依法认定的其他证券的发行和交易”。新法增加了存托凭证这种证券，同时增加了要求资产支持证券、资产管理产品的规定必须依照《证券法》的原则规定。2020 年修正的《刑法》第 160 条对文件类型也作了扩大，原《刑法》仅规定了四种类型的文件，而 2020 年修正的《刑法》除了规定“招股说明书、认股书、公司、企业债券募集办法”这四种发行文件以外，特别加上了一个“等”字。这意味着只要是与发行相关的其他所有文件，若有隐瞒重要事实或者编造重大虚假内容，都会涉及“欺诈发行证券罪”。以在科创板首次公开发行股票为例，股票发行文件包括但不限于：招股说明书；发行人关于本次发行上市的申请与授权文件，包括董事会有关本次发行并上市的决议，股东大会有关本次发行并上市的决议，以及关于符合科创板定位要求的专项说明；保荐人和证券服务机构关于本次发行上市的文件，包括保荐人关于发行人符合科创板定位要求的专项意见，发行保荐书，上市保荐书，保荐工作报告，关于发行人预计市值的分析报告，等等；会计师关于本次发行上市的文件，包括财务报表及审计报告，盈利预测报告及审核报告，内部控制鉴证报告，等等；发行人律师出具的法律意见书，律师工作报告，等等；发行人的设立文件，包括企业法人营业执照和发行人公司章程，等等；与财务会计资料相关的其他文件，包括发行人最近 3 年及一期的纳税情况及政府补助情况，等等；本次发行上市募集资金运用的文件及其合理性和必要性说明，等等；重要合同，重大关联交易协议，重组协议，等等。

由此可见，2020 年修正的《刑法》的第 160 条增加的一个“等”字，将发行文件的范围大大扩大了，对于发行文件的真实性和准确性的要求也更为精确了。此处可能引出的一个问题是，2020 年修正的《刑法》是否已经将有可能触犯“欺诈发行证券罪”的主体也从原先的发行人，扩展到所有提供了发行文件的主体。

有关违规披露、不披露重要信息罪的立案标准，《最高人民检察院、公安部关于公安机关管辖的刑事案件立案追诉标准的规定(二)》(2022 年修订)第 6 条规定：“〔违规披露、不披露重要信息案(刑法第一百六十一条)〕依法负有信息披露义务的公司、企业向股东和社会公众提供虚假的或者隐瞒重要事实的财务会计报告，或者对依法应当披露的其他重要信息不按照规定披露，涉嫌下列情形之一的，应予立案追诉：(一)造成股东、债权人或者其他人直接经济损失数额累计在一百万元以上的；(二)虚增或者虚减资产达到当期披露的资产总额百分之三十以上的；(三)虚增或者虚减营业收入达到当期披露的营业收入总额百分之三十以上的；(四)虚增或者虚减利润达到当期披露的利润总额百分之三十以上的；(五)未按照规定披露的重大诉讼、仲裁、担保、关联交易或者其他重大事项所涉及的数额或者连续十二个月的累计数额达到最近一期披露的净资产百分之五十以上的；(六)致使不符合发行条件的公司、企业骗取发行核准或者注册并且上市交易的；(七)致使公司、企业发行的股票或者公司、企业债券、存托凭证或者国务院依法认定的其他证券被终止上市交易的；(八)在公司财务会计报告中将亏损披露为盈利，或者将盈利披露为亏损的；(九)多次提供虚假的或者隐瞒重要事实的财务会计报告，或者多次对依法应当披露的其他重要信息不按照规定披露的；(十)其他严重损害股东、债权人或者其他人利益，或者有其他严重情节的情形。”

2020 年修正的《刑法》的第 161 条是“违规披露、不披露重要信息罪”[1]，相较于 2017 年修正的《刑法》以及之前的同一条款的该罪，量刑上有了较大幅

〔1〕 2020 年《刑法》第 161 条规定：“依法负有信息披露义务的公司、企业向股东和社会公众提供虚假的或者隐瞒重要事实的财务会计报告，或者对依法应当披露的其他重要信息不按照规定披露，严重损害股东或者其他人利益，或者有其他严重情节的，对其直接负责的主管人员和其他直接责任人员，处五年以下有期徒刑或者拘役，并处或者单处罚金；情节特别严重的，处五年以上十年以下有期徒刑，并处罚金。前款规定的公司、企业的控股股东、实际控制人实施或者组织、指使实施前款行为的，或者隐瞒相关事项导致前款规定的情形发生的，依照前款的规定处罚。犯前款罪的控股股东、实际控制人是单位的，对单位判处罚金，并对其直接负责的主管人员和其他直接责任人员，依照第一款的规定处罚。”

度的提升，对犯罪的信息披露义务人的直接负责的主管人员的最高刑期从3年直接提高到了10年，对于罚金的数额也不再局限于之前的最高20万元。更为重要的是，公司、企业的控股股东或者实际控制人如果直接实施了违规披露、不披露重要信息的行为，或是组织、指使实施了该行为，甚至是由于隐瞒而致使该行为发生，同样需要受到《刑法》的惩罚。同时该条的第3款还确保了处罚对象能够穿过公司、企业、单位的面纱，直接处罚到自然人（见表3－1）。

表3－1　信息披露违法的行政责任及刑事责任

<table>
<tr><td colspan="6">信息披露违法</td></tr>
<tr><td rowspan="2"></td><td colspan="2">行政责任</td><td colspan="3">刑事责任</td></tr>
<tr><td>《证券法》（2014年修正）</td><td>《证券法》（2019年修订）</td><td>《刑法》（2017年修正）</td><td colspan="2">《刑法》（2020年修正）</td></tr>
<tr><td>公司</td><td>30万～60万元</td><td>50万～500万元</td><td>无</td><td>无</td><td>无</td></tr>
<tr><td>高级管理人员</td><td>3万～30万元</td><td>20万～200万元</td><td>3年以下有期徒刑或者拘役＋并处或者单处2万～20万元罚金</td><td>5年以下有期徒刑或者拘役＋并处或者单处罚金</td><td>情节特别严重5年以上10年以下有期徒刑，并处罚金</td></tr>
<tr><td rowspan="2">控股股东、实际控制人</td><td>前款规定处罚</td><td>50万～500万元</td><td>未规定</td><td colspan="2">依前款规定处罚控股股东、实际控制人是单位的，对单位判处罚金</td></tr>
<tr><td>未规定</td><td>直接责任人员20万～200万元</td><td>未规定</td><td colspan="2">直接责任人员依前款处罚</td></tr>
</table>

第二节　发行人董监高承担证券虚假陈述侵权责任的认定

一、发行人董监高承担赔偿责任的法理基础

责任界定的前提是义务的精准界定，因为承担法律责任的前提是违反了法

定义务。过失的董监高在虚假陈述中负有责任，是基于其负有注意义务。[1]发行人董监高需要为发行人的证券虚假陈述承担民事责任的法律层面的依据是《证券法》的第 85 条，该条规定："信息披露义务人未按照规定披露信息，或者公告的证券发行文件、定期报告、临时报告及其他信息披露资料存在虚假记载、误导性陈述或者重大遗漏，致使投资者在证券交易中遭受损失的，信息披露义务人应当承担赔偿责任；发行人的控股股东、实际控制人、董事、监事、高级管理人员和其他直接责任人员以及保荐人、承销的证券公司及其直接责任人员，应当与发行人承担连带赔偿责任，但是能够证明自己没有过错的除外。"根据该条，发行人董监高承担责任的前提是发行人被判承担证券虚假陈述侵权民事责任，并且发行人董监高不能证明自己对证券虚假陈述没有过错。

《新虚假陈述规定》对前述《证券法》的规定进行了细化，与发行人董监高责任相关的条款主要在第四部分。第 13 条规定，"行为人故意制作、出具存在虚假陈述的信息披露文件，或者明知信息披露文件存在虚假陈述而不予指明、予以发布"或者"行为人严重违反注意义务，对信息披露文件中虚假陈述的形成或者发布存在过失"构成《证券法》第 85 条所述的"过错"；第 14 条规定了法院可以从发行人董监高的"工作岗位和职责、在信息披露资料的形成和发布等活动中所起的作用、取得和了解相关信息的渠道、为核验相关信息所采取的措施"等方面审查认定发行人董监高是否存在过错；第 15 条规定了发行人董监高可以被认定为不存在过错的具体情形，若发行人董监高通过书面方式附具体理由披露其无法保证披露资料的真实性、完整性、准确性或持有异议，并且在相关事项表决时没有投赞成票，可以被认定为不存在过错；第 16 条规定了独立董事、外部监事过错认定的特别条款。最具有实质意义的规定为，若"在签署相关信息披露文件之前，对不属于自身专业领域的相关具体问题，借助会计、法律等专门职业的帮助仍然未能发现问题的"，则可认定为不存在过错。

具体而言，法院在认定董监高是否勤勉尽责时，需要同时考虑以下因素，即

---

〔1〕 参见邢会强：《上市公司虚假陈述行政处罚内部责任人认定逻辑之改进》，载《中国法学》2022 年第 1 期。

董监高需要提前注意的事项：

(一)明确董监高本人的工作岗位和职责(见表3－2)

表3－2　董监高职责内容

主体	职责内容	依据
董事	了解并持续关注公司生产经营情况、财务状况和公司已经发生的或者可能发生的重大事件及其影响，主动调查、获取决策所需要的资料，以确保上市公司披露的信息真实、准确、完整	2022年《上市公司章程指引》第98条、2021年《信披管理办法》第35条
监事	对公司董事、高级管理人员履行信息披露职责的行为进行监督；关注公司信息披露情况，发现信息披露存在违法违规问题的，应当进行调查并提出处理建议	2021年《信披管理办法》第36条等规定
高级管理人员	及时向董事会报告有关公司经营或者财务方面出现的重大事件、已披露的事件的进展或者变化情况及其他相关信息	2021年《信披管理办法》第37条等规定

除上述规定外，董监高的具体职责还要进一步结合不同上市公司章程的内部规定、某虚假陈述发生的具体背景和情形等予以确定。

(二)明确董监高在信息披露资料的形成和发布等活动中所起的作用

此时需要考虑董监高本人在虚假信息形成等过程中是起主导、合谋配合等作用，还是完全没有参与。比如，在康美药业案中，法院对组织策划、参与执行的董事、高级管理人员，判定其承担全额连带赔偿责任，而对未直接参与财务造假但未勤勉尽责的董监高，判决在投资人损失的5%～20%承担连带赔偿责任。

(三)明确董监高取得和了解相关信息的渠道

比如，区分虚假陈述信息是上市公司内部信息，还是来源于第三人信息等。在保千里案中，法院认为，首先需要明确虚假陈述相关信息是属于公司内部经营及财务信息还是非公司内部经营信息。对于前者，公司董事基于其身份和地位，应保证该信息真实、完整；而对于后者，公司董事更多是程序性注意义务，即是否聘请专业人员对相关信息进行审核确认等。

(四)明确董监高为核验相关信息所采取的措施等

即董监高在发现拟披露信息存在相关疑点时，是否自行或委派第三方中介机构核查相关疑点的信息来源、数据真实性等。若经过相应核查等手段，才可能认定其已勤勉尽责。比如，在中安科案中，法院认为3名内部董事过分依赖专业中介服务机构，没有实施诸如实地调查或要求中介服务机构进一步查证相关在手合同实际履行情况等主动核查行为，故3名内部董事未勤勉尽责，对投资人损失在2%的范围内承担连带责任。

此外，董监高还需要注意以下三点：

1. 不作为难以成为勤勉尽责理由。为防止董监高以不作为方式在信息披露中不履行勤勉尽责义务，参考中国证监会发布的《信息披露违法行为行政责任认定规则》（中国证监会公告〔2011〕11号）第22条[1]等规定以及过往司法实践，《新虚假陈述规定》第14条第2款进一步规定，董监高不得以下列理由抗辩其已勤勉尽责：(1)不从事日常经营管理；(2)无相关职业背景和专业知识；(3)相信发行人或者管理层提供的资料；(4)相信证券服务机构出具的专业意见等。

2. 独立董事、外部监事和职工监事勤勉尽责的判断标准。为回应康美药业案中对独立董事责任的认定和较大社会反响，《新虚假陈述规定》第16条详细列明了独立董事（以及外部监事和职工监事）没有过错的判断标准（其应做到的应对事项），包括：(1)在签署相关信息披露文件之前，对不属于自身专业领域的相关具体问题，借助会计、法律等专门职业的帮助仍然未能发现问题的；(2)在揭露日或更正日之前，发现虚假陈述后及时向发行人提出异议并监督整改或者向证券交易场所、监管部门书面报告的；(3)在独立意见中对虚假陈述事项发表保留意见、反对意见或者无法表示意见并说明具体理由的，但在审议、审核相关文件时投赞成票的除外；(4)发行人拒绝、阻碍其履行职责，导致无法对相关信息披露文件是否存在虚假陈述作出判断，并及时向证券交易场所、监管部门书面报告的；(5)能够证明勤勉尽责的其他情形。

3. 董监高勤勉尽责的形式要求。根据《证券法》第82条第4款，针对证券

---

〔1〕《信息披露违法行为行政责任认定规则》（中国证监会公告〔2011〕11号）第22条规定："任何下列情形，不得单独作为不予处罚情形认定：（一）不直接从事经营管理；（二）能力不足、无相关职业背景；（三）任职时间短、不了解情况；（四）相信专业机构或者专业人员出具的意见和报告；（五）受到股东、实际控制人控制或者其他外部干预。"

发行文件和定期报告内容，如果董监高无法保证其真实性、准确性、完整性或者有异议的，应当在书面确认意见中发表意见并陈述理由，并予以披露，否则难以认定董监高已勤勉尽责。对于上述以外情形，法律没有特别形式要求，但董监高应保留好已勤勉尽责的相关证据，如已发表异议意见、与相关方核实等情形的邮件、书面文件等。

二、发行人董监高证券虚假陈述侵权责任的构成要件

诉讼案件中原、被告之间的实体攻防应围绕案件的构成要件展开，所以有必要分析发行人董监高承担证券虚假陈述侵权民事责任的构成要件。

《民法典》第1165条规定，行为人因过错侵害他人民事权益造成损害的，应当承担侵权责任。可见，一般侵权责任的构成要件包括：(1)行为人存在违法行为；(2)行为人主观上存在过错；(3)造成了损害；(4)行为人的行为与损害事实存在因果关系。证券虚假陈述是一种特殊的侵权类型，故其既应满足一般侵权责任的构成要件，也会有特殊的要求。

一般而言，在行政处罚决定书中，监管部门首先列举违法事实，其次结合工作岗位、职能、作用等界定行为性质及是否构成承担责任的主体，最后根据违法行为的事实、性质、情节与社会危害程度作出具体的处罚决定。该过程中并没有探讨行为人是否具有主观过错，更没有将责任认定与主观过错相联系。这是因为追究行政责任的目的是行政机关为了维护法律秩序，建立公平正义的社会环境，惩处违法行为。现行《证券法》第181条、第182条、第197条等在确定不实信息披露的行政法律责任中也仅是依据违法事实实施行政处罚。因此，涉及信息披露的行政责任构成要件可以理解为行为违法且是适格主体。

从《证券法》第85条以及《新虚假陈述规定》的条文可以看出，发行人董监高承担证券虚假陈述侵权责任需要满足如下构成要件：(1)发行人存在重大的虚假陈述，即发行人存在违法行为；(2)发行人董监高对发行人的虚假陈述存在过错，即发行人董监高主观上存在过错；(3)原告购买或出售证券依赖于发行人的虚假陈述，即存在交易因果关系；(4)发行人虚假陈述导致了原告的损失，即存在损失因果关系；(5)原告遭受了经济损失。

因此,依据《证券法》,涉及信息披露的民事责任构成要件可以理解为:行为违法、违法行为与投资者损失存在因果关系。对于直接责任人员还要考虑是否存在主观过错。如第一章所述,鉴于证券价格不仅受到发行人自身相关信息的影响,也受到所在行业、整个大盘等外部系统性因素的影响,证券虚假陈述侵权责任构成要件中的因果关系具有两个维度,一个是交易因果关系,另一个是损失因果关系,即原告的损失是由虚假陈述引起的,而非其他因素如大盘整体导致。证券虚假陈述构成要件的举证责任分配不同于民事诉讼“谁主张,谁举证”的一般原则,《证券法》及《新虚假陈述规定》推定被告存在主观过错、交易因果关系推定成立、存在损失因果关系推定成立,原告对该等要件举证责任很轻,主要满足形式上的要求即可。同时,为了平衡原被告利益,允许被告就推定成立的构成要件进行抗辩。

第三节　发行人董监高证券虚假陈述侵权责任的免责抗辩思路

由于发行人董监高通常是作为共同被告在证券虚假陈述侵权案件中被起诉,与发行人承担连带赔偿责任,因此其在证券虚假陈述侵权案件中的抗辩思路主要有两条:其一是抗辩发行人的侵权责任不成立,那么发行人董监高的连带赔偿责任的前提便不存在了;其二则是抗辩发行人董监高自身不存在过错或过错少。另外,《新虚假陈述规定》规定了独立董事、监事以及职工监事的特别抗辩理由。关于发行人的证券虚假陈述侵权责任的相关内容已在本书其他部分详述,本章将不再重复,而是重点关注发行人董监高如何避免在证券虚假陈述侵权案件中被认定存在过错的风险。

一、发行人董监高的一般抗辩

(一)从虚假陈述内容重大性角度抗辩

由于《新虚假陈述规定》取消了投资人起诉需要提供行政处罚决定书或刑

事判决书的前置程序要求，据此在第 10 条增加了投资人可以索赔的虚假陈述应满足重大性标准，即该虚假陈述内容导致相关证券交易价格或者交易量明显变化。据此，董监高可着重关注虚假陈述的实施、揭露或者更正是否导致相关证券的交易价格或者交易量发生明显变化，如果没有，就不满足重大性要求，进而投资人不能据此要求发行人、董监高等主体承担赔偿责任。

比如，在《新虚假陈述规定》实施后的某嘉时代公司虚假陈述案中，法院认定："根据查明的事实，至 2019 年 3 月 21 日（新疆证监局认定的收回全部款项时间），关联交易款项均已收回并取得利润。某嘉时代公司的股票价格在揭露日至基准日并未下跌，反而呈上升趋势。即使在汪某主张的 2019 年 4 月 30 日至 10 月 29 日，交易量即换手率也未超出正常区间，最高值为 5.27% 仅一天，大多数时间均为 1% 以下。该虚假陈述未导致证券交易价格、交易量的明显变化，故该虚假陈述不具有重大性。汪某主张某嘉时代公司赔偿其因虚假陈述而造成损失的诉讼请求不能得到支持。鉴于某嘉时代公司的证券虚假陈述不具有重大性不应当承担民事责任，故本案中不再审查虚假陈述行为与投资者的损失之间是否存在因果关系的问题。"

（二）从投资人注意义务角度抗辩

如果投资人本人是专业投资人（包括机构投资人等），可以抗辩其在投资时没有尽到更高的注意义务（如没有运用其专业知识和技能对拟投资股票的投资价值进行判断，包括投资报告、实地调研等；没有严格遵循内部的投资决策程序等），进而其投资行为并非基于相信发行人公布的虚假陈述信息，其投资损失与发行人虚假陈述之间没有因果关系，其不能据此向发行人、董监高等主体主张赔偿责任。

（三）从过错认定的角度抗辩

有关虚假陈述案件中董监高过错的认定，法院之间存在不同意见。部分法院认为虚假陈述民事责任与行政责任的过错认定标准存在区别。比如，在（2018）粤 03 民初 389 号判决书中，法院认为行政处罚责任中"无过错"的判断依据是"在表决时曾表明异议并记载于会议记录"，侵权法意义上认定"过错"

的标准不同，主要以公司法上董监高和其他直接责任人员是否履行忠实、勤勉义务来判断，因此行政责任中的“过错”标准更为严格。又如，在（2018）云01民初2550号判决书中，法院认为承担行政责任并不意味着一定承担民事责任。行政责任承担的前提是违反行政法规及相关管理秩序，民事责任的承担前提是行为人有损害他人利益的过错。再如，在（2017）辽01民初414号判决书中，法院认为，行政违法与民事侵权应依据不同法律、法规予以认定，二者具有不同的法律构成要件。如果董监高能够证明其没有主观过错，则不应对上市公司的虚假陈述赔偿责任承担连带赔偿责任。

但也有法院认为，行政处罚中关于董监高的过错的认定同样可以在民事案件中直接适用。比如，在（2016）苏01民初2071号判决书中，法院认为，应当尊重行政监管机关的专业判断，采信行政处罚决定书的证明效力，认定案涉董监高在公司虚假陈述行为中存在过错。又如，在（2018）粤03民初389号判决书中，法院认为，虽然存在董监高对部分虚假陈述行为不存在过错的情形，但由于一系列虚假陈述行为是一个难以分割的整体，各虚假陈述行为共同导致了众和股份股价下跌，而各行为的作用力大小又无法区分，故在行政处罚决定书已认定3人系直接责任人员且给予较重行政处罚的情况下，其对外就应向投资者承担连带赔偿责任。

在绝大部分样本案例中，董监高提出的抗辩理由与行政案例涉及的理由相差无几，也主要是未参与、不知情、无主观过错、不具备专业财务知识、信赖专业机构、采取事后补救措施、积极配合调查等。除在个别案例中，法院综合考虑主客观情形后认定董监高已经勤勉尽职的外，此类抗辩理由通常不能单独构成免责的抗辩理由。

从众多民事判决书中可以看出，除参与交易违法行为的董监高外，其他董监高在答辩意见中一致认为其自身没有过错；有的认为对案涉违法行为不知情、未参与，不存在过错；有的认为主观上不存在故意或过失从事信息披露违法行为的任何动机。客观上无介入案涉信息披露违法事宜的可能，已尽力避免案涉定期报告存在虚假记载或重大遗漏的情形，防止因信息披露不实导致股东及中小投资者的损失；有的认为对案涉虚假陈述行为不存在主观过错，也从未主动参与实施任何虚假陈述行为。

如前所述,在上市公司虚假陈述中,董监高唯一免责的事由是不存在过错,但是需要其自己证明不存在过错。也就是说,如果出现了信息披露的违法行为,无须投资者举证,可以推定董监高存在过错,依法追究相应的民事责任。但如果董监高有充分证据证明其不存在故意或过失,已勤勉尽责,则可以免除赔偿责任。

根据《新虚假陈述规定》第13条的规定,《证券法》第85条所称的过错包括两种情形:(1)行为人故意制作、出具存在虚假陈述的信息披露文件,或者明知信息披露文件存在虚假陈述而不予指明、予以发布;(2)行为人严重违反注意义务,对信息披露文件中虚假陈述的形成或者发布存在过失。有业内人士认为该条规定提高了发行人董监高的过错门槛,将过错程度限定为"故意"及"严重过失",意味着若发行人董监高的过错仅属于"一般过失",则无须承担责任。在侵权理论下,被告的主观状态可以分为故意、重大过失、一般过失、没有过错四种形态。《证券法》对发行人董监高采用了过错推定,即要求发行人董监高证明自己没有过错,若发行人董监高的主观状态落入其他三种过错形态,包括一般过失,都能满足《证券法》规定的发行人董监高责任的主观要件。

发行人董监高如何证明自己没有过错呢?《新虚假陈述规定》第14条进行了规定:"发行人的董事、监事、高级管理人员和其他直接责任人员主张对虚假陈述没有过错的,人民法院应当根据其工作岗位和职责、在信息披露资料的形成和发布等活动中所起的作用、取得和了解相关信息的渠道、为核验相关信息所采取的措施等实际情况进行审查认定。前款所列人员不能提供勤勉尽责的相应证据,仅以其不从事日常经营管理、无相关职业背景和专业知识、相信发行人或者管理层提供的资料、相信证券服务机构出具的专业意见等理由主张其没有过错的,人民法院不予支持。"根据第14条,发行人董监高应围绕"工作岗位和职责、在信息披露资料的形成和发布等活动中所起的作用、取得和了解相关信息的渠道、为核验相关信息所采取的措施"四个方面证明自己"勤勉尽责",该等规定不仅给发行人董监高设置了抗辩事由,也为发行人董监高日常履职提供了行动指引。

董监高的过错应达到故意或重大过失程度，才可能承担法定赔偿责任。《新虚假陈述规定》结合过往司法实践，基于当事人权责一致的基本原则，在第13条中明确将虚假陈述责任主体的过错分为故意（行为人故意制作、出具存在虚假陈述的信息披露文件，或者明知信息披露文件存在虚假陈述而不予指明、予以发布）或重大过失（行为人严重违反注意义务，对信息披露文件中虚假陈述的形成或者发布存在过失）两种情形，对于董监高的一般轻微过失行为，应不对投资人损失承担赔偿责任。比如，在保千里案中，法院在区分本案虚假陈述信息来源于第三方而非上市公司内部信息进而认定董监高注意义务相对较低情况下，结合董事是否主导、是否参与、是否实地考察等，最终判定不同职责和地位的董监高承担不同的责任。此外，为防止董监高以不作为方式在信息披露中不履行勤勉尽责义务，《新虚假陈述规定》第14条第2款明确规定，董监高不得以"不从事日常经营管理"等理由抗辩其没有过错。同时，《新虚假陈述规定》第16条也对独立董事、外部监事和职工监事是否有过错给出了判断标准。

《新虚假陈述规定》第15条则规定了发行人董监高的过错认定中唯一的法定除外情形，即"依照证券法第八十二条第四款的规定，以书面方式发表附具体理由的意见并依法披露……但在审议、审核信息披露文件时投赞成票的除外"。

可见，发行人董监高在证券虚假陈述侵权案件中的过错认定应当结合具体案件实际情况进行分析，综合考虑多方面因素。但同时，从过往的相关案例的经验中也能总结出一定规律，有助于指导发行人董监高进行抗辩。

（四）从交易因果关系角度抗辩

《新虚假陈述规定》第12条列明了不存在交易因果关系（投资人基于对信息披露义务人披露信息的信赖而进行投资）的情形：（1）原告的交易行为发生在虚假陈述实施前，或者是在揭露或更正之后；（2）原告在交易时知道或者应当知道存在虚假陈述，或者虚假陈述已经被证券市场广泛知悉；（3）原告的交易行为是受到虚假陈述实施后发生的上市公司的收购、重大资产重组等其他重大事件的影响；（4）原告的交易行为构成内幕交易、操纵证券市场等证券违法行为的；（5）原告的交易行为与虚假陈述不具有交易因果关系的其他情形。由此，如果董监高能举证证明投资人存在如上情形之一的，则可抗辩不存在交易因果关系,进而免除责任承担。

(五)从损失因果关系角度抗辩

在前述几种抗辩都不能成立的情况下,董监高还可依据《新虚假陈述规定》第31条的规定,举证证明投资人损失的部分或者全部是由他人操纵市场、证券市场的风险、证券市场对特定事件的过度反应、上市公司内外部经营环境等其他因素所导致的,可将该部分非虚假陈述因素引起损失的部分予以排除,进而减轻或者免除自己的责任。

(六)依赖于第三方机构的信息

例如,在(2018)粤03民初389号判决书中,该案董监高的抗辩理由为:已积极督促和安排公司依法聘请专业评估机构,对评估机构的评估报告审慎审查,勤勉尽责履行董事职责,尽到对上市公司投资者权利合理关注的审慎注意义务,不存在侵害投资者权益的故意和过失。法院认为,公司董事对于披露公司自身信息负有的谨慎注意义务应相对较高,应侧重于保证信息实体内容本身的真实、准确和完整,除非特殊情形否则难以免除其责任;对于他人提供的第三方信息,负有的谨慎注意义务与公司内部信息应有所不同,勤勉义务应更加侧重于程序方面。在专业评估机构出具意见的情况下,审查义务主要体现在审查评估机构的独立性、评估假设前提的合理性、评估方法与评估目的的相关性以及评估定价的公允性,而且应以合理谨慎的商人标准判断和要求,而对非专业的董监高和其他直接责任人员不能以专业人士的标准加以要求。

(七)异议董监高的抗辩

根据《信披管理办法》和《上海证券交易所上市公司自律监管指引第10号——纪律处分实施标准》等规定,上市公司董监高发表异议应遵循审慎原则,保证定期报告内容真实、准确、完整的责任不因行使异议权而当然免除,董监高未能陈述具体、明确理由并证明已履职尽责的,仍有被行政处罚或纪律处分的风险。[1] 在监管实践中,上市公司董监高如仅以会计师事务所的审计意见或

---

[1] 参见2021年《信披管理办法》第16条规定、2022年《上海证券交易所上市公司自律监管指引第10号——纪律处分实施标准》第20条规定。

无法审阅定期报告等作为无法保证定期报告真实、准确、完整的理由,也难以得到证券监管部门或证券交易所的认可。[1]

根据《新虚假陈述规定》第 15 条[2],依法行使异议权且未投赞成票的,人民法院"可以"而非"应当"认定其主观无过错。因此,已经提出异议的董监高在应诉时,仍然应当举证和抗辩,尽可能详细说明异议理由,同时积极组织履职证据,抗辩已勤勉尽责。

例如,在(2017)辽 01 民初 414 号判决书中,法院认为,被告作为关联董事在董事会会议上回避表决,并未行使表决权,未发表意见。根据中国证监会行政处罚决定书认定的事实,在公司披露案涉虚假财务信息的过程中,被告并不具有主观的故意。

(八)监事的抗辩

1. 虚假陈述法律责任认定的实质理由是未勤勉尽责,而非签字

在法律、行政法规及公司章程的规定下,监事在发行人信息披露过程中应当履行监督职权,并扮演信息披露担保人的角色,要求其承担相应民事责任是正当的。但是,根据权责一致的法理,监事的地位、职权毕竟不同于发行人及公司其他内部人,其责任认定规则、责任形态及责任范围等应该加以区分。[3] 当前司法实践中尚未出现以监事为被告的民事案件,但是在大量行政处罚案件中,中国证监会在适用《证券法》第 85 条对监事进行责任认定的过程中,存在以结果为导向、说理不详细、说辞不一、自由裁量大、处罚尺度混乱等问题。[4]

---

[1] 参见《深圳证监局关于对深圳市兆新能源股份有限公司采取责令改正措施的决定》(〔2020〕64 号)、《上海证券交易所关于对哈尔滨秋林集团股份有限公司及有关责任人予以纪律处分的决定》(〔2020〕10 号)。

[2] 参见《新虚假陈述规定》第 15 条规定:"发行人的董事、监事、高级管理人员依照证券法第八十二条第四款的规定,以书面方式发表附具体理由的意见并依法披露的,人民法院可以认定其主观上没有过错,但在审议、审核信息披露文件时投赞成票的除外。"

[3] 参见李国安:《虚假陈述的监管与信息披露担保——基于虚假陈述民事赔偿责任的若干思考》,载《河北法学》2005 年第 3 期。

[4] 参见蔡伟:《公司内部监督责任体系的困境——基于对监事的再考察》,载《中外法学》2018 年第 6 期。

实际上,签字仅是监事责任认定的一种形式基础,签字不代表监事责任的成立,不签字也不代表一定免责。换言之,《证券法》第82条的签字义务是第85条责任认定的形式依据,而监事责任认定的实质理由是监事未尽勤勉义务。所谓“形式基础”可作以下理解:第一,监事的法定保证责任通过签字的方式外现于投资者,具有增强投资者信赖的作用,监事签字成为发行人信息披露的形式要件;第二,通过签字职责的明确,督促和落实监事履行信息披露监督职权,签字成为监事信息披露职责履行的形式证明;第三,便于责任追究机关进行相关的责任认定,追责机关通过签名高效地定位相关责任人员。同时,根据签名作为判定监事责任的初步依据,免去有关机关对监事违法行为的举证,有利于提高追责效率。监事虽签字但能依据第85条举证其已勤勉尽责的,也可不承担责任;监事未签字但同时又不属于第82条第4款的异议情形的,仍然要承担相应的责任。例如,在《中国证监会行政处罚决定书》(〔2018〕10号)中,作为公司监事的曾某参加并主持召开了审议公司2014年年度财务报告的监事会,因个人原因未签字即离会,后同意补签但实际未补签,最终仍须承担责任。[1] 曾某虽未签字,但不属于对信息披露有异议并发表意见、陈述理由的情形,故仍然未尽勤勉义务,应当对虚假陈述承担监事责任。签字行为是责任认定的形式基础,这在域外立法规定中已获得印证。例如,《德国证券交易法》第37条第b款、第c款规定,违反信息披露义务的发行人和董事会受到高达100万欧元的罚金和其他关于市场准入方面的处罚,投资者也可依据《德国民法典》第826条向上市公司董事主张侵权损害赔偿。[2] 因此,不签字不影响信息披露义务人承担虚假陈述中的法律责任,不能以“签字即担责”作为责任认定的规则,未勤勉尽责才是责任认定的实质理由。

如前所述,未勤勉尽责是监事责任认定的实质理由,故明确监事勤勉义务的判断标准就成为监事责任认定的关键。从实践角度来看,关于勤勉义务履行标准的司法裁判主要涉及董事或独立董事,鲜有涉及监事,并且裁判路径一般

〔1〕 参见《中国证监会行政处罚决定书》(〔2018〕10号)。

〔2〕 参见贺锐骁:《证券发行董监高签字制度立法论——以公司信用类债券发行文件为切入点》,载《东方法学》2020年第3期。

是形式上的合规义务性审查,而几乎不涉及实质性审查。[1] 在证券虚假陈述行政处罚案件中,中国证监会总体上采用的是一种以结果为依据的归责原则,即只要出现虚假陈述,就认定监事在信息披露中没有尽到勤勉义务。[2]《信息披露违法行为行政责任认定规则》第 22 条[3]严格限制监事的免责情形,大部分监事提出的"已尽勤勉义务"的证明都被视为"未能证明"。

2. 监事勤勉标准低于董事、高级管理人员以及独立董事

监事的勤勉标准低于董事、高级管理人员以及独立董事,具体体现为以下几个方面:

(1)审慎审核与尽职调查

根据《证券法》第 82 条的规定,监事应当对董事会编制的证券发行文件和定期报告进行审核并提出书面审核意见,有异议时应当陈述理由并予以披露。这是监事信息披露中的首要职责,也是第 85 条监事责任产生的直接原因,法定保证也是基于监事负有审核职权而产生的。然而,《证券法》并未对监事审什么、如何审进行具体规定,也未对异议表达的方式、程度进行细化,导致追责机关判定勤勉尽责时摇摆不定。因此,要结合监事勤勉标准对监事审慎审核与异议表达职责进行具体设计。监事审慎审核职责重点解决两个问题,即审什么、怎么审。根据《信披管理办法》第 16 条第 3 款的规定,监事审核的内容包括披露文件的程序及内容两大方面。[4] "程序"主要指编制和审核的程序,是否在

---

〔1〕 参见周春光:《董事勤勉义务的司法审查标准探究——以实证与比较分析为视角》,载《光华法学》编委会编:《光华法学》,法律出版社 2019 年版,第 168 页。

〔2〕 参见蔡伟:《公司内部监督责任体系的困境——基于对监事的再考察》,载《中外法学》2018 年第 6 期。

〔3〕 参见《信息披露违法行为行政责任认定规则》第 22 条规定:"任何下列情形,不得单独作为不予处罚情形认定:(一)不直接从事经营管理;(二)能力不足、无相关职业背景;(三)任职时间短、不了解情况;(四)相信专业机构或者专业人员出具的意见和报告;(五)受到股东、实际控制人控制或者其他外部干预。"

〔4〕 参见《信披管理办法》第 16 条第 3 款规定:"监事会应当对董事会编制的定期报告进行审核并提出书面审核意见。监事应当签署书面确认意见。监事会对定期报告出具的书面审核意见,应当说明董事会的编制和审议程序是否符合法律、行政法规和中国证监会的规定,报告的内容是否能够真实、准确、完整地反映上市公司的实际情况。"

重大事件发生后进行了及时编制,是否召集了董事会会议进行审核。"内容"方面可以划分为有专家意见的部分和无专家意见的部分。目前,行政处罚案件中对无专家意见部分的要求是"监事进行调查核实,并作出自己的独立判断";而有专家意见部分的要求是"相信专业机构的意见和报告、配合调查等申辩意见不是法定免责事由,也不足以构成免责事由"。[1]

当前争议较大的是专家部分的审核标准,实践中常见的要求是监事审核披露内容需要达到专家标准,甚至高于专家标准,即监事应发现专家所未能发现的错误。显然,这同监事的专业能力、实际作用等严重不符,也有悖于允许监事聘请专业人士协助调查的初衷。在美国 Escott v. Bar Chris Construction Corp 案中,法官认为外部董事在对专家部分进行审核时,有合理怀疑的才需要进行调查,否则可以信任专家能力。[2] 因此,监事需要仔细审阅专家意见,无合理怀疑或无明显违法的,"相信专业机构或者专业人员出具的意见和报告"可以成为监事的免责事由。对于非专家部分的审核,法官在 Escott v. Bar Chris Construction Corp 案中提出,独立董事应当进行合理的调查并作出独立判断,该合理调查的标准或程度应当视不同董事的知情程度及调查信息的种类而定。[3] 我国监事处于信息弱势地位,受实际控制人隐瞒的情形较多,内部监督效用也有限,要求其调查要达到弄清真实情况的效果是不合理的。因此,对于非专家部分"仅形式签字,未主动调查的情形""被隐瞒,不作为调查的情形""能力不足、无相关职业背景"均是未尽勤勉的体现;"有合理调查,被隐瞒而不知情的情形""调查有瑕疵,但即使尽职调查也难以发现信息披露违法的情形"则属于已尽勤勉的体现。调查义务的要求是一般的作为调查,不能只相信内部董事的口头说明或保证,还需要通过查阅、访谈、列席会议、实地调查、印证和讨论等多种方法进行自主识别、形成独立判断。

---

〔1〕 参见《中国证监会行政处罚决定书》(〔2018〕9 号)。

〔2〕 See Hillary A. Sale, *Independent Directors as Securities Monitors*, The Business Lawyer, Vol. 61: 1357, p. 1375 – 1412(2006).

〔3〕 See Bernard S. Black, *The Core Fiduciary Duties of Outside Directors*, SSRN (Jun. 13, 2001), https://papers.ssrn.com/sol3/papers.cfm?abstract_id=270749.

(2)持续性监督与主动了解公司信息

《信披管理办法》第 36 条要求监事应当对公司董事、高级管理人员履行信息披露职责的行为进行监督,关注公司信息披露情况。[1] 这表明监事在信息披露中的勤勉监督是持续性的、过程性的、积极性的,而不是简单地临时审核监督而已。这就要求监事通过积极行使监事权力以参与到公司治理之中,达到持续性监督与了解公司信息的目的,作为监事审慎审核、发表意见等的基础和前提。因此,在行政处罚案件中,"不清楚、不知情、不负责、未参与、仅形式签字而未主动调查""不直接从事经营管理""任职时间短、不了解情况"等主张均无法证明监事已尽勤勉义务,自不得构成免责事由。

对于如何认定监事已履行持续性监督并主动了解公司信息的问题,首先,监事持续监督和了解的并非公司所有信息,而是需要披露的重大事件。监事应当以信息披露监督者的身份,主动关注、了解《证券法》第 80 条、第 81 条所规定的需要披露的重大事件。其次,监事持续性监督及主动了解公司信息的方式应当通过行使各项监事权力,而不是简单地依赖对董事的简单问讯或对披露内容的简单审议。《公司法》第 53 条、第 54 条对监事会或监事的职权进行了具体的规定,主要包括临时股东会会议的召集请求权、提案权、代表公司起诉、质询权、建议权等。行使上述权力的证明,即是监事持续性监督与主动了解公司信息的勤勉体现。

(3)异议表达与行为纠正

《证券法》第 82 条第 4 款规定了董监高异议机制,即"应当在书面确认意见中发表意见并陈述理由" + 对外披露。披露方式是发行人披露或异议人直接申请披露,目的均是使投资者知晓该异议信息,在进行投资时保持警惕。另外,《信披管理办法》第 36 条规定监事发现信息披露存在违法违规问题的,应当进行调查并提出处理建议。《公司法》也规定监事应对董高损害公司利益的行为进行纠正。故监事作为信息披露监督人,在发现可能的信息披露违法行为时,

---

[1] 《信披管理办法》第 36 条规定:"监事应当对公司董事、高级管理人员履行信息披露职责的行为进行监督;关注公司信息披露情况,发现信息披露存在违法违规问题的,应当进行调查并提出处理建议。"

应及时进行异议表达与行为纠正。

关于异议表达的方式,实践中存在“投反对票 + 不保真”“弃权 + 不保真”“投赞成票 + 不保真”等情形。其中“投反对票 + 不保真”情形是《信息披露违法行为行政责任认定规则》规定的免责情形,自然也是监事已尽勤勉义务的体现。有争议的是后两种情形,因为《证券法》第 82 条仅对不保真声明即发表意见进行了规定,但未明确具体的投票方式。* ST 兆新案中深圳证监局明确异议表达的方式是“投反对票 + 不保真”,仅仅发表不保真的声明仍被视为未尽勤勉义务。[1]《证券法》第 82 条保护的不仅是投资者的知情权,还旨在维护信息披露正常秩序。有异议、存疑的信息披露文件不应当对外披露,监事法定保证责任旨在确保披露文件的合法性,作出不保真声明但仍然投赞成票或弃权票以通过披露文件的行为与监事法定保证责任显然存在逻辑矛盾。因此,监事异议表达中已尽勤勉义务的表现应当是“投反对票 + 不保真”声明。

行为纠正职权应贯穿在监事对发行人信息披露进行持续性监督的过程当中,也是监事法定保证责任的要求。监事的勤勉义务是一种过程性的义务,在发现可能的信息披露违法行为时,除了进行异议表达外,也应当进行过程性的行为纠正。根据实践,监事已尽勤勉的行为纠正是提出异议或否定意见、要求公司采取相关措施等。例如,要求公司说明更换会计师事务所的原因,积极联系原会计师事务所,积极推荐接任会计师事务所,拒绝签署年度报告,聘请外部会计师事务所对公司做专项审计,举报违法违规行为等。[2]《信息披露违法行为行政责任认定规则》第 21 条第 3 款规定的“知晓后进行举报”也属于行为纠正的勤勉体现。

3. 外部监事和职工监事的抗辩

外部监事与职工监事在监督定位、对公司内部事务了解有限等方面与独立董事具有一定的相似性,因此,《新虚假陈述规定》第 16 条第 3 款规定外部监事和职工监事可参照适用独立董事的免责事由。

---

〔1〕 参见《深圳证监局关于对深圳市兆新能源股份有限公司采取责令改正措施的决定》,载中国证监会网,http://www.csrc.gov.cn/pub/shenzhen/ztzl/ssgsjgxx/jgcs/202004/t20200426_374466.htm。

〔2〕 参见《中国证监会行政处罚决定书》(〔2019〕55 号)。

以是否兼任公司高管职务为标准，公司董事分为内部董事和外部董事，而外部董事不仅包含独立董事，也包含不属于独立董事的“非执行董事”。这些非执行董事不参与公司具体执行事务，往往凭借其特殊的专业背景对公司某一类领域提供发展建议，其获取公司内部信息的能力和对专业以外事项的了解能力与独立董事无异。《新虚假陈述规定》第16条或许是考虑到外部董事委派主体、专业背景等方面的复杂性，未将非执行董事纳入参照适用的范围，留待审理法院在个案中结合案件事实进行具体分析和认定。

在索菱股份案中，其监事兼技术部经理童某某在处罚前听证阶段曾经和其他董监高一起提出了笼统的辩护意见，包括：(1)不知悉案涉定期报告虚假记载、重大遗漏事项，既不知悉，更未参与。在任职期间积极履职。(2)积极配合监管部门调查。(3)量罚幅度标准不统一。

中国证监会反馈认为：(1)董监高应当保证上市公司披露信息真实、准确、完整，应当了解并持续关注公司生产经营情况、财务状况和已经发生或者即将发生的重大事件及其影响，应当主动调查、获取决策所需要的资料，积极问询，质疑，提供建议。在正常履职的情况下，不知情、不了解、未参与恰恰是其未勤勉尽责的证明。(2)积极配合调查是法定义务。(3)已经综合考虑当事人的参与程度、岗位职责、任职年限、专业背景等，结合履职和勤勉尽责、配合调查等情况，明确区分了直接负责的主管人员和其他直接责任人员，综合认定责任并确定处罚幅度。结合当事人申辩意见，根据童某某等人的岗位职责、任职年限、履职情况等因素，调减其处罚金额，处以15万元的罚款。〔1〕

在该案民事诉讼审理过程中，法院认为，职工监事童某某“客观上受职位和权限限制，不直接参与索菱股份经营决策和日常经营管理，客观上难以了解公司经营细节，其决策在很大程度上依靠上市公司提供的必要信息”，“但在会计师事务所已出具‘无法表示意见’的审计报告、一定程度上揭示了风险、客观反映了公司实际情况和财务状况的情况下，仍对索菱股份年度报告签字确认，应具有一定程度的过错”。童某某对3年年报均签署确认，故承担3%连带赔偿

〔1〕 参见《中国证监会行政处罚决定书》(〔2020〕105号)。

责任。

4. 责任形态方面的抗辩

根据《民法典》侵权责任编的规定，我国民事侵权连带责任的行为类型主要有共同侵权行为、教唆帮助侵权、共同危险行为、数人分别侵权行为中的连带行为。笔者认为，可以从主观过错和行为原因力两个层次区分各种民事侵权责任形态。民事侵权中的连带责任一般要求行为人间存在意思联络。如果不存在主观联络，则只在侵权行为对损害结果有全部原因力时才可能产生连带责任。民事侵权连带责任坚持法定原则，目的在于限缩连带责任的适用范围，以保证公平、公正等。

《证券法》第 85 条规定虚假陈述中监事无法证明无过错的应承担连带赔偿责任，但并未区分具体情形。此处连带责任囊括的类型较民事侵权连带责任的法定类型更广泛，民事侵权中数人分别侵权但未构成连带责任的情形在此也被视为应当承担连带责任的情形。即证券虚假陈述中监事单方面存在重大过失行为时，属于《民法典》第 1172 条规定的数人分别侵权且承担按份责任的情形，但根据《证券法》第 85 条的规定，此情形下监事也应与发行人承担连带责任。可见，这里的监事侵权责任是以客观结合型共同侵权来适用的，具言之，是一种基于聚合因果关系的侵权连带责任。[1] 监事侵权之所以广泛容许连带责任适用：一是为了倾斜保护处于弱势地位的投资者，提高他们可获赔偿的可能性；二是通过连带责任的约束督促监事履职，发挥侵权责任相关立法的指引功能及惩罚功能；三是增强投资者的信任程度，分散发行人的风险，更好地实现投资者、发行人及发行人内部人之间的利益平衡。

在证券虚假陈述中，董监高承担过错推定的责任，故不可能存在侵权对象不明确的共同危险行为之可能。同时，监事作为公司内部监督人，在虚假陈述中通常仅起次要作用，从原因力角度看难以构成数人侵权中的连带责任类型。因此，监事承担连带责任的情形主要是与董事、高级管理人员存在共同过错的

---

〔1〕 参见张平华：《商事侵权与民事侵权的“形似神异”：以连带责任为中心》，载《法学》2016 年第 11 期。

情形。其中,共同过失通常存在数人之间约定一人为代表,而代表人行为过失的情形。在信息披露中,监事和董事、高级管理人员之间存在明显的职责分工,难以形成有主观联系的共同过失。[1] 因此,《证券法》第 85 条规定的监事连带责任情形主要产生在监事与董事、高级管理人员之间存在共同故意的情形,包括双向的共同故意以及单向的共同故意。前者如串通、协作、积极参与等,后者如知情不报、知情不作为等。在缺少共同故意情形下,监事勤勉的主观责任标准应采取重大过失标准。此时,监事与董事、高级管理人员之间应当承担按份责任,只对自己重大过失行为导致的损害进行赔偿,无须承担全部外部风险。这既符合权责一致的理念,于监事承受能力而言也更为合理公平。

二、董事长、财务总监和上市公司的董事会秘书等与信息披露工作关系密切的人员

通常这类人员主张对发行人虚假陈述行为不存在过错的难度较大,甚至存在法院直接根据其特殊身份而认定承担侵权责任的可能。因此对于上述人员而言,往往需要从其他角度进行抗辩,如在发行人虚假陈述行为涉及的相关期间内,该类人员并未担任相关工作岗位或因正当原因无法履职等。

一般而言,总经理、董事会秘书是所有虚假陈述行为的主管高管,分管财务的公司副总经理和财务总监是财务类虚假陈述的主管高管,公司其他副总经理在各自分管的领域内才成为主管高管,才对相应的虚假陈述负责。超出其分管领域,公司副总经理不应对虚假陈述负责。例如,重大诉讼仲裁事项未披露,应向对该事项及其信息披露事务负有管理职责的高管——总经理、董事会秘书、管理公司法律事务的副总经理追责,而不应向对该事项及其信息披露事务没有管理职责的公司其他副总经理追责。又如,某项采购原材料的关联交易未披露,应向对该事项及其信息披露事务负有管理职责的高管——总经理、董事会秘书、主管财务的公司副总经理和管理生产的公司副总经理、财务总监追责,而

---

[1] 参见《股票发行与交易管理暂行条例》第 17 条规定:"全体发起人或者董事以及主承销商应当在招股说明书上签字,保证招股说明书没有虚假、严重误导性陈述或者重大遗漏,并保证对其承担连带责任。"

不应向对该事项及其信息披露事务没有管理职责的公司其他副总经理追责。[1]

需要注意的是，因重组交易对方、收购人等外部第三方提供虚假信息导致上市公司信息披露文件存在虚假记载的案件屡见不鲜。不同于上市公司自身信息不实披露导致的虚假陈述，在此类案件中，上市公司实际是被骗方，上市公司董监高无法基于自身任职而对外部信息的真伪和准确性进行有效的识别，往往在已经勤勉尽责的情况下仍无法发现交易对方精心设计的骗局。例如，按照传统审理思路"一刀切"地判决被行政处罚的董监高向投资者承担民事赔偿责任，不免有失公平。针对此类交易对方提供虚假信息导致上市公司虚假陈述的情况，在鞍重股份案[2]中，法院基于被告董事长杨某因作为关联董事在涉及虚假财务信息的董事会会议上未发表意见或行使表决权，认定其不存在故意；基于杨某"积极督促和安排上市公司聘请独立财务顾问、律师事务所、会计师事务所和资产评估机构等证券服务机构就重大资产重组出具意见，并认真审阅交易文件和各证券服务机构出具的专业意见，且未发现明显异常"，认定其不存在过失。

三、其他未直接涉及相关信息披露工作的人员

对于这类人员而言，由于并未直接涉及相关信息披露工作，一般也不会直接参与相关虚假陈述行为，因此通常较少出现被认定为故意的情形，抗辩的重点则在于证明自身勤勉尽责，未严重违反注意义务。

在罗平锌电案中，昆明市中级人民法院根据被诉董事、高级管理人员职责分工、专业技能、客观行为、主观心理状况等综合因素，认定被行政处罚的副董事长、总经理以及董事会秘书仅是公司部门分管领导，判决其不承担赔偿责任。法院认为，对于李某立、喻某贤两名董监高是否应承担连带赔偿责任的问题，因证券违法案件的行政处罚和证券虚假陈述民事赔偿责任所保护的法律利益性质有所不同，构成要件及认定依据的实体法律规定也不同，故承担行政责任并

---

〔1〕 参见邢会强：《上市公司虚假陈述行政处罚内部责任人认定逻辑之改进》，载《中国法学》2022年第1期。

〔2〕 参见辽宁省沈阳市中级人民法院民事判决书，(2017)辽01民初414号。

不意味着一定承担民事责任。行政责任承担的前提是违反行政法规及相关管理秩序，民事责任的承担前提是行为人有损害他人利益的过错，董监高是否按照我国《公司法》的规定尽到了忠实和勤勉义务，对披露信息出现重大遗漏的行为是否明知或者能预见，应根据职责分工、专业技能、客观行为、主观心理状况等综合因素进行具体分析。本案中，李某立、喻某贤仅是公司的部门分管领导，并不能对公司的整体经营管理情况进行全面掌握，也无法仅因其在年度报告中签字就认定其有损害投资者利益的过错，如将上述董监高成员扩大纳入承担连带赔偿责任的人员范围有失公允。综上，被诉公司董监高除了时任罗平锌电董事长的杨某兴外，李某立、喻某贤二人不承担连带赔偿责任。[1]

在昆明机床案[2]中，昆明市中级人民法院认为，除被告董事长、总经理、副总经理和财务总监4人外，法院认定其余董监高即使在年度报告中签字，也不能认定其有过错，不应当承担连带责任。具体而言，法院认为，本案中按照行政处罚决定书认定的事实，王某时任董事长，负责规划公司战略、企业重大经营决策及协调股东等工作，是案涉财务造假行为的主要策划者、组织实施者。常某强时任总经理，主要负责昆机公司的日常经营，参与决策并负责财务造假工作的执行事宜。金某峰于2014年2月至2015年3月任副总经理，2015年至中国证监会调查时任财务总监，负责公司财务工作，金某峰了解并参与财务造假过程，是提前确认收入、虚假发货、调减费用等财务造假行为的执行者。王某、常某强、金某峰均在上述年度报告上签字，是信息披露违法行为直接负责的主管人员。李某宁直接经办相关财务造假事项，以会计机构负责人身份签署了昆机公司2013年、2014年、2015年年度报告，是昆机信息披露违法行为的直接责任人员。上述4人对财务造假行为主观系故意，严重违反了忠实、勤勉义务，应当与昆机承担连带赔偿责任。其余人员由于并不分管财务相关工作，或者未参与年报编制及财务造假，在有相应资质的会计师事务所出具无保留意见的审计报告的情况下，同时通过正常履职又无法发现财务造假行为的相关信息及证据，无证据及

---

〔1〕 参见云南省昆明市中级人民法院民事判决书，(2018)云01民初2550号。

〔2〕 参见云南省高级人民法院民事判决书，(2020)云民终1221号。

充分理由反对,即使在年度报告中签字,也不能认定其有过错,不应当承担连带责任。因此综上,除了王某、常某强、金某峰、李某宁外的董监高不再承担连带责任。

在保千里案[1]中,法院结合上市公司董监高知情程度、具体职责、分管范围、履职情况、专业背景等方面,判决认定,对于不知悉违法行为、不分管案涉领域、不参与经营决策的部分被行政处罚的董监高,不对上市公司定期报告虚假陈述承担民事赔偿责任。法院认为,庄某时任保千里电子公司的董事长、总经理,主导保千里公司整个收购事项,陈某昌、庄某2、蒋某杰与庄某构成一致行动关系,同属于共同收购人。2014年11月中达股份公司股东大会通过重大资产重组决议,通过了上述《报告书(草案)》确定的重组方案:中达股份公司将截止到评估基准日2014年3月31日拥有的全部资产、负债与业务,以评估值6.16亿元作价出售给原控股股东申达集团有限公司,同时中达股份公司以每股2.12元向庄某、日昇创沅公司、陈某昌、庄某2、蒋某杰发行股份13.60亿股,以购买其共同持有的保千里电子公司100%股权。重组完成后,庄某、陈某昌、庄某2、蒋某杰合计持有中达股份公司股票10.20亿股,占发行后总股本的45.21%。其中,庄某持有中达股份公司37.30%的股权,形成对中达股份公司的收购,为收购人。庄某与陈某昌、庄某2和蒋某杰签署了《一致行动人协议》,互为一致行动人。根据中国证监会上市公司并购重组审核委员会反馈意见,2015年2月26日,中达股份公司进一步披露了《报告书(修订稿)》,补充披露了作为保千里电子公司估值评估依据的有关意向性合同。同时,庄某、陈某昌、庄某2、蒋某杰、日昇创沅公司在《报告书(修订稿)》中称,已出具《承诺函》,承诺其为本次重大资产重组所提供的有关信息真实、准确和完整,不存在虚假记载。2015年2月,中国证监会核准中达股份公司重大资产重组及向庄某等发行股份购买资产申请。2015年3月,中达股份公司正式完成资产重组。2015年4月27日,中达股份公司更名为保千里公司。庄某、陈某昌、庄某2、蒋某杰在保千里公司重整过程中,违背《承诺函》,操纵上市公司进行虚假陈述行为,侵犯投资者权益,构成共同侵权,依法应承担连带赔偿责任。虽然保千里公司以庄某、陈某昌、庄

[1] 参见深圳市中级人民法院民事判决书,(2018)粤03民初389号。

某 2、蒋某杰为被告向一审法院提起了侵权赔偿诉讼，但庄某、陈某昌、庄某 2、蒋某杰对上市公司内部的赔偿责任不影响其对外承担责任。[1]

从上述三起案件可以看出，对于其他未直接涉及相关信息披露工作的人员，专业机构的认定意见十分重要，并且该类人员对于信息披露事宜的审查并非一定需要确保相关披露文件实质上不存在虚假信息，而是在程序上合理合法合规。但同时需要注意的是，对于专业机构的意见也不能盲目信任，也应当自行审查判断，多角度验证专业机构给出的意见。

针对职责范围和角色定位均不同于内部董事的独立董事，南京市中级人民法院在协鑫集成案、海润光伏案中，综合考量独立董事的身份角色、主观状态、职责相关性、专业知识背景、获益金额等因素，判决认定独立董事在上市公司赔偿金额 10% 范围内承担补充赔偿责任。[2] 福州市中级人民法院在众和股份虚假陈述案中判决认定，独立董事和监事对公司经营信息获取存在先天性不足，并综合其职能定位、主观过错等，认定独立董事在 5% 范围内承担补充赔偿责任，监事在 3% 范围内承担补充赔偿责任。[3] 上海金融法院在中安科案中基于独立董事与内部董事职责不同，判决独立董事不承担赔偿责任，判决担任董事长、财务总监和总经理的 3 名内部董事在 2% 范围内承担连带责任。[4]

四、发行人独立董事的特别抗辩

（一）独立董事与普通董事的权责差异

我国的公司治理结构中，独立董事属于公司董事，但不参与上市公司日常经营，具有一定独立性的董事，作为对公司内部人权力进行有效制衡的监督机制。独立董事与普通董事存在同质性，也有异质性。中国证监会 2022 年 1 月 5 日发布的《上市公司独立董事规则》（以下简称《独董规则》）全面梳理整合了独立董事规范。

---

〔1〕 参见深圳市中级人民法院民事判决书，(2017)粤 03 民初 2033 号。

〔2〕 参见江苏省南京市中级人民法院民事判决书，(2016)苏 01 民初 2066 号。

〔3〕 参见福建省福州市中级人民法院民事判决书，(2019)闽 01 民初 1972 号。

〔4〕 参见上海金融法院民事判决书，(2019)沪 74 民初 2509 号。

从独立董事的角色和职权来看，与其他董事确有区别。《独董规则》第 2 条对于独立董事的定义为，不在上市公司担任除董事外的其他职务，并与其所受聘的上市公司及其主要股东不存在可能妨碍其进行独立客观判断的关系的董事。可以看出，独立董事强调独立性，偏向于监督角色，对于公司运营的合规性、对公司不利影响后果的可能性、支出的合理性、防范内部人利益输送、对中小股东的保护更为关注。

独立董事的职责之一是监督，真实有效的信息获取才可保证有效监督，信息获取需要独立董事花费时间勤勉尽职地调查。独立董事只有投入了合理的时间，充分地对公司进行了解与调查，方可认真行权尽责。与其他董事相比，无论在时间还是精力方面，独立董事投入较少。因此不可苛责独立董事，其义务标准应低于其他董事。而其他董事作为董事会成员，更偏向于商业管理角色，享有公司的经营决策权和管理权，对内掌管公司事务、对外代表公司进行经营决策和业务执行。二者的区别体现在实际工作中，则表现为职权的不同。根据《独董规则》第 22 条、第 23 条及有关部门规章、交易所自律规则，独立董事应当对特殊事项发表专门的独立意见与事先认可意见，既是义务，也是权利。其他董事则无此职权，仅依据《公司法》《证券法》享有在董事会中决策和管理的权力。

独立董事应发表独立意见的规定分布于《独董规则》、《关于首次公开发行股票并上市公司招股说明书财务报告审计截止日后主要财务信息及经营状况信息披露指引》(2020 年修订)以及《科创板上市公司信息披露业务指南第 1 号——信息披露业务办理》等多个文件中，事项主要包括：(1)定期报告和财务信息，如上市公司披露年度报告时，独立董事应对公司累计和当期对外担保情况、执行有关规定情况出具专项说明，并发表独立意见；因会计准则变更以外的原因作出会计政策、会计估计变更或重大会计差错更正；财务会计报告被出具非标准无保留审计意见；聘用或解聘会计师事务所等。(2)交易类，如关联交易、对外担保、委托理财、提供财务资助、股票及衍生品投资等重大事项等。(3)募集资金管理和使用，如超募资金用于永久补充流动资金和归还银行借款、变更募集资金用途等。(4)并购重组类，如重大资产重组、管理层收购、回购股份方案、上市公司关联方以资抵债方案等。(5)发行上市类,如发行优先股对公司各类股东权益的影响等。(6)其他事项,如股权激励计划,员工持股计划,相关方变更承诺的方案,提名、任免董事,聘任或解聘高管,独立董事认为可能损害中小股东权益的事项等。

独立董事应发表事前认可意见的规定分布于《独董规则》《上市公司独立董事履职指引》等文件中,主要可分为重大关联交易事项、聘用或解聘会计师事务所两大类。除此之外,独立董事享有的特别职权还包括可在股东大会召开前公开向股东征集投票权,独立聘请外部审计机构和咨询机构,对公司的具体事项进行审计和咨询等。

虽然职权不同、定位不同,但独立董事与其他董事同样需对公司和股东负有诚信与勤勉义务。根据《独董规则》第5条规定,独立董事不仅对公司和股东负有诚信与勤勉义务,尤其还要关注中小股东的合法权益不受损害。这一义务的界定和判断标准也是实践中常见的独立董事行政责任及民事侵权责任的争议焦点。

(二)虚假陈述中独立董事的行政处罚与申辩

在面临信息披露违法违规类行政处罚之时,独立董事常见的申辩理由主要有四种:一是主张自己没有参与相关违法行为,不了解公司经营状况;二是主张自己对信息披露违法所涉事项不知情,如公司刻意隐瞒资料;三是主张自己不具有经营管理、财务等方面的专业知识和能力,无法通过审查年度报告的方式发现存在的问题,信赖专业机构出具的报告等;四是主张已经勤勉履职。如亲自参加公司股东大会、董事会等相关会议,已审查相关文件,就相关事项询问公司相关人员并已得到合理解释,对相关问题提出了改进建议等。

前三种申辩理由通常不为监管机构所采纳,被减轻或免于处罚的情况较少。甚至,中国证监会《信息披露违法行为行政责任认定规则》第22条已对此类申辩意见提前列明否定:不得单独以"不直接从事经营管理""能力不足、无相关职业背景""任职时间短、不了解情况""相信专业机构或者专业人员出具的意见和报告""受到股东、实际控制人控制或者其他外部干预"等理由免除行政处罚。

第四种申辩理由属于最直接、最有效,也是最有可能被采纳的申辩理由。《信息披露违法行为行政责任认定规则》第 15 条规定,“能够证明已尽忠实、勤勉义务,没有过错”的董事可以免除行政责任。在博腾制药行政处罚案中,独立董事郭某清认为:其作为公司审计委员会召集人,通过电子邮件及短信要求公司内审部门关注关联交易和非经营性资金占用风险;在审议公司第三季度报告事项时,要求公司注意合规经营;在知悉公司的违法行为后,督促公司完善内部治理,加强资金占用审计;请求免予行政处罚。经复核,重庆证监局认为,郭某清在审议博腾股份 2018 年第三季度报告事项时进行了必要的关注,同时在知悉公司存在资金占用情况后积极采取补救措施,履行了独立董事职责,故对其申辩意见予以采纳,对其免予行政处罚。

然而,实践中该申辩理由也时常不被采纳。其原因在于勤勉尽责义务的边界难以界定,且独立董事很难证明其在案涉项目中履行了勤勉尽责的义务。很多独立董事仅从其平常的表现入手,并没有正面回应对公司涉及的违法行为是否履行了勤勉尽责义务。中国证监会通常判定,独立董事所称的尽责行为属于日常工作,与认定违法的董事会决议事项无关,现有证据不足以证明其在认定违法的董事会决议事项方面如何做到勤勉尽责。[1] 例如,在皖江物流行政处罚案中,独立董事提出其在对公司经营状况调研和审计委员会、公司经营状况调研和战略决策委员会召开会议时,均要求重视管理风险、经营风险,主动配合董事会发现并查处存在的问题。但中国证监会认为,“独立董事所称的尽责行为,与我会认定的董事会决策事项无关,相关报告经过审计、本人非财务审计专业人员等不是法定可以减轻或免予处罚的理由。申辩材料未反映其在董事会审议年报方面如何做到勤勉尽责”。

(三)虚假陈述中独立董事的民事侵权责任与抗辩

《证券法》第 85 条规定,董事对虚假陈述导致的损失承担连带赔偿责任,但是能够证明自己没有过错的除外。而认定独立董事是否存在过错及过错大小

---

〔1〕 参见钱如锦:《独立董事行政责任之豁免——以证监会处罚决定为视角》,载黄红元、卢文道主编:《证券法苑》(第 21 卷),法律出版社 2017 年版,第 334 页。

的关键,同样在于是否“勤勉尽责”以及“勤勉尽责”的程度。

《新虚假陈述规定》出台前,独立董事对于如何证明自己没有过错则缺少明确标准,对构成勤勉尽责义务标准的举证存在很大困难。既往司法实践中判令独立董事无须承担责任的案例一般存在较明显的情况,如披露的信息并非董事任职公司的内部信息,或者是已向证监局反映并对记载虚假陈述的事项投反对票等。如保千里案、天业股份案等。在保千里案中,案涉中达股份资产重组时,中达股份公司依据上述《上市公司重大资产重组管理办法》的规定,聘请独立财务顾问、律师事务所、会计师事务所和资产评估机构等证券服务机构就重大资产重组出具了专业意见。重组交易对手方保千里电子公司向银信评估公司提供了两类虚假的意向性协议。其中 4 份虚假协议,5 份属含有虚假附件的协议,性质虽然恶劣,但行为隐蔽,经各证券服务机构审核,亦均确认其内容不存在虚假记载、误导性陈述或重大遗漏。证据显示,在中达股份公司重组期间,作为公司董事长的童某某及公司财务负责人的王某某频繁往来江阴和深圳,经过多轮现场调研、反复磋商、洽谈,积极督促和安排上市公司聘请专业机构开展工作,依照规定落实了重组对方出具承诺保证资料的完整、准确、真实。在各中介机构出具的报告没有明显异常、相互之间没有矛盾的情况下,法院认为童某平等 7 名董事履行了应尽的工作职责,不应认定其对案涉虚假陈述民事侵权行为具有过错。

实践中更常见的情况是独立董事的抗辩不被采纳。如康美药业案中独立董事提出的“作为独立董事在履职期间认真审阅公司报告,依据个人专业独立形成并明确表达意见。虽然客观上未能识别和发现康美药业案涉年度报告中存在虚假,但已尽到勤勉尽责义务和对上市公司投资者权利合理关注的审慎注意义务”以及“对康美药业各类违法行为事前、事后均不知情,更未从中获益”等申辩理由均未得到认可。法院仅以“不参与康美药业日常经营管理”及“兼职的独立董事”为理由,酌情判决其承担比例连带责任。

《新虚假陈述规定》出台后,对 2003 年司法解释中归责与免责抗辩事由的具体内容作出了大量调整,考虑到独立董事和其他董事的差异性,对二者的责任作出区分,赋予独立董事在民事侵权责任中更多抗辩事由,包括:(1)对不属于自身专业领域的相关具体问题,借助会计、法律等专门职业的帮助仍然未能发现问题的;(2)及时提出异议并监督整改或者向证券交易场所、监管部门书面报告的;(3)发表保留意见、反对意见或者无法表示意见并说明具体理由的;(4)发行人拒绝、阻碍,导致无法判断;(5)能够证明勤勉尽责的其他情形。

虽然,行政责任与民事责任从法理层面分属两套责任体系,但在规则层面以及执法司法的实践层面,两套体系紧密关联、难以割裂。《新虚假陈述规定》第16条规定的免责事由也与《信息披露违法行为行政责任认定规则》第21条有较大重合。

《新虚假陈述规定》第16条第1款规定:“独立董事能够证明下列情形之一的,人民法院应当认定其没有过错:(一)在签署相关信息披露文件之前,对不属于自身专业领域的相关具体问题,借助会计、法律等专门职业的帮助仍然未能发现问题的;(二)在揭露日或更正日之前,发现虚假陈述后及时向发行人提出异议并监督整改或者向证券交易场所、监管部门书面报告的;(三)在独立意见中对虚假陈述事项发表保留意见、反对意见或者无法表示意见并说明具体理由的,但在审议、审核相关文件时投赞成票的除外;(四)因发行人拒绝、阻碍其履行职责,导致无法对相关信息披露文件是否存在虚假陈述作出判断,并及时向证券交易场所、监管部门书面报告的;(五)能够证明勤勉尽责的其他情形。”

《信息披露违法行为行政责任认定规则》第21条规定:“认定为不予行政处罚的考虑情形:(一)当事人对认定的信息披露违法事项提出具体异议记载于董事会、监事会、公司办公会会议记录等,并在上述会议中投反对票的;(二)当事人在信息披露违法事实所涉及期间,由于不可抗力、失去人身自由等无法正常履行职责的;(三)对公司信息披露违法行为不负有主要责任的人员在公司信息披露违法行为发生后及时向公司和证券交易所、证券监管机构报告的;(四)其他需要考虑的情形。”

相较于独立董事的行政责任,民事侵权责任的抗辩标准可以说更为宽松,认可了“信赖专业机构”,但梳理民事侵权责任的发展逻辑后不难看出,《新虚假陈述规定》的抗辩事由核心仍旧是“勤勉尽责”,独立董事仍需善意、积极、主动履行职责,“信赖专业机构”而非“依赖专业机构”,综合各方信息判断,穷尽个人能力、积极询问主动调查,质疑并投反对或弃权票,或者及时向监管机构报告,才有可能被认为已履行勤勉尽责义务,对虚假陈述不存在过错。

独立董事可从民事责任形态方面进行抗辩。如前所述,证券虚假陈述中独立董事民事责任是一种侵权民事责任,独立董事应当在上市公司治理结构中作为外部监督机制,基于独立视角发表独立意见,针对公司特殊的事项进行监督和制约。公司内部董事不同于独立董事,内部董事日常负责公司的运行,他们之间彼此熟悉并全面了解公司业务,他们通常是虚假陈述行为的实际决策和积极参与者,理应对虚假陈述行为负有连带责任。就制度功能而言,独立董事在上市公司的经营管理中,其履职尽责的立场或者说目的是保障外部投资人的利益,监督并限制实际控制人的违法现象,上市公司日常经营的业务并不是其履职尽责的首要目的。就独立董事的职责定位所产生的立场而言,公司虚假陈述行为中独立董事与内部董事存在明显的对抗地位,此种天然的对抗关系表明独立董事不应与内部董事一样承担连带责任。

依据侵权责任的理论,虚假陈述相关责任主体承担连带赔偿责任的法理基础应源于《民法典》第 1168 条规定的共同侵权。[1] 在数人侵权情形下,如果构成一般侵权,数个行为人分别根据各自行为造成损害后果的可能性承担按份责任;如果构成共同侵权,数名行为人对受害人承担连带责任。[2] 而是否具有共同意思联络是连带责任是否构成的基础。就公司内部董事而言,由于不能排除操纵和控制公司实施信息欺诈的可能性,在这种情况下,可以确定他们与公司有共同意思联络,并对受害人的损失承担连带责任。对于独立董事而言,由于其在公司治理中主要发挥外部监督作用,一般不参与公司的日常运营管理。因此,独立董事与公司不存在共同意思联络侵害投资人利益的行为,即不能认定其与公司存在共同侵权,自然不应承担连带责任,而应根据其过错的大小承担相应的按份责任。当然,如果独立董事对公司存在虚假陈述的主观故意,则应认定为共同侵权人,依据《证券法》第 85 条承担连带责任。如海润光伏案[3],

---

〔1〕 参见《民法典》第 1168 条规定:“二人以上共同实施侵权行为,造成他人损害的,应当承担连带责任。”

〔2〕 参见黄薇主编:《中华人民共和国民法典侵权责任编释义》,法律出版社 2020 年版,第 17 页。

〔3〕 参见江苏省南京市中级人民法院民事判决书,(2016)苏 01 民初 539 号。

法院考虑到独立董事“不参与公司日常经营管理,不执行具体业务,只是通过参加董事会讨论决定各项决议来履行职务,其未采取必要、合理的调查方法以避免不实报告的产生,虽然存有过失,但该种过失是一种轻微过失”,仅判决独立董事在10%范围内承担补充赔偿责任。

(四)独立董事勤勉尽责义务的认定

对比独立董事的行政责任与民事责任可以看出,二者的认定关键都在于勤勉尽责义务。那么对于独立董事来说,什么是勤勉尽责义务,履行到何种程度可以认为尽到勤勉尽责义务呢?北京市高级人民法院在胡某与中国证监会二审行政判决书中,对独立董事“勤勉尽责”义务有相关论述:“上市公司独立董事应当善意、审慎、合理地履行职责,尽到如同普通谨慎的人在管理其类似个人商业事务的情形下所应有的同等程度的勤勉和注意……独立董事勤勉义务的履行具有过程性的特征,要求独立董事在任职期间了解并持续关注公司生产经营状况、财务状况,主动调查、获取决策所需的资料,积极问询,质疑,提供建议,达到能够独立作出判断的程度,而非以能否发现公司违法行为的结果作为判断其是否履行勤勉义务的标准。”在认定独立董事的勤勉尽责义务应履行到何种程度时,或可参照《上市公司独立董事履职指引》。其中对独立董事义务和职权履行方式进行了更具有可操作性和指导性的规定,重点强调独立董事履职应当“主动进行调查”“制作工作笔录”,如第10条规定了可聘请中介机构进行专项调查,第20条规定了可要求上市公司其他董监高、董事会秘书提交材料、配合工作。在协鑫集成科技股份有限公司与谢某杰证券虚假陈述责任纠纷案中,法院即采用了这一标准。独立董事谢某杰虽抗辩其已勤勉尽责地履行了独立董事职责,但法院认为,参照《上市公司独立董事履职指引》这一行业准则的规定:独立董事应当通过独立董事工作笔录对其履行职责的情况进行书面记载(《上市公司独立董事履职指引》第11条);在公司年度报告的编制和披露过程中,独立董事应尽量亲自参与有关重大项目的实地考察(《上市公司独立董事履职指引》第32条);在年审会计师事务所进场审计前和出具初步审计意见后,独立董事应当参加与年审注册会计师的见面会,就审计计划、风险判断、风险及舞弊的测试和评价方法等进行沟通(《上市公司独立董事履职指引》第32条);独立董事应当就公司因会计准则变更以外的原因作出会计政策、会计估算变更或重大会计差错更正发表独立意见(《上市公司独立董事履职指引》第 33 条);对于会计政策变更、会计估计变更、重大会计差错更正等事项,独立董事需要关注上市公司是否存在利用上述事项调节各期利润误导投资者的情形(《上市公司独立董事履职指引》第 32 条)。谢某杰并未提供工作底稿等证据证明其勤勉尽责地履行了上述义务,因此,对谢某杰的该项抗辩不予采纳。从我国法律规定来看,勤勉义务在我国《公司法》中并没有明确的阐述和界定,而查阅有关公司治理的规章指引,可以看到《上市公司独立董事履职指引》对独立董事的职责范围、履行方式、履职标准等作出细化规定。最高人民法院修改的《新虚假陈述规定》还认可了合理信赖专业意见。从裁判实践来看,法院也越来越强调勤勉尽责义务属于过程性和积极性的义务,[1]重视履职过程中的存证。如果董事能够保存并提供相关项目的实地考察、多轮现场调研、反复磋商、洽谈等工作的履职过程底稿,或依靠专业信息,综合调查,审慎决策,符合《上市公司独立董事履职指引》《新虚假陈述规定》等规定,则有较大可能被认定为已尽到勤勉义务。

五、涉董监高案例精析

(一)康美药业案

1.《2016 年年度报告》《2017 年年度报告》《2018 年半年度报告》《2018 年年度报告》中存在虚假记载,虚增营业收入、利息收入及营业利润

《2016 年年度报告》虚增营业收入 89.99 亿元,多计利息收入 1.51 亿元,虚增营业利润 6.56 亿元,占合并利润表当期披露利润总额的 16.44%。《2017 年年度报告》虚增营业收入 100.32 亿元,多计利息收入 2.28 亿元,虚增营业利润 12.51 亿元,占合并利润表当期披露利润总额的 25.91%。《2018 年半年度报告》虚增营业收入 84.84 亿元,多计利息收入 1.31 亿元,虚增营业利润 20.29 亿元,占合并利润表当期披露利润总额的 65.52%。《2018 年年度报告》虚增营

---

[1] 参见上市公司治理研究课题组、台冰:《独立董事在上市公司信息披露中法律责任问题研究》,载《证券市场导报》2022 年第 5 期。

业收入16.13亿元,虚增营业利润1.65亿元,占合并利润表当期披露利润总额的12.11%。

2.《2016年年度报告》《2017年年度报告》《2018年半年度报告》中存在虚假记载,虚增货币资金

2016年1月1日至2018年6月30日,康美药业通过财务不记账、虚假记账,伪造、变造大额定期存单或银行对账单,配合营业收入造假伪造销售回款等方式,虚增货币资金。通过上述方式,康美药业《2016年年度报告》虚增货币资金22,548,513,485.42元,占公司披露总资产的41.13%和净资产的76.74%;《2017年年度报告》虚增货币资金29,944,309,821.45元,占公司披露总资产的43.57%和净资产的93.18%;《2018年半年度报告》虚增货币资金36,188,038,359.50元,占公司披露总资产的45.96%和净资产的108.24%。

3.《2018年年度报告》中存在虚假记载,虚增固定资产、在建工程、投资性房地产

康美药业在《2018年年度报告》中将前期未纳入报表的亳州华佗国际中药城、普宁中药城、普宁中药城中医馆、亳州新世界、甘肃陇西中药城、玉林中药产业园6个工程项目纳入表内,分别调增固定资产11.89亿元,调增在建工程4.01亿元,调增投资性房地产20.15亿元,合计调增资产总额36.05亿元。经查,《2018年年度报告》调整纳入表内的6个工程项目不满足会计确认和计量条件,虚增固定资产11.89亿元,虚增在建工程4.01亿元,虚增投资性房地产20.15亿元。

4.《2016年年度报告》《2017年年度报告》《2018年年度报告》中存在重大遗漏,未按规定披露控股股东及其关联方非经营性占用资金的关联交易情况

2016年1月1日至2018年12月31日,康美药业在未经过决策审批或授权程序的情况下,累计向控股股东及其关联方提供非经营性资金11,619,130,802.74元用于购买股票、替控股股东及其关联方偿还融资本息、垫付解质押款或支付收购溢价款等用途。

本案中广州市中级人民法院结合相关主体是否参与造假、报告签署情况、被诉主体身份等方面对各董监高进行责任划分,判决实际参与造假的董监高在

100%范围内承担连带责任，未参与造假但签署虚假陈述报告的内部董事及监事、高级管理人员在20%范围内承担连带责任，签署多份报告的独立董事在10%范围内承担连带责任，签署一份报告的独立董事在5%范围内承担连带责任，亦体现出精细化认定董监高责任的审理思路。[1]（见表3-3）可见，一旦发行人董监高在涉及虚假陈述的相关报告中签字，举证不存在过错的难度将大大增加。

表3-3　康美药业董监高承担法律责任的具体情况

序号	当事人	职务	行政责任	民事责任	刑事责任
1	康美药业	无	责令改正，给予警告，并处以60万元的罚款	一、被告康美药业于本判决生效之日起15日内，向原告顾某骏、黄某香等52,037名投资者赔偿投资损失2,458,928,544元。原告所获赔偿金额的计算方法为投资差额损失与相应的佣金、印花税、利息损失之和。其中投资差额损失=(买入均价-卖出均价或基准价)×持股数量×(1-证券市场风险因素的影响比例)，买入均价采用第一笔有效买入后的移动加权平均法计算，多个账户应合并计算，证券市场风险因素采用个股涨跌幅与生物医药(申万)指数涨跌幅进行同步对比的方法扣除。佣金损失=投资差额损失×0.03%。印花税损失=投资差额损失×0.1%。利息损失=(投资差额损失+佣金损失+印花税损失)×0.35%×第一笔有效买入日至最后一笔卖出日或者基准日的实际天数365天	无

---

〔1〕参见广东省广州市中级人民法院民事判决书，(2020)粤01民初2171号。

续表

<table>
<tr><th>序号</th><th>当事人</th><th>职务</th><th>行政责任</th><th>民事责任</th><th>刑事责任</th></tr>
<tr><td>2</td><td>马某田</td><td>董事长、总经理、实际控制人</td><td rowspan="2">给予警告,并分别处以90万元的罚款,其中作为直接负责的主管人员罚款30万元,作为实际控制人罚款60万元。
被界定为:直接负责的主管人员。
被界定的依据:最主要的决策者、实施者,其行为直接导致康美药业相关信息披露违法行为的发生</td><td rowspan="3">对本判决第一项确定的被告康美药业债务承担连带清偿责任。
被界定为:直接负责的主管人员。
被界定的依据:马某田、许某瑾、邱某伟直接组织、策划、领导并实施了案涉违法行为,是最主要的决策者、实施者,其行为直接导致康美药业相关信息披露违法行为的发生,情节特别严重</td><td>有期徒刑12年(数罪并罚)</td></tr>
<tr><td>3</td><td>许某瑾</td><td>副董事长、副总经理、实际控制人</td><td>无</td></tr>
<tr><td>4</td><td>邱某伟</td><td>董事、副总经理、董事会秘书</td><td>给予警告,并处以30万元的罚款。
被界定为:直接负责的主管人员。
被界定的依据:主管公司信息披露事务,对公司定期报告的真实性、完整性、准确性承担主要责任,并在年度报告上签字;根据马某田的授意安排,组织相关人员将上市公司资金转移至控股股东及其关联方,组织策划公司相关人员实施、并亲自参与实施财务造假行为,直接导致康美药业披露的定期报告存在虚假陈述</td><td>无</td></tr>
</table>

续表

<table>
<tr><th>序号</th><th>当事人</th><th>职务</th><th>行政责任</th><th>民事责任</th><th>刑事责任</th></tr>
<tr><td>5</td><td>庄某清</td><td>财务总监</td><td rowspan="3">给予警告,并分别处以25万元的罚款。
被界定为:其他直接责任人员。
被界定的依据:作为财务负责人员,在《2016年年度报告》《2017年年度报告》《2018年半年度报告》《2018年年度报告》上签字和声明,承诺保证相关文件真实、准确、完整,应当对康美药业披露的定期报告存在虚假陈述承担法律责任</td><td rowspan="3">对本判决第一项确定的被告康美药业债务承担连带清偿责任。
被界定为:直接负责的主管人员。
被界定的依据:案涉信息披露违法行为的发生与其职责、具体实施行为直接相关,其行为与康美药业信息披露违法行为的发生具有紧密联系,情节较为严重</td><td>无</td></tr>
<tr><td>6</td><td>温某生</td><td>职工监事、总经理助理、副总经理</td><td>无</td></tr>
<tr><td>7</td><td>马某洲</td><td>监事、财务部总监助理</td><td>无</td></tr>
</table>

续表

<table>
<tr><th>序号</th><th>当事人</th><th>职务</th><th>行政责任</th><th>民事责任</th><th>刑事责任</th></tr>
<tr><td>8</td><td>马某耀</td><td>董事</td><td rowspan="7">给予警告，并分别处以20万元的罚款。
被界定为：其他直接责任人员。
被界定的依据：在《2016年年度报告》《2017年年度报告》《2018年半年度报告》《2018年年度报告》审议中投赞成票或签字，保证财务报告真实、准确、完整</td><td rowspan="3">在本判决第一项确定的被告康美药业债务的20%范围内承担连带清偿责任。
被界定为：未尽勤勉义务，其他直接责任人员。
被界定的依据：作为董事、监事或高级管理人员并未直接参与财务造假，却未勤勉尽责，存在较大过失，且均在案涉定期财务报告中签字，保证财务报告真实、准确、完整。非财务工作负责人，过失相对较小</td><td>无</td></tr>
<tr><td>9</td><td>林某浩</td><td>董事</td><td>无</td></tr>
<tr><td>10</td><td>李某</td><td>董事</td><td>无</td></tr>
<tr><td>11</td><td>江某平</td><td>独立董事</td><td rowspan="2">在本判决第一项确定的被告康美药业债务的10%范围内承担连带清偿责任。
被界定为：未尽勤勉义务，其他直接责任人员。
被界定的依据：为兼职的独立董事，不参与康美药业日常经营管理，过失相对较小</td><td>无</td></tr>
<tr><td>12</td><td>李某安</td><td>独立董事、监事</td><td>无</td></tr>
<tr><td>13</td><td>罗某谦</td><td>监事会主席</td><td rowspan="5">在本判决第一项确定的被告康美药业债务的20%范围内承担连带清偿责任。
被界定为：未尽勤勉义务，其他直接责任人员。
被界定的依据：作为董事、监事或高级管理人员并未直接参与财务造假，却未勤勉尽责，存在较大过失，且均在案涉定期财务报告中签字，保证财务报告真实、准确、完整。非财务工作负责人，过失相对较小</td><td>无</td></tr>
<tr><td>14</td><td>林某雄</td><td>副总经理</td><td>无</td></tr>
<tr><td>15</td><td>李某华</td><td>副总经理</td><td rowspan="4">给予警告，并分别处以15万元的罚款。
被界定为：其他直接责任人员。
被界定的依据：在《2016年年度报告》《2017年年度报告》《2018年半年度报告》《2018年年度报告》审议中投赞成票或签字，保证财务报告真实、准确、完整</td><td>无</td></tr>
<tr><td>16</td><td>韩某伟</td><td>副总经理</td><td>无</td></tr>
<tr><td>17</td><td>王某</td><td>总经理助理、副总经理</td><td>无</td></tr>
<tr><td>18</td><td>张某</td><td>独立董事</td><td>在本判决第一项确定的被告康美药业债务的10%范围内承担连带清偿责任。
被界定为：未尽勤勉义务，其他直接责任人员。
被界定的依据：为兼职的独立董事，不参与康美药业日常经营管理，过失相对较小</td><td>无</td></tr>
</table>

续表

<table>
<tr><th>序号</th><th>当事人</th><th>职务</th><th>行政责任</th><th>民事责任</th><th>刑事责任</th></tr>
<tr><td>19</td><td>郭某慧</td><td>独立董事</td><td rowspan="2">给予警告，并分别处以 15 万元的罚款。
被界定为：其他直接责任人员。
被界定的依据：在《2016 年年度报告》《2017 年年度报告》《2018 年半年度报告》《2018 年年度报告》审议中投赞成票或签字，保证财务报告真实、准确、完整</td><td rowspan="2">在本判决第一项确定的被告康美药业债务的5%范围内承担连带清偿责任。
被界定为：未尽勤勉义务，其他直接责任人员。
被界定的依据：为兼职的独立董事，过失相对较小，且仅在《2018 年半年度报告》中签字</td><td>无</td></tr>
<tr><td>20</td><td>张某 2</td><td>独立董事</td><td>无</td></tr>
<tr><td>21</td><td>唐某</td><td>总经理助理</td><td rowspan="2">给予警告，并分别处以 10 万元的罚款。
被界定为：其他直接责任人员。
被界定的依据：未以董监高的身份签名确认《2016 年年度报告》《2017 年年度报告》《2018 年半年度报告》内容真实、准确、完整，但签署了《2018 年年度报告》</td><td rowspan="2">不承担责任。
未以董监高的身份签名确认《2016 年年度报告》《2017 年年度报告》《2018 年半年度报告》内容的真实、准确、完整，不存在虚假记载、误导性陈述或重大遗漏，不属于案涉虚假陈述行为人，不应当对投资者损失承担赔偿责任</td><td>无</td></tr>
<tr><td>22</td><td>陈某</td><td>总经理助理</td><td>无</td></tr>
</table>

本案行政处罚决定及判决发生在最新修订的 2019 年《证券法》生效后，但判决依据分别适用了 2005 年《证券法》及 2014 年《证券法》，因此行政责任罚款金额偏低，但民事赔偿金额创纪录。康美药业虚假陈述期任职董监高全部承担了行政责任，除两名管理人员外，其他董监高都承担了民事法律责任。但董监高个人行政责任的行为性质界定及承担层级与民事责任的承担并没有一一对应：

行政责任中董监高行为性质的界定分两个层次：直接负责的主管人员（3

人)，其他直接责任人员(18 人)，行为性质的界定直接影响罚款金额的确定。

民事责任中董监高行为性质的界定为：直接负责的主管人员(6 人)，其他直接责任人员(13 人)，另有 2 人不承担民事责任。

行政责任中董监高罚款金额分为 6 个层级：罚款 90 万元(2 人)、30 万元(1人)、25 万元(3 人)、20 万元(7 人)、15 万元(6 人)、10 万元(2 人)，合计 21 人。具体罚款金额的确定是根据个人在整个事件当中的地位、性质、作用、影响等因素综合判断。

民事责任赔偿金额界定分为 4 级：对康美药业 24.6 亿元负债承担连带赔偿责任(6 人，直接负责的主管人员)、承担 20% 的连带赔偿责任(8 人)、承担 10% 连带赔偿责任(3 名独立董事)、承担 5% 连带赔偿责任(2 名独立董事)，另有 2 人不承担赔偿责任。

显然，民事赔偿判决对于直接负责的主管人员界定范围更宽，民事赔偿责任更重，而行政责任惩处的人员范围更大。如果按照现行《证券法》行政法律责任规定，行政责任惩处力度显著增强：在同等情况下，对直接负责的主管人员和其他直接责任人员给予警告，并处以 50 万元以上 500 万元以下的罚款。发行人的控股股东、实际控制人组织、指使从事上述违法行为，或者隐瞒相关事项导致发生上述情形的，处以 100 万元以上 1000 万元以下的罚款；对直接负责的主管人员和其他直接责任人员，处以 50 万元以上 500 万元以下的罚款。

(二)乐视网案

乐视网于 2007 年至 2016 年财务造假，其报送、披露的申请首次公开发行股票并上市相关文件及 2010 年至 2016 年年报存在虚假记载。首次发行阶段，乐视网通过虚构业务及虚假回款等方式虚增业绩以满足上市发行条件，并持续到上市后。2010 年乐视网上市后，除利用自有资金循环和串通“走账”虚构业务收入外，还通过伪造合同、以未实际执行框架合同或单边确认互换合同方式继续虚增业绩。各主体受处罚情况见表 3 -4。

表3-4　乐视网案受处罚情况

名称	身份	信披违法	欺诈发行
乐视网	公司	责令改正,给予警告,并处以60万元罚款	募集资金5%即2.4亿元罚款
贾某亭	实际控制人、董事长	警告,并处以90万元罚款(直接负责的主管人员30万元+实际控制人60万元)	30万元罚款
杨某杰	财务总监	警告,并处以30万元罚款	30万元罚款
刘某	副董事长、副总经理	警告,并处以25万元罚款	5万元罚款
吴某	监事、监事会主席	警告,并处以20万元罚款	20万元罚款
贾某民	副总经理		20万元罚款
邓某	董事会秘书、董事		5万元罚款
张某	董事会秘书		5万元罚款
赵某	董事会秘书	警告,并处以10万元罚款	
谭某	副总裁	警告,并处以8万元罚款	5万元罚款
张某犁	副总裁	警告,并处以5万元罚款	
吉某庆	监事	警告,并处以5万元罚款	5万元罚款
沈某芳	独立董事		3万元罚款
朱某	独立董事	警告,并处以3万元罚款	
曹某	独立董事	警告,并处以3万元罚款	

(三)五洋债案

1. 五洋建设以虚假申报文件骗取公开发行公司债券核准

五洋建设在编制用于公开发行公司债券的2012年至2014年年度财务报表时,违反会计准则,通过将所承建工程项目应收账款和应付款项"对抵"的方式,同时虚减企业应收账款和应付账款,导致上述年度少计提坏账准备、多计利润……不具备公司债券公开发行条件的情况下……于2015年7月骗取中国证监会的公司债券公开发行审核许可,并最终于2015年8月和2015年9月分两期向合格投资者公开发行公司债券8亿元和5.6亿元,合计13.6亿元。

对五洋建设该项违法行为,直接负责的主管人员为公司董事长陈某樟,其他直接责任人员为在相关债券发行文件上签字的王某敏、姚某伟、刘某军、徐某英、陈某龙、李某、陈某 1、陈某 2、袁某、沈某锋、宣某萍、夏某锋、谯某平、周某贵、俞某灿、张某生、黎某明、姚某新和章某涛。

2. 五洋建设非公开发行公司债券披露的文件存在虚假记载

2015 年 11 月,五洋建设以前述 2013 年、2014 年年度虚假财务文件分别向上交所、深交所申请非公开发行公司债券……上述发行文件中记载的两年财务报表与五洋建设公开发行公司债券申请文件中的 2013 年、2014 年财务报表数据一致,即 2013 年和 2014 年分别虚增利润 6492.71 万元和 15,505.47 万元,分别占当年审定的归属母公司所有的净利润的 35.77% 和 80.40% 。

对五洋建设该项违法行为,直接负责的主管人员为公司董事长陈某樟,其他直接责任人员为在相关债券发行文件上签字的人。

3. 五洋建设未按规定及时披露相关信息

(1)未按规定披露年报审计机构变更事项

2017 年 1 月 15 日,五洋建设与中兴财光华会计师事务所签订审计业务约定书,年报审计机构由北京兴华会计师事务所变更为中兴财光华会计师事务所上海分所。但五洋建设未及时披露相关信息,直到 2017 年 4 月 26 日才披露中介机构已变更的信息。以上事实,有审计业务约定书、当事人询问笔录、五洋建设发布的公告清单等证据证明,足以认定。

对五洋建设该项违法行为,直接负责的主管人员为公司董事长陈某樟。

(2)未在规定时间内披露年度报告

截至 2017 年 8 月,五洋建设无正当理由仍未披露 2016 年年度报告。

对五洋建设该项违法行为,直接负责的主管人员为公司董事长陈某樟。

各主体责任划分见表 3 - 5。

表3－5　五洋债案各方责任

名称	身份	行政责任		民事责任
		欺诈发行	信披违法	
五洋建设	公司	募集资金3%罚款	责令改正、警告、60万元罚款	民事赔偿
陈某樟	董事长、实际控制人	30万元罚款	警告、30万元罚款	全额连带
王某敏	总裁、董事	7万元罚款	警告、7万元罚款	
姚某伟	副总裁、董事		警告、5万元罚款	
刘某军	董事、副总裁		警告、5万元罚款	
徐某英	董事、副总裁		警告、5万元罚款	
陈某龙	董事		警告、5万元罚款	
李某	董事		警告、5万元罚款	
陈某1	监事		警告、5万元罚款	
陈某2	监事		警告、5万元罚款	
袁某	监事		警告、5万元罚款	
沈某锋	监事		警告、5万元罚款	
宣某萍	监事		警告、5万元罚款	
夏某锋	副总裁		警告、5万元罚款	
谯某平	副总裁		警告、5万元罚款	
周某贵	副总裁		警告、5万元罚款	
俞某灿	副总裁		警告、5万元罚款	
张某生	副总裁		警告、5万元罚款	
黎某明	副总裁		警告、5万元罚款	
姚某新	总工程师		警告、5万元罚款	
章某涛	财务经理		警告、5万元罚款	

(四)中安科案

1. 中安消技术将“班班通”项目计入2014年度《盈利预测报告》，在该项目发生重大变化难以继续履行的情况下，未及时提供真实、准确信息，导致提供给中安科股份有限公司(以下简称中安科)的信息不真实、不准确,存在误导性陈述,致使重组置入资产评估值严重虚增,中安科据此虚增评估值发行股份,严重损害了上市公司及其股东合法权益。

中安消技术在实际未中标任何县(市、区)工程(样板工程除外),知悉《框架协议》仅为合作框架协议、难以继续履行,原提供的《盈利预测报告》不真实、不准确的情况下,未及时重新编制并提供《盈利预测报告》,导致评估报告关于"中安消技术评估值为 28.59 亿元,评估增值约为 26.91 亿元,增值率 1597.19%"的评估结论严重失实,置入资产评估值严重虚增。中安科据此虚增评估值发行股份,严重损害了上市公司及其股东合法权益。

2. 中安消技术"智慧石拐"项目不符合收入确认条件,虚增 2013 年度营业收入 5000 万元,2013 年度经审计的财务报告存在虚假记载。

2013 年年底,中安消技术与包头市石拐区政府签订了《包头市石拐区"智慧石拐"一期项目合同书》,第一期合同价款约为 6763 万元。2013 年年底,中安消技术仅依据当月《工程进度完工确认表》确认"智慧石拐"项目营业收入 5000 万元,同期结转成本 2498.46 万元。

经查发现以下事实:……中安消技术在不符合收入确认条件情况下按完工百分比法确认该项目收入,导致 2013 年度营业收入虚增 5000 万元,2013 年度经审计的财务报告存在虚假记载。

3. 中安消技术对以 BT 方式(建设—移交,BOT 模式的变换形式)承接的工程项目收入未按公允价值计量,虚增 2013 年度营业收入 515 万元,2013 年度经审计的财务报告存在虚假记载。

中安消技术 2013 年对《曲阜市视频监控及数字化城管建设工程及采购合同书》《赤水市城市报警与监控系统代建合同》《凤冈县城市报警与监控系统代建合同》《务川自治县城市报警与视频监控系统工程建设设备安装及服务代建合同》4 个 BT 项目累计确认 7155 万元营业收入,同时确认 7155 万元长期应收款。

各主体受处罚情况见表 3-6。

表 3-6 中安科案受处罚情况

名称	身份	行政责任
中安科(原上海飞乐)	公司	责令改正、警告、40 万元罚款
黄某	董事长	警告、20 万元罚款
邱某成	董事、总经理	警告、10 万元罚款
朱某东	董事、财务总监	警告、10 万元罚款
殷某良	独立董事	警告、10 万元罚款
蒋某伟	独立董事	警告、10 万元罚款
常某	独立董事	警告、10 万元罚款

(五)华泽钴镍案

1. 2013 年、2014 年及 2015 年上半年华泽钴镍未在相关年报中披露关联方非经营性占用资金及相关的关联交易情况。

(1)华泽钴镍、陕西华泽镍钴金属有限公司、陕西天慕灏锦商贸有限责任公司、陕西臻泰融佳工贸有限公司、陕西星王企业集团有限公司构成关联方。

(2)关联方非经营性占用资金及相关的关联交易情况。

a. 陕西华泽与天慕灏锦、臻泰融佳进行关联交易,进而向星王集团提供资金。

b. 陕西华泽借用陕西盛华有色金属有限公司、陕西青润和工贸有限责任公司、陕西天港工贸有限责任公司的名义,向关联方提供资金。

华泽钴镍未在 2013 年年报、2014 年年报和 2015 年半年报中披露关联方非经营性占用资金及相关的关联交易情况。

2. 华泽钴镍将无效票据入账,2013 年年报、2014 年年报和 2015 年半年报存在虚假记载。

3. 华泽钴镍 2015 年未及时披露,且未在 2015 年年报中披露星王集团与陕西华泽签订代付新材料项目建设款合同及华泽钴镍为星王集团融资提供担保的情况。

4. 华泽钴镍 2015 年未及时披露,且未在 2015 年年报中披露华泽钴镍为王某 1 向山东黄河三角洲产业投资基金合伙企业(有限合伙)借款 3500 万元提供担保的情况。

各主体受处罚情况见表 3－7。

表 3－7　华泽钴镍案受处罚情况

名称	身份	行政责任
华泽钴镍	公司	责令改正、警告、60 万元罚款
王某 1	董事长、控股股东、实际控制人	警告、90 万元罚款（直接负责的主管人员 30 万元＋实际控制人 60 万元）
王某虎	副董事长	警告、30 万元罚款
郭某红	副总经理、财务总监	警告、30 万元罚款
王某 2	第一大股东、董事	警告、30 万元罚款
芦某娜	监事，负责融资	警告、20 万元罚款
陈某利	总经理	警告、10 万元罚款
赵某	副总经理，分管采购、销售和贸易	警告、20 万元罚款
宁某珠	独立董事	警告、10 万元罚款
朱某卫	监事	警告、10 万元罚款
阎某明	监事	警告、10 万元罚款
金某	副总经理	警告、10 万元罚款
雷某锋	独立董事	警告、5 万元罚款
赵某国	独立董事	警告、5 万元罚款
吴某	董事	警告、5 万元罚款
朱某甫	副总经理	警告、5 万元罚款
陈某	董事	警告、5 万元罚款
程某康	董事会秘书	警告、3 万元罚款

（六）慧球科技案

2014 年 7 月，斐讯技术召开股东大会，决定将斐讯技术智慧城市部分资产无偿赠与慧球科技。同月起，顾某平开始负责慧球科技的经营管理。2014 年 11 月，顾某平与郡原地产实际控制人许某跃签署协议，约定在顾某平或顾某平指定的第三方买入部分慧球科技股权后，许某跃将……支持顾某平担任慧球科技董事长。许某跃将协调慧球科技现任董事与顾某平保持一致行动。截至2015年12月5日，中信证券依据与顾某平及其一致行动人的协议，从瑞尔德嘉投资处买入1500万股，持有慧球科技3.8%的股权，成为第二大股东。

2014年11月5日，慧球科技召开董事会……决定增补斐讯技术董事长顾某平、斐讯技术首席运营官张某兴为公司董事。2014年12月1日，慧球科技召开董事会，选举顾某平为董事长。2014年12月29日，慧球科技召开临时股东大会，选举顾某平、张某兴、郑某、李某国、花某灿、刘某林为公司董事，选举顾某华、顾某锋、陈某为公司监事。同日，慧球科技召开董事会，选举顾某平连任董事长职务。召开监事会选举顾某华为监事长。

截至2015年第一季度末，顾某平及其一致行动人已经成为慧球科技第一大股东。截至2015年12月5日，顾某平及其一致行动人合计持股数量34,716,875股，占公司总股本的8.79%。2016年1月，慧球科技发布公告，称公司实际控制人为顾某平。

中国证监会认为，不晚于2014年12月29日，顾某平及其一致行动人通过中信证券……持有慧球科技3.8%的股权，并通过与工商银行广西分行、瑞尔德嘉、郡原地产等慧球科技股东及重组方的协商、协议安排，成为慧球科技董事长及法人代表，并实际掌控公司董事会，对慧球科技的重大合同签订、股权结构变更等重大事项均具有决策权，可实际支配慧球科技的行为。顾某平不晚于2014年12月29日成为慧球科技实际控制人。2014年12月31日至2016年1月8日，慧球科技在《2014年年度报告》《2015年半年度报告》以及12份临时公告中，均披露慧球科技不存在实际控制人。上述披露与事实不符，为虚假记载。

各主体受处罚情况见表3-8。

表 3-8 慧球科技案受处罚情况

名称	身份	行政责任
慧球科技	公司	责令改正、警告、60 万元罚款
顾某平	实际控制人、董事长	警告、90 万元罚款(直接负责的主管人员 30 万元 + 实际控制人 60 万元)
王某华	董事	警告、10 万元罚款
郑某	董事	警告、10 万元罚款
张某兴	董事	警告、10 万元罚款
花某灿	独立董事	警告、8 万元罚款
李某国	独立董事	警告、8 万元罚款
刘某林	独立董事	警告、8 万元罚款
顾某华	监事	警告、8 万元罚款
顾某锋	监事	警告、8 万元罚款
陈某	监事	警告、8 万元罚款
苏某	董事会秘书	警告、8 万元罚款

(七)上海普天案

2018 年 4 月 26 日,上海普天召开董事会与监事会,审议通过了包含对仙居项目应收账款减值计提 40% 内容的《公司 2017 年年报及摘要》《公司 2018 年第一季度报告》等 10 余项议案。但上海普天的控股股东普天股份的董事长邢某认为,依据包括仙居项目债务人的破产管理人所出具的函在内的相关材料,仙居项目应收账款可以不计提减值。

4 月 27 日下午,邢某和普天股份的董事会秘书前往相关部门,沟通上海普天关于仙居项目应收账款减值计提的相关问题。之后,邢某通过李某联系王某义,要求待其回北京与普天股份董事长徐某沟通后再确定下一步操作。王某义(上海普天副董事长)、李某耀(上海普天董事会秘书)等人当晚在上海等待通知。

20 时 19 分，徐某在北京电话联系王某义，要求其等待通知再提交年度报告等相关公告。22 时许，邢某到达北京后，召集徐某、普天股份执行董事兼财务总监吴某林以及中审众环会计师事务所合伙人孟某兵见面讨论。23 时 21 分，徐某电话联系李某耀，要求不对外披露年报。4 月 28 日，上海普天发布《关于无法在法定期限内披露定期报告的公告》，称“因相关项目的法律结论尚未取得，导致应收款减值计提数额无法确定，公司无法在 2018 年 4 月 28 日披露 2017 年年度报告和 2018 年第一季度报告”。

5 月 2 日，上海普天重新获得了仙居项目债务人的破产管理人出具的作为仙居项目应收账款减值计提相关依据的材料。上海普天董事会与监事会审议通过了与之前内容相同的《公司 2017 年年报及摘要》《公司 2018 年第一季度报告》等多项议案。

5 月 3 日，上海普天发布公告披露《2017 年年度报告》《2018 年第一季度报告》等相关文件。

中国证监会认为，在上海普天董事会已审议通过 2017 年年度报告等相关议案的情况下，徐某作为上海普天董事长，受邢某的影响于 4 月 27 日晚作出延期披露的决定；王某义坚持服从上级指令，放任延期披露行为的发生；李某耀未根据董事会的决议履行对外公布信息的职责。

之后，上海普天被 100 余名投资者提起证券虚假陈述索赔诉讼，上海金融法院判决上海普天赔偿投资者相应损失。

各主体受处罚情况见表 3 - 9。

表 3 - 9　上海普天案受处罚情况

名称	身份	行政责任
上海普天	公司	警告、30 万元罚款
邢某	（控股股东）董事长	警告、5 万元罚款
徐某	董事长	警告、5 万元罚款
王某义	副董事长、总经理	警告、4 万元罚款
李某耀	董事会秘书	警告、3 万元罚款

第四章 证券公司的应对

第一节 证券公司承担证券虚假陈述责任概述

根据《证券法》第120条的规定,经国务院证券监督管理机构批准,取得经营证券业务许可证,证券公司可以经营证券经纪,证券投资咨询,与证券交易、证券投资活动有关的财务顾问,证券承销与保荐,证券融资融券,证券做市交易,证券自营等业务。其中,证券公司作为证券服务机构参与证券交易并可能对外承担民事责任的主要业务类型为保荐、承销及财务顾问。

就证券发行上市阶段而言,证券公司最主要的角色是保荐人与承销商,且作为保荐人的证券公司通常会兼任证券主承销商。除此之外,在证券发行上市后,证券公司又作为财务顾问活跃在上市公司并购重组活动中,继续充当证券服务机构的"领头羊",推动并购重组活动的进行。在此阶段,虽然作为财务顾问的证券公司更多地扮演着专业服务机构的角色,但其职责并不限于发表专业意见,而是承担着部分监督核查的义务,负责确保交易合法以及信息披露真实、准确、完整。

《证券法》专门设立了第五章"信息披露"共计10个条文来对信息披露制度进行规定,亦凸显了信息披露制度的重要性。同时,在第二章"证券发行"、第三章"证券交易"和第六章"投资者保护"中也增加了关于信息披露的规范性要求。在注册制下,监管部门角色的转变,使得保荐人、承销商等中介机构的"看门人"作用和责任被大大提升,立法与司法导向充分体现出压实实控人、中介机构等主体的信息披露责任。如果发行人披露的信息存在虚假、不完整、重大遗漏等导致投资者遭受了投资损失,发行人和相关中介机构都将作为虚假陈述的责任主体承担赔偿责任。二审判决国信证券、瑞华事务所应当承担100%的连带责任,并没有进行比例划分。

可以预见,未来投资者在追究上市公司虚假陈述责任的同时起诉证券公司将成为常态。随着《证券法》及相关业务领域规范文件的修订,证券公司在不同的业务领域担负的职责更重,对信息披露的“保真”义务更加艰巨(见表4-1)。因此,如何防范此类法律风险、积极应对此类诉讼案件,切实降低证券业务风险,值得证券公司高度重视、防患于未然。

表4-1 部分证券公司在虚假陈述赔偿责任纠纷中涉诉要点

序号	判决书名称	主要事项	裁判要点
1	周某与国信证券证券虚假陈述责任纠纷二审民事判决书〔1〕	1.《华泽钴镍恢复上市保荐书》存在虚假记载、重大遗漏; 2. 2013年度和2014年度持续督导工作报告书虚假记载; 3. 国信证券在核查上市公司关联方非经营性占用资金和应收票据,以及利用审计专业意见等方面未勤勉尽责	1. 国信证券对华泽钴镍实际控制人的上述行为并不知情; 2. 无通过行政手段调查、制裁华泽钴镍实际控制人之责任和能力; 3. 其主要过错在于保荐华泽钴镍恢复上市过程及持续督导过程中未勤勉尽责,疏忽大意; 4. 国信证券在其过失范围内承担连带赔偿责任,故国信证券应当对原告的损失承担100%的连带赔偿责任

〔1〕 参见四川省高级人民法院民事判决书,(2020)川民终293号以及四川省成都市中级人民法院民事判决书,(2019)川01民初162号。

续表

序号	判决书名称	主要事项	裁判要点
2	北京信远健利资产管理中心与五洋建设集团股份有限公司、陈某某证券虚假陈述责任纠纷一审民事判决书〔1〕	1. 五洋建设应收账款回收； 2. 建设投资性房地产在资产中占比较高； 3. 重大事项未写入核查意见	1. 在关注到五洋建设应收账款回收风险问题时，未充分履行核查程序，调查企业应收账款形成原因、收回可能性； 2. 发现五洋建设的投资性房地产在资产中占比较高，仅以房地产价值咨询报告代替资产评估报告作为东舜百货大厦和华联商厦两处投资性房地产入账依据，对投资性房地产未充分履行调查、复核程序排除合理怀疑； 3. 在项目组成员知悉 2015 年五洋建设控股子公司沈阳五洲公司已与沈阳出版发行集团有限公司签订协议，将东舜百货大厦以大幅低于公允价值的价格出售，该事项可能会对五洋建设发行条件以及偿债能力产生重大影响的情况下，未将此风险作为重大事项写入核查意见； 4. 德邦证券应当与五洋建设承担连带赔偿责任
3	何某因与时空客集团股份有限公司、东兴证券股份有限公司等证券虚假陈述责任纠纷一审民事判决书〔2〕	时空客集团与王某之间的关联资金交易未被核查到	1. 从行政处罚决定书认定的关联资金交易的方式看，关联交易具有隐蔽性，无法判断实际控制，关联方信息的披露主要依赖于时空客集团及王某的主动披露； 2. 全国中小企业股份转让系统有限责任公司对东兴证券作出《关于对东兴证券股份有限公司采取自律监管措施的决定》，但警示函或决定并非行政处罚决定； 3. 且被告东兴证券在督导时空客集团 2015 年年度报告过程中，发现存在关联方占用资金的情况后，及时向广大投资者发出风险提示公告，已尽力尽督导之责； 4. 结论：故对原告对东兴证券等证券服务机构提起的诉讼主张不予支持

〔1〕 参见浙江省杭州市中级人民法院民事判决书，(2019)浙 01 民初 1408 号。

〔2〕 参见辽宁省大连市中级人民法院民事判决书，(2019)辽 02 民初 1794 号。

续表

序号	判决书名称	主要事项	裁判要点
4	方正证券股份有限公司、张某证券虚假陈述责任纠纷二审民事判决书〔1〕	未依法披露方正集团公司、利德科技公司、西藏昭融公司、西藏容大公司之间的关联关系	1. 中国证监会认为,方正集团公司、方正证券公司未依法披露方正集团公司、利德科技公司、西藏昭融公司、西藏容大公司之间的关联关系,构成信息披露虚假记载,方正集团公司、方正证券公司未依法披露涉案补充协议,构成信息披露重大遗漏; 2. 方正证券股份有限公司于本判决生效之日起10日内向张某赔偿损失183,445.31元
5	赵某某与鞍山重型矿山机器股份有限公司、九好网络科技集团有限公司证券虚假陈述责任纠纷一审民事判决书〔2〕	鞍重股份披露的报告书存在虚假记载	1. 西南证券作为鞍重股份重大资产重组财务顾问,在对重组标的公司的尽职调查过程中,未勤勉尽责、充分核查,九好集团、西南证券的行为,导致鞍重股份披露的报告书存在虚假记载,其未能提供证据证明对投资人的损失不存在过错; 2. 被告鞍山重型矿山机器股份有限公司、九好网络科技集团有限公司、西南证券股份有限公司于本判决生效之日起10日内共同赔偿原告赵某某经济损失4237元

第二节　证券公司承担证券虚假陈述侵权责任的认定

一、证券公司承担赔偿责任的法理基础

(一)作为保荐人承担赔偿责任的法理基础

证券的发行是发行人与保荐机构(主承销商)及其他中介机构共同推动的结果。公司发行证券必须聘请保荐人。保荐制度最早出现在1995年英国伦敦

〔1〕 参见湖南省高级人民法院民事判决书,(2019)湘民终365号。

〔2〕 参见辽宁省沈阳市中级人民法院民事判决书,(2020)辽01民初408号。

证券交易所的第二板交易市场(Alternative Investment Market,AIM)。[1] 我国香港特区仿照英国,于1999年和2003年,相继在创业板和主板市场引入保荐人制度。[2] 中国证监会出于规范证券上市行为的考虑,于2003年出台《证券发行上市保荐制度暂行办法》,[3]在次年5月对外公布首批保荐机构和保荐代表名单,标志着我国内地证券市场正式建立保荐人制度。2005年修订的《证券法》首次以法律条文的形式确定保荐制度,授权中国证监会负责保荐人的资格审核与管理工作,该制度在2014年和2019年修改《证券法》时进行过调整。按现行法律,由保荐人对发行人进行上市辅导和推荐,核查上市申请文件和披露文件的真实性、准确性、完整性,出具符合上市的保荐意见并承担推荐责任,只有符合法定条件且经过监管部门核准的证券公司才能有资格担任保荐人。在核准制下,监管部门对发行人情况进行实质审核,能否上市的决定权由监管部门掌握,保荐人对发行人进行实质把关、实质审核的作用相对弱化;注册制实施后,证券发行由原来侧重于事前审批转变为侧重事中、事后的监管,监管部门对证券信息的实质性判断减少了,保荐人作为所有中介机构中最为重要的角色,作为"第一守门人",其信息审查、核验、传递信息的责任更重。为了做好保荐制度与《证券法》的配套衔接,中国证监会于2023年2月发布修订后的《保荐办法》,体现了注册制下对中介机构专业能力和执业质量提出更高要求。根据《保荐办法》第2条规定,首次公开发行股票、上市公司发行新股或可转换公司债券、公开发行存托凭证等,应当聘请保荐机构履行保荐职责。这里的保荐职责包括对拟公开发行证券的公司进行全面的尽职调查,并在此基础上出具保荐意见,向中国证监会和交易所推荐。在证券上市后,保荐机构还要对发行人及其控股股东和实际控制人合法合规经营和信息披露进行持续督导。在此过程中,保荐人在各个中介机构中具有统揽全局、组织协调的关键作用。可见,保荐职

[1] 参见郭雳:《证券市场中介机构的法律职责配置》,载《南京农业大学学报(社会科学版)》2011年第1期。

[2] 参见郭雳:《香港保荐制度改革新规述评与镜鉴》,载《证券市场导报》2014年第2期。

[3] 《证券发行上市保荐制度暂行办法》已于2009年失效,与保荐相关且现行有效的是2023年《保荐办法》和2022年《保荐人尽职调查工作准则》。

责的履行行为对证券的发行实质上起到了推荐和担保的作用,意义重大。保荐业务的基本内容与法律关系如下:

1. 辅导、推荐与监督保荐是证券发行上市的必要条件,保荐机构的工作也贯穿证券发行上市的各个阶段。归纳而言,保荐业务的主要内容包括:第一,辅导。保荐人应当对发行人在首次发行股票并上市前进行辅导,主要是对发行人的董监高以及持有发行人5%以上股份的股东和实际控制人进行合规辅导,使其熟悉相关法规知识,通过培训掌握证券市场知识,了解证券发行上市以及规范运作、信息披露和履行承诺等内容。完成以上辅导工作后,由发行人所在地的证监会派出机构对辅导情况进行验收。从辅导职能来看,保荐人在证券发行上市过程中起到了担任发行人启蒙老师的作用。第二,推荐。推荐是保荐人要履行的最直接的职责。保荐人应当确信发行人符合法律、行政法规、中国证监会的相关规定之后才能推荐其证券发行上市,对推荐上市的证券,保荐人需要按照规定提交保荐书及其他与保荐有关的文件,并对保荐书及其他申报材料中的相关内容作出承诺。推荐证券公开发行的基础和前提是对拟发行证券公司的全面尽职调查,在尽职推荐受理后、证券发行上市前,不论是否有明确规定,凡是涉及发行条件或对投资者作出投资决策有重大影响的信息,保荐机构均应勤勉尽责地进行尽职调查。第三,监督。监督职责是保荐人花费时间最长、最重要的工作。该工作贯穿保荐证券发行上市的所有环节。上市前,在全面尽职调查的基础上,保荐机构需要对发行人及其他证券服务机构参与编制的申请文件、证券发行募集文件进行全面的监督,督导、核查发行人满足法律、行政法规和中国证监会有关发行证券的规定,对于发行人申请文件、证券发行募集文件中其他证券服务机构未发表意见的内容,保荐机构需要充分调查并作出独立判断;对于其他证券服务机构发表意见的内容,保荐机构需结合尽职调查过程中获得的信息进行审慎核查并作出独立判断。在上市后,保荐机构需要在一定期间内督导发行人履行上市公司规范运作、信守承诺和信息披露等义务,保证上市公司及其董监高人员遵守法律规范,保证其公司治理、内部控制及信息披露等制度完善有效,保证发行上市阶段各项承诺妥善履行。同时,保荐机构需审阅发行人的信息披露文件及向中国证监会、交易所提交的其他文件。在法规确定的持续督导期届满后,若保荐工作尚未完成,保荐机构仍需承担监督义务。

2. 法律关系的界定:“推荐” + “担保”虽然从具体内容来看,保荐业务大致可划分为辅导、推荐、监督三项,但择其要者,整个保荐业务主要涉及以下两项基本民事法律关系:其一,保荐机构与被保荐人(发行人)之间的委托合同关系;其二,保荐机构与投资者之间的担保关系。具体而言,一方面,保荐机构需要对整个证券市场和广大投资者负责,尽到勤勉尽责的基本义务,保证所保荐证券信息披露真实、准确、完整,对上市证券进行合规检查,代中国证监会在证券上市前后一定时期内对上市证券所应履行的监督之责,并将相关监督情况反馈给中国证监会,即“担保”。以首次公开发行股票并上市为例,《首次公开发行股票注册管理办法》第 7 条规定,保荐人应当诚实守信,勤勉尽责,按照依法制定的业务规则和行业自律规范的要求,充分了解发行人经营情况、风险和发展前景,以提高上市公司质量为导向,根据相关板块定位保荐项目,对注册申请文件和信息披露资料进行审慎核查,对发行人是否符合发行条件、上市条件独立作出专业判断,审慎作出推荐决定,并对招股说明书及其所出具的相关文件的真实性、准确性、完整性负责。另一方面,保荐机构需要对拟公开发行证券的公司提供专业服务,协助公司顺利上市,即“推荐”;不同于“担保”,“推荐”的服务对象是发行人,其具体内容主要受保荐机构与发行人之间的委托合同调整;而“担保”所指向的对象是证券市场、投资者和中国证监会。

与保荐业务中的法律关系相对应,证券公司在从事保荐业务时可能同时承担两项民事责任:一是对发行人的违约责任,二是对投资者的担保责任。因本书所涉民事责任主要指对投资者的民事责任,故此处仅着重探讨保荐机构的担保责任。保荐担保责任是一种人的担保,其基础是保荐机构以自己的全部财产和信用为被保荐发行人提供担保。排除该种担保责任的前提在于,保荐机构保证已充分遵循勤勉尽责之义务,履行其辅导、推荐、监督职责,且披露的信息真实、准确、完整。关于保荐机构的担保责任,《证券法》第 24 条和第 85 条分别对两种情形进行了明确规定。根据《证券法》第 24 条的规定:证券发行不符合法定条件或者法定程序,对于已经发行尚未上市的,应撤销发行注册决定,发行人应当按照发行价并加算银行同期存款利息返还证券持有人;发行人的控股股东、实际控制人以及保荐人应当与发行人承担连带责任,但是能够证明自己没有过错的除外。根据《证券法》第 85 条的规定:信息披露义务人未按照规定披露信息,或者公告的证券发行文件、定期报告、临时报告及其他信息披露资料存在虚假记载、误导性陈述或者重大遗漏,致使投资者在证券交易中遭受损失的,信息披露义务人应当承担赔偿责任;发行人的控股股东、实际控制人、董监高和其他直接责任人员以及保荐人、承销的证券公司及其责任人员,应当与发行人承担连带赔偿责任,但是能够证明自己没有过错的除外。从《证券法》第 24 条和第 85 条的规定来看,对于证券公司在保荐业务中的担保责任应采过错推定的归责原则。作为过错原则适用中的一种特殊情形,过错推定原则仍需以行为人的过错为承担责任的根据或标准。因此,在追究证券公司的担保责任之时,仍然需要对证券公司的过错进行判断。过错本意上为行为人的可归责心理状况,属主观范畴,但行为人是否存在过错往往通过一定的行为反映出来,所以人们可以通过对其外在行为的研究,来判断行为人有无过错以及过错的大小,即实现过错的客观化。因此,判断证券公司是否承担保证责任的主要前提便是明确证券公司在从事保荐业务的过程中是否存在违法、违规的行为。这就意味着,必须进一步确定保荐业务中证券公司的行为边界,即其所承担的勤勉尽责义务的具体内涵。此外,2019 年《证券法》第 93 条规定了中介机构的先行赔付机制:发行人因欺诈发行、虚假陈述或者其他重大违法行为给投资者造成损失的,发行人的控股股东、实际控制人、相关的证券公司可以委托投资者保护机构,就赔偿事宜与受到损失的投资者达成协议,予以先行赔付。先行赔付后,可以依法向发行人以及其他连带责任人追偿。

可见,相较于其他中介机构,保荐人参与证券发行工作的程度更高,[1]出具的保荐意见涵盖面更广,部分内容可能会与其他中介机构的专业意见发生重叠。正因为保荐人在证券发行工作中的职责十分重要且复杂,是证券上市发行的必要条件,所以保荐人时常面临严格的"牵头责任"。于是,作为舶来品的保

---

〔1〕 参见丁宇翔:《证券发行中介机构虚假陈述的责任分析——以因果关系和过错为视角》,载《环球法律评论》2021 年第 6 期。

荐制度从一开始就面临考验，在首批保荐名单公布后的第二个月，两名保荐代表人就因江苏琼花虚假记载被暂停保荐资格，被不少人质疑保荐制度在我国“水土不服”，不能满足我国证券市场的发展需要。[1]

(二)作为承销商承担赔偿责任的法理基础

证券承销制度广泛运用于国内外资本市场。根据我国法律规定，证券市场上的发行人必须经由承销机构才能向不特定对象发售证券，证券承销包括代销和包销两种基本模式。在一般情况下，发行人与承销机构之间存在委托合同关系，[2]发行人是委托方，承销机构是受托方。在我国，证券承销机构主要指各大证券公司，接受发行人的委托，依法向公众出售债券，同时满足发行人的融资需要和公众的投资需求，是联络发行人与投资人的桥梁。承销机构之所以重要，是因为承销机构了解市场需求，拥有强大的销售网络和证券销售经验。[3]融资方来自各行各业，未必熟悉证券推销，仅凭自己的知识、资源、渠道无法实现目标募集资金额。[4] 在债券领域，对于公司债、企业债、非金融机构债务融资工具、金融债券等信用债，承销机构为商业银行或证券公司等可以开展投资银行业务的金融机构，其中，证券公司主要为发展改革委、中国证监会及证券交易所审批的公司债、企业债承销机构。根据中国银行间市场交易商协会发布的《非金融企业债务融资工具信用评级机构市场评价规则》(中国银行间市场交易商协会公告〔2016〕5号)及历年发布的非金融企业债务融资工具承销名单，在银行间市场担任非金融企业债务融资工具的承销机构应具备相应的非金融企业债务融资工具相关承销业务资格。对于国债、地方政府债等利率债，由于该类债券以政府信用作为担保，几乎无违约风险，也几乎不可能出现证券服务机构承担民事责任的情形，故不作为本部分讨论的对象。综上所述，在股票(包括

〔1〕 参见《琼花事件考验保荐人制度》，载搜狐财经，https://business.sohu.com/20040720/n221092211.shtml。

〔2〕 《证券法》第26条第1款规定：发行人向不特定对象发行的证券，法律、行政法规规定应当由证券公司承销的，发行人应当同证券公司签订承销协议。证券承销业务采取代销或者包销方式。第28条：证券公司承销证券，应当同发行人签订代销或者包销协议，载明下列事项……

〔3〕 参见叶林：《证券法》，中国人民大学出版社2013年版，第248页。

〔4〕 参见曾宛如：《证券交易法原理》，台北，元照出版有限公司2012年版，第323页。

可转换公司债)领域,承销机构即指具备证券承销资格的证券公司;在债券领域,承销机构可能是其他金融机构。证券公司从事承销业务,应当取得证券承销业务资格。承销业务的基本内容可归纳为以下几个方面:销售证券、充当顾问及信息披露。证券承销是证券发行上市的关键环节,在发行人“万事俱备”之际,证券承销机构将作为发行人和投资人之间的桥梁,把资金需求端与供给端紧密地连接在一起,作为最后的“东风”协助发行人最终完成股票、债券发行工作,达到募集资金的最终目标。因此,证券承销机构作为负责证券承销的主体,在证券发行中扮演着极为重要的角色,也承担着多方面的职能:

(1)协助发行人销售证券。根据《证券法》《证券发行与承销管理办法》等相关规定,证券承销机构应与发行人签订承销协议,遵循承销协议,采用包销、代销方式代理发行人开展证券承销业务。在包销的情况下,承销机构还能够利用其广泛的市场网络,转嫁发行人无法完全销售证券的风险。就协助销售职能而言,证券承销机构的工作内容包括协助路演推介、询价、定价、配售,撰写并发布投资价值研究报告,报送承销方案,出具承销总结报告等。在此阶段,承销机构利用自身对证券市场的充分了解和丰富的资源,在充分调查的基础上合理地确定证券价格,主导发行人的“对外公关”活动,将发行人、证券投资者甚至监管部门串联起来,确保上市证券能够有效地对外销售。

(2)充当顾问。作为专业的服务机构,承销机构能够充分利用其经验优势,为发行人提供市场准入、财务、管理等建议和信息,发挥顾问功能。除协助发行人进行定价、配售等保荐人不涉及的事务外,承销机构的顾问职能实质与保荐人对发行人的辅导职能非常相似。例如,根据中国证券业协会《公司债券承销业务规范》(2022 修订)第 11 条[1]的规定,承销机构应当对发行人进行债券市场相关的法律及基础知识培训,与保荐人对发行人的辅导职能极为相似。但应当注意到,即使实际中承销机构往往也被要求履行较为严格的全面核查义务,从现行法律法规的角度来看,承销机构并不需要对证券发行上市承担像保荐人

---

[1] 《公司债券承销业务规范》(2022 修订)第 11 条规定:“主承销商应当向发行人进行有关债券市场的法律法规、基础知识培训,使其掌握公司债券申报发行等方面的法律法规和规则,知悉信息披露和履行承诺等方面的责任和义务,树立进入债券市场的法制意识、诚信意识和自律意识。”

那样高标准的注意义务[1]和责任，特别是在保荐人与承销商不一致的情形下，分析承销机构的义务不应一概比照保荐机构较为严格的标准。

(3)信息披露。作为证券市场的"看门人"之一，承销机构与律师事务所、会计师事务所等其他证券服务机构一样，基于专业、经验、信誉和信息等优势，引导着投资者的判断和投资行为。因此，《证券法》《证券发行与承销管理办法》《公司债券发行与交易管理办法》等规范性文件均要求承销机构核实在发行过程中披露的信息，确保信息真实、准确、完整、及时，不得有虚假记载、误导性陈述或者重大遗漏。为确保披露信息的真实、准确、完整，承销机构就需要对发行人真实情况进行了解。在同时适用保荐和承销制度的证券发行过程中，由于保荐人与主承销商重合，承销机构对发行人的尽职调查基本被包含在保荐人的尽职调查中；而在其他情况下，承销机构需要对发行人进行独立尽职调查，撰写尽职调查报告并建立工作底稿制度，确保出具文件信息的真实、准确、完整。此外，对于承销过程中涉及的资料，包括推介宣传材料、路演现场录音等能够如实、全面反映询价、定价和配售过程的资料，承销机构也应予以存档备查。

《证券法》第 29 条第 1 款规定："证券公司承销证券，应当对公开发行募集文件的真实性、准确性、完整性进行核查。发现有虚假记载、误导性陈述或者重大遗漏的，不得进行销售活动；已经销售的，必须立即停止销售活动，并采取纠正措施。"可见，承销商应当对公开发行募集文件的真实性、准确性、完整性进行核查，确保在发行过程中披露的信息不存在虚假记载、误导性陈述或者重大遗漏。实践中证券公司在承销公开发行的债券时，往往同时担任债券受托管理人，在债券发行完毕后继续公正履行受托管理职责，包括对债券存续期间的定期报告、临时报告等信息披露文件进行核查等。

《新虚假陈述规定》第 17 条对保荐机构、承销机构的职责划分相对较为细

[1] 《证券法》第 24 条第 1 款规定："国务院证券监督管理机构或者国务院授权的部门对已作出的证券发行注册的决定，发现不符合法定条件或者法定程序，尚未发行证券的，应当予以撤销，停止发行。已经发行尚未上市的，撤销发行注册决定，发行人应当按照发行价并加算银行同期存款利息返还证券持有人；发行人的控股股东、实际控制人以及保荐人，应当与发行人承担连带责任，但是能够证明自己没有过错的除外。"

致：对于信息披露文件中的相关内容，保荐机构、承销机构需要按照法律、行政法规、监管部门制定的规章和规范性文件、相关行业执业规范的要求进行审慎尽职调查；对于信息披露文件中没有证券服务机构专业意见支持的重要内容，保荐机构、承销机构需要进行审慎尽职调查和独立判断；对于信息披露文件中有证券服务机构出具专业意见的重要内容，保荐机构、承销机构需要进行审慎核查和必要的调查、复核。《新虚假陈述规定》第 18 条亦对证券服务机构的职责进行了明确：证券服务机构的职责限于其工作范围和专业领域，即证券服务机构的“特别注意义务”仅限于其“工作范围和专业领域”。

根据上述承销业务的基本内容，不难发现，在整个证券承销过程中主要存在以下两种法律关系：承销机构与发行人之间的承销合同（包括协助销售与顾问）、承销团成员之间的证券分销合同。其中，证券承销主要反映的是承销机构与发行人之间的承销合同关系。承销机构为了发行人的利益办理证券发行业务，发行人有权选择适当的承销机构并支付相应的报酬，但证券公司在从事证券承销业务时不仅受合同法的调整，还应受证券法律法规的制约，履行对证券市场和广大投资者的基本义务，尽到必要的勤勉尽责义务。

从弥合发行人与投资者之间信息不对称角度来看，承销机构和保荐机构同样承担着保证信息披露真实、准确、完整的勤勉尽责义务，但承销业务所处阶段的定价、销售等行为更为直接地与投资者的投资决定关联，与保荐机构的勤勉尽责义务偏重于确保发行人及证券符合发行上市条件不同。根据《证券法》《股票发行与交易管理暂行条例》《企业债券管理条例》《公司债券发行与交易管理办法》等法律法规的明确规定，承销机构的勤勉尽责义务主要体现在以下三个方面：

（1）核查义务。不得虚假承销是证券承销机构的首要义务。相较于投资者而言，证券承销机构对于发行人、发行的证券以及发行相关文件等各方面拥有更为专业、全面的判断。同时，证券承销机构又恰恰处于证券进入流通市场前的最后一关，故更应做好“把关者”，基于其信息与专业优势帮助投资者履行全面的审核义务。证券承销商应对承销过程中涉及的发行人资料，如公开发行募集文件、招股说明书、发行债券企业的发行章程等资料进行全面核查，以保证相关文件的真实性、准确性、完整性。在核查过程中，承销机构若发现存在虚假记载、误导性陈述或者重大遗漏，承销机构不得开展销售活动。已经销售的，必须立即停止销售活动，并采取纠正措施。若承销机构发现公司存在虚假陈述，应予以纠正或出具相关保留意见。

(2)信息披露义务。在承销业务中，证券公司的义务主要包含以下三个方面：第一，在向投资者公开推介的过程中，承销机构应保持信息披露的一致性。具体而言，披露的发行人相关内容应与招股意向书及其他公开信息保持一致，向互联网投资者公开的信息应与网下投资者公开信息保持一致。不得夸大或通过虚假广告的方式对投资者进行误导。第二，在发行过程中，承销机构应当按照中国证监会规定的要求编制信息披露文件，履行信息披露义务，保证披露的信息真实、准确、完整、及时，不得有虚假记载、误导性陈述或者重大遗漏，并在适当期限内以法定方式披露相关内容。第三，为便于后续监管，根据中国证监会、中国证券业协会的要求，证券公司作为承销机构应对承销过程中涉及的资料，包括推介宣传材料、路演现场录音等能够如实、全面反映询价、定价和配售过程的资料予以存档备查。

在我国推行注册制的改革背景下，市场越发呼吁承销机构诚信规范经营。证券监管部门不再为承销机构兜底，承销机构的职责强化，容错率大幅降低，需要投入更高的注意力到承销业务中，加强对发行人的资格调查和对专业服务机构报告的查验审核工作，力保出具的公开披露文件真实、准确、完整；否则，承销机构及其内部负有责任的董监高很可能将与发行人共同承担巨额赔偿。

(三)作为财务顾问承担赔偿责任的法理基础

在证券服务市场中，与证券交易、证券投资活动有关的财务顾问业务是指与证券交易、证券投资活动有关的咨询、建议、策划业务。具体包括：

(1)为企业申请证券发行和上市提供改制改组、资产重组、前期辅导等方面的咨询服务；

(2)为上市公司重大投资、收购兼并、关联交易等业务提供咨询服务；

(3)为法人、自然人及其他组织收购上市公司及相关的资产重组、债务重组等提供咨询服务；

(4)为上市公司完善法人治理结构、设计股票期权、职工持股计划、投资者关系管理等提供咨询服务;

(5)为上市公司再融资、资产重组、债务重组等资本营运提供融资策划、方案设计、推介路演等方面的咨询服务;

(6)为上市公司的债权人、债务人对上市公司进行债务重组、资产重组、相关的股权重组等提供咨询服务以及中国证监会认定的其他业务形式。

在上述业务中,最为常见且与证券服务机构民事责任最为密切相关的是上市公司并购重组财务顾问业务,即为上市公司的收购、重大资产重组、合并、分立、股份回购等对上市公司股权结构、资产和负债、收入和利润等具有重大影响的并购重组活动提供交易估值、方案设计、出具专业意见等专业服务。[1] 根据《上市公司并购重组财务顾问业务管理办法》第 2 条第 2 款的规定,经中国证监会核准具有上市公司并购重组财务顾问资格的证券公司、证券投资咨询机构或其他符合条件的财务顾问机构,可以依法从事上市公司并购重组财务顾问业务。实践中财务顾问角色大多由证券公司担任。

针对财务顾问业务的规则体系较为简单明确,核心规定为《上市公司并购重组财务顾问业务管理办法》《上市公司重大资产重组管理办法》。其中,《上市公司并购重组财务顾问业务管理办法》综合了上市重大资产重组及并购法律法规中的要求,对财务顾问业务作出了较为全面的规定,规定了财务顾问的业务许可、业务规则、监督管理及法律责任等事项。《上市公司股权激励管理办法》《上市公司国有股权监督管理办法》也对相应业务聘请财务顾问作出了相应规定。其中,《上市公司股权激励管理办法》规定了上市公司进行股权激励聘请财务顾问的情形;[2]《上市公司国有股权监督管理办法》规定了公开征集转让可能导致上市公司控股权转移、国有股东所持上市公司股份非公开协议转让涉及上市公司控股权转移的等若干需要聘请财务顾问的情形,以及财务顾问尽职

〔1〕 参见《上市公司并购重组财务顾问业务管理办法》第 2 条第 2 款。

〔2〕 上市公司进行股权激励的,仅在未按照定价原则而采用其他方法确定限制性股票授予价格或股票期权行权价格时应当聘请财务顾问;独立董事或监事会认为有必要的,可以建议上市公司聘请独立财务顾问。

调查的内容。

除上述规定外,沪深证券交易所制定的自律规则中也存在部分与财务顾问业务相关的规范,如《上海证券交易所上市公司持续督导工作指引》对上市公司并购重组的持续督导工作作出了专章规定,要求财务顾问督促和检查并购重组当事人履行并购重组方案的约定及作出的承诺,实现上市公司及其他相关主体规范运作,依法履行报告和信息披露义务,并特别关注关联交易的公允性和对外担保的合规性等。

与投资咨询机构、资信评级机构、资产评估机构、会计师事务所等专业化证券服务机构一样,财务顾问机构通过出具专业意见影响公司的各项决策性事项和投资者的投资选择;但在此基础上,作为并购重组各方的总协调人,财务顾问仍然像保荐机构及承销机构一样,承担了一定的总揽全局、监督核查的职责。在财务顾问概念之下,尚有独立财务顾问的概念。独立财务顾问系指上市公司或上市公司独立董事聘请的专业机构。若将这一概念独立出来,则(狭义的)财务顾问是指除上市公司及其独立董事以外的其他主体聘请的专业机构,尤其是在上市公司收购业务中,在要约收购及管理层收购情形下,收购方须聘请财务顾问,而上市公司或其独立董事须聘请独立财务顾问。根据《上市公司并购重组财务顾问业务管理办法》的相关规定,财务顾问的主要工作职责包括:

第一,咨询顾问。提供咨询服务是财务顾问最重要的职责。在各种交易类型中,财务顾问需要为委托人分析并购重组相关活动所涉及的法律、财务、经营风险,提出具体对策和建议,设计、完善交易方案,如在借壳上市中寻找合适的壳公司或者重组方,在产业并购中寻找合适的被并购标的等。此外,财务顾问还需要指导委托人按照相关规定制作申报和信息披露文件。在该过程中,财务顾问实际上是作为委托人与交易对方、其他证券服务机构的组织者和协调者,[1]与保荐人、承销商一样是证券交易的牵头人。此外,根据《上市公司并购

---

〔1〕 参见《上市公司并购重组财务顾问业务管理办法》第19条规定:"财务顾问从事上市公司并购重组财务顾问业务,应当履行以下职责:……(五)接受委托人的委托,向中国证监会报送有关上市公司并购重组的申报材料,并根据中国证监会的审核意见,组织和协调委托人及其他专业机构进行答复……"

重组财务顾问业务管理办法》[1]《上市公司收购管理办法》的规定,财务顾问需要对委托人及新进入上市公司的董监高、控股股东和实际控制人的主要负责人进行证券市场规范化运作的辅导,必要时还需进行验收。

第二,核查监督。财务顾问应当在对上市公司并购重组活动及申报文件的真实性、准确性、完整性进行充分核查和验证的基础上,依据中国证监会的规定和监管要求,客观、公正地发表专业意见。

具体而言,财务顾问应当建立尽职调查制度和具体工作规程,对上市公司并购重组活动进行充分、广泛、合理的调查,核查委托人提供的为出具专业意见所需的资料,对委托人披露的内容进行独立判断,要求有充分理由确信所作的判断与委托人披露的内容不存在实质性差异,并据此在专业意见中对重要事项进行分析和说明。就独立董事聘请独立财务顾问的情形,财务顾问还起到了协助独立董事维护中小股东或非关联股东利益的作用。

第三,持续督导。在上市公司收购、重大资产重组、发行股份购买资产、合并等事项完成后的规定期限内,财务顾问承担持续督导责任。具体督导事项包括:(1)督促并购重组当事人按照相关程序规范实施并购重组方案,及时办理产权过户手续,并依法履行报告和信息披露的义务;(2)督促上市公司按照《上市公司治理准则》的要求规范运作;(3)督促和检查申报人履行对市场公开作出的相关承诺的情况;(4)督促和检查申报人落实后续计划及并购重组方案中约定的其他相关义务的情况;(5)结合上市公司定期报告,核查并购重组是否按计划实施、是否达到预期目标,其实施效果是否与此前公告的专业意见存在较大差异,是否实现相关盈利预测或者管理层预计达到的业绩目标;(6)中国证监会要求的其他事项。

财务顾问业务涉及的基本民事法律关系是财务顾问机构与发行人之间的委托合同关系;但与此同时,这一法律关系亦需受到证券法律法规的调整,以保护证券投资者并维护证券市场的基本秩序,即履行勤勉尽责的义务。基于财务

---

[1] 《上市公司并购重组财务顾问业务管理办法》第 19 条第 3 项规定:对委托人进行证券市场规范化运作的辅导,使其熟悉有关法律、行政法规和中国证监会的规定,充分了解其应承担的义务和责任,督促其依法履行报告、公告和其他法定义务。

顾问的角色定位,其勤勉尽责义务的具体形态与保荐机构及承销机构既有相同之处,又有不同之处。从参与上市公司并购重组活动全程、全面推动交易进行来看,财务顾问与保荐机构具有一定的相似性;从提供更为专业化的服务以及维护市场秩序来看,财务顾问又与承销机构具有一定的相似性。

二、证券公司证券虚假陈述侵权责任的构成要件

如本书第二章所述,虚假陈述的民事赔偿责任属于侵权责任,其构成要件也应符合侵权责任的构成要件,即侵权行为、过错、因果关系、损害后果等(见表4-2)。

表4-2　证券公司证券虚假陈述侵权责任的构成要件

构成要件	认定规则	对应条文
违法行为	①信息披露义务人违反法律、行政法规、监管部门指定的规章和规范性文件关于信息披露的规定; ②披露信息中存在虚假记载、误导性陈述或重大遗漏	《新虚假陈述规定》第4条
过错	①信息披露义务人(无过错责任/严格责任); ②保荐机构、承销机构及其直接责任人员(过错责任)	《证券法》第85条 《新虚假陈述规定》第13~19条
因果关系	①投资者基于虚假陈述实施相应证券交易行为; ②相关证券的价格波动系由虚假陈述所致; ③不存在排除因果关系的情形	《新虚假陈述规定》第10~12条
损害后果	①投资者买入或卖出相关证券所造成的投资差额损失; ②投资差额损失部分的佣金和印花税	《新虚假陈述规定》第25条

值得注意的是,证券公司虚假陈述民事责任的归责原则是过错推定原则。过错推定原则隶属于过错原则,与过错原则的区别是,举证责任分配不同。过错原则是假设被告没有过错,需要主张侵权的一方承担举证责任,而过错推定原则是假设被告有过错,由被告证明自己没有过错。在证券发行过程中,发行人掌握应当披露的所有信息,因此发行人有义务保证其公布的一切信息都是真实、准确、完整的,但是证券公司作为服务机构,即使其勤勉尽职地进行了调查,

但因为受限于调查手段，仍难以确保获得全部真实准确的信息，所以对发行人与证券公司适用不同的规则原则。在虚假陈述案件中投资者不需要举证证明证券公司存在过错，但是证券公司需要证明自己勤勉尽责、没有过错。在发行人、上市公司因虚假陈述而构成侵权的情况下，保荐人或承销商不论自己是否存在虚假陈述行为，都要承担“过错推定”的连带责任。过错推定责任属于过错责任的一种情形，意味着举证责任倒置，在发行人、上市公司构成侵权的情况下，保荐人、承销商仍然具有不构成侵权从而免责的可能性。可见，保荐人、承销商的法定民事责任“轻”于发行人、上市公司，而“重”于证券服务机构。

承销商过错的具体形态，仅包括“故意”与“重大过失”，对“一般过失”应予排除。《新虚假陈述规定》对《证券法》第 85 条所述的“过错”进行了限缩解释，《新虚假陈述规定》第 13 条规定，《证券法》第 85 条、第 163 条所称的过错，包括以下两种情形：(1)行为人故意制作、出具存在虚假陈述的信息披露文件，或者明知信息披露文件存在虚假陈述而不予指明、予以发布；(2)行为人严重违反注意义务，对信息披露文件中虚假陈述的形成或者发布存在过失。

可见，《新虚假陈述规定》将过错区分为两种情况。一种是“故意”，即故意制作、出具存在虚假陈述的信息披露文件，或者明知存在虚假陈述而不予指明。比如，证券机构明知发行人存在虚假记载、误导性陈述、重大遗漏或不当披露等情形，而没有从专业角度把关，提出保留意见；或者证券机构直接与发行人及其控股股东或实际控制人合谋实施上述虚假陈述行为，则构成故意实施虚假陈述行为。此时，证券机构的故意行为与发行人的故意行为实际上已经整合为共同意志，统一为共同行为，构成典型的共同侵权行为。即使没有《证券法》第 85 条和第 163 条，直接依据《民法典》第 1168 条，二者也应承担连带责任。当然，根据《证券法》第 85 条的规定，发行人作为信息披露义务人在此承担的是无过错责任。但这只是对发行人承担责任的要求，中介机构仍然需要承担过错责任。同时，《证券法》第 85 条和第 163 条虽然规定了中介机构的过错推定，但从逻辑上讲，故意必须以行为人主观上知晓、追求或者至少放任损害结果的发生为前提，并且故意侵权多体现为直接侵权，因此，针对故意无法进行推定，这里的过错推定只能是对过失的推定。另一种是“重大过失”，即行为人严重违反注意义务,对虚假陈述的形成或发布存在重大过失。同时,根据《新虚假陈述规定》第13条的规定,构成"过失"的前提是行为人严重违反注意义务,即《新虚假陈述规定》排除了"一般过失"。亦即承销商的一般过失及工作瑕疵,不足以上升为要承担责任的"过错"。

《新虚假陈述规定》也对过错的定义及审查认定作出了释明,具体为:为进一步统一裁判尺度,《新虚假陈述规定》第13条将《证券法》第85条、第163条所称的过错,界定为包括故意和重大过失两种情形。根据《新虚假陈述规定》,证券法中的过错与民法上的过错含义不同,二级市场上的虚假陈述,发行人与交易的投资者之间没有合同关系,不能完全以合同义务来确定责任。对于中介机构而言,应当区分是否有故意或重大过失,如果是轻微的过失,不应当承担责任。同时,由于证券公司属于对信息披露文件进行审核、验证的"看门人",属于发行人的外部人,在发行人董监高等内部人仅因故意和重大过失才承担民事责任的情况下,按照举重以明轻的解释方法,外部监督者的责任当然不能重于内部人,因此,将《证券法》第163条的过错限定为故意和重大过失,亦有必要。

此外,从比较法的角度来看,美国证券法所称的过错概念包括欺诈的故意和重大过失,只有故意欺诈、明知虚假陈述具有误导投资者的危险仍然放任,以及罔顾事实的重大过失行为,才能构成证券法上的过错,程度较轻的过失不能产生巨额的民事赔偿责任,以免产生信息披露的"寒蝉效应",以及对企业招揽和保持管理人才队伍产生不利影响。这一立场,亦为德国、日本及我国台湾地区所采纳。[1]

对于承销、保荐机构的过错认定,一般会审查其是否根据规定做好尽职调查、保存好工作底稿、内部审核意见。除了按法律法规和行业执业规范做好尽职调查外,其免责的标准还因是否有证券服务机构的专业意见而有所不同:(1)对于信息披露文件中没有证券服务机构专业意见支持的重要内容,必须经过审慎尽职调查和独立判断,并做到有合理理由相信该部分内容与真实情况相

---

〔1〕 参见林文学、付金联、周伦军:《〈关于审理证券市场虚假陈述侵权民事赔偿案件的若干规定〉的理解与适用》,载《人民司法》2022年第7期。

符,方可免责。(2)对于信息披露文件中证券服务机构出具专业意见的重要内容,经过审慎核查和必要的调查、复核,并做到有合理理由排除了职业怀疑并形成合理信赖,方可免责。

一般而言,证券业务主要涉及法律、财务、业务与技术、资产评估等方面的内容。对于法律、财务和资产价值方面的内容,通常会聘请相关证券服务机构出具专业意见,此时承销、保荐机构要做到的就是"审慎核查和必要的调查、复核";对于企业的业务与技术或其他无专业意见支持的内容,承销、保荐机构应当"审慎尽职调查和独立判断",责任显然更重。只是何为"审慎尽职调查和独立判断",何为"审慎核查和必要的调查、复核",何为"有合理理由",目前也难说有严格的边界,尚待审判实践中通过个案明确。

在正常情况下,按照前述因果关系分析及故意过失分析的方法考察行为人的侵权责任,基本上可以确定行为人的责任范围。因为因果关系和过错分析实际上是基于侵权责任构成要件所作的分析。但是,证券虚假陈述责任具有很强的市场性、技术性,不同的证券有着迥乎不同的技术要求。作为股权凭证的股票和作为债权凭证的债券,在发行过程中就有不少差异。更不必说,还有可转换公司债、可交换公司债这样进一步细分的债券品类。仅以承销商为例,首次公开募股(IPO)中作为主承销商的证券公司和非金融企业债务融资工具发行中作为主承销商的商业银行,其承销业务就有很多专业差别,这使得在案件处理中必须具体地判断中介机构的专业职责范围。还有,证券市场往往同时共存着股权集中和股权分散的倾向,甚至同一家上市公司在发展的不同阶段也呈现上述不同倾向,有时还存在两种倾向势均力敌的情况。这些不同的状态对于中介机构的主观过错认定都可能产生影响。比如,在股权高度集中的公司发行新股时,中介机构需要侧重对涉及控股股东或实际控制人的相关信息进行查验与把关;而在股权相对分散的公司发行新股时,中介机构则需要侧重对涉及董监高的相关信息进行查验与把关。因为在分散的股权结构下,往往可能是管理层欺诈小股东;而在集中的股权结构下,往往可能是控股股东欺诈小股东。可见,作为证券发行"看门人"的中介机构,其注意义务往往因证券产品、发行人结构以及中介机构自身的不同领域而有所不同。在此情况下,仅依据一般的因果关系和故意过失分析思路为中介机构确定责任,难免存在局限性。现有规定给证券公司将来免责、减轻责任(如承担比例连带责任)留出了一定空间,但对于何为"审慎核查和必要的调查、复核",何为"排除了职业怀疑并形成合理信赖",又非常模糊、难以界定,证券公司的举证责任仍然很高。对于专职从事审判工作的法官而言,对如何判断证券公司尽职履责其实是非常困难的。

三、证券公司承担证券虚假陈述责任认定中的其他事宜

(一)证券公司尽职调查与财务审计的职责边界问题

在业绩预测出现误导性陈述时,财务造假基本上会同时影响保荐机构和审计机构。比如,在美丽生态案中,新时代证券则因为对金沙湖项目和官塘项目的尽职调查未勤勉尽责,导致对这两个项目的工程进展情况和收入预测出现误导性陈述,被处以了"没一罚三"的较重档处罚,但审计机构亚太会计所并未被中国证监会处罚,而是由于美丽生态对盘盈生物资产的会计处理不当,领到了交易所的监管函。再如,在大有能源非公开发行案中,监管机关认定西南证券在尽职调查中关键核查程序缺失,未对青海省木里矿区资源整合政策可能对相关目标资产带来的风险进行揭示,审计机构并未因此案受到处罚。还有的则是不涉及审计事项的重大遗漏。又如,在杰能科技案中,中原证券因未能发现天津丰利使用上市公司关联方杰能科技的资金用于此次收购而被处罚。还如,在沈阳机床案中,中德证券因未通过核查发现股权转让协议文本中的新增重要条款而被处罚。

保荐人、债券承销商对于发行文件整体的真实性、准确性和完整性均需要承担责任,但也存在与财务审计角度和范围的区别,证券公司与审计机构"责任绑定"的现象在一定程度上反映出尽职调查责任与财务审计责任之间的区别还有待进一步细化。

(二)保荐人、承销商的行为与结果的关系问题

保荐机构、承销商是《证券法》唯一明确规定可以在行为与虚假记载后果没有直接关联性的情况下,基于未勤勉尽责行为承担法律责任的中介机构。

最典型的案例是五洋债案,针对五洋建设的处罚决定认定的虚假记载的事实是五洋建设违反会计准则,通过将所承建工程项目应收账款和应付账款“对抵”的方式,同时虚减企业应收账款和应付账款,导致上述年度少计提坏账准备、多计利润。但对于承销商德邦证券的处罚理由则是:(1)未充分核查应收账款回收风险问题;(2)未对投资性房地产充分履行调查、复核程序排除资产占比较高的合理怀疑;(3)控股子公司将东舜百货大厦以大幅低于公允价值的价格出售,未将此风险作为重大事项写入核查意见。但是上述三个事项均与往来款对抵没有直接关联性。处罚决定援引的法律依据也是2005年《证券法》第31条前半句,即“证券公司承销证券,应当对公开发行募集文件的真实性、准确性、完整性进行核查”,而不考虑这一行为是否直接导致了虚假记载的客观结果。

当证券公司作为财务顾问时,其身份是证券服务机构,如果按照2005年《证券法》第223条,则应当承担结果责任。不过,在有的案件中处罚机关可能是为了解决2005年《证券法》第223条(结果责任)在没有业务收入的情况下没有罚责的问题,而将该条与第226条第3款(行为责任)同时适用。比如,在步森股份与康华农业重大资产重组项目案中,处罚决定同时认定作为独立财务顾问的爱建证券违反了2005年《证券法》第223条及第226条第3款,并按第226条第3款的规定给予了30万元的处罚。2019年《证券法》修改之后,两个条款已经合并,上述问题应当不会再发生。

(三)持续督导期内的勤勉尽责义务问题

持续督导期内的尽职调查容易出现薄弱环节,从处罚案件来看,证券公司在持续督导期内仍然应当高度重视勤勉尽责。比如,在大有能源案中,西南证券被处罚的重要原因之一就是,在非公开发行项目的持续督导期内没有对矿权权属变更风险进行重点跟踪关注,导致其出具的上市保荐书和持续督导报告存在重大遗漏。

又如,在雅百特案中,山东雅百特完成借壳上市,重大资产重组完成后,金元证券在法律规定的期限内承担持续督导责任,但金元证券未对巴基斯坦木尔坦工程项目进行必要的核查,未对公司盈利承诺履行情况进行必要的核查,导致其出具的持续督导意见存在虚假记载。

再如，在华泽钴镍案中，处罚决定也认为，国信证券在持续督导期间未关注华泽钴镍及下属企业的资金往来情况，在出具持续督导工作报告书时，关于不存在关联方资金占用的表述主要依据了审计结论，未对审计专业意见进行必要的审慎核查，未能发现华泽钴镍关联方非经营性占用资金和采用无效票据入账掩盖资金占用的事实。

(四)尽职调查责任认定的非标准化特点问题

尽管市场上有希望进一步明确中介机构尽职调查职责范围的呼声，但尽职调查的非标准化特点可能决定了这一要求未必具有可操作性。美国 SEC 在 1981 年制定了 176 条规则，尝试对承销商的尽职调查标准予以明确，但从实际效果来看并不理想。我国证券公司的处罚案件也印证了这一特点。虽然中国证监会及证券业协会针对保荐和承销业务的尽职调查制定了《保荐人尽职调查工作准则》或《公司债券承销业务尽职调查指引》，但大部分案件中并没有援引这些业务规则，这与针对会计师事务所的处罚中大量援引《国家审计准则》形成了鲜明对比。这表明，不论尽职调查的业务规则是否有明确规定，凡涉及发行条件或对投资者作出投资决策有重大影响的信息，保荐人、承销商以及财务顾问等均应当勤勉尽责地进行尽职调查，这也要求证券公司在开展尽职调查时需要注意保持较高的职业谨慎和怀疑以降低执业风险。

第三节　证券公司证券虚假陈述侵权责任的免责抗辩思路

一、合理勤勉之抗辩

(一)"合理勤勉抗辩"的制度渊源

《证券法》第 85 条规定，相关主体能够证明自己没有过错的，可以免于承担赔偿责任，与美国证券法中的"due diligence defense"相对应，译为"合理勤勉抗辩"。此外，合理勤勉抗辩也在有些国家的法律中得以确立，如 2000 年《英国金融服务与市场法》第 90 条及其附录 10《损害赔偿：豁免》、《德国交易所法》第 45 条第 1 款、《日本金融商品交易法》第 21 条。[1]

我国法律体系中关于证券公司等中介机构“勤勉尽责”的要求，最早出现于 2005 年《证券法》中新增的保荐制度，其第 11 条要求保荐人“应当遵守业务规则和行业规范，诚实守信，勤勉尽责，对发行人的申请文件和信息披露资料进行审慎核查”；其第 173 条要求证券公司“应当勤勉尽责”，同时对虚假陈述实行了过错推定。2019 年《证券法》的修订延续了前述规定，同时 2019 年《证券法》第 130 条针对证券公司经营原则新增了“依法审慎经营，勤勉尽责，诚实守信”的规定，实则将 2005 年《证券法》对保荐机构“诚实守信，勤勉尽责”的要求扩展到了所有的证券公司。2019 年《证券法》还在第 160 条新增了证券公司的义务，即“应当勤勉尽责、恪尽职守，按照相关业务规则为证券的交易及相关活动提供服务”。[2]

承销商等中介机构所负的勤勉义务即源于前述法律法规的强制性规定，是法律为了保护公共利益所作的制度安排。承销商虽由发行人聘任并付费，但实际上同时对两个或者两个以上、彼此之间存在利益冲突的当事人提供服务。社会公众信赖承销商等中介机构，中介机构因公众信赖而产生了职业上的注意义务。[3] 在大陆法系中，信赖也是解释专家民事责任基础的主要工具。[4] 专家为了不辜负社会公众的这种信赖，应当勤勉尽责，恪尽职守。

《新虚假陈述规定》实施后，中国证监会的相关规定还进一步细化了保荐人合理信赖专家意见的标准。2022 年《关于注册制下提高招股说明书信息披露质量的指导意见》规定：“保荐人在履行以下审慎核查义务、进行必要调查和复核的基础上，可以合理信赖招股说明书等信息披露文件中有会计师事务所、律师事务所等证券服务机构出具专业意见的内容：一是全面阅读证券服务机构出具的专业意见。二是评估证券服务机构及其参与人员的专业资质、经验、胜任能

[1] 参见邢会强：《证券市场虚假陈述中的勤勉尽责标准与抗辩》，载《清华法学》2021 年第 5 期。
[2] 参见邢会强：《证券市场虚假陈述中的勤勉尽责标准与抗辩》，载《清华法学》2021 年第 5 期。
[3] 参见邢会强：《证券市场虚假陈述中的勤勉尽责标准与抗辩》，载《清华法学》2021 年第 5 期。
[4] 参见蒋云蔚：《从合同到侵权：专家民事责任的性质》，载《甘肃政法学院学报》2008 年第 4 期。

力及独立性;评估出具专业意见的前提及假设是否公平、合理、完整,是否符合证券服务机构所在行业的工作惯例;评估其核查范围是否与其所出具的专业意见相符,有无限制;评估其为出具专业意见获取的核查资料是否充分、可靠;评估其已履行的核查程序及取得的关键性证据是否充分、恰当,能否有效支持其出具的专业意见。三是保持职业怀疑、运用职业判断进行分析,并采取必要的手段进行印证……如证券服务机构专业意见存在重大异常、前后重大矛盾,或者与保荐人获得的信息存在重大差异的,保荐人应当进一步调查、复核,并可聘请其他证券服务机构提供专业服务……"

由此可见,对于有专家意见支持的内容,承销、保荐机构可以合理信赖,但这种合理信赖并非简单复制、摘抄专家意见,而是在全面阅读、充分评估,对"重大异常、前后重大矛盾""重大差异"事项进行调查、复核并排除职业怀疑的基础上,才可主张对专家意见的"合理信赖"。

(二)《新虚假陈述规定》对证券公司免责抗辩情形的进一步细化

在承销商免责抗辩问题上,《新虚假陈述规定》主要有以下两点变化:

其一,《新虚假陈述规定》第 17 条删除了《债券会议纪要》"(4)尽职调查工作虽然存在瑕疵,但即使完整履行了相关程序也难以发现信息披露文件存在虚假记载、误导性陈述或者重大遗漏"的规定。但《新虚假陈述规定》的此番修改并非否定前述免责事由,而是如前所述,直接在《新虚假陈述规定》第 13 条中,对《证券法》第 85 条中的"过错"限缩解释为故意或重大过失,而排除了一般过失。举重以明轻,由此瑕疵性错误更不应认定为《新虚假陈述规定》的"过错"范畴,因此在完整履行了相关程序也难以发现信息披露文件存在虚假记载、误导性陈述或者重大遗漏的情况下,即使尽职调查工作存在瑕疵,也应认定为不存在过错。

其二,新增"内部审核意见"作为承销商可提交的免责抗辩证据。《债券会议纪要》第 30 条对债券承销商的免责规定为:"债券承销机构对发行人信息披露文件中关于发行人偿付能力的相关内容,能够提交尽职调查工作底稿、尽职调查报告等证据证明符合下列情形之一的,人民法院应当认定其没有过错……"而《新虚假陈述规定》第 17 条对承销商等免责抗辩的规定为:"保荐机构、承销机构等机构及其直接责任人员提交的尽职调查工作底稿、尽职调查报告、内部审核意见等证据能够证明下列情形的，人民法院应当认定其没有过错……”

《新虚假陈述规定》施行后，承销商可提交尽职调查工作底稿、尽职调查报告、内部审核意见等证据，通过证明符合《新虚假陈述规定》第 17 条的三种情形说明已达到勤勉尽责，不存在过错。具体的免责情形包括：(1) 已经按照法律、行政法规、监管部门制定的规章和规范性文件、相关行业执业规范的要求，对信息披露文件中的相关内容进行了审慎尽职调查；(2) 对信息披露文件中没有证券服务机构专业意见支持的重要内容，经过审慎尽职调查和独立判断，有合理理由相信该部分内容与真实情况相符；(3) 对信息披露文件中证券服务机构出具专业意见的重要内容，经过审慎核查和必要的调查、复核，有合理理由排除了职业怀疑并形成合理信赖。

质言之，承销商的履职基础即为按照法律、行政法规、监管部门制定的规章和规范性文件、相关行业执业规范的要求，进行审慎的尽职调查。在此基础上，对于“非专业意见”，即没有证券服务机构出具专业意见的内容，需要进行审慎的尽职调查和独立判断，达到“有合理理由相信”为真实的程度；对于“专业意见”，即对于证券服务机构出具专业意见的内容，要进行“审慎核查”与“必要的调查、复核”，达到“排除职业怀疑”并能“形成合理信赖”的程度，达到勤勉尽责之标准。

《新虚假陈述规定》明确将“内部审核意见”规定为独立的免责抗辩证据，更加契合证券公司投行业务的内控流程与架构，拓宽了承销商勤勉尽责的证明思路与证据范围。根据《证券公司投资银行类业务内部控制指引》，证券公司投资银行类业务的内部控制组织架构，共分为三道相互制衡、相互独立的内部控制防线：

(1) 项目组、业务部门为内部控制的第一道防线，项目组应当诚实守信、勤勉尽责开展执业活动，业务部门应当加强对业务人员的管理，确保其规范执业；

(2) 质量控制为内部控制的第二道防线，应当对投资银行类业务风险实施过程管理和控制，及时发现、制止和纠正项目执行过程中的问题；

(3)内核、合规、风险管理等部门或机构为内部控制的第三道防线,应当通过介入主要业务环节、把控关键风险节点,实现公司层面对投资银行类业务风险的整体管控。[1]

由此可见,仅就证券公司内部便已建立了三个层次的风险隔离带。承销商的业务投入并不仅限于前台部门即业务组的承销工作,还包括繁杂的中、后台质量控制、内核、合规、风险管理等履行内部控制职能的部门、机构或团队的独立履职,内核机构等对投资银行类业务风险进行独立研判并发表意见,该部分业务与前台业务运作分离。[2] "内部审核意见"作为三道防线的工作留痕被允许作为免责抗辩的证据提交,实际上也体现了司法机关对债券承销等投行业务更深入的认知,给予了承销商更加合理、公平且符合业务实际的抗辩机会。

(三)"勤勉尽责"的实践认定

勤勉尽责的判断依据,应为法律、行政法规、监管部门制定的规章和规范性文件、相关行业执业规范、自律监管规则等文件对承销商相关义务的规定。即承销商的履职基础与勤勉尽责具体标准应是前述法律文件所搭建起的承销商执业规范。

不同种类的被告的合理勤勉抗辩标准是有差别的。首先是保荐人、承销商、主办券商、并购重组的独立财务顾问的合理调查标准问题。在保荐人、独家承销商仅仅是承销商、财务顾问等角色下,其合理调查的标准最高,其有义务对于发行人和公众承担确保注册文件真实性的义务。承担上述角色的券商和其他证券服务机构的工作重点、核查资料范围、核查程度不同。在美国,往往只有出现"危险信号"(red flag)时,承销商才负有调查义务。《保荐办法》第 22 条要求保荐机构在发现"存在重大异常、前后重大矛盾,或者与保荐机构获得的信息存在重大差异的",才应当对有关事项进行调查、复核。其次是律师、会计师、资产评估师等证券服务机构的合理调查标准问题,以该职业领域的一般水平负有

---

〔1〕 参见《证券公司投资银行类业务内部控制指引》(中国证监会公告〔2018〕6 号)第 7 条。

〔2〕 参见《证券公司投资银行类业务内部控制指引》(中国证监会公告〔2018〕6 号)第 5 条第 4 项、第 14 条。

所谓的“特别注意义务”。最后是发行人的董监高的合理调查标准问题,应当分为三级:第一级是“负有直接责任的主管人员”。一般来讲,董事长、总经理、主管副总经理、财务负责人等通常会被认定为“负有直接责任的主管人员”(但不绝对)。他们要想免责,除证明自己在主观上没有故意外,还应证明进行了详尽的调查,切实履行了注意义务。第二级是第一级之外的“其他全职董监高”。第三级是“兼职董事”,其调查义务次之。

在证券监管机构的监管逻辑中,承销商及证券服务机构往往以一种整体形象出现。但在各机构的群体内部,不同专业领域的中介机构分工各异,又时而交叉,需要参照或依据彼此的工作成果。因此,承销商的信息核查义务,应根据核查对象的不同而有所差异。中国证监会、最高人民法院和证券交易所等多次强调,承销商、证券服务机构及其从业人员应当对与本专业相关的业务事项履行特别注意义务,对其他业务事项履行一般注意义务。

在所有中介机构中,保荐人的特别注意义务又有所不同。其他中介机构的特别注意义务一般只及于某一专业领域,但保荐人的特别注意义务则较为复杂。《证券法》第 10 条第 2 款规定的保荐人的特别注意义务是对发行人的申请文件和信息披露资料进行审慎核查,督导发行人规范运作。这一规定稍显原则化。更为具体的《保荐办法》第 22 条、第 23 条则明确要求:保荐人一方面要对证券服务机构出具专业意见中存在重大异常、前后重大矛盾,或者与保荐机构获得的信息存在重大差异的内容,履行调查和复核义务;另一方面要对没有证券服务机构专业意见支持的重要内容,履行审慎的尽职调查和独立判断义务。这就意味着,保荐人不但要对无专业服务机构参与的事项负责,还要对已经有专业服务机构出具意见的事项负责,可谓责任重大。对此虽有不同意见,但这是由目前法律框架下保荐人作为证券发行上市的总负责人和策划人的角色定位所决定的。所以就保荐人而言,依据《证券法》第 85 条对其专家过失进行推定后,在过失程度上,还可能会被作出较之其他中介机构过失更重的认定。

司法实践中亦有相关案例持此观点。如在前引 2022 年 1 月 28 日北京市高级人民法院的二审判决中,法院关于案涉承销商是否具有过错、应否承担连带责任的论述中,即认为,虽然发行人在案涉债券发行过程中存在虚假陈述,但其虚假陈述信息或属于专业的财务信息,并援引自会计师事务所出具的专业审计报告,或因发行人及相关责任人员的故意隐瞒而难以发现,最终案涉承销商得以免责。又如在(2020)沪民终666号判决书中,上海市高级人民法院认为,某律师事务所作为专业中介服务机构,为案涉重大资产重组出具法律意见书,对案涉重大资产重组作出了定价公允的结论,但该结论是基于评估机构对相关资产定价的评估确定,某律师事务所并非专业的审计或评估机构,其仅是从合法性、合规性角度对该定价予以评价,故要求律师对基于专业机构评定的资产价值的准确性、真实性、完整性负责,于理无据。法院认为,对于投资者主张由该律师事务所承担连带责任,难以支持。这同样体现了对不同中介机构注意义务范围进行区分的裁判逻辑。

二、行政处罚对于证券公司过错认定的影响及其排除

(一)证券公司虚假陈述行政责任与民事责任的对应关系

承销商因未尽审核义务而受到行政处罚,则该行政处罚意味着承销商未勤勉尽责、存在过错,很可能要对发行人或上市公司的虚假陈述行为承担连带赔偿责任(见表4-3)。

表4-3 证券公司虚假陈述行政责任与民事责任的对应关系

行政责任	民事责任	对应关系
《证券法》第182条规定,保荐人出具有虚假记载、误导性陈述或者重大遗漏的保荐书,或者不履行其他法定职责的,应受到行政处罚。 《证券法》第184条规定,承销商未尽审核义务应受行政处罚	《新虚假陈述规定》第23条规定,承销商、证券上市推荐人对虚假陈述给投资人造成的损失承担赔偿责任。但有证据证明无过错的,应予免责。(过错推定)	承销商因未尽审核义务而受到行政处罚,则该行政处罚意味着承销商未勤勉尽责、存在过错,很可能要对发行人或上市公司的虚假陈述行为承担连带赔偿责任

(二)中国证监会行政处罚是司法实践对承销商过错认定较为重要的参照标准

中国证监会的行政处罚(以及广义上的监管措施)是人民法院判断债券承销商是否存在过错、过错程度以及责任形态的重要标准。在《新虚假陈述规定》

施行前的司法审判实践中，虽然理论上行政责任与民事责任是不同的责任，但在民事案件中，法院限于专业能力的不足，在监管机关已经在先作出了认定的情况下，基本都会沿袭监管机关的认定，包括基本事实、责任大小。

如在五洋债案中，承销机构德邦证券公司、会计师事务所大信会计分别被中国证监会作出行政处罚，信用评级机构大公国际和发行人律师则未被行政处罚或行政监管。而二审判决基本沿袭了中国证监会对各中介机构的责任区分：一方面，在事实认定上，二审判决认定德邦证券公司、大信会计未勤勉尽责的具体理由，大部分复制中国证监会行政处罚决定书的内容；另一方面，在责任形态上，二审判令被行政处罚的两主体承担连带责任，未被行政处罚的两主体则酌情在10%和5%的比例内承担连带责任。

（三）《新虚假陈述规定》施行后的最新裁判表明，即便受过行政处罚也仍可能被认定为不具有重大性而被予以免责

行政处罚程序中所认定的事实并不具有司法判决的既判力，受行政处罚的行为并不必然构成民事侵权，应当根据未披露的信息是否构成重大性、是否足以影响投资者进行投资决策等，综合判断。

在《新虚假陈述规定》施行后，前述观点在新的司法裁判中得到了掷地有声的印证。2022年2月14日，新疆维吾尔自治区高级人民法院作出（2022）新民终1号民事判决书，推翻了一审法院依据中国证监会行政处罚内容对某证券公司的过错认定，以虚假陈述行为不具有重大性为由，改判该证券公司完全免责。该案一审法院认为，发行人未全面披露其与子公司之间的巨额关联交易，前述交易属于《证券法》列举的重大事件，“会影响投资者对上市公司资产状况、业绩与投资价值的判断，足以影响投资者的决策”，且中国证监会已经对此作出行政处罚，印证其行为“严重违反证券交易相关规则，系重大违法行为”。据此，一审法院认定虚假陈述行为具有重大性。很明显，可以看出，一审判决采用的是《九民纪要》第85条监管部门行政处罚等同于重大性的做法。

而新疆维吾尔自治区高级人民法院在该案二审中认为：“虚假陈述侵权赔偿规定第十条规定……根据查明的事实，至2019年3月21日（新疆证监局认定的收回全部款项时间），关联交易款项均已收回并取得利润。汇嘉时代公司

的股票价格在揭露日至基准日期间并未下跌,反而呈上升趋势。即使在杜某主张的2019年4月30日至10月29日,交易量即换手率亦未超出正常区间,最高值为5.27%仅一天,大多数时间均为1%以下。该虚假陈述未导致证券交易价格、交易量的明显变化,故该虚假陈述不具有重大性。杜某主张汇嘉时代公司赔偿其因虚假陈述而造成损失的诉讼请求不能得到支持。鉴于汇嘉时代公司的证券虚假陈述不具有重大性不应当承担民事责任,故本案中不再审查虚假陈述行为与投资者的损失之间是否存在因果关系的问题。"据此,即便受过行政处罚,也仍可能被认定为不具有重大性而被予以免责。

(四)承销商也可从涉处罚的报告对投资者决策的原因力大小角度,就最终需承担的责任份额进行减责抗辩

即使法院依据行政处罚内容认定承销商具有过错而不可避免地承担民事责任,承销商仍可从涉处罚报告对投资者决策的原因力大小角度,就最终需承担的责任份额进行减责抗辩。

在《新虚假陈述规定》施行后,济南市中级人民法院作出的(2021)鲁01民初1330号判决书中,被告金元证券在已被中国证监会行政处罚的情况下,被判仅在20%的范围内承担连带责任。该院认为,认定证券服务机构的责任范围应遵从责任与过错程度相当的侵权法基本法理,证券服务机构履职时应当勤勉尽责,在各自的工作范围和专业领域应尽注意义务,制作、出具的文件有虚假记载、误导性陈述或重大遗漏的,应根据其故意、过失等不同过错程度确定其责任。就案涉证券公司所受到行政处罚的问题,济南市中级人民法院认为:"金元证券受到中国证监会行政处罚涉及三份报告,但仅《2015年持续督导意见》向社会公众公告,另外两份向江苏证监局报送的《专项核查意见》未向社会公众公开,并无证据证明该两份《专项核查意见》对投资者的投资产生影响,故在确定金元证券责任时仅考虑《2015年持续督导意见》的影响。《2015年持续督导意见》涉及2015年度木尔坦项目和雅博公司国内建材销售业务两项虚假陈述,《2015年持续督导意见》在《2015年年度报告》之后向公众发布,两份报告内容存在部分重合,从雅百特股价的变化来看,《2015年持续督导意见》对市场的影响小于《2015年年度报告》的影响。本院结合金元证券的工作职责、过错程度

以及不实报告对投资者的影响力等因素，酌定金元证券在20%的范围内对雅博公司证券虚假陈述民事责任承担连带赔偿责任。”

在民事诉讼中，司法机关不应受行政处罚结果的约束，更不应无条件地当然采纳。《最高人民法院、中国证券监督管理委员会关于适用〈最高人民法院关于审理证券市场虚假陈述侵权民事赔偿案件的若干规定〉有关问题的通知》亦体现了前述精神：“……五、取消前置程序后，人民法院要根据辖区内的实际情况，在法律规定的范围内积极开展专家咨询和专业人士担任人民陪审员的探索，中国证监会派出机构和有关部门要做好相关专家、专业人士担任人民陪审员的推荐等配合工作，完善证券案件审理体制机制，不断提升案件审理的专业化水平。”未来我们也期待，《新虚假陈述规定》对前置程序的取消，能够强化法院的独立裁判，使其不再受行政决定的牵制。[1]

总之，在实施注册制改革、夯实承销商等中介机构“守门人”责任的同时，需进一步明确承销商责任范围，并区分其与其他证券服务机构的职责边界。从现有规则来看，承销商的工作很大程度上与会计师、律师相重复，对于重点风险领域，承销商、会计师与律师的重复工作可以相互验证，因此是必要的；但对于风险程度一般的领域，过度重复的必要性、可行性存疑。需要对证券发行过程中的潜在问题进行风险分类，并在此基础上重新研究界定承销商与会计师、律师等证券服务机构的职责。[2]

最后还须强调的是，虚假陈述过错的举证责任并非只是被诉承销商的责任。所谓举证责任的倒置只是针对初始举证责任，而非全部举证责任的倒置，在承销商提出反证证据之后，提供证据的责任即应向控方转移。控方亦应针对承销商的反证尽其所能提供进一步的反驳证据，并最终以诉辩双方的证据优势确定承销商是否构成过错。[3]

---

〔1〕 参见赵旭东：《论虚假陈述董事责任的过错认定——兼〈虚假陈述侵权赔偿若干规定〉评析》，载《国家检察官学院学报》2022年第2期。

〔2〕 参见林文学、付金联、周伦军：《〈关于审理证券市场虚假陈述侵权民事赔偿案件的若干规定〉的理解与适用》，载《人民司法》2022年第7期。

〔3〕 参见林文学、付金联、周伦军：《〈关于审理证券市场虚假陈述侵权民事赔偿案件的若干规定〉的理解与适用》，载《人民司法》2022年第7期。

三、责任形态的抗辩

关于证券虚假陈述中介机构责任形态的问题，最早可以追溯到1998年《证券法》。根据该法第161条的规定，各类证券市场中的中介机构仅需“就其负有责任的部分承担连带责任”。这一规定或可被视为“比例连带责任”最早的雏形。值得注意的是，当时承销的证券公司和发行人被放在同一个序列，均需对投资者在证券交易中遭受的损失“承担赔偿责任”(1998年《证券法》第63条)。而在2005年《证券法》中，第69条、第173条调整了1998年《证券法》关于中介机构责任形态的相应规则，规定存在过错的各中介机构(包括证券公司在内)应当与发行人(委托人)承担“连带赔偿责任”，且该规则一直沿用至今(现行2019年《证券法》第85条、第163条)。因此，早期的实践中一般认为，2005年之后的《证券法》对中介机构所承担连带责任的规定就是“刚性”的，即不区分中介机构的过错是故意还是过失，都要承担绝对连带责任。例如：中介机构不能证明自己没有过错的，就要承担100%的连带责任；中介机构能够证明自己没有过错的，就无须承担连带责任。

值得注意的是，不要求中介机构对全部损失承担连带责任的规则在相关司法解释中得以保留，例如：《审计侵权司法解释》区分了会计师事务所的故意和过失，并规定只有在会计师事务所故意侵权时才与被审计单位承担连带责任，在过失的情况下“应当根据其过失大小确定其赔偿责任”；《九民纪要》“关于证券虚假陈述”的引言部分中指出“责任承担与侵权行为及其主观过错程度相匹配”；2020年颁布的《债券会议纪要》提出了对中介机构应“考量其是否尽到勤勉尽责义务，区分故意、过失等不同情况，分别确定其应当承担的法律责任”的要求。考虑到相关司法解释的颁布实施时间较2005年《证券法》的规则更晚，有观点认为，《证券法》有关中介机构责任形态的规则实质上已经被相关司法解释所“修订”[1]，只是囿于《证券法》的较高法律位阶，而暂未对其作出调整。

---

〔1〕 参见余学文、陈伟江、荣佳：《为什么是“比例连带责任”？——中安科案简评》，载微信公众号“百宸律师事务所”，https://mp.weixin.qq.com/s/MG2L66t4O5PfunMEKC6n7A。

在实践中,证券监管机构或者人民法院在对中介机构虚假陈述的行为按照过错推定原则进行归责后,还需要结合中介机构虚假陈述的具体行为表现形式及在虚假陈述行为中的过错成分,将虚假陈述行为产生的责任承担在各个中介机构之间作出区分。具体而言,主要包括连带责任承担及按份责任承担。以陈某某等23名投资人诉大庆联谊公司、申银证券公司虚假陈述侵权赔偿纠纷案为例,申银证券公司在案件审理过程中以相关虚假陈述事实均系大庆联谊公司所为、申银证券公司既不明知也未参与为由进行抗辩,以期证明其不属于责任承担主体。但案件审理法院却认为,申银证券公司作为专业证券经营机构,没有履行作为专业人士的谨慎义务,对于原本通过专业核查手段能够发现或者核实的虚假陈述事实却未能发现或核实,属于"应当知道发行人或者上市公司虚假陈述,而不予纠正或者不出具保留意见"的行为,因此判令申银证券公司承担连带赔偿责任。

从上述案例分析及相关法律规定可以看出,专业中介服务机构承担连带责任的情形主要源自中介机构知道或应当知道相关主体存在虚假陈述行为却未予以纠正或者不出具保留意见等行为,或与虚假陈述主体恶意串通实施虚假陈述。鉴于专业机构在前述行为中存在故意或者重大过失,实践中审理法院均会让专业中介服务机构与发行人、上市公司一起对虚假陈述给投资者造成的损失承担连带赔偿责任。

《证券法》虽然规定虚假陈述的中介机构承担连带赔偿责任,投资者在起诉时大概率都会主张中介机构承担全部连带赔偿责任,但证券公司并非一律就投资者损失承担全部赔偿责任。根据《民法典》第177条和第178条的规定,二人以上依法承担按份责任,能够确定责任大小的,各自承担相应的责任;难以确定责任大小的,平均承担责任。二人以上依法承担连带责任的,权利人有权请求部分或者全部连带责任人承担责任。连带责任人的责任份额根据各自责任大小确定;难以确定责任大小的,平均承担责任。实际承担责任超过自己责任份额的连带责任人,有权向其他连带责任人追偿。综上,按份承担责任仅是在各个中介机构内部之间对于虚假陈述行为所导致的民事责任进行划分的一种方式,并不能对外针对投资者,即各中介机构在面对投资者等被虚假行为侵犯利益的主体承担责任时，仍然是依据相关法律的规定承担连带赔偿责任，只不过在对被侵权人承担连带赔偿责任之后，可以向其他中介机构进行追偿。

结合近年来的司法判例，我们可以进一步看出法院对证券公司责任形态的态度发生了明显转变：

在诸如金亚科技案[1]、沈机集团案[2]等早期案件中，法院的说理均止步于"中介机构存在过错，构成共同侵权"，基于现行《证券法》的规定以及共同侵权理论直接得出了"中介机构需承担连带赔偿责任"的结论，未就中介机构实际过错大小及责任大小作出具体的回应。

在华泽钴镍案[3]中，国信证券和瑞华事务所在恢复上市保荐和重大资产重组等服务过程中存在虚假陈述行为，而被诉与华泽钴镍承担连带责任。一审判决国信证券在40%范围内、瑞华事务所在60%范围内承担连带责任。二审法院则认为，国信证券和瑞华事务所存在重大过错，应就其共同侵权行为造成的全部损失承担连带责任，遂改判二者承担全部连带责任。本案二审法院没有明确指出国信证券和瑞华事务所的过错类型，但却指出，国信证券和瑞华事务所的过错并非一般疏失，而是重大过错。从二审判决的说理来看，其正是认定国信证券和瑞华事务所具有较为严重的过错程度，进而才认定构成共同侵权，从而判决承担全部连带责任。也即，二审法院认为国信证券和瑞华事务所的过错程度较重，而一审法院则认为过错程度较轻。这是二审改判的重要原因之一。如果二审判决中的"重大过错"是指故意，则按照上文的论述，作为保荐人的国信证券当然应当承担全部的连带责任。作为审计机构的瑞华事务所则可能承担全部连带责任，也可能承担部分连带责任。如果《新虚假陈述规定》最终采纳"故意—全部责任"的意见，则在本案中，作为审计机构的瑞华事务所将确定地就全部损失承担连带责任。

在被业界称为"比例连带责任第一案"的中安科案[4]中，法院认为，根据

---

〔1〕 参见四川省成都市中级人民法院民事判决书，(2019)川01民初3629号。

〔2〕 参见云南省高级人民法院民事判决书，(2020)云民终225号。

〔3〕 参见四川省高级人民法院民事判决书，(2020)川民终293号。

〔4〕 参见上海市高级人民法院民事判决书，(2020)沪民终666号。

《上市公司重大资产重组管理办法》《上市公司并购重组财务顾问业务管理办法》等规定，独立财务顾问需对重组活动作审慎尽职调查，对上市公司申报文件的真实性、准确性、完整性进行充分核验。独立财务顾问出具的意见中采用其他证券服务机构或者人员的专业意见的，仍然应当予以审慎核查，并对利用其他证券服务机构或者人员的专业意见所形成的结论负责。就案涉“班班通”项目，招商证券公司如果采取一定的调查手段，如函询、访谈、现场走访、查询公开招投标信息等方式，应可发现中安消技术公司在已经启动的项目中并未中标的事实。招商证券公司出具独立财务顾问报告时，除了获取中安消技术公司提供的框架协议和当地有关政策性文件之外，并无充分证据表明对该重点项目的实际进展情况予以审慎核查。此外，招商证券公司知悉“班班通”项目的真实情况后，应对之前的评估值以及交易定价的合理性和公允性质疑，但其在后续更新的财务顾问报告中，仍然认可了之前的收益、预测数据和评估值，未及时采取有效行为。因此，招商证券公司出具独立财务顾问报告过程中，未充分尽到勤勉尽责义务，导致报告的部分内容存在误导性陈述。从其虚假陈述的内容来看，主要涉及“班班通”项目，而“智慧石拐”项目和“BT”项目主要涉及收入确认等财务会计、审计问题，并非招商证券公司作为独立财务顾问的专业范围。从主观过错程度来看，中安科公司系案涉交易信息的直接披露者，中安消技术公司系案涉交易的信息提供者，与中安科公司和中安消技术公司相比，招商证券公司的过错程度相对较轻。从原因力的角度来看，案涉“班班通”项目构成相关评估和交易定价的重要基础，对中安科股票价格和投资者交易决策造成了一定影响。综合考量以上因素，结合独立财务顾问在上市公司重大资产重组中的地位和作用，酌定招商证券公司在25%的范围内对中安科公司的证券虚假陈述民事责任承担连带赔偿责任。

法院回顾了1998年《证券法》的最初规定，并在分析2005年后《证券法》历次修改变化以及《旧虚假陈述规定》和《审计侵权司法解释》中的相关表述的基础上，通过目的和体系解释创造性地得出了“连带赔偿责任并非仅限于全额连带赔偿，部分连带赔偿责任仍是法律所认可的一种责任形式”的结论，打破了此前证券虚假陈述纠纷案件中中介机构需全额承担“刚性连带责任”的刻板局面，体现了法院对法律原理、责任分配合理性等问题的审慎考量。该案的两级审理中，招商证券公司和瑞华事务所的连带责任范围由全部改为部分，其重要因素之一就在于二审对中介机构虚假陈述行为与损害结果之间因果关系的精细考察。本案中的招商证券公司作为财务顾问，并不对资产重组过程中的全部业务进行监督和协调。在重大资产重组中，标的公司会提供经营和会计资料，审计机构对标的公司进行盈利预测，评估机构依据盈利预测进行估值，财务顾问机构则对估值作价进行审核。以上各项工作环环相扣，彼此依存但又相对独立。其中的任何一项工作都不能主导全部，因而是相互辅助的。在此情况下，让仅仅参与部分工作的财务顾问（招商证券公司）和审计机构（瑞华事务所）就全部损失承担连带责任，有违因果关系认定中的要求。也就是说，中介机构工作对虚假陈述信息之产生的原因力和作用度，需纳入比例性衡量。固然如二审判决所指出的："盈利预测、交易定价等均是投资者判断公司价值的重要因素"，但其却并非全部因素；因此，要求相关中介机构承担全部连带责任，也就没有客观基础。需要指出的是，即使如同本案一审判决那样，要求招商证券公司和瑞华事务所就全部损失承担连带责任，招商证券公司和瑞华事务所也可以根据原因力向中安科公司追偿相应的赔偿数额。

此案之后，在五洋债案〔1〕、康美药业案〔2〕等新一批虚假陈述案件中，法院基本都采取"比例连带责任"的裁判思路，根据过错程度判决各中介机构在具体比例范围内承担连带赔偿责任。

结合前述相关司法解释的规定以及实践中的具体案例，不难看出，实务裁判界在证券虚假陈述侵权案件中日益强调"过罚相当"的基本原则，已经逐渐形成了"要求责任与过错相一致，而不是采取"一刀切"，不问过错程度一律让中介机构承担全部连带责任"的共识。〔3〕 许多虚假陈述案件中运用了比例连带

---

〔1〕 参见浙江省杭州市中级人民法院民事判决书，(2020)浙01民初1691号。

〔2〕 参见广东省广州市中级人民法院民事判决书，(2020)粤01民初2171号。

〔3〕 在2021年3月9日全国两会《最高人民法院工作报告》的访谈中，最高人民法院审判委员会专职委员刘贵祥大法官专门强调："在有些财务造假案件中，中介机构对企业的财务造假活动，因为核查手段等限制没有发现，在这种情况下，人民法院也强调责任追究的过罚相当，责任与过错相一致，而不是采取'一刀切'，不问过错程序一律让中介机构承担全部连带责任。"

责任。

《新虚假陈述规定》虽然没有对《证券法》第 85 条与第 163 条所涉虚假陈述行为人的责任承担形式作出规定,但也没有否认或限制司法实践中“比例连带责任”的运用,未来责任形式仍留给司法机关实践探索。连带责任的核心不在于各中介机构必须独自对外承担全部损失,而是保证对外部投资者来说 100% 的损失都能得到侵权责任人的连带赔偿。在“比例连带责任”的框架下,即使上述承担特定比例责任的中介机构的偿债能力不足以支付其自身应承担的责任,此时承担全部连带责任的发行人仍需就该部分向投资者承担连带责任。

而在对内追偿方面,“比例连带责任”亦未超出“连带责任”的制度框架。《新虚假陈述规定》第 23 条明确,连带责任人之间的内部分担与追偿按照《民法典》第 178 条之规定,根据各自责任大小确定内部责任份额,实际承担责任超过自己责任份额的,有权向其他连带责任人追偿。值得注意的是,此处内部追偿时对责任大小的判断是否直接以法院判决中划分的具体比例范围作为依据,实践中尚未形成统一观点,有待进一步探索。

因此,证券公司应当结合具体案件中的自身过错程度、对投资者损失的原因力的大小等因素,积极进行免责抗辩或责任比例抗辩。如果在同一案件中存在多家不同职能的中介机构,应当结合中介机构的专业领域、职能范围、过错程度等分析不同机构对投资者损失的原因力,从而免除和降低自身责任。

第五章　证券服务机构的应对

第一节　证券服务机构承担证券虚假陈述责任概述

证券服务机构,是指为证券的发行、交易及相关活动提供专业服务的机构。根据《证券法》第160条的规定,证券服务机构包括会计师事务所、律师事务所以及从事证券投资咨询、资产评估、资信评级、财务顾问、信息技术系统服务机构。证券服务机构是证券市场的重要组成部分。证券服务机构通过专业分工,提供财务、法律、资产评估、资信评级等各个领域的专业服务,促成证券发行、上市和交易。

证券市场信息不对称的特性决定了信息披露制度成为证券市场的核心制度。信息披露制度可以概括为,发行人等信息披露义务人依法履行信息披露义务,证券服务机构履行对相关信息进行核查和验证的义务,投资者根据上述披露的信息作出投资决策。为了保障投资者的权益,信息披露义务人披露的信息和证券服务机构制作、出具的文件,均应当真实、准确、完整,不得有虚假记载、误导性陈述或者重大遗漏。信息披露义务人承担虚假陈述民事责任的基础是直接违反了信息披露义务。对于证券服务机构而言,其作为证券市场的"看门人",承担虚假陈述民事责任的基础是违反了信息核查义务。证券服务机构若违反信息核查义务致使投资者基于错误的信息进行投资并产生损失,则证券服务机构需与信息披露义务人共同承担责任。

正如五洋债案一审判决书中杭州市中级人民法院的论述:"资本市场的健康发展依托于市场主体的诚信建设,切实而严肃地践行信息披露制度是证券市场健康繁荣的根本保证,也是投资者在充分了解真实情况的基础上自行作出交易判断、承担交易风险的前提。虚假陈述是证券市场的传统痼疾，不仅直接损害投资者的利益，更对公平公开的投资环境造成极大的破坏。让破坏者付出破坏的代价，让装睡的‘看门人’不敢装睡，是司法审判对证券市场虚假陈述行为的基本态度。”[1]五洋债案作为全国首例公司债券欺诈发行案件、证券纠纷领域全国首例适用代表人诉讼制度审理的案件，在一定程度上体现了司法实践关于证券虚假陈述的风向标。同时，《新虚假陈述规定》取消了行政处罚或刑事裁判文书“前置程序”，立案门槛降低。可以预见，今后证券服务机构被提起证券虚假陈述索赔诉讼的案件数量、被判决承担赔偿责任的风险都将爆发式增长。

《新虚假陈述规定》第18条规定，会计师事务所、律师事务所、资信评级机构、资产评估机构、财务顾问等证券服务机构制作、出具的文件存在虚假陈述的，人民法院应当按照法律、行政法规、监管部门制定的规章和规范性文件，参考行业执业规范规定的工作范围和程序要求等内容，结合其核查、验证工作底稿等相关证据，认定其是否存在过错。结合《新虚假陈述规定》第17条可以看出，证券服务机构指的是会计师事务所、律师事务所、资信评级机构、资产评估机构、财务顾问等，不包含保荐机构及承销机构。因此，本章所述的证券服务机构是会计师事务所、律师事务所、资信评级机构、资产评估机构及财务顾问。

第二节　证券服务机构承担证券虚假陈述侵权责任的认定

一、证券服务机构承担赔偿责任的法理基础

《证券法》第163条规定，证券服务机构制作、出具的文件有虚假记载、误导性陈述或者重大遗漏，给他人造成损失的，应当与委托人承担连带赔偿责任。关于证券虚假陈述民事赔偿责任的法律性质，理论界与实务界曾经存在侵权责任说、违约责任说、特殊法定责任说等各种观点。如今，随着《新虚假陈述规定》

---

〔1〕 参见浙江省杭州市中级人民法院民事判决书，(2020)浙01民初1691号。

的出台，证券虚假陈述民事责任的本质是侵权责任已经不存争议。

根据《民法典》第178条和第1168条的规定，构成共同侵权的每一主体应当承担连带责任，并且连带责任人对外承担了赔偿责任后，还需要在内部确定各自的责任，明确相应的追偿权行使规则。

证券服务机构的"共同侵权"责任主要发生在以下三种情形中：

第一，证券服务机构与发行人就实施虚假陈述行为存在共同意思联络，合谋造假构成共同侵权自不待言。发行人故意实施虚假陈述，证券服务机构故意制作、出具存在虚假陈述的信息披露文件，或者明知信息披露文件存在虚假陈述而不予指明、予以发布。实践中证券服务机构与发行人合谋作假的情形较为少见，当然也并非完全没有。例如：万福生科欺诈发行股票案，法院判决万福生科犯欺诈发行股票罪，判处罚金850万元；湖南里程有限责任会计师事务所常德分所犯欺诈发行股票罪，判处罚金66万元；湖南里程有限责任会计师事务所常德分所负责人左某涛犯欺诈发行股票罪，被判有期徒刑1年，缓刑1年。[1]

第二，发行人及证券服务机构主观上均为过失，发行人在信息披露时疏忽大意造成虚假陈述，证券服务机构在核查过程中违反注意义务，也未能发现信息披露文件存在虚假陈述。实践中这种情况较为少见，主要是因为发行人、上市公司对自身企业经营情况必然十分了解，发生虚假陈述时其主观上多为故意而非过失。

第三，发行人在信息披露时故意实施虚假陈述，证券服务机构在履职过程中严重违反注意义务，对信息披露文件中虚假陈述的形成或者发布存在过失。此时发行人、上市公司作为信息披露义务人，其主观为故意和明知；证券服务机构作为核查信息披露内容的"看门人"，其主观上为过失和疏忽，这些故意与过失相互结合，造成投资者的同一损害后果。该情形在实践中最为普遍，此时法院裁判认定证券服务机构是否构成共同侵权，主要关注的是客观关联的共同侵权行为，至于证券服务机构与发行人在主观上有无共同意思联络是承担责任大

---

〔1〕 参见《万福生科(湖南)农业开发股份有限公司关于收到〈刑事判决书〉的公告》(2014-083)，载豆丁网2014年12月30日，https://www.docin.com/p-1977146368.html。

小的定量依据,而非定性依据。

二、证券服务机构证券虚假陈述侵权责任的构成要件

《证券法》第163条对证券服务机构与发行人、上市公司虚假陈述行为承担连带责任要件的规定仍然遵循的是侵权责任法确立的侵权责任“四要件”模式(见表5-1)。

表5-1　证券服务机构证券虚假陈述侵权责任的构成要件

构成要件	认定规则	对应条文
违法行为	①信息披露义务人违反法律、行政法规、监管部门指定的规章和规范性文件关于信息披露的规定; ②披露信息中存在虚假记载、误导性陈述或重大遗漏	《新虚假陈述规定》第4条
过错	①信息披露义务人(无过错责任/严格责任); ②会计师事务所及其他中介服务机构(过错责任)	《证券法》第85条 《新虚假陈述规定》第13~19条
因果关系	①投资者基于虚假陈述实施相应证券交易行为; ②相关证券的价格波动系由虚假陈述所致; ③不存在排除因果关系的情形	《新虚假陈述规定》第10~12条
损害事实	①投资者买入或卖出相关证券所造成的投资差额损失; ②投资差额损失部分的佣金和印花税	《新虚假陈述规定》第25条

只有上述四个要件同时成立,才能构成侵权责任。如果证券服务机构制作、出具的文件中没有虚假陈述,那就不应承担连带赔偿责任。即便证券服务机构制作、出具的文件客观上存在虚假陈述,但是如果证券服务机构能够证明自己勤勉尽责,主观上没有过错,那么其仍然应当免责。

第三节　证券服务机构承担责任的形式

证券服务机构民事责任相关法律规范之间的不协调造成司法裁判结果的差异,也为法官裁量留下空间。分析我国法院司法实践,可发现主要存在全部

连带责任、比例连带责任、补充赔偿责任三类处理意见。

一、全部连带责任

证券服务机构对投资者承担连带责任的制度设计目的主要是保护投资者。在已发生的大量涉及证券服务机构赔偿责任的虚假陈述纠纷案件中,法院均判令证券服务机构就投资者的全部损失与上市公司承担连带赔偿责任,如大智慧案[1]、金亚科技案[2]、华泽钴镍案[3]等。

在大智慧案中,最高人民法院根据《中国证监会行政处罚决定书》(〔2016〕89号)认定会计师事务所未勤勉尽责。会计师事务所认为,其行为仅属于轻微过失,应根据《审计侵权司法解释》第6条承担与其"过失大小"相适应的责任,而非连带赔偿责任。法院认为,尽管《审计侵权司法解释》根据会计师事务所在审计业务活动中的主观过错程度对其责任承担形式进行了区分,但《证券法》第173条明确规定了会计师事务所等证券服务机构在虚假陈述责任纠纷中以推定过错作为承担连带责任的构成要件,并未进一步区分故意或者过失。因此,在会计师事务所不能证明其无过错的情况下,原审法院判决会计师事务所应与上市公司对投资者的损失承担连带赔偿责任并无不当。

在金亚科技案一审中,成都市中级人民法院根据《中国证监会行政处罚决定书》(〔2018〕78号)认定会计师事务所在财务报表审计过程中未予勤勉尽责。会计师事务所主张根据《旧虚假陈述规定》第24条、第27条其行为属于过失,不应承担连带责任。法院认为,《旧虚假陈述规定》第24条未明确规定责任形式,且该司法解释第24条、第27条所依据的1998年《证券法》第161条、第202条规定的责任形式均是连带责任,故会计师事务所关于其不应承担连带责任的意见缺乏法律依据。有意思的是,法院在该判决的裁判依据部分却依然引用了《旧虚假陈述规定》第24条。

在金亚科技案二审中,四川省高级人民法院根据《中国证监会行政处罚决

〔1〕 参见上海市高级人民法院民事判决书,(2018)沪民终147号。

〔2〕 参见四川省高级人民法院民事判决书,(2021)川民终176号。

〔3〕 参见四川省高级人民法院民事判决书,(2020)川民终293号。

定书》(〔2018〕78 号)认定会计师事务所未勤勉尽责。会计师事务所认为,其未勤勉尽责不具有主观故意,仅是过失或疏忽所致,应根据《审计侵权司法解释》承担与其过失大小相适应的责任。法院认为,根据《旧虚假陈述规定》第 27 条、《审计侵权司法解释》第 5 条规定,如属于"知道或应当知道"情形,那么会计师事务所与公司构成共同侵权,需承担全部连带责任。本案中,会计师事务所如按照执业规则勤勉尽责,应知公司会计报表存在不实内容,不予指明并出具了不实审计报告,属于"知道或应当知道",遂判令会计师事务所承担全部连带责任。

在中安科案一审中,会计师事务所认为,其没有收到中国证监会行政处罚,不应承担赔偿责任。上海金融法院认为,行政处罚系法院受理案件的依据,而非确定诉讼被告的依据,法律不要求对责任主体均受到行政处罚后才能被列为被告,投资者可以根据 2014 年《证券法》第 173 条、《旧虚假陈述规定》第 6 条将所有责任主体作为共同被告提起诉讼。《中国证监会行政处罚决定书》(〔2019〕44 号)认定上市公司存在违法行为,而对该上市公司进行审计的机构正是本案会计师事务所。作为审计机构,会计师事务所本应勤勉尽责,在未能提供证据证明其对此不存在过错的情形下,应与上市公司承担连带责任。本案中,一审法院判决支持原告对未被中国证监会行政处罚所认定的会计师事务所承担全部连带责任的民事诉讼请求,引发广泛讨论。

在康美药业案中,广州市中级人民法院根据《中国证监会行政处罚决定书》(〔2021〕11 号)认定会计师事务所严重违反了《中国注册会计师审计准则》《中国注册会计师职业道德守则》等规定。会计师事务所认为,其在审计过程中已经遵守执业准则、规则确定的工作程序,不存在过错或重大过失。如需对上市公司投资者投资损失承担责任,也仅应根据权利义务相一致原则担责,而非承担连带责任。法院认为,会计师事务所未实施基本的审计程序行为,影响极其恶劣,根据 2014 年《证券法》第 173 条规定,会计师事务所应与上市公司对投资者的损失承担连带赔偿责任。值得注意的是,法院在判决的裁判依据部分未引用《旧虚假陈述规定》第 24 条。此外,在阐述签字注册会计师、审计项目经理是否应承担赔偿责任时,法院认为,规定中介机构直接责任人责任承担的《旧虚假陈述规定》第24条所依据的1998年《证券法》第161条已经被修正,行为发生时施行的2014年《证券法》第173条已无中介机构直接责任人责任承担的规定,故根据新法优于旧法的法律适用原则,法院判令会计师事务所的员工不应因其职务行为直接对投资者承担赔偿责任。

在华泽钴镍案二审中,四川省高级人民法院根据《中国证监会行政处罚决定书》(〔2018〕126号)认定会计师事务所未勤勉尽责,该过错并非一般疏失,当属重大过错。会计师事务所认为,其在本案中不应承担任何赔偿责任。法院认为,根据《旧虚假陈述规定》第27条规定,如属于"知道或应当知道"情形,那么会计师事务所与上市公司构成共同侵权,需承担连带责任。此为法定责任,不因任何情形而发生改变。综合在案证据,会计师事务所与上市公司构成共同侵权,故需承担连带责任。

然而,刚性适用《证券法》第163条对于证券服务机构虚假陈述连带责任制度有不合理之处。连带责任制度无法体现主观过错程度,未区分故意和过失、重大过失和一般过失。《证券法》对证券服务机构规定的义务属于信息核查义务,与发行人的信息披露义务不同,带有附属性特征,需以发行人虚假陈述为前提,也说明了其非风险来源,而是控制发行人信息披露风险的制度保障。刚性适用《证券法》连带责任制度的规定忽视了证券服务机构附属性特征,在不考虑证券服务机构过错程度大小的情况下,使证券服务机构与发行人对投资者承担连带赔偿责任。[1]

当重大虚假陈述案件发生后,发行人通常因为破产或其他原因导致清偿能力有限。如果法院判决证券服务机构不分具体情况一律承担连带责任,导致行为最恶劣、责任最重大的发行人未承担赔偿责任或承担很少赔偿责任,而主观过失的证券服务机构实际上承担全部赔偿责任。如此判决使得证券服务机构要承担与其过错、原因力不相应的赔偿责任,不符合过错与责任相适应的公平原则。

---

〔1〕 参见欧阳振远:《证券中介服务机构虚假陈述中连带责任的疑惑及修正》,载凤凰网山东2021年12月28日,https://sd.ifeng.com/c/8CKvn1LDrJr。

二、比例连带责任

根据《民法典》前述规定，连带责任的承担，以共同实施侵权行为或分别实施充足原因侵权行为为前提；而分别实施非充足原因的数个侵权行为，则不属于连带责任适用范畴，应适用按份责任。上述观点在《最高人民法院关于审理环境侵权责任纠纷案件适用法律若干问题的解释》中亦有一定体现。[1]

《新虚假陈述规定》第 23 条规定，承担连带责任的当事人之间的责任分担与追偿，按照《民法典》第 178 条的规定处理，但本规定第 20 条第 2 款规定的情形除外。《民法典》第 178 条第 2 款规定：连带责任人的责任份额根据各自责任大小确定；难以确定责任大小的，平均承担责任。实际承担责任超过自己责任份额的连带责任人，有权向其他连带责任人追偿。该规定明确了连带责任人之间的按份责任，实际承担责任的连带责任人，可就超过自己责任份额的部分向其他连带责任人追偿。

遗憾的是，《新虚假陈述规定》并未就近两年来热议的比例连带责任作出规定。《证券法》第 85 条和第 163 条仅规定了相关责任人员、中介机构应与发行人承担连带责任，但现实中，如果所有责任主体均全额承担连带责任，若发行人无钱可赔，转而向中介机构和独立董事等责任主体追索、执行，该等人员无疑将承担过重的责任。各责任主体之间的过错程度往往有所不同，如过失显然轻于故意，独立董事的过错程度显然远轻于控股股东、实际控制人及核心高管，有的中介机构虽然有虚假陈述，但并未参与核心内容的造假过程，“一刀切”的裁判容易引发不公平，不符合民法公平原则和权利与义务、过错与责任相一致的一般原则。

最高人民法院在一系列司法解释中已尝试对《证券法》的证券服务机构连

---

〔1〕《最高人民法院关于审理环境侵权责任纠纷案件适用法律若干问题的解释》第 3 条第 3 款规定：“两个以上侵权人分别实施污染环境、破坏生态行为造成同一损害，部分侵权人的污染环境、破坏生态行为足以造成全部损害，部分侵权人的污染环境、破坏生态行为只造成部分损害，被侵权人根据民法典第一千一百七十一条规定请求足以造成全部损害的侵权人与其他侵权人就共同造成的损害部分承担连带责任，并对全部损害承担责任的，人民法院应予支持。”

带责任进行限缩解释。《审计侵权司法解释》明确地列举了认定故意和过失的不同情形。依照该司法解释第 5 条和第 6 条的规定，只有主观上与发行人或者上市公司恶意串通等知道或应当知道的故意，构成共同侵权，会计师事务所才会承担连带赔偿责任。而在过失的情况下，人民法院应根据其过失的大小确定其赔偿责任。虽然会计师事务所审计业务和律师事务所法律业务侧重有所不同，但具有重要参考价值，且相比对财务数据负更重要职责的会计师事务所，律师事务所在发行人财务造假欺诈发行中的过失应当更小。《债券会议纪要》规定："会计师事务所、律师事务所、信用评级机构、资产评估机构等债券服务机构的注意义务和应负责任范围，限于各自的工作范围和专业领域，其制作、出具的文件有虚假记载、误导性陈述或者重大遗漏，应当按照证券法及相关司法解释的规定，考量其是否尽到勤勉尽责义务，区分故意、过失等不同情况，分别确定其应当承担的法律责任。"

2021 年 3 月 9 日《最高人民法院工作报告》解读系列全媒体直播访谈第二场最高人民法院审判委员会专职委员刘贵祥法官发言中，强调进一步压实证券服务机构"看门人"的责任，同时也指出："在有些财务造假案件中，中介机构对企业的财务造假活动，因为核查手段等限制没有发现，在这种情况下，我们也强调责任追究的过罚相当，责任与过错相一致，而不是采取'一刀切'，不问过错程度一律承担全部连带责任。"[1]

在此之前，已有部分法院进行了大胆尝试。在保千里案中，深圳市中级人民法院非常大胆地判决评估机构对赔偿额 30% 的部分承担补充赔偿责任。一审法院深圳市中级人民法院即采纳了前述会计师对过失导致的虚假陈述承担补充责任的观点，广东省高级人民法院维持原判。深圳市中级人民法院认为：(1)1998 年《证券法》第 161 条所规定的责任性质虽然为连带责任，但强调的是对其应"负有责任的部分"而非全部连带责任。《旧虚假陈述规定》制定时，根据当时《证券法》的具体规定对证券服务机构民事责任类型作了明确区分。

---

〔1〕 参见《最高人民法院工作报告》解读系列全媒体直播访谈第二场，载最高人民法院网 2021 年 3 月 9 日，https://www.court.gov.cn/zixun-xiangqing-289881.html。

(2)《旧虚假陈述规定》第 24 条与 2005 年《证券法》第 173 条之间的关系，存在争议。(3)《审计侵权司法解释》第 5 条和第 6 条，不仅对会计师事务所审计业务中故意和过失侵权造成利害关系人损失的赔偿责任作出了不同规定，而且比《旧虚假陈述规定》更为明确地列举了认定故意和过失的不同情形。(4)《审计侵权司法解释》对审理评估机构的证券虚假陈述纠纷，具有重要参考价值。(5)《审计侵权司法解释》立法意旨与《旧虚假陈述规定》一脉相承，依照该司法解释规定，如果审验机构承担连带赔偿责任，主观上需要有与发行人或者上市公司恶意串通等知道或应当知道的故意，构成共同侵权。而在过失的情况下，人民法院应根据过失的大小确定赔偿责任。(6)“故意连带、过失补充”符合当时《侵权责任法》(已废止)的相关规定。(7)考察相关法律规定的沿革背景，法院认为，判断审验机构的责任类型时应考量其过错性质，才符合立法意旨。(8)在认定评估公司存在过失的情况下，法院综合考虑其造假情形，判令其对 30% 的部分承担补充赔偿责任。深圳市中级人民法院的裁判处理，是进行“故意连带、过失补充”“以其负有责任的部分为限”的有益实践，可资借鉴。

在华泽钴镍案一审中，成都市中级人民法院根据《中国证监会行政处罚决定书》(〔2018〕126 号)认定会计师事务所未勤勉尽责。会计师事务所认为，其不服中国证监会行政处罚已提起行政诉讼，根据《民事诉讼法》规定本案应当中止审理。法院认为，根据当时的《民事诉讼法》第 150 条第 1 款第 5 项规定，虽然会计师事务所对案涉行政处罚提起了行政诉讼，但该行政处罚非经法定程序撤销之前，仍属于合法有效。中国证监会对会计师事务所的处罚是对其行为进行行政管理领域的评价，并不影响本案中对会计师事务所民事责任承担的评价。此外，证券法的立法目的在于切实维护投资者合法权益，并通过民事责任追究实现震慑违法的功能，维护资本市场公开、公平、公正的市场秩序，有必要评价不同主体的侵权行为所造成的后果，以区分各自应当承担的责任份额，实现责任与侵权行为、主观过错程度相匹配。作为审计机构，会计师事务所在此次虚假陈述中的勤勉尽责义务较证券公司更高，其行为对投资者的影响也更为深远，应承担更高的责任，以体现权责相适应原则，遂判决会计师事务所承担 60% 的比例连带责任，证券公司承担 40% 的比例连带责任。

在五洋债案、中安科案和康美药业案中，法院判决要求部分中介机构、董监高按一定比例承担连带责任。比如：在五洋债案中，评估机构和律师事务所分别被判在 10% 和 5% 范围内承担连带责任；在中安科案中，独立财务顾问和审计机构分别对中安科公司赔偿付款义务在 25% 和 15% 范围内承担连带责任。

需要注意的是，证券虚假陈述案件标的通常动辄几亿元甚至数十亿元，在如此大的标的金额下，法院行使自由裁量权在认定具体责任比例时上浮动几个百分点，可能对于某家机构而言就是灭顶之灾。在衡量是否应承担“比例连带责任”以及具体承担的比例时，应当综合行为人主观过错程度以及行为的原因力大小这两方面整体判断，既考验个案的裁判智慧，也需要立法与实践的进一步探索。

另外，比例连带责任只解决了发行人以及证券服务机构如何向投资者承担责任的外部赔偿问题，但并没有解决发行人与证券服务机构之间、不同证券服务机构相互之间的内部责任分担问题。

在五洋债案中，法院判决陈某樟、德邦证券和大信会计均对投资者债务本息承担全部连带赔偿责任，大公国际在 10% 范围内承担连带赔偿责任，上海市锦天城律师事务所（以下简称锦天城律所）在 5% 范围内承担连带赔偿责任。但法院对于各方最终承担比例并未作出进一步的责任划分。2022 年 3 月 25 日，杭州市中级人民法院发布关于五洋债案的案款发放公告，陈某樟、德邦证券、大信会计、大公国际、锦天城律所证券虚假陈述责任纠纷系列案件相继生效，共涉及总标的 7.03 亿元。执行案件的案款已执行到位，其中陈某樟履行 15 万元，德邦证券总计履行 5.755 亿元，大信会计履行 1 亿元，大公国际履行 644.54万元，锦天城律所履行 3594 万元。[1] 从上述公告可以看出，只有德邦证券和锦天城律所完全履行了生效判决，其他被告应该承担的责任由德邦证券“垫付”。后续德邦证券如何向除锦天城律所之外的其他被告追偿又是新的问题，只能由执行法官和另案法官自行判断。执行法官和另案法官需要对证券虚

〔1〕 参见《浙江省杭州市中级人民法院关于“五洋债”案件案款发放公告（四）》，载杭州市中级人民法院网 2022 年 3 月 25 日，https://mp.weixin.qq.com/s/BdSff32s36CvN1XaCQkIbw。

假陈述案件中各个责任人的过错和对损害的原因力重新审查和判断，这些衍生案件如何保证公允以及准确有待进一步观察论证。

截至2022年10月1日，因证券虚假陈述内部责任追偿引发的争议极少，能公开检索到的仅有欣泰电气虚假陈述案，兴业证券系因向欣泰电气公司欺诈发行事件的适格投资者先行承担了赔偿责任，作出先行赔付后要求欣泰电气公司及会计师事务所、律师事务所等其他各责任主体分担责任。随着法院适用比例连带责任进行判决案例的增加，相信今后关于证券虚假陈述内部责任追偿的案例也会越来越多。

比例连带责任已成为越来越多一线法官的共识，但由于法律并无比例连带责任的规定，司法解释不好越俎代庖，故《新虚假陈述规定》暂未对比例连带责任作出规定。不过，这并不妨碍法院依据司法解释作出裁判，可以预见未来会有越来越多的关于比例连带责任的案例出现。

与此同时，随着比例连带责任案例的增多，或将给后面的执行与追偿工作造成混乱。根据《民法典》第178条第2款的规定：连带责任人的责任份额根据各自责任大小确定；难以确定责任大小的，平均承担责任。实际承担责任超过自己责任份额的连带责任人，有权向其他连带责任人追偿。问题来了，在比例连带责任人里，按比例实际承担了连带责任的人，又可否向比例外的责任人追偿？反过来，100%连带责任人承担赔偿责任后，可否向以及如何向比例连带责任人追偿？如不可以，则岂不异化为按份责任了？如可以，则双方或各方的责任份额又当如何分配？如康美药业案，有多个档次的比例责任，每个档次里还有多个比例连带责任人的，还存在比例内各责任人之间责任份额分配与追偿问题，以及各不同比例责任人之间的责任份额分配与追偿问题。如此一来，法院执行和诉讼追偿将变得异常复杂。

证券虚假陈述损害赔偿责任在我国民事法律体系中属于一项侵权损害赔偿责任，且通常表现为多数人侵权的情形。根据现行法律体系，在多数人侵权的情形下，其责任份额的分担应当具备法律与事实依据。传统学理一般将《民法典》第1168条无意思联络之分别侵权的民事责任类型定性为按份责任。但第1168条的规定实为相应的责任，理论上可涵盖按份责任、补充责任与比例连带责任等多种责任样态。《中华人民共和国民法典侵权责任编理解与适用》一书亦认为，划分责任时有两个基本考虑因素：首先要考虑的因素是过错，因为过错乃是确定损害赔偿责任的法理依据。对造成同一损害，应当斟酌数行为人的过错大小，按照比例过错原则确定各行为人的损害赔偿债务份额。其次需考虑的是原因力，即违法行为或其他因素对于损害结果发生或扩大的作用力大小，通过斟酌原因力的比例，并结合侵权行为人的主观过错比例，确定各主体应承担的损害赔偿债务份额。

综上所述，可以认为，“比例连带责任”的责任份额分担方式与我国现行立法的内在理论逻辑是一致的，并不会与现行法律体系产生冲突。在衡量是否应承担“比例连带责任”以及具体承担的比例时，应当综合行为人主观过错程度及行为的原因力大小两方面综合判断。

2021 年 10 月 26 日，最高人民法院作出(2021)最高法民申 6708 号民事裁定书，裁定驳回再审申请人会计师事务所的再审申请。这一裁定，不仅为历时两年多的中安科案画上休止符，也意味着作为证券虚假陈述中中介机构的“比例连带责任”承担方式被最高人民法院认可。在本案的二审判决中，人民法院撤销了一审法院关于证券公司、会计师事务所作为中介机构对上市公司的损害赔偿责任承担全额连带责任的判决，改判证券公司、会计师事务所分别在 25% 和 15% 的比例范围内承担连带责任，在当时被普遍认为是虚假陈述“比例连带责任”生效第一案。

尽管我国现行立法并未否认“比例连带责任”这一责任份额分担方式，但在证券虚假陈述领域的司法实践中，在中安科案二审判决前，并未出现过支持中介机构承担比例连带责任的生效裁判。在中安科案中被重点提及的“原因力”因素，在五洋债案一审判决以及二审判决关于各被告责任具体认定的分述内容中均未提及。在按照“原因力”确定各中介机构具体责任比例时，中安科案判决书采用了“营业收入”等财务指标。这是因为在股票虚假陈述纠纷中，投资者的损失通常表现为投资差额损失，而“营业收入”等财务指标与股票的交易价格又存在一定的正相关关系，因此，以该等财务指标作为原因力大小的判断依据，在股票虚假陈述纠纷责任认定中具有合理性。然而，在以五洋债案为例的债券虚假陈述纠纷中，投资者所遭受的损失则通常表现为因发行人丧失清偿能力而导致的债券本金损失，就其损失因果关系而言，与股票纠纷存在较大的差别，因此，在债券纠纷案件中能否照搬股票而仅以财务指标作为判断原因力大小的主要依据还是值得慎重考虑的。值得注意的是，在五洋债案中，二审判决“本院认为”提道：“发行人虚假陈述给投资人造成损失的，承销商和证券服务机构是否应当承担赔偿责任以及应当承担的责任大小，应当按照主观过错程度和行为的原因来综合判断。”尽管五洋债案二审判决并未明确直接依照原因力大小确定各中介机构的具体责任比例，但从其判决正文来看，该案裁判者亦认可“原因力大小”应当作为中介机构承担具体责任比例的依据之一。

三、补充连带责任

在保千里案中，深圳市中级人民法院根据《中国证监会行政处罚决定书》（〔2018〕114 号）认定资产评估公司未勤勉尽责。资产评估公司认为，其对于原告的交易损失不存在主观过错。即使存在一定过错，资产评估公司也不属于明知或者应当知道的情形，根据《旧虚假陈述规定》不应承担严重的连带赔偿责任。法院认为：第一，从证券服务机构的工作特点和成本考量，不应苛以过重乃至超出职责范围的注意义务，应保持一定的平衡，否则机构动辄得咎必会打破市场各方责任边界，走向良好目的的反面。法院认同专业中介服务机构对与其有关的证券虚假陈述行为是否承担民事赔偿责任、承担何种性质的民事赔偿责任，责任与过错应该相适应。第二，《旧虚假陈述规定》制定时，根据 1998 年《证券法》的具体规定对证券服务机构民事责任类型作了明确区分，2005 年《证券法》修改后，1998 年《证券法》第 161 条被修改后的第 173 条取代，未再区分中介机构故意或过失情况。因此，在司法解释没有修改的情况下，《旧虚假陈述规定》与现行《证券法》是否存在对应关系存在争议。但是，最高人民法院于 2007 年颁布的《审计侵权司法解释》第 5 条及第 6 条规定不仅对会计师事务所审计业务中故意和过失侵权造成利害关系人损失的赔偿责任作出了不同规定，而且比《旧虚假陈述规定》更为明确地列举了认定故意和过失的不同情形，故法院认为判断中介机构的责任类型时应考量其过错性质才符合立法意旨。第三，责任产生的原因和当事人之间的法律关系决定着责任的具体承担方式。根据《最高人民法院关于会计师事务所为企业出具虚假验资证明应如何承担责任问题的批复》(法释〔1998〕13 号,已废止),会计师事务所出具虚假验资报告,对虚假验资企业对外债务清偿不足部分,批复要求验资会计师事务所在其"证明资金的范围内"承担赔偿责任,此时会计师事务所承担的是有限的补充责任。根据民法公平原则和权利与义务、过错与责任相一致的一般原则,本案中资产评估公司在评估过程中,疏忽大意,把关不严,使本来可以避免的或者减少的损失得以发生或者扩大,属于补充责任人。因此,考察相关法律规定的沿革背景,法院判决评估公司承担 30% 的补充连带责任。

第四节　证券服务机构一般抗辩要点

《证券法》第 163 条规定的证券虚假陈述民事赔偿责任,本质上仍是侵权责任。侵权责任的成立,必须具备侵权行为、损害事实、因果关系和主观过错四个要件,四者缺一均不能构成侵权责任。关于损害事实构成要件,证券服务机构与其他被告的抗辩基本一致,此处不再展开。以下针对剩余三个侵权构成要件进行逐一分析探讨。

一、侵权行为——"前置程序"制度取消及重大性的举证分配

根据《旧虚假陈述规定》,原告提起证券虚假陈述责任纠纷诉讼时,需提交证券监管机构作出的行政处罚或人民法院作出的刑事裁判文书,否则人民法院不予受理。该规则被称为证券虚假陈述诉讼的"前置程序"规则。随着 2015 年立案登记制改革以及 2020 年最高人民法院《债券会议纪要》等司法解释及审判指导文件发布之后,"前置程序"规则出现了松动。《新虚假陈述规定》第 2 条第 2 款直接规定:"人民法院不得仅以虚假陈述未经监管部门行政处罚或者人民法院生效刑事判决的认定为由裁定不予受理。"该规定标志着证券虚假陈述诉讼的"前置程序"制度被正式取消。

"前置程序"规则对投资者的保护是一把"双刃剑",一方面将不符合"前置程序"要求的案件排除出民事实体审判范围,可能会使部分投资者丧失了维权机会。但另一方面,对于符合"前置程序"要求的案件,投资者的维权难度会被大大降低,只要提交行政处罚或刑事判决即可证明存在具有重大性的证券侵权行为,根据虚假陈述诉讼中的交易因果关系"推定信赖"原则、侵权过错推定原则,投资者胜诉比例极高。最高人民法院曾在《最高人民法院关于审理证券市场虚假陈述案件司法解释的理解与适用》中解释了设置"前置程序"的四点原因:一是保护初创期的证券市场稳定发展;二是防止出现诉讼案件数量激增的局面;三是解决原告举证难问题;四是与我国证券法律规范相适应。

基于"前置程序"规则的上述积极价值,"前置程序"被取消后,可能会导致大量虚假陈述侵权事实不成立的案件进入法院实体审理程序,既给各方当事人造成不合理的诉累,也浪费了国家司法资源。"前置程序"制度的取消对诉讼各参与方和法院都带来了新的挑战。我们认为,尽管"前置程序"制度已经被取消,但相应的抗辩意见仍然有实操意义,具体包括:

1. 如果监管部门经过调查并最终未作出行政处罚,则证券服务机构应该坚持前置程序抗辩,用尽诉讼程序权利。

证券虚假陈述侵权行为作为一种特殊的民事侵权行为,其区别于普通民事侵权行为的最大特征在于,这一行为具有行政违法性。《证券法》规定监管机构对证券市场实施监督管理,对证券违法行为进行查处。尽管《债券会议纪要》及《新虚假陈述规定》取消了行政处罚或刑事责任作为此类案件受理的前提,但是该条规定的本意在于保护投资者的诉讼权利,而并不意味着司法审判可以无视监管机构已经采取的监管措施和相应调查结论。

如果中国证监会对案涉证券项目进行了彻查,并对存在证券违法行为的多个主体分别予以相应行政处罚,若某个证券服务机构不在被处罚之列,则可以推论出监管机构已经认定该证券服务机构制作、出具的文件不存在虚假陈述等证券违法行为。如果法院判决该证券服务机构存在虚假陈述侵权行为,则法院既替代监管机构对相关行政违法事实进行了认定,同时又与监管机构的监管调查结论相冲突,间接确认了监管机构未依法履行监督管理职责。这样的做法将导致司法权与行政权的严重冲突，产生新的争议。

2. 证券服务机构在未受到行政处罚的情况下，可以抗辩要求投资者举证证明存在虚假陈述行为且虚假陈述具备重大性。

重大性是侵权责任四要件中是否存在"侵权行为"的判断标准，是否具有重大性决定了是否构成侵权行为的定性问题。虚假陈述的重大性要件是指可能对投资者进行投资决策具有重要影响力的虚假陈述行为才具有可赔偿性。[1]换言之，并非所有的证券市场中的虚假陈述行为都要承担民事侵权赔偿责任。如果虚假陈述的内容不具有重大性，则该虚假陈述行为不构成证券虚假陈述责任纠纷中的虚假陈述侵权行为，不具有可赔偿性。

《旧虚假陈述规定》没有专门针对重大性作出规定，这也导致在审判实践中，很多被告提出抗辩，以行政处罚认定的信息披露违法行为对投资者的交易决定没有影响为由否定违法行为的重大性。对此，《九民纪要》第 85 条规定："重大性是指可能对投资者进行投资决策具有重要影响的信息，虚假陈述已经被监管部门行政处罚的，应当认为是具有重大性的违法行为。"最高人民法院在《〈全国法院民商事审判工作会议纪要〉理解与适用》中进一步明确，《旧虚假陈述规定》通过设置起诉"前置程序"来为虚假陈述设定了重大性标准，也就是说，只要是被行政处罚或者刑事判决的虚假陈述行为，都当然构成重大证券侵权行为。

在"前置程序"的情形下，投资者只需要提供相关行政处罚或刑事判决，就完成了对是否存在虚假陈述、是否具备重大性的举证，基本不存在举证难度。但是在《新虚假陈述规定》取消"前置程序"后，在未经行政处罚或刑事判决的情形下，证券服务机构关于重大性可以提出抗辩，要求投资者举证证明存在虚假陈述行为，同时还要证明虚假陈述行为具有《新虚假陈述规定》第 10 条第 1 款规定的重大性情形。法院需对虚假陈述行为及其重大性进行独立审查和认定，大大增加了原告投资者的举证难度。

---

[1] 参见最高人民法院民事审判第二庭编著：《〈全国法院民商事审判工作会议纪要〉理解与适用》，人民法院出版社 2019 年版，第 448 页。

3. 即使证券服务机构已经被行政处罚也并非束手无策，一方面行政处罚并不当然豁免投资者关于重大性的举证责任，另一方面证券服务机构也有权提出反证抗辩。

如前文所述，《九民纪要》第 85 条明确了《旧虚假陈述规定》将前置程序行政处罚作为重大性的认定标准，并且不允许当事人提出反证。最高人民法院在《〈全国法院民商事审判工作会议纪要〉理解与适用》一书中解释上述规定的原因："虚假陈述司法解释是通过设置起诉前置程序来为虚假陈述设定了重大性标准，也就是说只要是被行政处罚或者刑事判决的虚假陈述行为，都当然构成重大证券侵权行为。因此，在虚假陈述司法解释尚未修改并依然适用的前提下，受诉法院不能将已处罚的虚假陈述行为认定为没有重大性。因此，对于一方提出的监管部门作出处罚决定的行为不具有重大性的抗辩，人民法院不予支持。"从上述观点可以看出，《九民纪要》第 85 条实际上是在《旧虚假陈述规定》关于前置程序的规定未被修订情形下的权宜之计，适用《九民纪要》第 85 条的前提是存在虚假陈述前置程序。如今《旧虚假陈述规定》已经被废止、《新虚假陈述规定》又明确取消前置程序，则《九民纪要》第 85 条适用的法律基础已经不复存在，理应随之失效。

另外，《九民纪要》第 85 条虽然规定受到行政处罚的虚假陈述行为当然具有重大性，且不允许被告提出反证，但《新虚假陈述规定》第 10 条第 2 款明确规定允许被告就重大性提出反证，二者相冲突。根据"新法优于旧法""上位法优于下位法"的法理原则，《九民纪要》第 85 条已经被《新虚假陈述规定》第 10 条取代。

综上所述，我们认为在《新虚假陈述规定》施行后，不应再将虚假陈述行为受到行政处罚等同于虚假陈述行为具有重大性。民事诉讼中虚假陈述行为是否受到行政处罚与是否具有重大性并不存在必然联系。即使证券服务机构已经被行政处罚，在民事诉讼程序中证券服务机构依然可以依据《新虚假陈述规定》第 10 条的规定进行抗辩，要求原告投资者举证证明被处罚的虚假陈述行为具备第 10 条第 1 款规定的重大性情形，同时可以根据第 10 条第 2 款的规定提出虚假陈述不具有重大性的反证抗辩。

二、因果关系的抗辩

(一)交易因果关系抗辩

《旧虚假陈述规定》没有区分交易因果关系和损失因果关系,而是将二者统称为“因果关系”规定在同一条文中。《新虚假陈述规定》一个重大进步是明确提出交易因果关系概念并确定了反证规则,指出交易因果关系并非在任何情况下都推定成立,对市场欺诈理论的适用限度予以适当修正。

《新虚假陈述规定》第12条规定的交易因果关系反证包括:(1)原告的交易行为发生在虚假陈述实施前,或者是在揭露或更正之后;(2)原告在交易时知道或者应当知道存在虚假陈述,或者虚假陈述已经被证券市场广泛知悉;(3)原告的交易行为是受到虚假陈述实施后发生的上市公司的收购、重大资产重组等其他重大事件的影响;(4)原告的交易行为构成内幕交易、操纵证券市场等证券违法行为的;(5)原告的交易行为与虚假陈述不具有交易因果关系的其他情形。

在实务中,除了《新虚假陈述规定》第12条前4项列举的具体的抗辩,证券服务机构还可以根据第5项兜底条款提出交易因果关系抗辩,包括对专业机构投资者的因果关系认定标准高于普通投资者。

中国证监会发布的《证券期货投资者适当性管理办法》将投资者分为普通投资者与专业投资者。普通投资者在信息告知、风险警示、适当性匹配等方面享有特别保护,而专业投资者并没有上述特别保护。专业的机构投资者,应具备高于普通证券市场投资者的投资技能和专业研究分析能力以及更高的风险识别能力和承受能力,投资前通常会进行内部决策。故机构投资者应证明其已运用专业分析研究能力、特别技能、知识和经验对证券的投资价值进行了判断,并已经过审慎决策,不能仅凭其交易受虚假陈述影响的证券即认定其投资损失与虚假陈述存在因果关系。据此,在判断投资损失与虚假陈述之间是否存在因果关系的问题上,对专业投资者应适用高于普通投资者的标准。在祥源文化案[1]和天业恒基案[2]中,法院均持上述观点。

(二)损失因果关系抗辩

根据《新虚假陈述规定》第 31 条第 1 款之规定,人民法院应当查明虚假陈述与原告损失之间的因果关系,以及导致原告损失的其他原因等案件基本事实,确定赔偿责任范围。该条将损失因果关系定性为法院必须查明的案件基本事实,对法院审理案件的精细化提出了进一步要求。法院在判决赔偿责任范围时必须查明损失因果关系,不能简单推定全部承担责任或者全部不承担责任。

《新虚假陈述规定》第 31 条第 2 款列举了证券市场系统性风险和非系统性风险的抗辩。如果被告能够举证证明原告的损失部分或者全部是由他人操纵市场、证券市场的风险、证券市场对特定事件的过度反应、上市公司内外部经营环境等其他因素所导致,则被告可以相应减轻或者免除责任。

随着法院审判精细化发展,除上述系统性风险和非系统性风险抗辩外,证券服务机构关于损失因果关系的原因力抗辩也应该进一步细化。证券服务机构针对案件的每项具体虚假陈述行为的原因力需要逐一分析,首先根据其工作职责范围明确其是否应当对该项虚假陈述事实负责,然后再分析该项虚假陈述事实对投资者损失的原因力大小进行损失因果关系抗辩。上述抗辩已经在多个案件中得到法院认可,并且取得了相对较好的抗辩效果。

中安科案存在多项虚假陈述项目,法院在认定财务顾问招商证券公司的责任比例时,先将主要涉及收入确认等财务会计、审计问题,并非招商证券公司作为独立财务顾问的专业范围的虚假陈述项目剔除。然后针对财务顾问应该承担责任的虚假陈述项目占中安消技术公司 2014 年度预测营业收入的 26%,构成相关评估和交易定价的重要基础,从而对中安科股票价格和投资者交易决策造成一定影响。据此法院酌定招商证券公司在 25% 的范围内对中安科公司的证券虚假陈述民事责任承担连带赔偿责任。[3]

---

[1] 参见浙江省高级人民法院民事判决书,(2019)浙民终 1414 号。

[2] 参见山东省济南市中级人民法院民事判决书,(2020)鲁 01 民初 2517 号。

[3] 参见上海市高级人民法院民事判决书,(2020)沪民终 666 号。

保千里案中法院认定评估机构银信资产评估有限公司的责任比例时,结合虚增估值占比和造假合同的数量占比综合考量。保千里电子公司相关意向性合同一共有 28 份,其中有 9 份存在造假情况,占比近 30% 。据此法院酌定银信公司对保千里公司因虚假陈述应赔偿原告损失 30% 的部分承担补充赔偿责任。[1]

三、勤勉尽责

(一)勤勉尽责的内涵

《证券法》自施行以来,经历了 5 次修订,纵向比较 6 个版本中关于中介机构过错的认定部分,可以发现,现行"勤勉尽责"的标准是在遵守"执业规则"的基础上演变而来的(见表 5 - 2)。具体体现在 2004 年《证券法》第 161 条修改为 2019 年《证券法》第 163 条(见表 5 - 2)。

表 5 - 2　新、旧《证券法》对"勤勉尽责"规定对比

2004 年《证券法》第 161 条	2019 年《证券法》第 163 条
为证券的发行、上市或者证券交易活动出具审计报告、资产评估报告或者法律意见书等文件的专业机构和人员,必须按照执业规则规定的工作程序出具报告,对其所出具报告内容的真实性、准确性和完整性进行核查和验证,并就其负有责任的部分承担连带责任	证券服务机构为证券的发行、上市、交易等证券业务活动制作、出具审计报告及其他鉴证报告、资产评估报告、财务顾问报告、资信评级报告或者法律意见书等文件,应当勤勉尽责,对所依据的文件资料内容的真实性、准确性、完整性进行核查和验证。其制作、出具的文件有虚假记载、误导性陈述或者重大遗漏,给他人造成损失的,应当与委托人承担连带赔偿责任,但是能够证明自己没有过错的除外

可以看出,"勤勉尽责"是对"按照执业规则规定的工作程序出具报告"吸收而来的,因此,中介机构欲证明自己尽到勤勉尽责义务,第一步即应证明自己的行为符合行业的执业规范。

在中介机构的行为符合行业执业规范的前提下,对于是否需要进一步考察

[1] 参见广东省深圳市中级人民法院民事判决书,(2019)粤 03 民初 1834 号。

中介机构有无尽到执业谨慎义务存在分歧。以审计业务为例,一直以来,会计界与法律界对于如何认定财务报告的真实性存在较大分歧,会计界认为,从程序正当性的角度出发,只要审计行为遵循了正当的审计程序,严格按照独立审计准则完成财务报告,即使报告结果与实际情况存在偏差,该份报告也应属于"真实的财务报告",[1]而法律界则更加关注实体真实,即使按照正当程序出具的报告,仍有可能存在错误,因此要求中介机构尽到职业谨慎义务。[2] 事实上,在现行实践中,监管机构与司法机关已倾向于认为中介机构在执业过程中,不仅要满足行业执业规范,还要尽到职业谨慎义务。

以中国证监会对会计师事务所作出的处罚案例为例,如《中国证监会行政处罚决定书》(〔2019〕135 号)所载:"审计机构的勤勉尽责义务为过程性要求而非以结果论,北京××所作为专业审计机构,调查手段固然有限,但依法应对审计证据中明显的异常保持应有的关注和职业怀疑;对审计过程中的异常性和风险点,应勤勉尽责,依法履行审计职责,不应以手段有限而塞责。"此种观点代表了中国证监会对会计师事务所的主流观点,在《中国证监会行政处罚决定书》(〔2019〕110 号)也表达了同样的立场。

中国证监会对于律师事务所也持同样态度,如《中国证监会行政处罚决定书》(〔2017〕70 号)载明:"判断律师在 IPO 项目中是否勤勉尽责,可以从两方面考虑:一是是否严格按照《管理办法》《执业规则》及《编报规则》第 12 号进行执业,二是在发表法律意见时是否履行了必要的核查验证程序,获取足以支撑发表意见的证据材料……IPO 项目执业过程中,存在违反《管理办法》《执业规则》及《编报规则》第 12 号的情形;同时对于从其他中介机构取得的工作底稿资料未履行必要的核查验证程序,未尽到一般注意义务。"

同时,法院裁判亦采用类似观点,例如在(2020)京行终 618 号行政判决书中,北京市高级人民法院认为:"在认定注册会计师是否勤勉尽责的问题上,应

〔1〕 参见彭真明:《论会计师事务所不实财务报告的民事责任——兼评上海大智慧公司与曹建荣等证券虚假陈述责任纠纷案》,载《法学评论》2020 年第 1 期。

〔2〕 参见姜磊、段威:《新〈证券法〉下会计师事务所虚假陈述民事责任的界定》,载《中国注册会计师》2021 年第 4 期。

对其过程性特征而非单纯的审计结论给予充分关注,应当考虑注册会计师是否遵循审计准则,是否获取合理保证,是否在整个审计过程中始终运用职业判断和保持职业怀疑,在识别评估重大错报风险,设计实施应对措施,获取评价审计证据,形成审计意见等重要审计环节体现出注册会计师的高度专业性和应有的职业水准,从而减少发表不恰当审计意见的可能性,降低审计风险。客观上,评价注册会计师是否勤勉尽责不妨以同样的专业人士在办理类似专业工作中所应秉持的勤勉和注意程度作为参照标准,考察被评价对象是否有进一步作为的空间和余地,而非被评价对象主观的认知与能力。作为判断勤勉尽责的外化标准则是,有充分证据证明注册会计师已经按照审计准则的要求,保持职业怀疑,运用职业判断,获取合理保证。"

由此,中介机构在虚假陈述纠纷中,除证明自己行为符合行业执业规范外,还需证明在行为过程中,已尽到职业谨慎义务。职业谨慎义务的实质应理解为注意义务,是注意义务的一种形态。对于未尽到职业谨慎义务的情形,其实质应理解为违反专业标准的情形,由此可知,职业谨慎义务属于注意义务的一种,特指具有特殊专业技能的专业人员,如医生、会计师、律师等在执业过程中,是否有达到通常专业人员所具备的专业能力。法律提高了中介机构对其专业事项的注意义务,而对于非其专业领域内的事项,则只需尽到普通的注意义务,如律师事务所通常可以直接引用会计师事务所出具的相关意见(一般仅要求履行普通的核查验证),而无须对该意见进行专业复核验证,除非其明知该意见存在问题,或该意见存在显而易见的问题。

中介机构的普通注意义务与民法理论上的一般注意义务不完全相同,中介机构的普通注意义务是以其他机构的特别注意义务为前提的,各个专业机构需要对自己职责范围内专业事项负有特别注意义务,而这些特别注意义务又属于其他机构的普通注意义务。如此规定,背后的理由在于:"对证券服务机构各自职责范围内的事项课以特别注意义务,是基于专业分工、职责范围的划分,目的是督促其勤勉尽责;对非其职责范围内的事项要求证券服务机构仅负有普通注意义务,目的是不强人所难、不苛责。”[1]

对于中介机构应如何行为才能被认定为满足职业谨慎义务,法律并未作出相关规定。可以作为参考的是最高人民法院民事审判第二庭对会计师事务所的职业谨慎义务的详细解读。最高人民法院民事审判第二庭在《最高人民法院关于会计师事务所审计侵权赔偿责任司法解释理解与适用》一书中认为,所谓审计活动中必要的职业谨慎,又被称为审计应有的关注,即在审计工作中保持应有的谨慎、认真、仔细、适当的怀疑。[2]

对此审计活动的职业谨慎,最高人民法院民事审判第二庭作了进一步细化,判断会计师事务所是否保持了必要的职业谨慎,通常从以下四个方面入手:

(1)是否制订了切实可行的审计计划,合理、妥善安排审计工作;

(2)是否有合理的怀疑精神和敏锐的观察能力,若在审计过程中发现疑点,必须进一步查明;

(3)是否实施了比较完善的审计程序,审计结论应有充分的审计证据;

(4)是否遵守了职业道德规范。[3]

此认识可以作为认定会计师事务所是否尽到职业谨慎的参考。

综合来看,对中介机构是否勤勉尽责,法院审查重点如表5-3所示。

表5-3 法院对中介机构是否勤勉尽责的审查重点[4]

中介机构抗辩理由	民事案件审理重点
发行人故意隐瞒有关事实或与相关企业串通舞弊,其已经履行了一般的注意义务	中介机构应对其出具的意见履行专业人士特别的注意义务,而非一般注意义务
工作底稿完备,也进行了现场走访核查,通过正常的工作方式难以发现虚假陈述行为	在履行职务过程中,中介机构应全面收集并查验相关材料,审慎而独立地发表意见

---

[1] 参见赵磊:《债券虚假陈述中信用评级机构的注意义务》,载《人民法院报》2021年4月29日。

[2] 参见最高人民法院民事审判第二庭编著:《最高人民法院关于会计师事务所审计侵权赔偿责任司法解释理解与适用》,人民法院出版社2015年版,第168页。

[3] 参见最高人民法院民事审判第二庭编著:《最高人民法院关于会计师事务所审计侵权赔偿责任司法解释理解与适用》,人民法院出版社2015年版,第169页。

[4] 参见郑博涵、张智潇:《注册制下证券虚假陈述中介机构民事责任边界研究——以120份裁判文书和60份行政处罚为样本》,载彭冰主编:《金融法苑》(总第107辑),中国金融出版社2022年版,第39~61页。

续表

中介机构抗辩理由	民事案件审理重点
已经采取了必要的、适当的审计程序，尽到了勤勉尽责的义务	调取的资料是否完整、核查验证是否充分，如答案均为否，则未尽到勤勉尽责义务
误信其他中介机构出具的专业意见	援引其他证券中介机构的资料时，对同时为发行人服务的专业人士出具的报告或文件没有独立调查的义务，但需要履行普通人的一般注意义务
工作底稿的瑕疵或疏忽，不属于应当承担法律责任的情形	应当按程序充分、认真、细致地制作与审核工作底稿，未履行应有的专业注意义务即应承担责任

（二）证券服务机构的过错限于故意和重大过失，不包括“一般过失”

《新虚假陈述规定》沿袭了《审计侵权司法解释》《旧虚假陈述规定》的基本分类，将《证券法》第 85 条、第 163 条规定的“过错”区分为了“故意”与“过失”。根据《新虚假陈述规定》第 13 条的规定，证券服务机构的“过错”包括故意和过失两种情况：故意即证券服务机构故意制作、出具存在虚假陈述的信息披露文件，或者明知信息披露文件存在虚假陈述而不予指明、予以发布。过失即证券服务机构严重违反注意义务，对信息披露文件中虚假陈述的形成或者发布存在过失。我们认为，上述第二种情况“过失”是指严重违反注意义务的“重大过失”，而不包含“一般过失”。换言之，证券服务机构虽然违反了注意义务，但其过错程度轻微未达到严重程度的，并不构成要承担证券虚假陈述侵权责任的“过错”。

证券发行是直接融资的重要形式，如果发行顺利，发行人可以在较短时间内筹集到巨额资金。正因如此，发行人作为融资方往往有很强的积极性，有时甚至为了达到融资目的而不惜造假，以尽可能满足发行条件。而“看门人”机制的作用在于激励“看门人”利用其权力进行监督和控制，或至少影响公司客户（发行人）的行为，从而阻止他们的不当行为。但在现实中，由于中介机构基本由发行人委托并由发行人支付报酬，于是中介机构往往可能与发行人形成一定程度的利益捆绑，从而弱化“看门人”机制的效用。同时，发行人作为委托人很可能与中介机构形成长期关系，这也会产生一种强大力量，可能抵消“看门人”机制的预期效果。所以，看待“看门人”机制不能理想化。实践中中介机构确实存在与发行人合谋造假的动力；只要发生了这种情况，中介机构对于虚假陈述就可能存在明显的故意。有时，即使中介机构并未参与合谋，但如果明知发行人存在虚假陈述而不予以尽职审查，也构成故意。比如，会计师事务所明知发行人存在提前确认收入、虚增销售收入、虚增利润等造假行为，但未执行必要有效的审计程序而未予揭示，也应认定为故意。

证券服务机构对侵权过错要件进行抗辩的时候，首先应当努力证明其不存在过错。退一步而言，如果无法证明其不存在过错，也要抗辩其虽有过错但是主观上是过失而非故意，且系"一般过失"而非"重大过失"，从而尽可能减轻责任。虽然证券虚假陈述适用过错推定原则，但如果没有其他证据佐证，法院也不会轻易推定行为人主观上存在虚假陈述的故意。

证券发行虚假陈述中的过失，需要以注意义务为基础进一步予以分层。一般认为，证券发行中中介机构的注意义务分为特别注意义务和普遍注意义务。特别注意义务是基于勤勉尽责义务而承担的、依赖自身专业知识和专业技能审慎履职的义务；普通注意义务则是非基于自身专业知识和技能而承担的一般谨慎义务。在证券发行领域，中介机构在自身专业范围内应尽的特别注意义务对于其他中介机构而言就是普通注意义务；非自身专业职责范围的普通注意义务对于其他中介机构而言则可能是特别注意义务。比如，律师事务所出具的披露文件中也可能涉及财务问题，但律师事务所对该问题的披露是非财务披露（non-financial disclosures），不对财务问题直接负责。因此，特别注意义务是对专业中介机构的特别要求，某一特定中介机构所具备的专业技能也是其能够参加证券发行的根本原因。如果某中介机构违反其特别注意义务，则法律要求其参加证券发行的制度目的就将彻底落空，即使其履行了普通注意义务，也无济于事。反之，如果中介机构履行了特别注意义务，则即使其履行普通注意义务有瑕疵，也没有对相应的制度目的造成根本破坏。

结合上文的分析，我们认为，在案件处理过程中应当深入中介机构专业职责范围的层面剖析各自义务的属性和特点，进而更加细化地确定中介机构是否存在"故意"或"严重违反注意义务"。从过错视角来看，中介机构的赔偿责任因故意和过失而不同。而在过失方面，又需进一步区分特别注意义务和普通注意义务,“就证券发行各中介机构之间的职责配合而言,违反特别注意义务构成专家过失,违反普通注意义务则构成非专家过失”[1],以下通过五洋债案和中安科案两个案件进行阐释。

1. 五洋债案:故意与过失

在五洋债案生效裁判中,证券承销机构和会计师事务所就全部债务本息承担连带赔偿责任,评级机构和律师事务所各在全部债务本息的10%和5%范围内承担连带赔偿责任(见表5-4)。

表5-4　五洋债案中各中介机构的赔偿责任占比

类目	承销机构	会计师事务所	评级机构	律师事务所
以五洋建设所承建工程项目应收账款和应付项目“对抵”的方式,同时虚增企业应收账款和应付账款,从而虚增利润	未尽责	未尽责		
投资性房地产在总资产中占比较高,为充分履行调查、复核程序排除合理怀疑	未尽责			未尽责
东舜百货大厦(沈阳五洲出售事项)	未尽责		未尽责	未尽责
生效判决确定的连带责任赔偿范围	100%	100%	10%	5%

如表5-4所示,五洋债案的违法事实聚焦于三个方面:(1)五洋建设2012年至2014年年度的财务报表问题;(2)五洋建设的投资性房地产问题;(3)五洋建设控股子公司沈阳五洲公司出售投资性房地产问题。

生效裁决体现了各中介机构不同的义务和职责范围:在五洋债案中德邦证券作为债券承销机构,就上述三个违法事实均负有民事责任;会计师事务所、评级机构和律师事务所基于各自的工作范围和专业领域,分别对相应违法事实承担责任。

---

[1] 丁宇翔:《证券发行中介机构虚假陈述的责任分析——以因果关系和过错为视角》,载《环球法律评论》2021年第6期。

值得注意的是，债券承销机构和会计师事务所均承担了100%的连带责任，我们理解是因为二者均涉嫌“故意”，根据《新虚假陈述规定》第13条可知，“故意”包括明知信息披露文件存在虚假陈述而不予指明、予以发布。本案中德邦证券明知五洋建设控股子公司沈阳五洲公司已将东舜百货大厦以大幅低于公允价值的价格出售，却未将其作为重大事项写入核查意见；会计师事务所未获取充分、适当的审计证据加以验证就“放任”五洋建设关于应收账款和应付账款对抵的账务处理。

对此，法院认定：“德邦证券作为承销商审慎核查不足，专业把关不严，未勤勉尽职，对‘15五洋债’‘15五洋02’债券得以发行、交易存在重大过错”；“大信会计作为审计机构出具存在虚假记载的审计报告，未勤勉尽职，对‘15五洋债’‘15五洋02’债券得以发行、交易存在重大过错。”虽然法院采取的表述为“重大过错”，但是我们理解，从法律效果上看，“重大过错”在某种程度上等同于《新虚假陈述规定》规定的“故意”；在中介机构存在故意的情况下，中介机构应与发行人就投资者的全部损失承担连带赔偿责任。

有关评级机构和律师事务所的民事责任，法院首先明确了其专业职责范围：“锦天城律所、大公国际虽对财务数据相关事项仅负有一般注意义务，但其应当对可能涉及债券发行条件、偿债能力的重大债权债务、重大资产变化等事项给予关注和提示。”法院认定：“大公国际对项目核查中提出的‘关于沈阳五洲出售事项公司的会计处理’之修改意见，未进一步核实关注并合理评定信用等级，存在过错”；“未见锦天城律所对该重大合同及所涉重大资产变化事项关注核查，对不动产权属尽职调查不到位，未能发现占比较高的重大资产减少情况对五洋建设偿债能力带来的法律风险，故锦天城律所亦未勤勉尽职，存在过错”。

大公国际和锦天城律所的上述“过错”，与德邦证券和大信会计的“重大过错”相比，我们认为应当属于《新虚假陈述规定》规定的“严重违反注意义务”，二者承担的民事责任较之“故意”也相对较轻。

2. 中安科案：特别注意义务和一般注意义务

除了区分故意和过失之外，根据中安科案生效判决可知，法院根据各中介机构（本案中不涉及保荐承销机构）的职责在过失的基础上又进一步区分特别注意义务和一般注意义务，就中介机构违反特别注意义务的行为判决其承担相应的责任(见表5－5)。

表5－5　中安科案中各中介机构的赔偿责任占比

类目	独立财务顾问	会计师事务所	律师事务所
盈利预测中的“班班通”项目存在误导性陈述，致使重组置入资产评估值严重虚增	未尽责		
“智慧石拐”项目不符合收入确认条件，虚增2013年度营业收入5000万元		未尽责	
以BT方式承接的工程项目收入未按公允价值计量，虚增2013年度营业收入515万元(金额较小，法院认为重要性相对较低)		未尽责	
生效判决确定的连带责任赔偿范围	25%	15%	0

如表5－5所示，中安科案的违法事实聚焦于三个方面：(1)“班班通”项目的盈利预测问题；(2)“智慧石拐”项目收入确认；(3)以BT方式承接的工程项目收入计量问题(金额较小，法院认为重要性相对较低)。招商证券作为独立财务顾问因“班班通”项目的盈利预测存在误导性陈述而被判决承担25%的连带责任，瑞华事务所主要因未披露“智慧石拐”项目虚增收入而被判决承担15%的连带责任，本案的律师事务所未被判决承担责任。

上海市高级人民法院在认定上述中介机构的责任时始终坚持区分“特别注意义务”和“一般注意义务”。首先，就独立财务顾问的民事责任而言，上海市高级人民法院认为，本案独立财务顾问仅对“班班通”项目负有特别注意义务，“本案所涉交易系上市公司重大资产重组，招商证券公司作为独立财务顾问应当重点关注交易定价的公允性、标的公司盈利预测的可实现性等事项。鉴于‘班班通’项目对于中安消技术公司(交易标的公司)未来收益预测及资产评估具有重大影响，独立财务顾问应当将其作为审慎核查的对象予以重点关注。就‘班班通’项目，招商证券公司未能依据独立财务顾问的规范要求和执业准则尽到勤勉尽责义务，存在过错。而关于‘智慧石拐’项目和‘BT’项目，主要涉及收入确认等财务会计、审计问题，并非招商证券公司作为独立财务顾问的专业范围，招商证券公司对上述事项仅承担一般注意义务，审核过程中不存在明显过错”。

就会计师事务所的民事责任而言，上海市高级人民法院认为，本案会计师事务所仅就“智慧石拐”项目负有特别注意义务，“就案涉‘智慧石拐’项目，中安消技术公司在不符合收入确认条件情况下按完工百分比法确认该项目收入，导致2013年度营业收入虚增5000万元。瑞华事务所未提供证据材料显示其实施了必要审计程序，对‘智慧石拐’项目的实际开工情况、施工进展、完工进度等缺乏应有的关注以及必要的数据复核。据此，本院认为，瑞华事务所在出具案涉审计报告过程中，存在未勤勉尽责的情形，具有一定过错”。

本案律师事务所在一审判决中未被判决承担法律责任，因此未上诉；一审法院同样对“特别注意义务”和“一般注意义务”作了区分，认定本案中律师事务所对上述三个事项均只负有一般注意义务：“华商律师事务所作为专业中介服务机构，为案涉重大资产重组出具《法律意见书》。从该份法律意见书的内容来看，华商律师事务所虽对案涉重大资产重组作出了定价公允的结论，但该结论是基于评估机构对相关资产定价的评估确定，华商律师事务所并非专业的审计或评估机构，其仅是从合法性、合规性角度对该定价予以评价，故要求华商律师事务所对基于专业机构评定的资产价值的准确性、真实性、完整性负责，于理无据。”〔1〕

从上述案例可见，此前司法实践中在认定中介机构的过错时，通常表述为“重大过错”和“过错”，在《新虚假陈述规定》将过错明确区分为“故意”和“严重违反注意义务”后，需观察此后的判决中，法院是否会依据《新虚假陈述规定》的规定更为精确化地确定过错问题。关于注意义务，法院通常会根据各中介机构的专业职责和工作领域区分特别注意义务和一般注意义务，中介机构通常需要对违反特别注意义务的事项承担法律责任。

（三）重大过失应承担连带责任还是补充责任

《新虚假陈述规定》第35条第1款规定：“本规定自2022年1月22日起施行。《最高人民法院关于受理证券市场因虚假陈述引发的民事侵权纠纷案件有关问题的通知》《最高人民法院关于审理证券市场因虚假陈述引发的民事赔偿案件

---

〔1〕 上海金融法院民事判决书，(2019)沪74民初1049号。

的若干规定》同时废止。《最高人民法院关于审理涉及会计师事务所在审计业务活动中民事侵权赔偿案件的若干规定》与本规定不一致的,以本规定为准。”

据此,在《新虚假陈述规定》生效后,《审计侵权司法解释》仍然继续有效,并行适用于证券虚假陈述责任纠纷中对会计师事务所责任的认定,如二者存在冲突,应以《新虚假陈述规定》为准(见表5-6)。

表5-6　证券服务机构承担责任类型的法条表述

<table>
<tr><th>《证券法》</th><th>《新虚假陈述规定》</th><th>《审计侵权司法解释》</th></tr>
<tr><td rowspan="3">第163条　证券服务机构为证券的发行、上市、交易等证券业务活动制作、出具审计报告及其他鉴证报告、资产评估报告、财务顾问报告、资信评级报告或者法律意见书等文件,应当勤勉尽责,对所依据的文件资料内容的真实性、准确性、完整性进行核查和验证。其制作、出具的文件有虚假记载、误导性陈述或者重大遗漏,给他人造成损失的,应当与委托人承担连带赔偿责任,但是能够证明自己没有过错的除外</td><td rowspan="3">第13条　证券法第八十五条、第一百六十三条所称的过错,包括以下两种情形:(一)行为人故意制作、出具存在虚假陈述的信息披露文件,或者明知信息披露文件存在虚假陈述而不予指明、予以发布;(二)行为人严重违反注意义务,对信息披露文件中虚假陈述的形成或者发布存在过失</td><td>第5条　注册会计师在审计业务活动中存在下列情形之一,出具不实报告并给利害关系人造成损失的,应当认定会计师事务所与被审计单位承担连带赔偿责任:……</td></tr>
<tr><td>第6条　会计师事务所在审计业务活动中因过失出具不实报告,并给利害关系人造成损失的,人民法院应当根据其过失大小确定其赔偿责任。注册会计师在审计过程中未保持必要的职业谨慎,存在下列情形之一,并导致报告不实的,人民法院应当认定会计师事务所存在过失:……</td></tr>
<tr><td>第10条　人民法院根据本规定第六条确定会计师事务所承担与其过失程度相应的赔偿责任时,应按照下列情形处理:(一)应先由被审计单位赔偿利害关系人的损失。被审计单位的出资人虚假出资、不实出资或者抽逃出资,事后未补足,且依法强制执行被审计单位财产后仍不足以赔偿损失的,出资人应在虚假出资、不实出资或者抽逃出资数额范围内向利害关系人承担补充赔偿责任。(二)对被审计单位、出资人的财产依法强制执行后仍不足以赔偿损失的,由会计师事务所在其不实审计金额范围内承担相应的赔偿责任。(三)会计师事务所对一个或者多个利害关系人承担的赔偿责任应以不实审计金额为限</td></tr>
</table>

《新虚假陈述规定》第13条对《证券法》第163条作了限缩解释,将《证券法》第163条所称的过错限缩为故意和重大过失两种情形。从文义的对应来看,证券服务机构(包括会计师事务所)需要证明没有过错(包括故意和重大过

失),才能免于承担《证券法》第163条规定的连带赔偿责任。

如上述理解正确,则在会计师事务所存在故意、重大过失的情形下,仍应适用《证券法》第163条的规定,承担连带赔偿责任。但按照《审计侵权司法解释》的规定,会计师事务所仅在故意和推定故意的情形下才承担连带赔偿责任,而过失(包括重大过失、普通过失、轻微过失)仅承担补充赔偿责任。

也就是说,在重大过失应承担何种责任的问题上,《新虚假陈述规定》与《审计侵权司法解释》存在潜在冲突,按照《新虚假陈述规定》第35条第1款关于冲突解决规则的规定,应以《新虚假陈述规定》的规定为准,即在重大过失的情形下,会计师事务所可能仍要承担连带赔偿责任。

(四)证券服务机构的责任限定于其工作范围和专业领域,区分特别注意义务和一般注意义务

《证券法》第163条对中介机构过失的推定,是建立在中介机构违反特别注意义务的基础上的。因为第163条的文义表明,其规范的行为都是中介机构在专业职责范围内提供服务的诸行为,需要根据其执业规范和专业特性进行专业判断。超出专业职责范围的行为,则不在第163条的调整范围内。因此,《证券法》第163条所推定的过失,是违反特别注意义务的专家过失,而不包括违反普通注意义务的非专家过失。对于非专家过失,则因不涉及专家责任而不宜纳入推定的范围。否则,一方面不能有效区分专家在其专业职责范围内的较高注意义务和非专业职责范围内的普通注意义务,从而激励专家更好地履行好专业职责;另一方面也会诱发推定机制的滥用,导致专家在其非专业领域也将动辄得咎,根本上有悖于自己责任的一般法理。

因此,对于中介机构基于其专业职责范围内事项而产生的过失,应认定为专家过失,可以适用《证券法》第85条和第163条予以过错推定,产生连带责任。并且根据上文关于过错轻重的论述,这里的连带责任更应该是部分连带责任。对于中介机构非基于其专业职责范围事项而产生的过失,应认定为非专家过失,该过失超出了《证券法》第85条和第163条的适用范围,不应适用过错推定和连带责任。此时,应由原告投资者证明中介机构的过失。如果证明中介机构存在过失,则直接依据《民法典》第1172条关于无意思联络数人侵权的规则,

承担按份责任。如果不能证明中介机构存在过失,则不承担责任。

《新虚假陈述规定》第 18 条第 2 款明确指出证券服务机构的责任限于其工作范围和专业领域。证券服务机构依赖保荐机构或者其他证券服务机构的基础工作或者专业意见致使证券服务机构出具的专业意见存在虚假陈述,能够证明证券服务机构对所依赖的基础工作或者专业意见经过审慎核查和必要的调查、复核,排除了职业怀疑并形成合理信赖的,人民法院应当认定证券服务机构没有过错。

不同证券服务机构的专业职能分工不同,每家证券服务机构在各自职责范围内发表专业意见。证券服务机构对各自专业相关的业务事项履行特别注意义务,对其他业务事项履行普通注意义务。特别注意义务需要专业人士通过专业知识才能履行,普通注意义务仅需保持普通谨慎之人在通常情况下所能达到的谨慎、勤勉即可完成。

如果要求某一证券服务机构对非其职责范围内的业务事项负有超出一般标准的注意义务:一方面对于该机构而言责任过重,在业务技术层面也是强人所难、过分苛责;另一方面也会将本属于某类机构的义务转移给其他机构,不利于专业分工和督促其他机构勤勉尽责。证券服务机构可以结合其专业范围进行抗辩:案涉虚假陈述事项并非其法定职责范围,不应承担特别注意义务;对于援引其他机构的基础工作或者专业意见,已经在一般知识水平和能力范畴内履行了核查注意义务,因此不存在过错。

在中安科案中,虽然律师事务所出具的法律意见书对案涉重大资产重组作出了定价公允的结论,但该结论是基于评估机构对相关资产定价的评估确定,律师事务所并非专业的审计或评估机构,其仅是从合法性、合规性角度对该定价予以评价,故要求律师事务所对基于专业机构评定的资产价值的准确性、真实性、完整性负责,于理无据。最终法院判决律师事务所不承担虚假陈述侵权责任。[1]

在五洋债案中,五洋建设在不具备公司债券公开发行条件的情况下,违反

〔1〕 参见上海市高级人民法院民事判决书,(2020)沪民终 666 号。

会计准则,少计提坏账准备,以虚假申报材料骗取监管机构债券公开发行的审核许可。在此过程中,大公评估公司为案涉发行人和发行债券出具主体信用评级报告和债券信用评级报告。在出具报告之前的尽职调查中,大公评估公司项目组已经就五洋建设部分房地产买卖合同价款低于公允价值的问题,作出提请关注的处理,但大公评估公司仍然对案涉债券信用给予“AA”评级。后众多投资者将五洋建设及其实际控制人、大公评估公司及其他中介机构诉至法院请求赔偿。法院认为,大公评估公司对于虚假陈述导致的投资者损失存在因果关系,但相比发行人、实际控制人、承销商,大公评估公司虚假陈述对于损失发生的原因力显然更小,因而初步判断应承担较小部分的连带责任。大公评估公司如果能够证明,评级报告中的错漏是其经过周密调查,并经过三级审核程序最后提交信用评审委员会投票表决后仍无法发现的,则不应认定其存在过失。但从生效判决书文本内容来看,大公评估公司未能就此举证,故依据 2014 年《证券法》第 173 条推定其过失是成立的。在此基础上,还应考察大公评估公司的过失程度。大公评估公司履行了相应的核查、验证义务,但对项目核查中提出的“关于沈阳五洲出售事项公司的会计处理”之修改意见,未进一步核实关注。可以认为,其过失程度尚属适中,相比承销商和会计师事务所的过失程度显然要轻,但又比律师事务所过失程度略重。也正是这样,生效判决确定其在 10% 的范围内承担连带责任。

需要指出的是,中国的证券市场正处于不断改革发展进程中,股票发行与债券发行在审核注册机构、信息披露及中介机构要求方面存有不同;企业债券、公司债券和非金融企业债务融资工具发行中介机构的特别注意义务也有不同,甚至在非金融企业债务融资工具内部,超短期融资券(SCP)、短期融资券(CP)、中期票据(MTN)、资产支持票据(ABN)等融资工具品类下资信评级机构的特别注意义务亦可能不同。在此情况下,不同中介机构,甚至同一中介机构在不同的证券发行中,其特别注意义务都会存在一些差异。这就会对其过失程度的认定产生些许影响。因此,在确定赔偿范围时,应在充分考虑上述差异的基础上考察过失程度,并结合因果关系确定更为妥当比例的连带赔偿责任。

虚假陈述案件标的金额大,涉及当事人众多,法院判决往往具有示范效应。

证券机构在抗辩的时候,还可以从民法原则角度进行兜底抗辩。在一些重大的虚假陈述案件中,发行人或上市公司因为行政处罚、刑事处罚无法正常经营,公司本身已经面临退市甚至进入破产重整程序无力清偿,上市公司实际控制人作为自然人清偿能力有限。若不分具体情况一律判决证券服务机构承担连带责任,导致的结果是从虚假陈述行为中受益最多、主观最恶劣的发行人及其实际控制人等主体在法院执行程序中实际上不承担赔偿责任或承担很少的赔偿责任,而主观过错较小的证券服务机构实际上承担了全部赔偿责任,有违公平原则。判决也不能起到应有的震慑和惩戒作用,与最高人民法院提出的"追首恶"原则相去甚远,也与废除"刚兑"的目标南辕北辙。

若被判决承担不区分主次责任的连带赔偿,对证券服务机构的打击力度过大,权利与责任失衡。证券服务机构可能因为一单业务几十万元收入就面临数亿元的巨额赔偿风险,远超机构对业务风险的预期。当收入和风险不成正比,理性的证券服务机构只能大幅增加业务收费标准或者干脆不去承接类似业务。最终法院判决示范效应的结果很可能是:除个别极其优质的企业,大多企业可能会被证券市场排斥,增加企业融资难度,影响证券市场乃至整个金融市场的平衡发展。

随着《新虚假陈述规定》的生效,证券虚假陈述案件已经进入前置程序取消时代。一方面可以预见投资者起诉证券服务机构的虚假陈述案件数量会急剧增加。证券服务机构在加强项目风险排查和防范的同时,也应积极做好涉诉后的应诉准备。另一方面比例连带责任和精细化审判已经成为发展趋势,不区分过错程度地一概认定证券服务机构承担全额连带责任的判决应该会越来越少。

与司法实践水平提升相对应,证券虚假陈述案件中对证券服务机构的应诉抗辩水平也提出了更高要求。我们建议证券服务机构首先判断投资者主张的每一项虚假陈述事项侵权事实是否成立、是否满足重大性要件。其次根据自己的专业职责分析筛选哪些虚假陈述事项与自己存在关联,剔除不应由自己负责的虚假陈述事项。最后针对与自己相关的虚假陈述事项,从主观过错程度、注意义务、原因力等因素综合抗辩,充分维护自身的合法权益。

第五节　会计师事务所的抗辩要点

一、会计师事务所被诉“虚假陈述行为”的常见情形

按照《证券法》第163条、《新虚假陈述规定》第13条和第18条等规定，证券服务机构对出具的文件，在其工作范围和专业领域范围内承担责任。对于会计师事务所而言，最常出具的是对发行人的财务审计报告，此外还有可能出具专项审计报告、验资报告等。

发行人在发行证券、持续信息披露中，最为重要的信息就是公司的财务数据，而会计师事务所作为专门负责财务审计的证券服务机构，为发行人出具审计报告，对财务数据的真实性承担了主要审核职责。因此，发行人的财务造假，通常体现在会计师事务所出具的审计报告中，而会计师事务所可能被认为在出具审计报告的过程中未遵守审计准则、职业道德。

有学者对2001～2018年中国证监会对会计师事务所、注册会计师作出的行政处罚进行了统计和梳理，并总结了注册会计师受处罚的主要原因：其一是未严格遵守具体审计准则的要求；其二是注册会计师职业道德的缺失。[1]

就未遵守审计准则而言，经统计2001～2018年行政处罚，主要涉及如下准则（见表5－7）：[2]

---

〔1〕 参见胡波、刘亚慧：《证监会行政处罚公告分析——从会计师事务所和注册会计师角度》，载《商业会计》2021年第23期。

〔2〕 参见胡波、刘亚慧：《证监会行政处罚公告分析——从会计师事务所和注册会计师角度》，载《商业会计》2021年第23期。

表 5-7　未遵循审计准则的类别及次数

准则名称	次数	占比(%)	准则名称	次数	占比(%)
函证	31	51.67	分析性程序	4	6.67
审计证据	13	21.67	业务质量控制	3	5
审计工作底稿	10	16.67	利用其他注册会计师的工作	3	5
关联方及其交易	12	20	会计估计变更	2	3.33
会计业务处理	9	15	审计范围	2	3.33
货币资金的审计	9	15	分析性复核	2	3.33
存货/固定资产的监盘	6	10	资产负债表日后调整事项	2	3.33
风险评估	6	10	价值估值	2	3.33
销售与收款审计	5	8.33	财务报表中与舞弊相关的责任	2	3.33
注册会计师职业道德	5	8.3	追加审计程序	3	5
了解被审计单位及其环境并评估重大错报风险	2	3.33	期后事项	2	3.33
对评估的重大错报风险实施恰当的审计程序	1	1.67	重要性	1	1.67
财务报表审计的一般原则	1	1.67	计划审计工作	1	1.67

注:表中列示了60份处罚公告中出现次数较多的审计准则,其余违反的审计准则主要包括对担保事项的披露、长期挂账的应收账款和坏账准备、主营业务成本的测试有误、会计差错等。

就未遵守执业道德而言,主要集中在:(1)客户变更委托需要注册会计师与前任进行沟通,但却未执行该程序。(2)在明知客户存在少提费用、虚增利润的前提下,为了防止公司退市,仍出具无保留意见的审计报告,违背客观、独立、公正的原则。(3)迫于被审计单位的外在压力,被迫出具不实的审计报告,对职业道德产生严重影响。(4)与客户串通舞弊,任意调整年度财务报表数据,违反了独立、诚信、客观的原则。[1]

经过分析已有的案例,会计师事务所的主要抗辩策略如下:

---

〔1〕参见胡波、刘亚慧:《证监会行政处罚公告分析——从会计师事务所和注册会计师角度》,载《商业会计》2021年第23期。

(1)会计师事务所如果受到行政处罚,可能被认定为存在虚假陈述行为。

对于受到行政处罚的会计师事务所,处罚决定中一般会对其具体的过错行为、违反的具体执业准则与规则等作出认定。法院通常直接依据行政处罚认定会计师事务所存在虚假陈述行为,抗辩主张不存在虚假陈述行为几乎无空间。

(2)即便会计师事务所受到行政处罚,也可进一步抗辩主张应区分其与发行人虚假陈述行为的范围,实现限缩承担责任范围的目的。

在一些案件中,会计师事务所的虚假陈述行为与发行人的虚假陈述行为并不完全重合,会计师事务所仅对部分行为负有责任。相应地,在确定赔偿责任时,也应考虑会计师事务所虚假陈述行为的范围、具体行为、原因力大小、对投资者的影响等,来确定其责任范围。

例如,在(2021)黑01民初2353号判决书中,法院认定:"大华事务所在出具审计报告及控股股东、关联方资金占用情况说明过程中,未按照审计业务准则尽到勤勉尽责义务,导致出具的文件因存在虚假记载和重大遗漏被重庆监管局处罚,大华事务所应就其负有责任的部分承担连带赔偿责任。但因大华事务所被处罚事项仅涉奥瑞德公司2017年度财务报表审计项目,且被处罚事项为未对期后诉讼事项执行进一步审计程序、未对应收账款异常情况执行进一步审计程序,根据大华事务所注意义务和应负责任范围,综合考量大华事务所虚假陈述所涉事项、过错程度与造成损失的原因力等因素,酌定在5%的范围内对奥瑞德公司承担连带赔偿责任。"于此情形下,会计师事务所应着重向法院强调对工作范围、专业领域外的虚假陈述行为不承担责任,相应地对责任范围予以限缩。

(3)会计师事务所如未受到行政处罚,则可主张不存在虚假陈述行为。

前置程序实质取消前,行政处罚就是存在虚假陈述行为的证据,原告通常无须进一步举证即可认定受处罚主体存在虚假陈述行为。但前置程序实质取消、原告可以对未受行政处罚的主体提起诉讼之后,则需要对未受处罚当事人存在虚假陈述行为承担举证责任,无法举证的应承担举证不能的后果。

《新虚假陈述规定》第2条也明确规定了投资人对存在虚假陈述行为的举证责任,即应当提供"信息披露义务人实施虚假陈述的相关证据"。原告虽然不再受前置程序的限制，但仍然对存在虚假陈述行为负有举证责任，而在缺乏行政处罚的情形下，原告举证实际上存在不小的困难。

例如，在(2018)浙民终786号判决书中，发行人和会计师事务所都未受到行政处罚，投资人提交了其本人出具的分析说明，用于证明发行人相关年报、审计报告存在虚假记载，法院认定该分析说明不能证明发行人年报存在虚假陈述、天健所出具的审计报告为不实报告，驳回了其诉讼请求。

因此，在发行人未因财务数据造假受到行政处罚、会计师事务所未受到行政处罚的情形下，会计师事务所有较大机会抗辩主张不存在虚假陈述行为。但在近期个别案件中，法院同意了原告对财务报告是否存在虚假记载的鉴定申请，司法鉴定可能也是未来原告完成举证的一种可以选择的方式，会计师事务所对虚假陈述行为的抗辩可能还需应对鉴定程序、鉴定报告。

(4)发行人受到行政处罚，且处罚事项如明确发行人财务数据存在虚假记载，也可能借以证明会计师事务所出具的报告存在虚假记载。

受处罚发行人普遍存在的虚假陈述行为就是通过各种手段虚增收入、利润，美化财务数据，行政处罚通常会认定记载财务数据的年度报告存在虚假情形，而发行人年度报告中的财务数据又援引自审计报告，处罚内容实际上认定了审计报告存在虚假记载。

正因如此，对于发行人财务数据已经被行政处罚认定存在虚假的情形，法院认定会计师事务所责任主要考虑主观过错程度，而无须再单独就虚假陈述行为作出认定。

例如，在(2020)湘民终123号、124号、204号、319－343号案中，对发行人的行政处罚已经认定“2015年年度报告、2016年年度报告，存在虚假记载”，法院未对会计师事务所虚假陈述行为单独认定，而是直接考虑其主观过错程度，认定：“本案中，从天健所一审提交的证据来看，天健所作为尔康制药公司年度报告的审计机构，在对尔康制药公司虚假陈述所涉的各笔交易的审计过程中，进行了必要的查验、函证等程序，并无违反审计准则的行为，在其已保持必要的职业谨慎的情况下，未发现尔康制药公司的上述违法事实，应认定其不存在故意或重大过失。”

二、会计师事务所主观过错认定与行政处罚、监管措施的关联

目前，会计师事务所主观过错认定与行政处罚、监管措施之间的关系主要有以下几种：

（1）会计师事务所如果受到行政处罚，将可能被认定为存在过错。

对于受到行政处罚的会计师事务所，处罚决定中通常会对其具体的过错行为、违反的具体执业准则与规则等作出认定。在此情形下，法院可以直接依据行政处罚认定会计师事务所存在过错。过错程度严重的可能被判令承担全额连带责任。如大智慧案、金亚科技案、康美药业案等；过错程度较轻的可能被判令承担部分连带责任。例如，在雅博科技案中，江苏省高级人民法院认为审验机构责任应限于各自专业领域，区分故意、过失等不同过错程度，结合案涉审验机构工作职责、过错程度与所涉报告对投资者的影响力，酌定审计机构、独立财务顾问分别在30%和20%范围内承担连带责任。

（2）会计师事务所虽未受到行政处罚，在取消前置程序的背景下，法院也可能将对其过错进行审查。

前置程序取消前，因投资人通常难以举证证明会计师事务所存在过错，司法实践倾向于以未受到处罚、原告不能证明会计师事务所存在过错为由，判令会计师事务所不承担责任。

例如，在（2020）云民终1221号判决书中，法院认定："本案中，上诉人未提交证据证明毕马威会计所、瑞华事务所、中德证券公司在提供相应证券服务时，存在知道或者应当知道昆机公司虚假陈述，而不予纠正或者不出具保留意见构成共同侵权的情形。中国证券监督委员会在进行行政审查时亦未认定毕马威会计所、瑞华事务所、中德证券公司存在违反业务规则和相关法律的行为。故本案中，毕马威会计所、瑞华事务所、中德证券公司不应承担赔偿责任。"

但随着前置程序实质上被取消，法院逐渐摆脱对行政处罚的依赖，对于未受行政处罚的会计师事务所，也同样审查其主观过错并判令承担相应的赔偿责任。

典型案例如中安消案，在瑞华事务所未受行政处罚的情形下，一审法院认

定:“现经证监会查实中安消技术公司存在虚增评估值及营业收入的违法行为,瑞华事务所亦未能提供充分证据证明其对此不存在过错,故瑞华事务所理应与中安科公司承担连带赔偿责任。”二审法院结合虚假陈述的内容、金额、主观过错程度,判令招商证券及会计师分别在25%和15%的范围内承担连带赔偿责任,即“比例连带责任”。二审法院认为:“关于证券虚假陈述民事赔偿中,证券服务机构存在过错及虚假陈述行为的前提下,是否一概承担全额连带责任问题,《证券法》(1998年修订)第一百六十一条规定了专业机构和人员应就其负有责任的部分承担连带责任,《旧虚假陈述规定》第二十四条也据此对专业中介服务机构及其直接责任人虚假陈述承担相应部分赔偿责任予以进一步明确。尽管在2005年修改后的《证券法》中不再区分审验机构故意或过失等情况,但从上述法律规定来看,连带赔偿责任并非仅限于全额连带赔偿,部分连带赔偿责任仍是法律所认可的一种责任形式。此外,2007年《最高人民法院关于审理涉及会计师事务所在审计业务活动中民事侵权赔偿案件的若干规定》第五条、第六条对会计师事务所审计业务中故意和过失侵权造成利害关系人的赔偿责任作出了不同规定,在会计师事务所主观过错为过失的情况下,应根据其过失大小确定赔偿责任……”最终“整体考量招商证券公司的行为性质和内容、过错程度、与投资者损失之间的原因力等因素”,判令招商证券在25%的范围内对中安科公司的证券虚假陈述民事责任承担连带赔偿责任;“综合考量瑞华事务所虚假陈述所涉事项及其过错程度等因素”,最终判令瑞华事务所在15%的范围内对中安科公司的证券虚假陈述民事责任承担连带赔偿责任。中安消案打破了此前证券虚假陈述纠纷案件中审验机构全额连带的“刚性连带责任”。打破“刚性”责任的背后,是法院对法律原理、责任分配合理性等问题的再考量。

(3)会计师事务所被采取监管措施,不等于存在过错,还需结合具体情况进行审查。

会计师事务所为资本市场上相关主体提供审计服务存在违规行为的,除可能受到监管部门行政处罚外,还有可能被监管部门采取监管措施。监管措施不同于行政处罚,在司法实践中,法院通常不会将被采取监管措施等同于会计师事务所存在过错。

例如,在(2021)湘民终581号案中,法院认定:"湖南证监局虽对大华会计师事务所作出《关于对大华会计师事务所(特殊普通合伙)及注册会计师张某荣、马某婧采取出具警示函监管措施的决定》,但上述警示函或决定并非行政处罚决定,根据《旧虚假陈述规定》第六条规定,不足以依据上述警示函或决定,直接认定大华会计师事务所应承担民事赔偿责任,故对龙某清对大华会计师事务所提起的诉讼主张不予支持。"

在(2019)辽02民初1794号案中,法院认定:"中国证监会大连监管局虽对致同会计所作出《关于致同会计师事务所(特殊普通合伙)采取出具警示函措施的决定》,全国中小企业股份转让系统有限责任公司对东兴证券作出《关于对东兴证券股份有限公司采取自律监管措施的决定》,但上述警示函或决定并非行政处罚决定,根据《旧虚假陈述规定》第六条规定,不足以依据上述警示函或决定,直接认定致同会计所或东兴证券承担民事责任。"

当然,在法院不依赖行政处罚认定会计师事务所过错时,被采取监管措施也可能被用于佐证会计师事务所存在过错。

三、会计师事务所是否存在主观过错的抗辩

从诉讼抗辩的角度出发,会计师事务所可以抗辩主张不存在过错,或仅存在轻微过失、一般过失,争取免于承担责任或减轻责任。

(一)无过错抗辩

会计师事务所可以依据《新虚假陈述规定》第19条第1项、《审计侵权司法解释》第7条第1项的规定(两项规定内容基本相同),主张无过错抗辩。

但从前述案例来看,如果会计师事务所已因虚假陈述受到行政处罚,抗辩主张完全不存在过错几乎是不可能完成的任务。而在未受行政处罚的情形下,主张不存在过错仍有较大的空间。

在未受行政处罚的情形下,会计师事务所有机会主张无过错抗辩,能否得到支持还取决于原告举证情况以及会计师事务所掌握、提交的证据情况。会计师事务所审计业务涉及的事项、规则繁多,还需结合具体的情况提出相应的抗辩。

(二)过错程度较轻,仅存在一般过失/轻微过失抗辩

无论是否受到行政处罚,会计师事务所都有机会主张主观方面不存在故意或重大过失,或仅存在一般过失/轻微过失,进而实现限缩责任比例的目的。

例如,在(2021)鲁01民初1274号案中,法院认定:“对投资者因证券虚假陈述行为造成的损失,雅博公司承担严格责任,众华所、金元证券未勤勉尽责、恪尽职守,其中众华所存在获取审计证据不完整、执行审计程序不到位情况,金元证券存在未进行必要审慎核查情况,均存在过失,应根据其过错承担相应的连带赔偿责任……故本院结合众华所的工作职责、过错程度以及不实报告对投资者的影响力等因素,酌定众华所在30%的范围内对雅博公司证券虚假陈述民事责任承担连带赔偿责任。”

在(2020)沪民终666号案中,法院认定:“首先,从现有证据来看,瑞华事务所作为外部审计机构,其基于中安消技术公司提供的框架协议等材料进行盈利预测审核,并不存在明显过错。案涉4个‘BT’项目所涉虚假陈述金额较小,对于审计重要性而言相对较低。其次,从主观过错程度来看,本案中亦无证据证明瑞华事务所与中安科公司、中安消技术公司存在虚假陈述的共同故意或明知相关材料虚假。因此,与中安科公司、中安消技术公司相比,瑞华事务所的主观过错程度相对较轻……据此,综合考量瑞华事务所虚假陈述所涉事项及其过错程度等因素,本院酌定瑞华事务所在15%的范围内对中安科公司的证券虚假陈述民事责任承担连带赔偿责任。”

(三)不适用“推定故意”规则的抗辩

故意的证明标准较高,除非行政处罚认定会计师事务所存在与发行人串通或明知虚假陈述行为而不予指明的情形,投资人很难证明会计师事务所存在故意。基于审计业务的专业性、特殊性,为了保障利害关系人的利益,《审计侵权司法解释》第5条第2款规定了推定故意,即“对被审计单位有前款第(二)至(五)项所列行为,注册会计师按照执业准则、规则应当知道的,人民法院应认定其明知”。

就上述规定,最高人民法院认为:“在我们看来,推定故意或推定欺诈的确

立,主要是由于审计活动是一个技术含量较高的专业判断过程,作为‘门外汉’的法官对会计师有意还是无意的判断非常困难,在这种情况下,就拟制了一个理性的会计师标准,只要对照执业准则,就应当知道被审计单位的财务报表存在虚假陈述、重大遗漏或误导性陈述等情况,就推定其出于故意或欺诈,这样一方面便于审计欺诈的认定,另一方面可以防止会计师化有意为无意的行为,加大了会计师的责任,能促使其更加谨慎地执业。”

但实践中推定故意存在被滥用的可能,即在未经充分举证、论证的情形下认定适用“推定过错”规则。例如,在大智慧案中,法院以会计师事务所“未执行必要有效的审计程序而未予揭示”为由,认定属于《审计侵权司法解释》第5条第2款规定的情形,但并未对该等审计程序包括哪些、是否属于基本审计程序、过失是否极其重大、执行该等审计程序与发现发行人相关财务造假行为之间的必然关系等作出认定。

对于原告来说,主张推定故意有机会最大化追究会计师事务所的责任。而对于会计师事务所来说,推定故意显然是一项重大不利的推定,假如不加以限制地滥用“推定故意”,将严重损害会计师事务所的利益。

关于推定故意的认定,最高人民法院已经明确应当慎重认定,应当限于会计师事务所过失非常严重、未执行大部分最基本的审计程序,而不是仅违反个别审计程序、规则,就可以认定。最高人民法院指出:“在审判工作中,对于注册会计师推定故意的判断,是一个需要进一步深入研究和不断地总结经验的问题。在具体案件的审判中,审判人员应当在全面考察注册会计师的执业行为、审计报告未能揭示舞弊的性质及严重程度、注册会计师本身的专业能力等因素的基础上,慎重加以判断。当前,可以从如下三个方面加以把握:首先,推定故意不是实际故意,本质上属于过失。其次,推定故意在主观上的过失非常严重,不可原谅。最后,推定故意状态的行为表现主要是指注册会计师没有执行大部分最基本的审计程序。”

在最高人民法院上述意见的基础上,会计师事务所可以结合案件具体情况,主张已经执行了大部分基本的审计程序,并不存在不可原谅的重大过失,执行了相关的审计程序也无法发现发行人的虚假陈述行为等。

四、会计师事务所责任性质及范围的抗辩

(一)会计师事务所可以主张,仅对职责范围内相关虚假陈述行为造成的损失承担责任,对于发行人其他虚假陈述行为造成的损失不承担责任

如前述关于虚假陈述行为的分析,会计师事务所工作范围、专业领域内的虚假陈述行为,可能仅是发行人虚假陈述行为的一部分。

在此情形下,会计师事务所可以主张仅对负有责任的虚假陈述行为造成的损失承担赔偿责任,至于前述损失的范围,可以请求法院委托第三方机构进行鉴定,也可以由法院酌定。

(二)在抗辩仅存在一般过失/轻微过失的基础上,还可进一步主张仅在不实审计范围内对投资者的损失承担一定比例的补充赔偿责任

如前所述,按照《新虚假陈述规定》的规定,会计师事务所仅在主观方面存在故意或重大过失的情形适用《证券法》第 163 条的规定,承担连带责任。而《新虚假陈述规定》对于会计师事务所仅存在一般过失、轻微过失的情形下,应承担何种责任并无规定。同时,根据《新虚假陈述规定》第 35 条第 1 款的规定,《审计侵权司法解释》相关规定与《新虚假陈述规定》不存在冲突的,仍然有效。

因此,会计师事务所仍然可以依据《审计侵权司法解释》第 6 条、第 10 条的规定,主张仅承担补充责任。

至于承担补充责任的范围,可以参考最高人民法院的意见。最高人民法院在《最高人民法院关于会计师事务所审计侵权赔偿责任司法解释理解与适用》中提出:“一个值得参考的标准是:如果认定注册会计师仅有轻微过失,其责任范围的确定一般应以不超过利害关系人全部损失的 10% 为宜;如果认定注册会计师存在普通过失,其责任范围的确定一般应以不超过利害关系人全部损失的 50% 为宜;如果认定注册会计师存在重大过失,其责任范围的确定一般应以不低于利害关系人全部损失的 50% 为宜。”

虚假陈述纠纷中会计师事务所的抗辩专业性强、难度大,随着虚假陈述案件精细化审理的推动,会计师事务所的抗辩不仅甚至不主要依赖于法律理由的

抗辩，更需要会计师本身的专业知识支撑，在这个过程中，律师对会计专业知识的理解和转化也将对法院查清会计师事务所的行为、过错、责任范围起到重要作用。我们也将在业务办理的过程中，进一步学习和探索。

第六节 律师事务所

一、律师事务所被诉“虚假陈述行为”的常见情形

相较于证券公司与会计师事务所，律师事务所在证券业务活动中的作用以及可能造成的负面影响不及前述两主体，目前专门调整律师在证券市场执业活动的专门性法律规范主要为中国证监会与司法部出台的《律师事务所从事证券法律业务管理办法》。根据《律师事务所从事证券法律业务管理办法》第 14 条的规定，律师在出具法律意见时，对与法律相关的业务事项应当履行法律专业人士特别的注意义务，对其他业务事项履行普通人一般的注意义务。《律师事务所证券法律业务执业规则(试行)》第 6 条规定，律师从事证券法律业务，应当就业务事项是否与法律相关、是否应当履行法律专业人士特别注意义务作出分析、判断。需要履行法律专业人士特别注意义务的，应当拟订履行特别注意义务的具体方式、手段、措施，并予以落实。

上述相关规定均表明，律师从事证券法律业务时应履行的注意义务可以区分为特别注意义务和一般注意义务，而决定律师应履行何种注意义务的前提是要先判断律师从事的业务事项是否与法律相关。如与法律相关，应履行特别注意义务，反之则应履行一般注意义务。不过，前述规定均未就哪些属于与法律相关的业务事项作进一步的明确。

值得注意的是，《律师事务所从事证券法律业务管理办法》第 15 条规定：律师从国家机关、具有管理公共事务职能的组织、会计师事务所、资产评估机构、资信评级机构、公证机构(以下统称公共机构)直接取得的文书，可以作为出具法律意见的依据，但律师应当履行本办法第 14 条规定的注意义务并加以说明；

对于不是从公共机构直接取得的文书,经核查和验证后方可作为出具法律意见的依据。律师从公共机构抄录、复制的材料,经该机构确认后,可以作为出具法律意见的依据,但律师应当履行本办法第 14 条规定的注意义务并加以说明;未取得公共机构确认的,对相关内容进行核查和验证后方可作为出具法律意见的依据。

根据上述规定,或可作出如下解释:在法律文书的出具过程中,律师应当根据据以作出法律意见的材料来源不同,适当调整其审慎义务的履行。具体而言,从国家机关、具有管理公共事务职能的组织、会计师事务所、资产评估机构、资信评级机构、公证机构直接取得的,或从前述机构抄录、复制并经该机构确认后的文书负有一般注意义务,可以作为出具法律意见的依据,但应当履行注意义务并加以说明;对于非从公共机构直接取得且未经该机构确认的文书(包括从客户处直接取得的资料等),律师应履行特别注意义务,对其内容进行查验。其他法律法规未明确规定的文书和资料,只要与律师出具的文件内容相关,也应当履行特别注意义务。换言之,律师按照法律法规规定出具法律意见书等文件均应被认为属于与法律相关的业务事项,除非律师出具的文件里涉及的内容来自应由公共机构履行特别注意义务或其他更高的注意义务的文书(限于从公共机构直接取得的文书或经其确认的文书)。

注意义务存在的场景广泛,涉及的主体各异,客观上也不可能对相关义务主体应履行的一般注意义务和特别注意义务具体涵盖范围进行规定,因此只能在上述理解的前提下,在具体案件中结合实际情况进一步判断行为主体是否履行了注意义务,尤其是特别注意义务。就从事证券业务的律师而言,按照相关法律法规的要求严格履行查验义务并落实工作底稿制度无疑是证明自己履行了相应注意义务的重要“抓手”。

根据《律师事务所从事证券法律业务管理办法》第 12 条的规定,律师事务所及其指派的律师从事证券法律业务,应当按照依法制定的业务规则,勤勉尽责,审慎履行核查和验证义务。律师进行核查和验证,可以采用面谈、书面审查、实地调查、查询和函证、计算、复核等方法。第 13 条进一步规定:律师事务所及其指派的律师从事证券法律业务,应当依法对所依据的文件资料内容的真实性、准确性、完整性进行核查和验证；在进行核查和验证前，应当编制核查和验证计划，明确需要核查和验证的事项，并根据业务的进展情况，对其予以适当调整。

《律师事务所证券法律业务执业规则（试行）》第8条原则性规定了律师事务所及其指派的律师进行查验时，应当独立、客观、公正，遵循审慎性及重要性原则。第9～28条则进一步从查验工作的工作方法、程序、途径等方面作了细致的规定。

《律师事务所从事证券法律业务管理办法》第18条、第19条要求律师应就查验中形成的工作记录和获取的材料，以及关于各具体法律意见所依据的事实、规定和律师的分析判断的说明，形成工作底稿，并予以保存。

《律师事务所证券法律业务执业规则（试行）》第39条明确规定，律师事务所应当完整保存工作记录，以及在工作中获取的所有文件、资料，并及时制作工作底稿，工作底稿是判断律师是否勤勉尽责的重要证据。

此外，律师在从事证券业务活动时发现发行人存在虚假陈述行为的，应当要求发行人纠正、补充，发行人拒不纠正、补充的，律师可以拒绝继续接受委托并履行相关的报告义务。律师在证券业务活动中存在虚假陈述行为的，中国证监会有权依据《证券法》对相关的律师及其所在律师事务所处以相应的行政处罚；而在发行人虚假陈述行为给投资人造成损失时，律师事务所需根据其过错程度承担相应的连带赔偿责任。

在《新虚假陈述规定》发布实施前，司法审判实践中认定律师事务所承担责任的事由主要如下（见表5－8）：

表5－8　实践中认定律师事务所承担责任的事由

序号	判决书名称	主要事项	审判要点
1	何某与时空客集团股份有限公司、东兴证券股份有限公司等证券虚假陈述责任纠纷一审民事判决书	关联方和关联交易的核查	对原告对大成律所等证券服务机构提起的诉讼主张不予支持

续表

序号	判决书名称	主要事项	审判要点
2	北京信远健利资产管理中心与五洋建设集团股份有限公司、陈某某证券虚假陈述责任纠纷一审民事判决书	1. 债券发行条件、偿债能力的重大债权债务、重大资产变化等事项; 2. 对不动产权属的尽职调查	锦天城律所、大公国际虽对财务数据相关事项仅负有一般注意义务,但其应当对可能涉及债券发行条件、偿债能力的重大债权债务、重大资产变化等事项给予关注和提示;在大公国际《2015年公司债券信用评级报告》已提示五洋建设控股子公司出售投资性房产事项的情况下,未见锦天城律所对该重大合同及所涉重大资产变化事项关注核查,对不动产权属尽职调查不到位,未能发现占比较高的重大资产减少的情况给偿债能力带来的法律风险,故锦天城律所亦未勤勉尽职;同时考虑责任承担与过错程度相结合的原则,酌情确定锦天城律所对五洋建设应负的民事责任在5%范围内承担连带责任

以往司法实践中对于律师事务所是否应对虚假陈述承担责任,其规制思路与会计师事务所是否承担虚假陈述责任大体一致,除了必要的核查、验证手段之外,还要求保持一定的职业谨慎。

以实践中的某一案件为例,某律师事务所在为发行人提供IPO项目法律服务中,对于发行人、控股股东是否存在对赌协议安排,签字律师已履行必要的核查手段,包括尽职调查中的访谈、问卷调查、要求发行人、控股股东等各方出具不存在对赌协议的确认函,并核查了发行人提供的投资协议等。但监管机构认为签字律师未能保持一定的职业谨慎,未对发行人、控股股东提供的投资协议保持合理的职业怀疑,认为该投资协议约定内容过于简单、笼统,不能反映真实的投资过程,不符合投资协议的惯常条款要求,从而认定签字律师在核查对赌协议过程中未保持必要的职业谨慎,其行为不符合律师从事证券法律业务职业规范的相关规定,鉴于过错的程度,监管部门对其予以监管警示。

在实践中,比起注册会计师,证券律师所受的处罚和遭遇的民事诉讼要少得多。比较典型的是五洋债案中律师事务所被判承担民事赔偿责任。在其他证券虚假陈述民事诉讼中,虽然也有律师事务所成为被告的(如乐视网虚假陈述系列民事诉讼案)或受到先行赔付人追偿的(如兴业证券追偿东易律师事务所民事诉讼案),但尚未下判。尽管如此,五洋债案中律师事务所被判决的承担民事赔偿责任的数额,比其收费要多得多;我国的证券律师,比境外的证券律师所承担的行政责任和民事责任要大得多。

二、证券虚假陈述中律师事务所侵权的过错认定

(一)律师执业过错的认定标准

《新虚假陈述规定》第18条对证券虚假陈述中律师事务所侵权的过错认定标准作出了规定。对于本条规定可以从以下几方面进行理解[1]:

其一,法律、行政法规以及监管部门制定的规章和规范性文件并非法院认定律师事务所过错的唯一依据。根据本条第1款的规定,律师事务所执业行为符合法律、行政法规以及监管部门制定的规章和规范性文件并不能作为排除其在证券业务中存在过错的绝对依据。法院还可以参考行业执业规范规定的工作范围和程序要求等内容来判断律师在执行职务的过程中是否存在过错。将行业执业规范作为判断律师过错的参考,无疑为法官提供了更加丰富且具体的过错判断标准,确有其进步意义。但考虑到无论是法律法规还是行业规范都无法摆脱相对滞后性的局限,有必要采取更具包容性的标准对律师过错进行认定。如果律师在证券业务中没有执行业界公认的必要操作,即使不违反成文法律法规或者行业规范的规定,也应该认为其存在过错。

其二,律师事务所对其他机构出具的文书和材料同样要履行注意义务。律师事务所注意义务范围及于其他机构文书与材料的立场早已经在行政处罚与行政案件的处理中得到印证。在万福生科案中,中国证监会即认定:"湖南博鳌

[1] 参见王然、彭真明:《证券虚假陈述中的律师侵权赔偿责任——兼评487名投资者诉五洋公司、上海锦天城律师事务所等被告证券虚假陈述责任纠纷案》,载《社会科学家》2022年第4期。

律师事务所援引保荐机构制作的合同明细表格不属于可以依法免责的理由。"[1]在东易律师事务所与中国证监会行政处罚纠纷案中,一审的北京市第一中级人民法院指出各中介机构对自己出具的报告均应独立承担责任,不能以其他中介机构出具的报告作为免除自己尽职调查责任的依据。二审的北京市高级人民法院指出律师事务所需要证明在援引审计报告时尽到了应有注意义务,不能因审计报告具有法律效力而主张免除法律责任。[2] 在民事案件处理中,司法同样不认为律师事务所引用其他机构的文书与材料可以作为证明自身不存在过错的事由。五洋债案中锦天城律所辩称五洋公司的虚假陈述内容属于财务方面的专业判定事项,超出了律所的注意义务,但法院并未支持上述主张。

其三,律师事务所对其所依赖的基础工作或者专业意见必须进行审慎核查与必要调查,达到能够排除合理怀疑形成合理信赖的程度,方可排除过错。结合现有司法实践和监管机构的一些行政处罚分析,判断律师事务所履行注意义务是否达到应有程度的重要依据在于律师是否关注到明显的异常状况和重要信息,并采取相应措施。例如,在新大地案中,中国证监会认为,"对于新大地与曼陀神露之间的异常情况,即使以普通人的注意义务标准,也会对两者是否存在关联关系提出怀疑,大成所律师作为专业人士,应履行法律专业人士的特别注意义务,并采取必要的措施予以证实或排除。……但从大成所提供的全部工作底稿来看,并未发现相关工作记录",进而认定大成所未勤勉尽责。[3] 在五洋债案中,法院认为,在大公国际《2015 年公司债券信用评级报告》已提示五洋控股子公司出售投资性房产事项的情况下,未见锦天城律所对该重大合同及涉及重大资产变化事项关注核查,对不动产权属尽职调查不到位,故锦天城律所未能勤勉尽职,存在过错。

整体而言,《新虚假陈述规定》第 18 条已经为证券虚假陈述中律师侵权的

---

〔1〕 参见《中国证监会行政处罚决定书》(〔2013〕50 号)。

〔2〕 参见《中国证监会行政处罚决定书》(〔2017〕70 号),以及北京市高级人民法院行政判决书,(2018)京行终 4657 号。

〔3〕 参见《中国证监会行政处罚决定书》(〔2013〕55 号)。

过错认定提供了一套颇具可操作性的标准,稍显遗憾之处在于没有强调律师辞任报告在过错认定中的效果。在美国,律师只要在注册申请表生效日前已经从其与申请表有关的位置上辞职(或已经为辞职采取了所有的法律措施,或已停止以该身份行事),并就此等辞职行为已经向发行人和证监会发出了书面通知,则可以免除其对注册申请表有关部分的全部责任。[1] 此种“吹哨提醒抗辩”在我国也同样具有实行的空间。在律师发现委托人提供材料不实的情况下,《律师事务所从事证券法律业务管理办法》第 17 条赋予了律师辞任选择权。辞任报告本身不是强制性义务,所以律师选择不辞任、不报告并不构成对注意义务的违反。但假如律师在上述情形下选择辞任,同时将辞任消息报告了证券管理部门,鉴于其行为具有“吹哨提醒”效果,应当直接认定其已经充分对投资者履行了注意义务,排除其存在过错。

(二)律师执业过错的认定方式

《新虚假陈述规定》并未就律师执业过错认定的具体方法作出详尽规定,可能造成证券虚假陈述中律师侵权的过错要件认定失当,有必要从以下两方面加以改进。

其一,个案裁判中应采取合法替代性检验的方法确认律师是否存在执业过错。合法替代性检验即假设律师按照应有的注意义务标准执行业务,判断在此条件下是否能够避免作出对投资者交易行为具有引导作用的不实陈述。只有得出肯定结论,才能认定律师侵权赔偿责任的过错要件得到满足。事实上,合法替代性检测的思路在中国证监会的行政处罚中已有体现,在天能科技案中,中国证监会对君泽君律所和当事律师事务所施加行政处罚的一个依据正是律师如果采取合法替代行为能够有效阻止损害。[2] 在律师虚假陈述案件的过错认定中采取合法替代性检验的方法兼具理论价值和现实意义:从理论角度来说,法律要求行为人尽到注意义务的本质目的在于要求人们尽力避免可以避免的不利结果,而不是强求行为人去回避无法规避的不利结果。如果满足法律所

---

〔1〕 参见黄振中编著:《美国证券法上的民事责任与民事诉讼》,法律出版社 2003 年版,第 95 页。

〔2〕 参见《中国证监会行政处罚决定书》(〔2013〕46 号)。决定书原文:“如果……在工作中履行基本的审慎注意义务,在法律意见和律师工作报告中对合同的合法性、有效性以及合同债权存在的风险进行说明和提示,对天能科技发行申报过程中的财务造假成功将产生明显的阻断作用。”

要求的注意义务标准依然不能有效地避免不利结果，那就说明该行为标准本身未达到防范不利后果发生的品质。法律以行为人的行为未达到一个无效的行为标准而要求其承担责任显然不具备正当性。[1]

从实践角度考量，合法替代性检验的方法有助于防止律师承受不合理的执业风险，保障律师敢于正常承接证券业务。虚假陈述案件涉及面广，赔偿数额往往十分高昂。如果律师工作成果中的某项重大错漏即使在符合注意义务的行为准则下也无法避免，却要求稍有疏失的律师承担巨额赔偿，显然有悖于公平正义的基本价值取向，也不利于证券法律业务的正常开展。

其二，明确规定法院不可直接依据已生效的行政处罚或者刑事判决来认定律师存在过错。长期将行政处罚和刑事裁判与民事赔偿诉讼捆绑的做法导致部分法院在虚假陈述侵权赔偿案件中不再就"过错"这一要件进行独立审查，直接将已生效的行政处罚或者刑事裁判作为确认虚假陈述责任主体具有过错的依据。[2] 此种做法存在显著的正当性疑问。在证券虚假陈述案件中，律师的过错必须以工作成果中的虚假信息为载体，触发投资者的交易行为才能给投资者带来实际损失。但并不是所有的虚假信息都能触发投资者交易行为，只有具有重大性的不实信息才能成为律师的过错与投资者交易行为之间的连接点。律师对于披露具有重大性的信息所负的过错才有可能是与损害结果有关联性的过错。这也就意味着，如果律师事务所的工作成果中包含数个不实信息，律师事务所仅对披露其他没有重大性的信息负有过错，即使其因此受到行政或者刑事处罚，实际上也不具备对投资者承担侵权赔偿责任所必需的过错要件。为了避免上述不合理司法操作形成惯性，有必要明确规定法院在虚假陈述侵权赔偿案件中必须对律师事务所的过错要件进行独立认定。

三、律师事务所是否存在主观过错的抗辩

我国《律师法》第四章专章规定"律师的业务和权利、义务"，但该章主要内

---

〔1〕 参见车浩：《假定因果关系、结果避免可能性与客观归责》，载《法学研究》2009 年第 5 期。

〔2〕 参见上海市第一中级人民法院民事判决书，(2016)沪 01 民初 166 号。

容在于律师在执业过程中的消极不作为义务，与证券业务中的作为义务相关的，仅止步于“应当在受委托的权限内，维护委托人的合法权益”这种目的取向的抽象表述。《律师执业管理办法》在《律师法》的基础上，将作为义务具体化为“律师出具法律意见，应当严格依法履行职责，保证其所出具意见的真实性、合法性”。另外，由中华全国律师协会指定并发布的行业规范性文件《律师职业道德和执业纪律规范》《律师执业行为规范（试行）》，无针对证券业务中律师作为义务相关内容。就此，在律师执业这一中观视角下，现行法秩序中并无可作为对“勤勉尽责”义务进一步解释的内容。

职业谨慎义务的实质应理解为注意义务，是注意义务的一种形态。有学者将违反注意义务的情形总结归纳为以下四种情形：(1)违反“合理人”标准；(2)违反成文法规；(3)违反专业标准；(4)事实及证据法则（主要是指在被告较容易接触到构成过失之事实的情况，有时被用来把原告的举证责任转移到被告）。[1]

对于未尽到职业谨慎义务的情形，其实质应理解为违反专业标准的情形，由此可知，职业谨慎义务属于注意义务的一种，特指具有特殊专业技能的专业人员，如律师等，在执业过程中，是否达到通常专业人员所具备的专业能力。

我国将职业谨慎义务进一步区分为特殊注意义务与普通注意义务。2021年《公司债券发行与交易管理办法》第49条第3款明确了“证券服务机构及其相关执业人员应当对与本专业相关的业务事项履行特别注意义务，对其他业务事项履行普通注意义务”。上述规定的实质内容为：法律提高了中介机构对其专业事项的注意义务，而对于非其专业领域内的事项，则只需要尽到普通的注意义务，如律师事务所通常可以直接引用会计师事务所出具的相关意见（一般仅要求履行普通的核查验证），而无须对该意见进行专业复核验证，除非其明知该意见存在问题，或该意见存在显而易见的问题。

律师事务所的普通注意义务与民法理论上的一般注意义务不完全相同。

---

〔1〕 参见张淑宁：《浅析英美法上的过失侵权》，载九江经济技术开发区人民法院网，http://lsfy.jxfy.gov.cn/article/detail/2010/07/id/4925244.shtml。

在债券市场中，中介机构的普通注意义务是以其他机构的特别注意义务为前提的，各个专业机构需要对自己职责范围内专业事项负有特别注意义务，而这些特别注意义务又属于其他机构的普通注意义务。

如此规定，背后的理由在于："对证券服务机构各自职责范围内的事项课以特别注意义务，是基于专业分工、职责范围的划分，目的是督促其勤勉尽责；对非其职责范围内的事项要求证券服务机构仅负有普通注意义务，目的是不强人所难、不苛责。"[1]

实践中监管机构与司法机关已倾向于认为中介机构在执业过程中，不仅要满足行业执业规范，还要尽到职业谨慎义务。

在欣泰电气 IPO 案中，人民法院认为律师事务所是否尽到勤勉尽责的作为义务，应从两个层面予以审查：其一，虚假记载所涉内容是否属于律师应予查验的事项；其二，律师事务所能否提供证据证明其针对该事项进行了审慎查验。但在论证案涉应收账款事项是否属于律师查验事项时，人民法院一方面认为相关虚假记载涉及公司的财务问题，法律尽职调查和财务审计是不同的工作且法律尽职调查不是针对审计报告的复核；另一方面却又认为律师事务所不能在此事项上信赖其他中介机构（会计师）出具的报告。人民法院认为律师事务所应当对公司整体情况展开全面调查，不顾《律师事务所从事证券法律业务管理办法》第 14 条对注意义务所作的专业人士的特别注意义务以及普通人的一般注意义务之区分，笼统地认为与公司经营相关的所有事项皆可能涉及所谓的"法律风险"。律师事务所在一审宣判后提起上诉，二审法院维持原判，理由如下："公司财务会计报告中虚构应收账款的收回这一虚假记载属于会计问题，但其背后所反映的公司重大债权债务的变化是否属实的问题，则涉及公司经营的合规性和法律风险问题，属于应履行法律专业人士特别注意义务的事项。律师事务所履行勤勉尽责义务的标准并不是必然能够发现财务报告虚假记载的问题，而是严格依据法律规定履行必要的审核义务后，有助于从法律专业角度发现财务报告中虚构应收账款收回的问题。财务会计报告无虚假记载是律师事务所

---

[1] 参见赵磊：《债券虚假陈述中信用评级机构的注意义务》，载《人民法院报》2021 年 4 月 29 日。

出具的法律意见书中承诺的事项，更是公司公开发行新股必须符合的法定实质条件，当然属于律师事务所履职范畴。因此，判断律师事务所履行勤勉尽责义务的标准是依据法律规定考察律师事务所在其提供法律服务的职责范围内是否还有进一步作为的空间。显然，本案中，东易所并未依法依规履行必要的查验程序，没有对公司主要客户未对应收账款余额进行确认的问题履行必要的查验义务，构成未履行勤勉尽责义务。东易所认为应收账款收回属于财务会计问题，出现虚假陈述应当由会计师事务所承担责任，律师事务所没有义务也没有能力对此履行查验职责的主张，缺乏法律依据；东易所认为工作底稿存在的问题属于证券法第二百二十五条‘未按照有关规定保存有关文件和资料的’行为，被诉处罚决定适用证券法第二百二十三条予以处罚属于适用法律错误的主张，与本案事实不符。对东易所的上述主张，本院均不予支持。”[1]

在粤传媒收购案中，人民法院对律师是否尽到勤勉尽责的作为义务亦分别从相关事项是否属于律师事务所应查验事项与律师是否进行了审慎查验两个层面进行论述。在认定相关事项是否属于律师查验工作范围时，人民法院支持了律师的判断。在认定律师是否就查验工作范围内的事项进行审慎查验时，人民法院分别从重大合同及应收账款问题、担保事项以及重要财产的产权归属三个方面，说明了律师在查验程序上的瑕疵以及工作底稿制作上的缺漏，就此认定其未尽勤勉尽责的作为义务。例如，针对作为生产经营设备的广告阵地及屏幕，人民法院认为：“LED 屏体广告收入是香榭丽的主要营业收入，广告阵地和屏幕是否客观真实存在是判断香榭丽业务情况、收入事项的基础，大成所应当采取适当方式进行审慎查验，且大成所在《核查计划》中亦明确要通过现场查验的方式进行核验。在案证据证明，大成所未按照查验计划所述的程序和方法进行现场查验，未对相关资产的真实性、准确性和完整性进行充分核验，工作底稿中未见其进行查验的记录和说明。”有争议的是，影响香榭丽公司营业收入的重大业务合同的查验范围，中国证监会认为律师未尽勤勉尽责义务，因而未发现香榭丽公司伪造大量业务合同虚增利润以及应收账款。律师则以法律意见书

[1] 参见北京市高级人民法院行政判决书，(2018)京行终 4657 号。

中对重大业务合同在合同履行时点的限制为由,否定对伪造合同的查验义务。对此,人民法院认为根据律师的询问笔录,其在“已经关注到香榭丽应收账款的异常现象”的情况下,仅“要求香榭丽实际控制人叶某出具承诺函”“没有关注香榭丽内部合同签订审批的流程规范性问题,所以没有因此对业务合同的真实性产生怀疑”。二审认为,律师主张重大业务合同不包括截至 2013 年 6 月 30 日香榭丽已经签署但履行完毕的重大合同,属于不当限缩“重大合同”的范围。事实上,律师在其出具的法律意见书中已经明示其所关注重大合同仅包括正在履行的合同,因而不存在不当限缩问题。律师的真正问题仅在于一审法院所提及的,在已经关注到查验计划范围内的事项存在异常现象时,未采取合理的替代措施。就此而言,律师采取的处理办法事实上未尽一般人普通的注意义务。

基于前述,律师事务所在证券虚假陈述案件中,不仅需要证明其行为符合行业执业规范,还需要证明已尽到职业谨慎义务,从而达到免责或者减责的效果。

四、律师事务所责任性质及范围的抗辩

实践中虚假陈述往往涉及财务会计领域专业问题,律师事务所是否应该对会计专业领域的事项担责,比如,应收账款是否属于律师事务所的核查范围?

欣泰电气案中的东易所受处罚以及粤传媒收购案中的大成所受处罚均涉及这一问题。比如,在大成所受处罚时,律师许某在行政诉讼中提出“合同履行后的应收款项是会计事项,不属于大成所应予查验的事项”,但法院认为“查验相关业务合同是否真实履行,亦需对应收账款的真实性进行查验”,并强调“重大业务合同及应收账款的真实性、合法性是对收购资产权利状况进行法律风险判断的重要依据”。在东易所受处罚时,律师也提出虚构收回应收账款涉及的是公司的财务问题,但法院也认为“应收账款收回问题,属于财务会计领域专业问题,是会计师出具审计报告需要核验的核心事项,也涉及公司经营合规性和法律风险问题,同样属于法律意见所应关注的事项”。

应收账款是较为常见的财务造假风险点,也是具有代表性的法律、财务交织的问题。应收账款确实是个会计概念,却并非只是财务问题。律师的确没有

责任去审核财务报表中应收账款科目的准确性，但从法律角度来看，重大合同的履行仍然属于法律尽职调查应当关注的事项，法律尽职调查与审计对应收账款的关注角度是不同的。关于律师是否对应收账款进行尽职调查的争论，反映出在法律尽职调查的定位和范围问题上，行业和监管、司法机关之间还未达成足够的共识。

对于律师事务所和律师事务所的签字律师而言，在从事具体证券业务时，除了按照法律法规和行业规定的要求履行必要的核查和查验程序之外，还需要就核查、查验的结果或其他可能存在问题的事项保持一定的职业敏感性，排除职业怀疑，达到高度可能性。例如，就前文提到的对赌协议的核查事项，如果存在增资或转股的对象是投资机构的，尤其是较大的投资机构，就应该保持一定的职业敏感性，除了采取常规的尽职调查、问卷调查、访谈、确认函等核查手段之外，还应该从交易律师的角度，结合增资/转股的商业背景，核查完整的增资/转股过程，并结合所核查的协议内容，判断是否存在抽屉协议或其他利益安排等。

第七节　资产评估、资信评级机构

一、评级机构被诉虚假陈述的情形

《新虚假陈述规定》第4条规定："信息披露义务人违反法律、行政法规、监管部门制定的规章和规范性文件关于信息披露的规定，在披露的信息中存在虚假记载、误导性陈述或者重大遗漏的，人民法院应当认定为虚假陈述。……"

根据上述规定，可以将评级机构的虚假陈述侵权行为归纳为两类：(1)评级分析所依据的基础事实存在"虚""误""漏"；(2)评级报告中的评级结论存在可以被认定为虚假陈述的重大错误。

根据中国证券业协会制定的《证券市场资信评级机构评级业务实施细则(试行)》第25条、第26条、第27条规定，评级报告的正文部分主要包括评级结论及评级分析。评级分析部分应当包括但不限于对评级对象的概况、所处行业、业务运营情况、财务情况、偿债能力等情况进行介绍及分析，并在此基础之上得出评级结果。

二、评级分析所依据的基础事实不存在“虚”“误”“漏”情形之抗辩

在实践中，评级报告存在虚假陈述的一种常见的情形是，评级分析所依据的基础事实存在“虚”“误”“漏”。该部分事实的主要信息来源于评级对象（发行人），以及与评级对象存在业务、管理、监督等关系的相关机构或主体。如果评级对象所提供的基础事实资料，如财务报告，本身存在造假的情况，导致评级报告的部分内容亦出现不实陈述，评级机构是否应当对此承担虚假陈述侵权责任？就此，以下抗辩思路或可供参考。

（一）认定评级报告内容不实，需满足重大性要件

评级报告是资信评级机构在对发行人的外部环境及自身信用面综合分析的基础上，对发行人的信用风险进行评估的预测性文件。《证券市场资信评级机构评级业务实施细则（试行）》第 27 条规定，评级报告的评级分析部分应当包括但不限于以下内容：发行人的概况、行业分析、业务运营分析、财务分析以及偿债能力分析。[1]

故而，被评级对象基础数据信息庞杂，并非评级报告中存在任何不实内容均构成评级机构虚假陈述。有学者指出，若不实评级虽与客观事实不符但并未

---

[1] 《证券市场资信评级机构评级业务实施细则（试行）》第 27 条规定：“评级分析应当包括但不限于下列内容：（一）概况。至少应当包括评级对象的历史沿革、股权结构、业务及其特点。评级对象发行债券的，还应当包括对受评证券和融资项目的分析；（二）行业分析。至少应当包括行业概况、行业管理体制、行业政策、市场竞争情况、行业风险关注和说明；（三）业务运营分析。至少应当包括评级对象业务模式、经营情况、发展战略、未来三年在建和拟建项目的计划投资额；（四）财务分析。至少应当重点分析评级对象的资本实力、盈利能力、现金流情况；（五）偿债能力分析。至少应当重点分析评级对象长短期偿债压力、EBITDA 对债务本息的保障程度、现金流、再融资能力、财务弹性、对外担保等或有事项、整体抗风险能力和偿债保障措施。评级对象发行证券的，还应当分析有关偿债保障措施对受评证券风险程度的影响。有担保安排的，应当特别说明担保安排对评级结论的影响，并对担保人信用水平以及担保物市场价值、变现能力等进行分析。评级对象建立专项偿债账户等其他保障措施的，应当分析说明有关保障措施的情况及其可靠性、局限性。”

影响评级结果，则不应纳入信用评级不实侵权责任法范畴之不实评级行为内容之中。就评级报告的不实内容而言，需由投资者对重大性承担相应的举证责任，证明评级报告中的不实内容属于重大事件，且与发行人偿付能力相关，足以影响投资人对发行人偿付能力的判断。而诸如发行人概况中的历史沿革、行业分析中的行业概况、行业管理体制等与发行人偿债能力并不紧密相关的内容，与实际情况存在一定偏差，并不当然构成虚假陈述。

（二）即便评级报告存在部分重要内容不实，并不当然影响评级结果

在评级报告中，评级结果是对评级对象的资信情况、违约风险及偿付能力水平最直接的反映，是投资人在参考评级报告时的主要依据，其当然具有重大性。但是，评级报告存在部分内容不实，并不必然影响评级结果，即尽管认定评级报告中部分内容构成虚假陈述，且该虚假陈述具备重大性，但是这并不代表基于错误内容所得出的结论必然错误。

根据《中国人民银行信用评级管理指导意见》之附件“信用评级要素、标识及含义”的规定，我国银行间债券市场中长期债券、借款企业的信用等级均被划分为三等九级，我国银行间市场短期债券的信用等级被划分为四等六级。每一评级符号分别对应一定的区间范围，如 AAA 级可能在评级机构的评级模型中，对应 90～100 这一区间。因此，在实际评级操作过程中，评级小组是在对收集资料进行定性与定量相结合、静态和动态相结合的综合分析的基础上，最终确定的信用等级。当某一影响发行人偿债能力的重大事件发生时，其既有可能导致信用等级的下降，但是亦有可能仅导致得分降低，而无须下调评级。

（三）评级机构仅负有普通注意义务

（1）资信评级机构的注意义务分为特别注意义务与普通注意义务。

就资信评级机构的注意义务而言，《债券会议纪要》“关于其他责任主体的责任”规定：“……债券承销机构和债券服务机构对各自专业相关的业务事项未履行特别注意义务，对其他业务事项未履行普通注意义务的，应当判令其承担相应法律责任。”第 31 条第 2 款规定：“会计师事务所、律师事务所、信用评级机构、资产评估机构等债券服务机构的注意义务和应负责任范围，限于各自的工

作范围和专业领域,其制作、出具的文件有虚假记载、误导性陈述或者重大遗漏,应当按照证券法及相关司法解释的规定,考量其是否尽到勤勉尽责义务,区分故意、过失等不同情况,分别确定其应当承担的法律责任。”

《新虚假陈述规定》第 18 条亦规定:“会计师事务所、律师事务所、资信评级机构、资产评估机构、财务顾问等证券服务机构制作、出具的文件存在虚假陈述的,人民法院应当按照法律、行政法规、监管部门制定的规章和规范性文件,参考行业执业规范规定的工作范围和程序要求等内容,结合其核查、验证工作底稿等相关证据,认定其是否存在过错。证券服务机构的责任限于其工作范围和专业领域。证券服务机构依赖保荐机构或者其他证券服务机构的基础工作或者专业意见致使其出具的专业意见存在虚假陈述,能够证明其对所依赖的基础工作或者专业意见经过审慎核查和必要的调查、复核,排除了职业怀疑并形成合理信赖的,人民法院应当认定其没有过错。”

根据上述规定,资信评级机构的注意义务和责任范围,限定于其工作范围和专业领域,对于其专业相关的业务事项应当履行特别注意义务,对于其专业之外的其他事项履行普通注意义务即可。

(2)评级机构对于属于其他证券服务机构基础工作及专业意见范围的事实,仅负普通注意义务。

因债券发行中的信用评级工作专业性极强,只能由具备特殊资质的资信评级机构从事,因此,评级机构对发行人所处行业、企业本身的经济状况以及债券的收益率、安全性与担保情况等进行合理分析后,就各个因素逐一打分,评定信用等级的过程,应当履行特别注意义务。[1]

而对于评级尽职调查中所收集的基础资料,如属于其他证券服务机构的基础工作或专业意见范围,则评级机构对此仅负普通注意义务。《证券市场资信评级业务管理办法》第 19 条规定:“评级项目组应当依法收集评级对象的相关资料,并对所依据的文件资料内容进行核查验证和客观分析,在此基础上得出初评结果。”就核查验证的范围,《证券市场资信评级机构评级业务实施细则(试

---

〔1〕 参见赵磊:《债券虚假陈述中信用评级机构的注意义务》,载《人民法院报》2021 年 4 月 29 日。

行)》第10条规定,评级机构开展尽职调查,资料收集的渠道主要包括通过公开渠道搜集相关资料,以及委托方或评级对象提供的相关资料。第11条进一步规定:"评级项目组应当对自行收集的资料信息进行评估,以保证其及时性、准确性、完整性。评级项目组在采信承销商、会计师事务所、律师事务所、资产评估等机构出具的相关材料时,应当在一般知识水平和能力范畴内对其真实性和准确性进行评估。"

据此,对于评级工作中涉及的财务、会计、税务、法律等事项,因该些事项并非评级机构专业职责范围,评级机构对其仅需履行普通注意义务即可。

(3)对于评级机构仅履行普通注意义务的事项,即便存在虚假陈述,但其已经勤勉尽责地履行了尽职调查程序,足以排除合理怀疑,故不存在主观过错。

经统计,2017~2021年中国银行间市场交易商协会共对评级机构作出6份处罚决定。交易商协会认定的评级机构存在的违法事实主要如下(见表5-9):

表5-9　评级机构受处罚案例

处罚文号	评级机构主要违法事实
2021年第21次自律处分会议	未对发行人子公司进行实地调查,未对发行人子公司高管进行访谈,尽职调查程序缺失; 未勤勉尽责并保持足够职业怀疑,未能发现发行人子公司业务虚假情况,评级报告披露数据不准确; 未按照既定方案开展访谈工作,访谈记录等底稿材料保存不完整; 个别评级报告中未完整披露评级模型调整项的相关依据,评级模型运用错误; 评级质量控制各环节未能发现评级作业过程中存在的问题及评级项目异常情况,评级质量控制不完善
2020年第18次自律处分会议	一是未按相关自律规则对发行人开展实地调查访谈,未对管理部门及主要业务部门负责人进行现场访谈。二是对了解到的发行人涉及拖欠薪资、偿债安排、关注类贷款等异常情况,未采取必要措施进行调查核验,未能有效揭示信用风险相关信息。三是质量控制等内控机制未有效执行,合规部门监督审查不到位

续表

处罚文号	评级机构主要违法事实
2020 年第 16 次自律处分会议	未保证评级报告及相关访谈记录的准确性,工作开展背离勤勉、尽责基本原则; 多个项目未对可能产生的利益冲突进行有效管理,个别评级项目工作开展程序不合规,相关项目组长未参加实地访谈,评级质量控制机制执行不到位; 在相同评级模型下,同一主体部分指标得分不同,未保证信用评级业务开展的一致性,不符合客观、公正的评级业务基本原则; 未在 2019 年度信用评级业务开展及合规运行情况报告中披露公司内部违规事项,未合规披露涉及多家主体、多期债项的跟踪评级报告,信息披露合规性明显不足
2019 年第 10 次自律处分会议	对个别发行人出具的评级报告数据计算不准确,内部三级审核未发现相关数据错误情况,内部质量控制执行不到位; 2019 年 2 月向协会提交的注册申请材料及 2019 年 3 月在评级机构网站披露的评级模型信息不完整,城投企业类业务类型对应得分未包含二次调整选项
2018 年第 8 次、第 9 次自律处分会议	评级机构及相关从业人员向受评企业提供大额咨询服务; 在调查取证过程中提供的多份文件材料存在虚假表述和不实信息
2017 年第 4 次自律处分会议	评级过程质量控制制度执行不到位; 未及时启动跟踪评级

根据上述处分决定,如评级机构确实未能对所收集资料保持合理怀疑并进一步核查验证,或者评级机构未能勤勉尽责地履行尽职调查,按照规定开展必要的实地调查与访谈程序,则可能被监管部门认定存在违规行为,进而在民事诉讼程序中,被裁判机关认定存在主观过错。

《债券会议纪要》第 30 条规定了债券承销机构无过错的免责抗辩事由,参照该规定,评级机构可以提交尽职调查工作底稿、尽职调查报告等材料,主张已经进行了合理的尽职调查程序。对于评级报告中没有债券服务机构专业意见支持的重要内容,经过尽职调查和独立判断,有合理的理由相信该部分信息披露内容与真实情况相符;对于引用的其他债券服务机构出具专业意见的重要内容,在履行了审慎核查和必要的调查、复核工作的基础上,已经排除了原先的合理怀疑,或者虽然尽职调查工作存在瑕疵,但即使完整履行了相关程序也难以发现存在虚假陈述。

进一步而言，评级机构还可以主张，发行人在同一时期发行的其他债券过程中，其他评级机构或相关债券服务机构在信息披露文件中亦未发现相关信息披露不实的问题，以此证明其已勤勉尽责地履行了普通注意义务，不存在故意或者重大过失的主观过错。

三、评级结论不存在错误之抗辩

实践中评级机构被认定存在虚假陈述的另一种常见情形是，评级结论下受评对象的信用等级与其实际的偿债能力、违约风险存在明显差异，即评级结论存在错误。评级结论是对评级对象的偿债能力及偿债意愿的综合评价，能够使投资者快速、直接地了解发债主体及相关债券的信用情况，并为投资者作出投资决策提供依据，其无疑具有重大性。但是如果评级结论存在错误，评级机构就必然承担虚假陈述侵权责任吗？评级机构或可从以下几个方面展开抗辩。

（一）评级结论是一种面向未来的预测，而非客观事实，“评级失灵”的结果并不等于评级机构实施了“虚假评级”行为

评级结论以简单的符号显示，评级机构给出信用评级符号，本质上是预测的观点，而非客观事实。评级机构在评级过程中，只能根据收集的现有资料，运用一定的评级程序和方法，对评级对象未来的偿债能力及偿债意愿进行预测，但是对于其他不确定风险，评级机构很难把握。因此，评级失准与虚假评级存在质的区别。换言之，并非只要评级机构的评级结果与被评级对象的实际情况不符，就足以认定评级机构存在虚假陈述的违法行为。由于评级机构工作程序的固有复杂性，“虚假”的评级结果与“不准确”的评级结果之间仍然存在本质差异。[1]

就评级失灵问题，有学者指出，其中有着复杂的因素。首先，评级结果是否准确具有相对性。评级结果是对评级对象未来偿债能力的判断，每个评级掌握的资料不同、评级标准不同、判断角度不同，得出的意见也可能不尽相同。而且在评级时间的有效范围内，在某一时点被评级对象可能符合某一评级级别，但

---

〔1〕 参见罗培新：《后金融危机时代信用评级机构法律责任之完善》，载《法学杂志》2009 年第 7 期。

由于企业经营的不确定性,可能在另一时点,将会得出不同的信用等级。因此,客观上很难判断评级结果的对与错,这可能也是评级机构比审计机构更难追究责任的重要原因。其次,受制于评级技术的局限性。评级过程中抽样技术、评估技术不完善以及宏观不确定风险难以把握等因素都可能影响评级报告的准确程度。因此,并非评级机构的评级结果与被评级对象的实际情况不符,就足以认定评级机构存在虚假陈述的侵权行为。[1]

(二)《新虚假陈述规定》亦指出,除非存在例外情况,以信息披露文件中的预测性信息与实际经营情况存在重大差异为由,主张构成虚假陈述的,人民法院不予支持

《新虚假陈述规定》第6条规定:"原告以信息披露文件中的盈利预测、发展规划等预测性信息与实际经营情况存在重大差异为由主张发行人实施虚假陈述的,人民法院不予支持,但有下列情形之一的除外:(一)信息披露文件未对影响该预测实现的重要因素进行充分风险提示的;(二)预测性信息所依据的基本假设、选用的会计政策等编制基础明显不合理的;(三)预测性信息所依据的前提发生重大变化时,未及时履行更正义务的。前款所称的重大差异,可以参照监管部门和证券交易场所的有关规定认定。"

参照上述规定,评级报告中预测性的评级结论与评级对象(发行人)的实际偿债能力存在重大差异,并不意味评级机构必然构成虚假陈述,除非投资人能够举证证明,评级报告未对影响评级结论的重要因素进行风险提示,或者评级机构作出评级结论所依据的评级方法、评级模型不合理,或者评级结论所依据的评级资料存在重大变化或虚假陈述。

(三)就主观要件而言,判断评级机构是否应当对"错误评级"承担虚假陈述责任的关键,在于评级机构的评级程序是否严格遵循了评级业务规范,尽到了合理的注意义务

如前所述,由于评级工作有其固有复杂性以及评级风险的不确定性,显然

[1] 参见陈洁:《评级机构侵权责任之构造——以公众投资者因评级错误导致投资受损为视角》,载《法律适用》2012年第3期。

不能片面地以评级结果错误作为要求评级机构承担虚假陈述侵权责任的要件。《美国公平信用报告法》规定,评级机构在完成信用评级报告时应遵循合理的程序,但并未一概要求信用评级机构对传播“不准确”的评级报告负责。信用评级机构如果能够证明“不准确”的报告源自合理的程序,该机构仍然能够免责。[1]

《中国人民银行信用评级管理指导意见》第 7 条规定了信用评级机构进行信用评级应当履行的“信用评级程序”:(1)被评对象与信用评级机构当事双方签订评级合同,支付评估费。(2)被评对象按合同规定向信用评级机构提供所需的真实、完整的有关资料、报表。(3)信用评级机构收到被评对象提供的资料、报表后,在合同规定期限内按有关规定进行详细审核,并就被评对象经营及财务状况组织现场调查和访谈。(4)信用评级机构综合收集到的与被评对象有关的信息资料,经加工分析后提出信用评级报告书。(5)信用评级机构召开内部信用评级评审委员会,评定等级。(6)如被评对象有充分理由认为评级结果与实际情况存在较大差异,可在规定的时限内向信用评级机构提出复评申请并提供补充资料,复评次数仅限一次;首次评级后,信用评级机构应将评级结果书面告知被评对象并向中国人民银行报告。(7)拟发行债券的信用评级结果由债券发行人在中国人民银行指定的国内有关媒体上公告。借款企业和担保机构信用评级结果,由信用评级机构在企业自愿的原则下,将其信用等级在国内有关媒体上公告。(8)信用评级机构在债券存续期和企业信用等级有效期内,应进行跟踪评级。跟踪评级结果与公告结果不一致的,由信用评级机构及时通知被评对象。信用评级机构应将变更后的债券信用等级在指定媒体上向社会公布并书面报告中国人民银行;变更后的借款企业信用等级和担保机构信用等级,信用评级机构除书面报告中国人民银行外,还应在企业自愿的原则下,将其信用等级在国内有关媒体上公告。

综上所述,如果评级机构能够举证证明,其评级过程严格履行了上述评级程序,不存在违反相关评级监管规定的情况,则其就错误的评级结果不负有主

---

〔1〕 参见陈洁:《评级机构侵权责任之构造——以公众投资者因评级错误导致投资受损为视角》,载《法律适用》2012 年第 3 期。

观过错,不应当承担虚假陈述侵权责任。

(四)就交易因果关系要件而言,评级机构或可主张,投资者并非依赖评级报告作出投资决策,在存在"推定交易因果关系"的例外情形时,评级机构不应对投资者的交易损失负责

从信用评级功能的角度分析,信用评级的功能,首先是通过有效揭示风险来优化投资决策。评级机构通过收集定性及定量信息,对受评对象的偿债能力和意愿进行分析评价,并采用简明的符号表示出来,向使用者提供信用风险信息。信用评级的另一项功能是解决信息不对称问题。社会公众与被评级对象之间存在信息不对称的问题,信用评级机构通过尽职调查,将不为社会公众掌握的各种有关被评级对象的信息进行综合、加工后将信息传递给市场(或评级结果使用者),为信息使用者决策提供依据。[1]

从上述角度分析,信用报告本身就是为了打破信息壁垒,为投资人提供投资决策依据与参考的文件。证券虚假陈述纠纷作为特殊侵权纠纷,《新虚假陈述规定》第 11 条规定了"推定交易因果关系"原则,只要投资人是在虚假陈述实施日之后、揭露日或更正日之前买入相关债券,便可推定其是因受到评级报告的影响作出了投资决策。

但是,《新虚假陈述规定》亦在第 12 条中规定了"推定交易因果关系"原则的不同情形。《新虚假陈述规定》第 12 条规定:"被告能够证明下列情形之一的,人民法院应当认定交易因果关系不成立:(一)原告的交易行为发生在虚假陈述实施前,或者是在揭露或更正之后;(二)原告在交易时知道或者应当知道存在虚假陈述,或者虚假陈述已经被证券市场广泛知悉;(三)原告的交易行为是受到虚假陈述实施后发生的上市公司的收购、重大资产重组等其他重大事件的影响;(四)原告的交易行为构成内幕交易、操纵证券市场等证券违法行为的;(五)原告的交易行为与虚假陈述不具有交易因果关系的其他情形。"

就此,评级机构根据具体情况,或可提出:(1)投资者作出交易决策之时,其已经知道或明知发行人存在虚假陈述行为,或者发行人的虚假陈述行为已经被

〔1〕 参见刘文宇、徐卫东:《设定信用评级机构专家责任的构想》,载《东疆学刊》2013 年第 2 期。

市场广泛知悉,投资人买入债券系基于“赌博”心理投资“垃圾债”的行为;(2)投资者买入债券系受到发行人进行上市公司收购等重大利好消息的影响,而与评级报告没有关系;(3)投资人存在不属于合格投资者、超经营范围从事证券投资活动等证券违法行为等抗辩,以此推翻交易因果关系。

综上所述,评级机构在进行虚假陈述免责抗辩之时,可以基于其业务专业性的特点,从虚假陈述行为认定、重大性要件、主观过错及交易因果关系等层面,有针对性地展开抗辩。在证券虚假陈述责任纠纷中,目前信用评级机构的涉诉案件远远少于其他债券服务机构,彰显了司法机关客观、谦抑、审慎的理念。

各中介机构在进行尽职调查时应当严格遵照相关规则和指引。例如,中国证监会发布了新修订的《保荐人尽职调查工作准则》,中国证监会在修订说明中特别强调,“本次修订明确提出合理信赖、勤勉尽责的基本理念和专业标准,作为保荐人统筹全面核查验证职责和义务的基础,并分别从不同层次强调保荐人与证券服务机构的协作”。从前述说明可见,中国证监会新修订的《保荐人尽职调查工作准则》也与《新虚假陈述规定》的规定保持同步。

关于认定保荐承销机构和证券服务机构没有过错的情形,《新虚假陈述规定》均强调“排除了职业怀疑并形成合理信赖”,新修订的《保荐人尽职调查工作准则》第 83 条就保荐人合理信赖的标准作出了细化安排:(1)建立制度,保荐人应当建立合理信赖证券服务机构的质量控制制度,明确合理信赖的标准、依据、程序等内容;(2)实施评估,保荐人对证券服务机构及参与人员的资质和工作需要进行全面的评估;(3)必要时采取措施,保荐人必要时应采取询问、查阅、走访、函证、抽盘等手段反向印证证券服务机构及参与人员的相关工作是否充分、可靠;(4)留痕,就前述形成合理信赖的具体依据和全部工作过程制作翔实的工作底稿等记录。

概言之,从事前风险防范角度来看,中介机构首先应区分不同业务类型,中国证监会对不同业务类型通常有专门的规定,如首发上市、重大资产重组、上市公司收购均有各自相应的规定;其次结合各自的行业执业规范和相关指引,如事后发生虚假陈述侵权民事赔偿责任纠纷,也应当结合相关规则和指引进行抗辩。

第六章　证券虚假陈述责任纠纷实务案例解析

第一节　康美药业证券虚假陈述集体诉讼案

2021 年 11 月 12 日，广州市中级人民法院对全国首例证券集体诉讼案即康美药业证券虚假陈述集体诉讼案(以下简称康美药业案)作出一审判决，该案涉案范围广、赔偿金额高、社会影响深远，引发学术界与实务界对证券虚假陈述侵权赔偿问题、独立董事制度及责任问题的高度关注，同时推动了证券虚假陈述侵权赔偿领域新司法解释的出台。本书在前述章节对各主体责任划分进行了分析，故本节侧重于程序板块的解析。

一、案情简介

康美药业是一家 2001 年首次公开发行(IPO)并在上海证券交易所上市的民营企业，主要从事中药生产和销售，其实际控制人为马某田。2017 年 4 月 20 日、2018 年 4 月 26 日、2018 年 8 月 29 日，在上海证券交易所网站和巨潮资讯网及中国证监会指定报纸上先后披露了《2016 年年度报告》《2017 年年度报告》《2018 年半年度报告》。

2018 年 10 月 15 日晚开始，网上陆续出现文章，质疑康美药业货币资金真实性，指出可能存在财务造假等问题。主要包括：2018 年 10 月 15 日晚，微信公众号“初善投资”发布标题为《康美药业究竟有没有谎言》的文章，该文认为康美药业货币资金真实性可疑、造假特征明显。2018 年 10 月 16 日，微信公众号“市值相对论”发布标题为《千亿康美药业闪崩！大存大贷大现金大质押哪个是坑?》的文章，该文指出康美药业存在存贷双高、大股东股票质押比例高和中药材贸易毛利率高等问题,质疑康美药业存在财务造假。前述文章被多家影响范围较大的媒体广泛转载,引起强烈反响。康美药业股票 10 月 16 日盘中一度触及跌停,收盘跌幅 5.97%,此后连续 3 日以跌停价收盘,而同期(2018 年 10 月 16～19 日)上证指数跌幅为 0.69%,医药生物(申万)指数跌幅为 4.01%。同时,以"康美药业"为关键词的百度搜索指数及各类媒体转载指数在 2018 年 10 月 16 日之后均呈现爆炸式增长。

2018 年 12 月 29 日,康美药业发布公告称收到中国证监会立案调查通知。2019 年 8 月 17 日,康美药业公告称收到中国证监会《行政处罚及市场禁入事先告知书》。2020 年 5 月 15 日,康美药业公告称收到《中国证监会行政处罚决定书》(〔2020〕24 号),其主要内容与前述《行政处罚及市场禁入事先告知书》基本一致。《中国证监会行政处罚决定书》(〔2020〕24 号)查明:(1)康美药业所披露的《2016 年年度报告》《2017 年年度报告》《2018 年半年度报告》《2018 年年度报告》存在虚假记载及重大遗漏,具体包括虚增营业收入、利息收入、营业利润,虚增货币资金、固定资产、在建工程、投资性房地产以及未按规定披露控股股东及其关联方非经营性占用资金的关联交易情况。(2)在对上述报告进行审议的董事会、监事会上投赞成票的董事、监事以及签署高级管理人员书面确认意见的高级管理人员违反了 2014 年《证券法》第 68 条第 3 款的规定,构成 2014 年《证券法》第 193 条第 1 款所述"直接负责的主管人员和其他直接责任人员",其中马某田、许某瑾、邱某伟在康美药业信息披露违法行为中居于核心地位,直接组织、策划、领导并实施了案涉违法行为,其行为直接导致康美药业相关信息披露违法行为的发生,情节特别严重;庄某清、温某生、马某洲的职责、具体实施行为与康美药业信息披露违法行为的发生具有紧密联系,情节较为严重。

2020 年 12 月 31 日,11 名投资者向广州市中级人民法院起诉,共同推选顾某骏、刘某君为拟任代表人,同时请求诉讼请求相同并申请加入本案诉讼的其他投资者一并提起普通代表人诉讼。上述 11 名原告请求判令马某田、许某瑾赔偿其投资差额损失,并请求判令康美药业与庄某清等人对上述损失承担连带责任。

2021 年 2 月 18 日,中国证监会作出行政处罚决定书。该决定书对广东正中珠江会计师事务所(以下简称正中珠江)及2016年、2017年、2018年康美药业审计项目的签字注册会计师作出处罚,查明的主要事实为:正中珠江出具的康美药业2016年、2017年、2018年年度审计报告存在虚假记载,在2016年和2017年年报审计期间未对康美药业的业务管理系统实施相应审计程序,即未获取充分适当的审计证据,对康美药业2016年、2017年、2018年财务报表的审计均存在重大缺陷,不符合相关会计准则的规定。

2021年3月30日,原告根据中国证监会对正中珠江及相关责任人的处罚决定,请求追加正中珠江及相关责任人为本案被告。2021年3月26日,广州市中级人民法院发布《普通代表人诉讼权利登记公告》,明确2017年4月20日(含)至2018年10月15日(含)以公开竞价方式买入并于2018年10月15日闭市后仍持有康美药业股票,且与本案具有相同诉讼请求的投资者,可以于2021年4月25日之前登记加入本案诉讼。

2021年4月8日,中证中小投资者服务中心有限责任公司接受本案56名权利人的特别授权,向广州市中级人民法院申请作为代表人参加诉讼。根据2019年《证券法》第95条第3款和《最高人民法院关于证券纠纷代表人诉讼若干问题的规定》第32条第1款的规定,经最高人民法院指定管辖,由广州市中级人民法院适用特别代表人诉讼程序审理本案。

2021年4月16日,广州市中级人民法院发布《特别代表人诉讼权利登记公告》,明确本案权利人范围为2017年4月20日(含)至2018年10月15日(含)以公开竞价方式买入并于2018年10月15日闭市后仍持有康美药业股票,且与本案具有相同种类诉讼请求的投资者,但具有《旧虚假陈述规定》第19条规定的虚假陈述与损害结果之间不存在因果关系情形的除外。符合前述权利人范围的投资者如未在公告期间届满后15日内向广州市中级人民法院书面声明退出特别代表人诉讼,即视为同意参加特别代表人诉讼。公告期间共有9名投资者提交书面声明,表示退出特别代表人诉讼。

二、判决结果

2021年11月12日,广州市中级人民法院作出(2020)粤01民初2171号判决书:(1)被告康美药业于本判决生效之日起 15 日内,向原告顾某骏等 52,037 名投资者赔偿投资损失约 24.6 亿元;(2)被告马某田等对康美药业信息披露违法行为直接负责的人员对本判决第 1 项确定的被告康美药业债务承担连带清偿责任;(3)被告马某耀等未具体分管康美药业财务工作的董监高作为其他直接责任人员在本判决第 1 项确定的被告康美药业债务的 20% 范围内承担连带清偿责任;(4)被告江某平等不参与康美药业日常经营管理的兼职独立董事在本判决第 1 项确定的被告康美药业债务的 10% 范围内承担连带清偿责任;(5)被告郭某慧等仅在《2018 年半年度报告》中签字的兼职独立董事在本判决第 1 项确定的被告康美药业债务的 5% 范围内承担连带清偿责任;(6)被告正中珠江及其合伙人杨某蔚对本判决第 1 项确定的被告康美药业债务承担连带清偿责任;(7)驳回原告的其他诉讼请求。

结合原、被告的诉辩意见,法院认为本案的争议焦点在于:(1)案涉虚假陈述行为的认定;(2)原告投资损失与案涉虚假陈述行为之间有无因果关系;(3)各被告赔偿责任的认定。针对上述三个争议焦点,法院的裁判要旨如下。

(一)案涉虚假陈述行为的认定

1. 根据《旧虚假陈述规定》第 17 条第 1 款规定,证券虚假陈述行为是指信息披露义务人违反法律规定,在证券发行或交易过程中,对重大事件作出违背事实真相的虚假记载、误导性陈述,或在披露信息时发生重大遗漏、不正当披露信息的行为。《中国证监会行政处罚决定书》(〔2020〕24 号)查明,康美药业披露的《2016 年年度报告》《2017 年年度报告》《2018 年半年度报告》中,存在虚增营业收入等情况,属于对重大事件作出违背事实真相的虚假记载和披露信息时发生重大遗漏的行为。《中国证监会行政处罚决定书》(〔2021〕11 号)查明,正中珠江出具的康美药业 2016 年、2017 年财务报表审计报告存在虚假记载。康美药业、正中珠江等被告对上述行政处罚决定书查明的事实未予否认,且未提交相反证据,可认定本案存在证券虚假陈述行为。

2. 2017 年 4 月 20 日,康美药业披露存在虚假记载和重大遗漏的《2016 年年度报告》,此日期应当被认定为虚假陈述行为的实施日。

3. 虚假陈述的揭露和更正,是指虚假陈述被市场知悉、了解,不要求达到全面、完整、准确的程度，只要交易市场对揭露文章存在明显的反应，即可认定市场知悉虚假陈述行为。2018 年 10 月 16 日，微信公众号“市值相对论”发布自媒体文章质疑康美药业财务造假，该报道的主要内容与中国证监会行政处罚认定的财务造假性质、类型基本相同，不仅传播广泛，导致康美药业的搜索指数暴增，而且引发了巨大的市场反应，使康美药业股价在此后短期内急速下挫，满足揭露行为的一致性要件、广泛性要求及警示性要件，因此应以 2018 年 10 月 16 日为案涉虚假陈述行为的揭露日。

4. 根据《旧虚假陈述规定》第 33 条规定，投资差额损失计算的基准日是指揭露日起至被虚假陈述影响的证券累计成交量达到其可流通部分 100% 之日，故本案投资差额损失计算的基准日为康美药业上市可流通股票换手率达到 100% 的 2018 年 12 月 4 日，基准价为 12.7 元。

（二）原告投资损失与案涉虚假陈述行为之间有无因果关系

1. 证券虚假陈述行为与投资者损失的因果关系应当包括交易行为与虚假陈述行为的因果关系及投资损失与虚假陈述行为的因果关系，即交易因果关系与损失因果关系。

2. 根据《旧虚假陈述规定》第 18 条规定，满足投资的证券与虚假陈述直接关联、在虚假陈述实施日至揭露日买入证券、在揭露日之后因卖出该证券或持续持有该证券而产生亏损三个要件的交易行为与虚假陈述行为之间应被推定存在交易因果关系。

3. 损失因果关系的认定涉及投资者损失金额认定问题、系统性风险扣除问题以及非系统性风险扣除问题。对于损失金额认定问题，法院认为移动加权平均法充分考虑了投资者在实施日至揭露日整个期间每次买入股票的价格和数量，并能剔除因卖出证券导致的盈亏，符合实际情况，能够合理认定在上述期间内多次进行交易的投资者的成本。对于系统性风险扣除问题，法院认为案涉虚假陈述行为从实施日到揭露日时间较长，该期间内产生的损失与证券市场系统性因素也有较大关系，根据《旧虚假陈述规定》第 19 条规定，对该部分损失应予剔除。而至于非系统性风险扣除问题，一方面缺乏明确法律依据，另一方面被告未能证明其所主张的非系统性风险事件对康美药业股价的消极影响，故不予扣除。

（三）各被告赔偿责任的认定

1. 根据 2014 年《证券法》第 69 条规定，虚假陈述导致投资者损失的，发行人、上市公司承担赔偿责任，发行人、上市公司的董监高和其他直接责任人员、有过错的控股股东或实际控制人以及保荐人、承销的证券公司，与发行人、上市公司承担连带赔偿责任。因此，本案中康美药业作为上市公司应对案涉投资者损失承担赔偿责任；组织、实施虚假陈述的康美药业实际控制人，与主管公司信息披露事务、分管财务、出纳工作而参与实施财务造假及信息披露违法行为的康美药业董监高，均应作为直接责任人员承担连带赔偿责任。

2. 未具体分管财务工作的董监高虽未直接参与财务造假，但对持续时间如此长、涉及会计科目众多、金额巨大的财务造假未能发现或保持沉默，并在案涉定期财务报告中签字，保证财务报告真实、准确、完整，未尽勤勉义务，存在较大过失，应承担与其过错程度相适应的赔偿责任。其中，作为非财务工作负责人参与康美药业日常经营管理的董监高过失较小，在投资者损失 20% 范围内承担连带赔偿责任；作为不参与日常经营的兼职独立董事，根据在案涉定期财务报告中签字情况，法院分别判定其在投资者损失 5% 或 10% 范围内承担连带赔偿责任。未以董监高身份签名确认案涉年度报告内容的真实、准确、完整的被告，不属于案涉信息批露义务人，不对投资者损失承担赔偿责任。

3. 根据 2014 年《证券法》第 173 条规定，证券服务机构为证券的发行、上市、交易等证券业务活动出具审计报告等文件有虚假记载、误导性陈述或重大遗漏造成他人损失的，应与发行人、上市公司承担连带责任。而根据《中国证监会行政处罚决定书》（〔2021〕11 号）认定的事实，正中珠江作为证券服务机构为康美药业案涉存在虚假陈述的年度报告提供审计服务，未实施基本的审计程序行为，严重违反了《中国注册会计师审计准则》和《中国注册会计师职业道德守则》等规定，导致康美药业严重财务造假未被审计发现，影响极其恶劣，故应当承担连带赔偿责任。

4. 根据《合伙企业法》第 57 条第 1 款规定，合伙企业一个或数个合伙人在执业活动中因故意或重大过失造成合伙企业债务的，应承担无限责任或无限连带责任。正中珠江的合伙人之一作为案涉审计报告的签字注册会计师,在其执业活动中存在重大过失,导致正中珠江需对本案投资者的损失承担赔偿责任,因此应在正中珠江的赔偿责任范围内承担连带赔偿责任。

5. 尽管《旧虚假陈述规定》第 24 条作出了中介机构直接责任人承担赔偿责任的规定,但该规定所依据的 1998 年《证券法》第 161 条已被修正,行为发生时有效的 2014 年《证券法》未保留中介机构直接责任人承担赔偿责任的规定,故本案中负责案涉审计项目的正中珠江员工虽存在过错,但要求其因职务行为直接对投资者承担赔偿责任于法无据。

三、康美药业特别代表人诉讼的程序梳理

(一)普通代表人诉讼启动

2020 年 12 月 31 日,广州市中级人民法院立案受理顾某骏等 11 名自然人投资者提起的,以康美药业及马某田等为被告的虚假陈述民事赔偿诉讼。原告的诉讼请求为:(1)请求确认原告顾某骏、刘某君为本起诉书各原告的诉讼代表人,并请求法院发起普通代表人诉讼;(2)请求依法判决马某田、许某瑾赔偿原告投资差额损失 410,522 元;(3)请求依法判决马某田、许某瑾赔偿原告投资差额损失的佣金 123.17 元、印花税 410.52 元、利息损失 1172.51 元;(4)请求依法判决各被告对原告的上述损失承担连带责任。[1]

2021 年 2 月 10 日,广州市中级人民法院作出(2020)粤 01 民初 2171 号民事判决书,决定适用普通代表人诉讼程序审理本案。根据双方当事人的诉辩意见和中国证监会行政处罚决定,顾某骏、刘某君等主张本案康美药业虚假陈述实施日为 2017 年 4 月 20 日,揭露日为 2018 年 10 月 16 日,法院予以采纳。广州市中级人民法院裁定:本案权利人范围为 2017 年 4 月 20 日(含)至 2018 年 10 月 15 日(含)以公开竞价方式买入,并于 2018 年 10 月 15 日闭市后仍持有康美药业股票,且与本案具有相同种类诉讼请求的投资者,但具有《旧虚假陈述规定》第 19 条规定的虚假陈述与损害结果之间不存在因果关系情形的除外。如

[1] 参见《康美药业股份有限公司关于涉及诉讼的公告》(临 2020-117),2020 年 12 月 31 日。

不服本裁定,可以自裁定书送达之日起 10 日内向广东省高级人民法院申请复议。[1] 该裁定作出后,各方当事人均未申请复议,已经发生法律效力。[2]

评析:在法院允许本案以普通代表人诉讼方式开展之后,法院会作出一个裁定,认定权利登记的范围。对该裁定各方当事人不服的,可以向上级法院申请复议。

(1)关于公开竞价方式的限制。目前看到的各地法院发出的普通代表人诉讼权利登记公告,都要求投资者是在指定期间"以公开竞价方式买入"。这一限制条件可能来自《旧虚假陈述规定》,该司法解释第 3 条明确规定,本司法解释不适用于"通过协议转让方式进行的交易"。但《新虚假陈述规定》取消了对交易方式的限制,对于在国家依法设立的"证券交易场所发行、交易证券过程中实施虚假陈述引发的侵权民事赔偿案件"均可适用。只是在损失认定时,明确规定了采用集中竞价的交易场所中原告的损失计算方法,但就如本书作者曾经分析的,司法解释在这方面的规定是非排他性的,采用非集中竞价方式的原告应该可以自行提出合理的损失计算方式,司法解释并没有排除其适用的可能。[3]

(2)《新虚假陈述规定》同时规定了诱多型和诱空型两种虚假陈述行为的因果关系推定,分别规定不同的交易方向:在诱多型虚假陈述下,是"买入";在诱空型虚假陈述下,则应该是"卖出"。

2021 年 3 月 26 日,广州市中级人民法院发出《普通代表人诉讼权利登记公告》,要求权利人于 2021 年 4 月 25 日之前登记加入本案诉讼。具体登记方式为:投资者通过微信小程序搜索"广州微法院"进入广州微法院,点选页面下方"微诉讼"栏目,选择"代表人诉讼"入口进入代表人诉讼平台申请登记。法院还同时公告了两名拟任诉讼代表人的情况,对其有异议的,可以于 4 月 25 日之前向法院提出书面异议。申请加入本案诉讼并自愿担任本案代表人的,也可以

---

[1] 参见《康美药业股份有限公司关于收到〈民事裁定书〉的公告》(临 2021 - 011),2021 年 2 月 10 日。

[2] 参见广州市中级人民法院:《关于康美药业证券虚假陈述责任纠纷的普通代表人诉讼权利登记公告》,2021 年 3 月 26 日。

[3] 参见彭冰:《证券虚假陈述民事赔偿中的因果关系——司法解释的新发展评析》,载《法律适用》2022 年第 5 期。

向法院提出书面申请和相关材料。权利登记无须预交案件受理费,结案后由败诉方按照诉讼标的额交纳。[1]

评析:本案法院采用了微信小程序的方式,便于原告办理登记手续。上海金融法院和北京金融法院都开通了专门的代表人诉讼在线平台。普通代表人诉讼的一个重要优势是不需要预交案件受理费。相关研究表明,在我国虚假陈述司法解释通过因果关系推定极大提高原告胜诉率的情况下,相关诉讼案件数量并不理想,一个可能的原因就是原告需要预交案件受理费——对于索赔金额不多的投资者,要求其预交案件受理费就可能成为其提起诉讼的重要阻碍。[2]

2021 年 2 月 20 日,中国证监会对正中珠江及相关会计师作出处罚,认定其在为康美药业提供的 2016 年至 2018 年年度审计报告中未能勤勉尽责,存在虚假记载。[3] 2021 年 3 月 30 日,原告申请追加正中珠江及相关会计师为本案被告。

评析:在 2020 年 12 月 31 日本案 11 名原告提起普通代表人诉讼时,为有虚假记载的年报提供审计服务的正中珠江还没有被中国证监会处罚。在虚假陈述民事赔偿案件中,将审计机构等证券中介机构纳入被告范围,可以扩大原告的求偿范围,增大全额获赔的可能性。例如,在五洋债案中,法院判决原告可以获赔 7.03 亿元,因第一被告发行人五洋建设处于破产重整程序中,执行对象主要是承担连带责任的其他主体,其中德邦证券总计履行 5.755 亿元,大信会计履行 1 亿元。[4]

(二)特别代表人诉讼启动

2021 年 3 月 26 日,在广州市中级人民法院发出《普通代表人诉讼权利登记公告》的同日,投服中心公开宣布接受投资者委托。投服中心要求委托的投资

---

〔1〕 广州市中级人民法院:《关于康美药业证券虚假陈述责任纠纷的普通代表人诉讼权利登记公告》,2021 年 3 月 26 日。

〔2〕 参见徐文鸣:《证券民事诉讼制度实施效果的实证研究——以虚假陈述案件为例》,载《证券市场导报》2017 年第 4 期。

〔3〕 《中国证监会行政处罚决定书》(〔2021〕11 号)。

〔4〕 参见《浙江省杭州市中级人民法院关于“五洋债”案件案款发放公告(四)》,2022 年 3 月 25 日。

者符合法院发出的权利登记范围,并特别声明"因身份识别系统技术所限,本次参与对象仅限于持有二代居民身份证的自然人投资者"。报名期限为7个工作日,自2021年3月26日至4月7日24:00前。有意委托的投资者应在中国投资者网(www.investor.org.cn)提交申请材料。需提交的材料包括授权委托书、电子送达地址确认书和相关证据材料。证据材料主要是身份证复印件,加盖证券公司营业部印章的中国证券登记结算有限责任公司"一码通"证券账户查询单(包含所有证券账户)及证券账户开户确认单、康美药业股票电子版对账单(EXCEL文件)。对账单区间至少应当包括自实施日2017年4月20日(含)至基准日2018年12月4日(含)关于康美药业股票的所有交易情况。投服中心还表明其将在材料齐备的适格投资者中按申请时间先后排序,接受前50名投资者委托。[1]

在投服中心3月26日至4月7日接受委托期间,投资者申请总人数479人,其中适格投资者352人。适格投资者中:男性236人,女性116人;年龄最小的21岁,年龄最大的81岁;所在地域涉及27个省、自治区、直辖市。[2]

2021年4月8日,投服中心称接受了56名权利人的特别授权,向广州市中级人民法院提交上述56名投资者的证据材料,申请作为代表人参加诉讼,并将本案诉讼程序转化为特别代表人诉讼。[3]

评析:按照《最高人民法院关于证券纠纷代表人诉讼若干问题的规定》(以下简称《代表人诉讼司法解释》)的规定,特别代表人诉讼的启动需要依赖于普通代表人诉讼,从普通代表人诉讼转化为特别代表人诉讼的条件是投保机构在普通代表人诉讼权利登记公告期间获得50名以上权利人的特别授权。

2021年4月16日,广州市中级人民法院发布《特别代表人诉讼权利登记公告》,称经最高人民法院指定管辖,法院将适用特别代表人诉讼程序审理本案。

---

〔1〕《投服中心接受康美药业虚假陈述民事赔偿案投资者委托的说明》,2021年3月26日。

〔2〕《首单特别代表人诉讼成功转换》,载投服中心官网,http://www.isc.com.cn/html/zxxw/20210420/3740.html。

〔3〕《首单特别代表人诉讼成功转换》,载投服中心官网,http://www.isc.com.cn/html/zxxw/20210420/3740.html。

据此，法院发出《特别代表人诉讼权利登记公告》，其权利登记范围与普通代表人诉讼相同。法院明确，“符合前述权利人范围的投资者如未在公告期间届满(2021年5月16日)后15日内向本院书面声明退出本特别代表人诉讼的，即视为同意参加本特别代表人诉讼”。法院同时介绍了投服中心的基本情况，声明参加本特别代表人诉讼的投资者视为对投服中心进行特别授权，即同意投服中心“代表其参加开庭审理，变更、放弃诉讼请求或者承认对方当事人的诉讼请求，与被告达成调解协议，提起或者放弃上诉，申请执行，委托诉讼代理人等”。[1]

评析：按照《代表人诉讼司法解释》第2条的规定，特别代表人诉讼由涉诉证券集中交易的证券交易所所在地的中级人民法院或者专门人民法院管辖。康美药业在上海证券交易所上市交易，本案从普通代表人诉讼转化为特别代表人诉讼之后，应当移送到上海金融法院审理，上海金融法院才是有管辖权的法院。但广州市中级人民法院在公告中称：经最高人民法院指定管辖，本案将由广州市中级人民法院适用特别代表人诉讼程序继续审理。

2021年4月23日，投服中心依据广州市中级人民法院发出的特别代表人权利登记公告确定的权利人范围，向中国证券登记结算公司调取康美药业案权利人名单，4月30日向广州市中级人民法院提交。[2]

评析：按照《代表人诉讼司法解释》的规定，投服机构调取的权利人名单，法院应当予以登记，列入代表人诉讼原告名单，并通知全体原告。本案中法院在2021年6月12日发出《特别代表人诉讼原告资格查询公告》，告知法院已经依据投服中心提交的权利人名单，依法审查确定了本案的原告名单，并提供了查询方式供投资者查询。该查询方式与普通代表人诉讼的登记方式相同，即通过微信小程序“广州微法院”进行。[3]

---

〔1〕 广州市中级人民法院：《特别代表人诉讼权利登记公告》，2021年4月16日。

〔2〕 《投服中心向法院提交康美药业案权利人名单的公告》，2021年5月14日，载中证中小投资者服务中心网，http://www.isc.com.cn/html/kmyya/20210514/3794.html。

〔3〕 广州市中级人民法院：《特别代表人诉讼原告资格查询公告》，载广州审判网，http://www.gzcourt.gov.cn/fygg/ck11/2021/06/12090301622.html。

在公告期间，梅某勇等9名投资者向广州市中级人民法院提交书面声明，表示退出本特别代表人诉讼。退出后，本案确定原告人数为55,326名投资者。

评析：(1)明示退出

特别代表人诉讼采用投资者“默示加入、明示退出”的方式，投资者需要慎重考虑是否退出。因此，《代表人诉讼司法解释》对于特别代表人诉讼权利登记公告，要求额外披露“投资者保护机构基本情况、对投资者保护机构的特别授权、投资者声明退出的权利及期间、未声明退出的法律后果等”内容。其目的就是让投资者在拥有充分信息的情况下对于是否退出作出决策。本案中法院在特别代表人诉讼权利登记公告中不仅披露了投服中心的基本情况等额外内容，还披露了投服中心的诉讼代理人名单。

(2)退出投资者的另行起诉

投资者选择退出，主要可能是对投服中心代表诉讼不满意，希望自行寻求赔偿。“对于声明退出的投资者，人民法院不再将其登记为特别代表人诉讼的原告，该投资者可以另行起诉”。[1]

需要注意的是，既然退出的投资者是对特别代表人诉讼不满意，自行寻求救济，法院就应该对其诉求单独开庭审理，而不能直接适用特别代表人诉讼的结果。《代表人诉讼司法解释》的起草者就认为，“代表人诉讼裁判的既判力扩张存在例外，不适用于明示退出或者明示不加入代表人诉讼的投资者”，“在当事人明确表达了不愿意加入代表人诉讼的意思后，应当尊重其单独诉讼并获得裁判的权利”。[2]

(三)审理

2021年5月28日，广州市中级人民法院召开康美药业案庭前会议。法庭

---

〔1〕《代表人诉讼司法解释》第34条第2款。

〔2〕参见最高人民法院民事审判第二庭编著：《最高人民法院证券纠纷代表人诉讼司法解释理解与适用》，人民法院出版社2021年版，第86页。

主持原告、被告双方交换了证据，听取了双方诉辩意见，明确了案件争议焦点。[1]

在本案审理过程中，康美药业等部分被告申请由法院委托专业机构测算损失金额和系统性风险。被告主张由上海交大中国金融研究院测算，投服中心主张由深圳价值在线信息科技股份有限公司测算。因为各方对测算机构的选择未能形成一致意见，广州市中级人民法院委托中国证券投资者保护基金有限公司（以下简称投保基金）对权利人范围内的投资者（声明退出的投资者除外）的损失进行测算。

2021 年 7 月 16 日，投保基金出具了《证券投资者损失测算报告》，测算 52,037 名投资者扣除系统性风险后的损失金额总数为 2,458,928,544 元。

评析：在证券虚假陈述民事赔偿诉讼中，投资者损失的测算相对比较复杂，在代表人诉讼中，如果投资者人数众多，此类测算就更为复杂，有必要请专业机构出具鉴定意见。在本案中，双方各自提出了不同的测算机构，法院因此选择了第三个机构。

2021 年 11 月 12 日，广州市中级人民法院作出一审判决，责令康美药业因虚假陈述侵权赔偿证券投资者损失 24.59 亿元，原董事长、总经理马某田及 5 名直接责任人员、正中珠江直接责任人员承担全部连带赔偿责任，另外 13 名相关责任人员按过错程度承担部分连带赔偿责任。

评析：（1）各被告的责任依据过错程度有所不同

虽然康美药业案一审判决出来之后引发了市场的轩然大波，有所谓“独立董事的辞职潮”，但客观来说，法院还是尽量对不同被告依据其过错程度确定了不同的责任比例。实际上，《证券法》第 85 条和第 163 条对于虚假陈述中各主体的责任，统一规定的是连带责任，并无关于比例连带责任的规定。比例连带责任是中国法院在实践中考虑到全部连带责任对某些主体过于严苛而自行创

---

[1] 广州市中级人民法院：《康美药业证券虚假陈述集体诉讼案召开庭前会议》，载广州审判网，http://www.gzcourt.gov.cn/xwzx/about/2021/05/28203601856.html。

造出来的。[1]

在本案中,法院对各主体作出了明确的区分:上市公司、实际控制人和直接参与造假的高级管理人员、董事承担100%责任,审计师承担100%责任,未参与造假的董事、高级管理人员还按照其过错程度不同而区分了不同比例的连带责任(见表6-1):

表6-1　康美药业案责任划分

主体	身份	赔偿
康美药业	上市公司	24.59亿元
马某田、许某瑾	实际控制人组织造假,签字董事	100%连带责任
邱某伟等	参与造假的内部高级管理人员,签字董监高	100%连带责任
马某耀等	没有参与造假的内部高级管理人员,签字董监高	20%连带责任
江某平等	兼职独立董事,签字	10%连带责任
郭某慧等	兼职独立董事,只在一份造假文件上签字	5%连带责任
唐某等	内部高级管理人员,但未参与造假也未签字	无责任
正中珠江	审计师事务所	100%连带责任
杨某蔚	签字合伙人,特殊的普通合伙	100%连带责任
张某璃等	签字注册会计师和项目经理	无责任

(2)关于连带责任的分担

法院在一审判决中对于各被告在承担连带责任之后的责任分担问题,没有处理,“本案诉讼裁判的范围为各被告应当向原告承担的责任问题,至于各承担连带责任的被告之间的责任分担与追偿,不在本案裁判范围之内,各方如承担实际赔付责任后可另行解决”。

(3)关于案件受理费

“本案案件受理费12,336,442.72元,保全费5000元,由被告共同负担”,

---

〔1〕 参见丁宇翔:《证券发行中介机构虚假陈述的责任分析——以因果关系和过错为视角》,载《环球法律评论》2021年第6期。

但各被告之间如何负担，法院没有明确。

(4)原告查询

在宣判当日，法院还发布了《关于特别代表人诉讼原告应获赔偿金额查询方式的公告》，为便于原告查询具体应获赔偿金额，现本院提供以下查询方式：投资者通过微信小程序搜索“广州微法院”进入广州微法院，点选页面下方“微诉讼”栏目，选择“代表人诉讼”入口进入代表人诉讼平台查询。

与普通代表人诉讼一般在判决书后面直接列表列明原告获赔金额不同，本案并没有此类列表，原告只能按照上述方式自行查询其获赔金额。这可能一方面是因为本案原告人数太多，高达52, 037 名，无法列表。另一方面也可能是因为与普通代表人诉讼中原告主动加入不同，在特别代表人诉讼中原告是被动加入的，因此其隐私权需要得到更多保护。

(5)上诉期

当事人对一审判决不服的，有权提起上诉。不过，与一般审判中的上诉期均为 15 日有所不同，原告的上诉期间则因为投服中心的存在可能有所扩展，即与投服中心不一致的原告可另外获得 15 日的期间。

本案各被告不服的，可在收到判决书之日起 15 日内递交上诉状。

投服中心决定上诉的，应当在判决书送达之日起 15 日内递交上诉状，同时，投服中心应当在上诉期间届满前通知全体原告。原告决定放弃上诉的，应当在收到通知之日起 15 日内通知本院。

投服中心决定放弃上诉，可以在判决书送达之日起 15 日内通知全体原告，原告决定上诉的，应当在收到通知之日起 15 日内向本院递交上诉状。

(四)生效、重整与执行

2021 年 11 月 19 日，投服中心发布公告，宣布“经研究决定对康美药业特别代表人诉讼一审判决不予上诉”，说明了不予上诉的理由，以及法律后果。[1]

评析：(1)投服中心提出不予上诉的理由是：一审判决支持了投服中心作为原告代表人的主要诉请，包括实施日、揭露日、基准日和交易因果关系等。而一

---

〔1〕 参见《投服中心关于对康美药业特别代表人诉讼一审判决不予上诉的公告》，2021 年 11 月 19 日。

审判决与原告诉请的差异主要体现在原告投资者损失金额认定和各被告责任承担比例。前者由投保基金测算,并经过法庭质证予以采信。对于后者,投服中心主张的是所有被告承担全部连带责任,但法院则对不同被告的过错进行了分析,"说理论证较为充分"。

(2)不上诉的后果。投服中心作为诉讼代表人决定不上诉,并不意味着原告一定要选择不上诉,而且还要考虑被告是否上诉的情况。投服中心制作了一个表格(见表6-2)来形象地说明不同情况下的法律后果:

表6-2　是否上诉之法律后果

序号	原告投资者	被告	法律后果
1	全体原告投资者未上诉	全体被告不上诉	一审判决在全体原告与被告之间生效
2	部分原告投资者上诉的,应向广州市中级人民法院提交上诉状;部分投资者未上诉	全体被告不上诉	(1)自行上诉的原告参与二审,投服中心不参与二审,也不再是这些投资者的代表人; (2)一审判决在未上诉的原告与被告之间生效,二审裁判的效力不及于未上诉的原告
3	全体原告投资者未上诉	全部或部分被告上诉	投服中心作为代表人参与二审应诉,一审判决未生效
4	部分原告投资者上诉的,应向广州市中级人民法院提交上诉状;部分投资者未上诉	全部或部分被告上诉	(1)投服中心作为未上诉投资者的代表人参与二审应诉,一审判决未生效; (2)自行上诉的原告在二审中主张自己的上诉请求,投服中心不再是这部分投资者的代表人

最终,所有原告都选择了不上诉。

2021年11月24日,康美药业发布公告,宣布因公司处于破产重整程序中,管理人将一审判决内容向债权人委员会发出了通知,就是否对一审判决上诉提请债权人委员会予以表决。截至公告日,债权人委员会已经表决同意对公司特别代表人诉讼一审判决不予上诉。[1]

评析:康美药业因处于破产重整状态,对于此类重大诉讼是否上诉,应由债

[1] 《康美药业股份有限公司关于对特别代表人诉讼一审判决不予上诉的公告》(临2021-102),2021年11月24日。

权人委员会决定。本案中比较特殊的是投服中心此前也作为债权人代表加入了债权人委员会。投服中心因此回避了此次表决,以避免利益冲突。[1]

本案中各方当事人均未上诉,一审判决到期后生效。[2]

2021 年 11 月 26 日,揭阳市中级人民法院裁定批准《康美药业股份有限公司重整计划》。[3] 在重整方案中,本案一审判决的债权作为普通债权处理,清偿方案是:对于每家债权人 50 万元以下的债权部分,全部现金清偿;超出 50 万元的部分,每 100 元普通债权分得:7.29 元现金 +8.829 股股票(抵债价格 10 元/股) +4.42份信托受益权份额。[4]

2021 年 12 月 21 日,本案开始执行。康美药业将现金经中国证券登记结算有限责任公司转至各投资者开户证券公司,最终分配至投资者资金账户。最终的执行结果是:全体投资者共获赔现金约 9.765 亿元,股票约 1.41 亿股,信托收益权份额约 7070 万份。债权金额 50 万元以下的投资者共 51,730 人均获得了全额清偿,占比约 99.41%。[5]

评析:投服中心作为本案的诉讼代表人,积极参与了破产重整程序,提早申报了债权,并参加了债权人委员会。

康美药业案是一个将法律职业共同体和整个市场以及社会公众连接起来的典型案例,该案从证券虚假陈述侵权始,经行政处罚、民事赔偿诉讼、特别代表人诉讼,到刑事诉讼,最后案涉企业走向破产重整,又将上述的一系列交叉问题带入破产法司法中,给相关各个法律部门的立法技术和司法技术带来巨大的挑战。[6] 突破了传统的"先刑后民"的案件受理思路和办案习惯,康美药业案

---

〔1〕 参见冷静:《康美启示:证券集团诉讼首案的制度突破与未尽议题》,载《中国法律评论》2022 年第 1 期。

〔2〕 参见《投服中心首单特别代表人判决执行后答投资者问》,2021 年 12 月 23 日。

〔3〕 参见《康美药业股份有限公司关于法院裁定批准公司重整计划的公告》(临 2021 - 103),2021 年 11 月 27 日。

〔4〕 参见《康美药业股份有限公司重整计划》,2021 年 11 月。

〔5〕 参见《投服中心首单特别代表人判决执行后答投资者问》,载中证中小投资者服务中心网,http://www.isc.com.cn/html/zxxw/20211223/4289.html。

〔6〕 李曙光:《康美药业案综论》,载《法律适用》2022 年第 2 期。

的民事赔偿诉讼与刑事诉讼的审理几乎是同时进行的，如果算上刑事二审程序，此案也算开启了“先民后刑”的先例，但这并没有影响此案公平、公正、公开的受理以及办案受到社会好评的效果，可以说，康美药业案刑事一审和二审判决做到了法律效果与社会效果的统一。

第二节　中安科案

中安科案[1]是我国证券虚假陈述责任纠纷领域第一起以“比例连带责任”确定中介机构赔偿责任的生效判决。中安科案中独立财务顾问与审计机构并未受到行政处罚，但法院最终仍判决其承担连带责任，也是我国首起在没有行政处罚的“前置程序”下，中介服务机构未获行政处罚或刑事裁判即被追责的案件，突破性地细化了中介机构各自的责任，同样具有典型意义。

一、案情简介

中安科公司原名上海飞乐股份有限公司，于 2015 年 3 月 24 日变更名称为中安消股份有限公司，2018 年 5 月 23 日变更名称为中安科股份有限公司。

2014 年，中安科公司实施重大资产重组，通过向深圳市中恒汇志投资有限公司（以下简称中恒汇志公司）非公开发行股份的方式购买中恒汇志公司持有的被告中安消技术公司的 100% 股权。

2014 年 4 月 25 日，被告瑞华事务所出具了瑞华专审字（2014）第 48340003 号审计报告，对中安消技术公司及其子公司的财务报表进行了审计。同日，瑞华事务所出具编号为瑞华核字（2014）第 48340008 号《中安消技术有限公司盈利预测审核报告》，对中安消技术公司作出的盈利预测进行了审核。

2014 年 6 月 10 日，被告招商证券公司出具了《关于上海飞乐股份有限公司

---

〔1〕 参见上海金融法院民事判决书，（2019）沪 74 民初 1049 号；上海市高级人民法院民事判决书，（2020）沪民终 666 号。

重大资产出售、发行股份购买资产并募集配套资金暨关联交易之独立财务顾问报告》。该报告中招商证券公司承诺其已按照法律、行政法规和中国证监会的规定履行了尽职调查义务,有理由确信重组报告书符合法律、法规和中国证监会及上海证券交易所的相关规定,所披露的信息真实、准确、完整,不存在虚假记载、误导性陈述或者重大遗漏。

2014 年 6 月 10 日,被告广东华商律师事务所出具了《关于上海飞乐股份有限公司重大资产出售、发行股份购买资产并募集配套资金暨关联交易之法律意见书》。

2019 年 5 月 31 日,中安科公司发布关于收到中国证监会行政处罚决定书、市场禁入决定书的公告。中国证监会在处罚决定书中认定:

1. 2013 年 11 月,中安消技术公司与黔西南州政府签订《黔西南教育信息化工程项目建设战略合作框架协议》,项目总金额 4.5 亿元。据此,中安消技术公司出具了《关于"班班通"项目业绩预测情况说明》和《盈利预测报告》。2014 年 4 月至 12 月,黔西南州下辖 9 个县(市、区)中 5 个启动了"班班通"项目招标,中安消技术公司参与 2 个项目投标且均未中标。中安消技术公司在实际未中标任何县(市、区)工程(样板工程除外),知悉上述框架协议仅为合作框架协议、难以继续履行,原提供的《盈利预测报告》不真实、不准确的情况下,未及时重新编制并提供《盈利预测报告》,导致评估结论严重失实,置入资产评估值严重虚增。

2. 2013 年年底,中安消技术公司与包头市石拐区政府签订了《包头市石拐区"智慧石拐"一期项目合同书》。2013 年 12 月底,"智慧石拐"项目尚未招标,相关合同总收入不能够可靠估计,中安消技术公司在不符合收入确认条件情况下按完工百分比法确认该项目收入,导致 2013 年度营业收入虚增 5000 万元,2013 年度经审计的财务报告存在虚假记载。

3. 中安消技术公司 2013 年对《曲阜市视频监控及数字化城管建设工程及采购合同书》等 4 个"BT"项目累计确认 7155 万元营业收入,同时确认 7155 万元长期应收款。经测算,2013 年应收对价的公允价值应当为扣除利息费用后的余额,其与合同金额百分比差的累积影响数为 515 万元,即 2013 年虚增营业收入 515 万元,2013 年度经审计的财务报告存在虚假记载。中国证监会认定上述行为构成证券虚假陈述,行政处罚对象包括中安科公司、中安消技术公司、中恒汇志公司及相关责任人员等。

本案审理过程中,根据中安科公司的申请,法院委托上海交通大学中国金融研究院对投资者因虚假陈述导致的投资差额损失进行核定。

原告李某、周某向上海金融法院起诉称:在中安科公司虚假陈述行为实施日至揭露日买入中安科股票,后由于中安科公司虚假陈述行为被揭露致股价大跌而产生巨额经济损失;中安消技术公司与被告中安科公司共同实施了虚假陈述行为,构成共同侵权,应对原告的损失承担连带赔偿责任;其他三方被告作为证券上市推荐人等证券服务机构,其行为也构成了法律意义上的虚假陈述,给投资者造成重大投资损失,理应承担连带赔偿责任。故请求判令中安科公司、中安消技术公司、招商证券公司、瑞华事务所、华商律师事务所连带赔偿各项经济损失(含投资差额损失、佣金损失、印花税损失、利息损失等)。庭审中李某、周某放弃有关佣金及利息损失的诉讼请求,并同时明确印花税损失按照投资差额损失的 1‰计算。

虚假陈述披露后,投资者相继将中安科公司诉至上海金融法院,根据公司收到上海金融法院发来的相关民事诉讼应诉通知书及相关法律文书,法院已受理相关原告诉公司证券虚假陈述责任纠纷案件合计 1725 例,所涉诉讼请求金额合计人民币 6.91 亿元。

二、法院判决

2020 年 11 月 9 日,上海金融法院作出一审判决。一审法院明确,虚假陈述案件中并不要求所有被告都受到行政处罚,"投资者可以依照法律规定,将所有的责任主体作为共同被告,提起虚假陈述民事赔偿的诉讼。由于行政处罚决定系法院受理案件的依据,而非确定诉讼被告的依据,故法律并不要求对责任主体均收到行政处罚后才能被列为被告"。据此,一审法院认为招商证券公司、瑞华事务所等中介服务机构以缺乏"前置程序"为由提出其不应承担责任的抗辩不能成立,判决招商证券公司、瑞华事务所对中安科公司在第一、第二项付款义务承担连带责任。

上海金融法院一审并未判决中介机构对公司赔付义务的承担比例责任,而是要求招商证券公司和瑞华事务所就全部赔付范围承担连带责任。上海市高级人民法院在二审中改判了中介机构的责任承担比例,招商证券公司和瑞华事务所须对中安科公司的付款义务分别在25%和15%的范围内承担连带责任,并对此进行了说理。

上海市高级人民法院在确定虚假陈述事实的基础上,分别梳理独立财务顾问与审计机构未尽勤勉义务而导致虚假陈述的侵权行为。独立财务顾问依其职责,应当对重大资产重组中交易定价的公允性、盈利预测的可实现性等事项予以重点关注,鉴于“班班通”项目对标的公司未来收益预测及资产评估具有重大影响,应关注“班班通”项目的实际进展情况,包括标的公司是否中标,却未予审慎核查。而对于“智慧石拐”项目和4个“BT”项目,主要涉及收入确认等财务会计、审计问题,并非独立财务顾问的专业范围。审计机构依其职责,鉴于“智慧石拐”项目虚增收入的后果重要性,出具审计意见时应对“智慧石拐”项目予以审慎关注,但在发送的询证函未显示对方回复或确认的情况下就列示“回函确认销售金额”,缺乏合理解释,同时未能证明其对该项目实际进展予以应有的关注和必要的数据复核。而对于“班班通”项目,外部审计机构基于标的公司提供的材料进行盈利预测审核并不存在明显过错。至于4个“BT”项目,因所涉虚假陈述金额较小,对于审计重要性而言相对较低。

上海市高级人民法院认为,中介机构连带赔偿责任应限制在与其行为及过错相适应的范围之内,而责任大小的确定,应当与证券服务机构的注意义务和应负责范围,考量过错与造成损失的原因力等因素进行确定。具体而言,独立财务顾问仅对“班班通”项目导致的盈利预测之虚假陈述事项负责;无证据证明独立财务顾问与中安科公司、中安消技术公司存在恶意串通等明知或应当明知的情形(主观过错相较于后二者较轻);“班班通”项目占标的公司2014年度预测营业收入的26%,对中安科股票价格和投资者交易决策造成一定影响。综合行为性质和内容、过错程度、原因力等,二审判决酌定独立财务顾问在上市公司证券虚假陈述民事责任的25%范围内承担连带赔偿责任。审计机构主要对“智慧石拐”项目导致的营业收入确认之虚假陈述事项负责；主观过错相对中安科公司和中安消技术公司同样较轻；虚假记载的营业收入占2013年财务报告中母公司营业收入的19.4%、合并报表口径的3.7%，同时“智慧石拐”项目收入确认对盈利预测也会有所影响。综合虚假陈述所涉事项、过错程度、原因力等，二审判决酌定审计机构在上市公司证券虚假陈述民事责任的15%范围内承担连带赔偿责任。

（一）招商证券公司和瑞华事务所承担证券虚假陈述民事责任是否以受到行政处罚或刑事判决为前提

《旧虚假陈述规定》第6条规定，投资人以自己受到虚假陈述侵害为由，依据有关机关的行政处罚决定或者人民法院的刑事判决文书，对虚假陈述行为人提起的民事赔偿诉讼，符合我国当时的《民事诉讼法》第108条规定，人民法院应当受理。依据我国2014年《证券法》第173条规定，投资者可以将相关责任主体作为共同被告，提起虚假陈述民事赔偿的诉讼。行政处罚决定系法院受理案件的依据，而非确定诉讼被告的依据，故法律并不要求对责任主体均受到行政处罚后才能被列为被告。本案中投资者已经提交中安科公司受到行政处罚的决定书，且其主张招商证券公司、瑞华事务所等承担连带赔偿责任，故招商证券公司、瑞华事务所以缺乏前置程序为由提出其不应承担责任的抗辩，依法不能成立。

（二）招商证券公司和瑞华事务所是否勤勉尽责

2014年《证券法》第173条规定，证券服务机构为证券的发行、上市、交易等证券业务活动制作、出具审计报告、资产评估报告、财务顾问报告、资信评级报告或者法律意见书等文件，应当勤勉尽责，对所依据的文件资料内容的真实性、准确性、完整性进行核查和验证。其制作、出具的文件有虚假记载、误导性陈述或者重大遗漏，给他人造成损失的，应当与发行人、上市公司承担连带赔偿责任，但是能够证明自己没有过错的除外。为了督促证券服务机构有效履职，应当考量其工作特点和审核成本，将其注意义务和责任范围界定在合理范围之内，明确其责任边界，实现各证券服务机构“各负其责、各尽其责”，对各自专业相关的业务事项履行特别注意义务，对其他业务事项履行普通注意义务。

关于证券服务机构是否勤勉尽责，应视其是否按照相关法律、行政法规、部门规章和行业执业规范等，对所依据的文件资料内容进行核查和验证。

关于招商证券公司是否勤勉尽责。根据 2011 年《上市公司重大资产重组管理办法》和 2008 年《上市公司并购重组财务顾问业务管理办法》等规定，独立财务顾问需对重组活动作审慎尽职调查，对上市公司申报文件的真实性、准确性、完整性进行充分核验。独立财务顾问出具的意见中采用其他证券服务机构或者人员的专业意见的，仍然应当予以审慎核查，并对利用其他证券服务机构或者人员的专业意见所形成的结论负责。就案涉“班班通”项目，招商证券公司如果采取一定的调查手段，如函询、访谈、现场走访、查询公开招投标信息等方式，应可发现中安消技术公司在已经启动的项目中并未中标的事实。招商证券公司出具独立财务顾问报告时，除了获取中安消技术公司提供的框架协议和当地有关政策性文件之外，并无充分证据表明对该重点项目的实际进展情况予以审慎核查。此外，招商证券公司知悉“班班通”项目的真实情况后，应对之前的评估值以及交易定价的合理性和公允性质疑，但其在后续更新的财务顾问报告中，仍然认可了之前的收益、预测数据和评估值，未及时采取有效行为。因此，招商证券公司出具独立财务顾问报告过程中，未充分尽到勤勉尽责义务。

关于瑞华事务所是否勤勉尽责。案涉“智慧石拐”项目中瑞华事务所向包头市石拐区政府发送落款时间为 2014 年 1 月 24 日的《企业询证函》，但该函件未显示对方的任何回复或确认内容，瑞华事务所制作的复核日期同样为 2014 年 1 月 24 日的《应收账款函证回函结果明细表》，记载该项目已收回函证且确认销售金额 5000 万元。就该审计工作底稿中如何列示“回函确认销售金额”，瑞华事务所未给予合理解释。此外，瑞华事务所未提供证据证明其实施了必要审计程序，对“智慧石拐”项目的实际开工情况、施工进展、完工进度等缺乏应有的关注以及必要的数据复核。据此，瑞华事务所在出具案涉审计报告过程中，存在未勤勉尽责的情形。

关于华商律师事务所的责任问题。其虽对案涉重大资产重组作出了定价公允的结论，但该结论是基于评估机构对相关资产定价的评估确定，华商律师事务所并非专业的审计或评估机构，其仅是从合法性、合规性角度对该定价予以评价，故要求被告华商律师事务所对基于专业机构评定的资产价值的准确性、真实性、完整性负责，于理无据。对于原告主张由被告华商律师事务所就其损失承担连带责任，法院不予支持。

（三）招商证券公司和瑞华事务所的赔偿责任范围应如何确定

关于证券服务机构对投资者损失承担赔偿责任的形式：

1998 年《证券法》第 161 条规定了专业机构和人员应就其负有责任的部分承担连带责任，《旧虚假陈述规定》第 24 条也据此对专业中介服务机构及其直接责任人虚假陈述承担相应部分赔偿责任予以进一步明确。尽管在 2005 年修订后的《证券法》不再区分中介机构故意或过失等情况，但从上述法律规定来看，连带赔偿责任并非仅限于全额连带赔偿，部分连带赔偿责任仍是法律所认可的一种责任形式。此外，2007 年《审计侵权司法解释》第 5 条、第 6 条对会计师事务所审计业务中故意和过失侵权造成利害关系人的赔偿责任作出了不同规定。因此，证券服务机构的注意义务和应负责任范围，应限于各自的工作范围和专业领域，其制作、出具的文件有虚假记载、误导性陈述或者重大遗漏，应当按照《证券法》及其相关司法解释的规定，考量其过错程度、造成投资者损失的原因力等因素，分别确定其应当承担的法律责任。

关于招商证券公司的赔偿责任范围：

从其虚假陈述的内容来看，主要涉及“班班通”项目，而“智慧石拐”项目和“BT”项目主要涉及收入确认等财务会计、审计问题，并非招商证券公司作为独立财务顾问的专业范围。从主观过错程度来看，中安科公司系案涉交易信息的直接披露者，中安消技术公司系案涉交易的信息提供者，与中安科公司和中安消技术公司相比，招商证券公司的过错程度相对较轻。就原因力的角度而言，案涉“班班通”项目构成相关评估和交易定价的重要基础，对中安科股票价格和投资者交易决策造成一定影响。综合考量以上因素，结合独立财务顾问在上市公司重大资产重组中的地位和作用，酌定招商证券公司在 25% 的范围内对中安科公司的证券虚假陈述民事责任承担连带赔偿责任。

关于瑞华事务所的赔偿责任范围：

关于瑞华事务所的赔偿责任范围，从其虚假陈述行为内容来看，主要涉及“智慧石拐”项目的收入确认问题。从其主观过错程度来看，本案中没有证据显示瑞华事务所与中安科公司、中安消技术公司存在虚假陈述的共同故意或明知相关材料虚假。从对投资者的决策影响来看，“智慧石拐”项目收入确认对于盈利预测及评估和交易定价也产生一定影响，但其影响比“班班通”项目小。据此，酌定瑞华事务所在15%的范围内对中安科公司的证券虚假陈述民事责任承担连带赔偿责任。

三、评析

在证券虚假陈述责任纠纷案件中，本案是首例判决财务顾问、审计机构按比例承担连带赔偿责任的生效判决，社会反响强烈、评价正面。在本案判决作出后，中国证监会在2021年6月18日召开的新闻发布会中专门作出回应：“这是法院根据个案事实依法作出的司法判决，我们充分尊重。下一步，我们会结合实践情况，不断完善保荐机构、会计师事务所、律师事务所等中介机构参与证券业务活动的制度规则，细化相关工作流程和标准等，进一步厘清各主体责任边界，努力形成各司其职、各负其责、相互制约的机制，为法院在个案中准确判断相关中介机构的过错程度及勤勉尽责情况等提供助力。”2022年1月28日，中国证监会发布《关于注册制下提高招股说明书信息披露质量的指导意见》，提出要完善证券中介机构之间的合理信赖制度，减少不同中介机构之间不必要的重复工作，督促各自归位尽责，对其他中介机构出具的文件符合合理信赖条件的，可依法免除行政法律责任。从这个角度也可以说，本案的判决推动了我国资本市场基础法律制度建设的完善进程。

2022年1月21日，《新虚假陈述规定》发布，其中关于过错认定及重大资产重组交易对方责任的相关规定，肯定了本案的审理思路。虽然本案判决是在新司法解释颁布前作出，但本案判决对于未经前置程序认定的当事人诉讼地位和当事人责任认定的处理，以及部分连带责任的认定，仍然具有指导意义，值得进一步总结、提炼。

（一）关于证券虚假陈述责任纠纷案件的起诉条件

在我国证券市场发展之初，考虑到虚假陈述民事赔偿案件具有当事人众多、案涉金额巨大、类型专业复杂的特点，加之当时我国证券立法还不完善、相关司法经验积累不足的实际，为防范滥诉和恶意诉讼风险，2003 年施行的《旧虚假陈述规定》第 6 条规定，投资者就证券市场虚假陈述行为提起民事诉讼的，须以有关行政处罚决定或刑事裁判文书为起诉前提，否则人民法院不予受理。这一制度安排，被称为前置程序。前置程序最重要的功能是法院在受理虚假陈述责任纠纷案件之时，就能确定被告实施了虚假陈述行为。同时，加上过错和因果关系推定等一系列制度设计，投资者在证券民事诉讼中的主张责任和举证责任大幅降低。客观地说，以前置程序对虚假陈述责任纠纷案件设置一定的诉讼门槛，符合当时的实际情况。

近年来，随着证券审判经验的积累，以及投资者自我保护能力的提高，社会各界期望能够取消前置程序。为此，《新虚假陈述规定》第 2 条从正、反两个角度明确规定取消前置程序：首先，原告提起证券虚假陈述侵权民事赔偿诉讼，只要符合《民事诉讼法》第 122 条规定并提交原告身份证明文件、存在虚假陈述的相关证据以及因虚假陈述进行交易的凭证和投资损失等相关证据，人民法院就应当予以受理；其次，人民法院不得仅以虚假陈述未经监管部门行政处罚或者无人民法院生效刑事判决认定为由裁定不予受理。《新虚假陈述规定》第 2 条从诉讼请求、主张责任及举证责任三个方面规定了起诉条件：诉讼请求是指当事人想要实现的实体权益内容；主张责任要求具体陈述事实理由，不仅包括纠纷的所有事实经过，还包括能够推导出诉讼请求的法律上的依据；就前述主张，当事人还必须提供相关证据。因此，在新司法解释实施后，在审查起诉时要重点把握好两方面的内容：一是证明虚假陈述行为存在的证据种类；二是当事人事实理由具体化的程度。

关于证明虚假陈述行为的证据种类，《最高人民法院关于证券纠纷代表人诉讼若干问题的规定》第 5 条第 3 项作了一些提示性的列举，包括行政处罚决定、刑事裁判文书、被告自认材料、证券交易场所等给予的纪律处分或者采取的自律管理措施等初步证据。在非代表人诉讼程序中，通过被告公开信息披露文件的比对分析、内部人掌握的相关资料等证据能够证明虚假陈述行为确实存在的，也应当认定符合了初步举证的要求。

原告起诉时对虚假陈述的举证责任，是仅限于证明虚假陈述行为确实存在，还是必须证明所有被告均实施了虚假陈述行为？本案的裁判具有一定的典型性，在新司法解释实施后仍然可以参考。实践中对发行人实施的虚假陈述行为，监管部门的调查处罚可能仅限于发行人及其控股股东等内部人士，对其他参与主体如中介机构等并未进行调查处罚。在这种情况下，根据 2019 年《证券法》第 85 条和第 163 条关于过错推定的规定，只要客观上存在虚假陈述行为，中介机构等相关主体只有在证明自身并无过错的情况下才能免于承担民事责任。因此，对原告来说，在起诉之时，最为重要的是要能够证明发行人实施了虚假陈述行为，即可依法对参与信息披露的责任主体提起诉讼并要求其承担相应的民事责任，至于该等主体是否存在过错，应当留待案件审理阶段解决。

关于事实和理由的具体化程度，立法例上有不同的做法。美国为抑制滥诉制定了《美国 1995 年证券民事诉讼改革法》，对《美国 1934 年证券交易法》增补第 21D 条，该条(b)款规定，证券欺诈诉讼必须在起诉状中指明虚假陈述行为，以及结合证据具体描述被告的故意或者过失的主观过错状态，不符合前述起诉条件的，驳回起诉。与之相似，加拿大安大略省 2005 年年底修订了《安大略证券法》，增补第 138 条。该法第 138 条规定，证券虚假陈述民事诉讼的提起必须得到法庭的许可，而要得到法庭的许可必须满足两个条件：一是要求原告的起诉必须基于善意，二是要求原告的胜诉必须具有合理的可能性。这两种制度设计，都是为了抬高起诉和举证的门槛，以原告具有实体上的胜诉可能性作为起诉条件。考虑到我国的实体法律制度采取了对投资者更为友好的过错推定等相关制度安排，不宜简单参照域外的做法，但为了防止和避免没有理据的诉讼活动，便于案件受理后被告能够进行针对性的抗辩，在审查起诉阶段，应当要求根据司法解释规定的构成要件，对被告实施的虚假陈述行为、虚假陈述行为的重大性、交易因果关系、被告的主观过错、原告因此所受的损失、损失因果关系六个方面的原因事实进行具体的陈述。考虑到证券民事诉讼固有的信息不对称、绝大部分证据均掌握在上市公司手中、投资者取证困难等实际情况，为实现实质公平，对不同的要件事实、事实理由具体的程度应当有所区别。具体而言：原告对被告实施了重大虚假陈述行为的起诉原因事实负有具体的主张责任，并应当提供相关证据加以证明；而对于虚假陈述行为被告的过错、交易因果关系、损失及损失因果关系等起诉原因事实，则应当放宽其具体的要求，在起诉书中作出合乎逻辑的描述即可。在此前的审判工作中有这样的案例，上市公司实施了诱空型的虚假陈述，投资者以其买入股票遭受损失为由提起诉讼，法院受理后以不存在交易因果关系为由驳回了投资者的诉讼请求。案件处理的结果虽然是对的，但如果法院能在立案受理阶段把好关，让投资者自己知道其起诉不符合法定的起诉条件，社会效果会好很多。

（二）关于连带责任的范围问题

《证券法》第85条和第163条规定了相关责任主体与发行人的连带责任，就连带责任的范围是否应当与相关责任主体的过错程度相适应，以体现“过责相当”原则问题，在证券虚假陈述责任纠纷司法解释制定过程中各方认识不一，司法解释对此没有规定，而是留待审判实践中进一步研究。本案的判决结果就是一种积极的尝试，也符合过错大小与责任范围相一致的侵权法原理。

首先，共同侵权的本质是共同故意，而在发行人故意、中介机构等其他责任主体过失的情况下，构成无意思联络的共同侵权行为。王泽鉴教授认为，在德国的学说和判例上，共同侵权之“共同”一词的意义仅指加害人之间有意思联络的情形。王利明教授认为，连带的基础在于具有共同的意思联络，在不能证明中介机构与上市公司之间具有共同意思联络的情况下，很难说构成共同侵权行为。所谓意思联络，是指行为人在主观上具有共同故意，相互通谋。关于共同侵权行为可以承担连带责任的法律政策理由，王泽鉴教授认为，“法律之所以令数人就因数行为所生的损害，各负全部责任，当系由于其有意思联络之故，盖数人既同心协力，损害必较单一的行为为重，故应使其负较重的责任”。而对于无意思联络的共同侵权，如果能够确定各自的责任大小，则应当适用部分连带责任。在上市公司持续信息披露构成虚假陈述的场合，发行人的会计舞弊行为在主观上是故意而为，而承销保荐、证券服务等中介机构作为从事审核、验证的专业机构，其职责是利用自身的专业知识为投资者“把关”，充当“看门人”。在中介机构故意配合造假的情况下，认定发行人与中介机构相互通谋并应共同承担连带责任，理由充分；但在中介机构只是因为过失没有发现发行人财务造假的情况下，很难认定相互通谋的存在，不能适用全额连带责任。

其次，将中介机构等责任主体的过失责任解释为部分连带责任，符合国际资本市场的主流做法。自美国 1995 年修法规定比例责任以来，很多国家和地区也随后修订法律予以规定。在资本市场深化改革开放的背景下，我国资本市场的法律责任规则也应当充分注意到这一变化。一方面，"过责相当"的民事赔偿责任有利于避免"动辄得咎"的不当后果，也有利于稳定资本市场各方参与主体的预期。另一方面，合理的民事责任制度安排也有利于依法拓展我国证券法的空间效力。随着资本市场的改革发展，不可避免会出现我国法院的司法判决申请境外承认和执行，以及境外国家的判决向我国法院申请承认和执行的情况。在司法判决相互承认和执行方面，民事责任制度安排是各国司法机关审查的关键问题，公平合理的民事责任制度安排有利于我国判决的域外执行，从而更好地保护我国投资者的合法权益。

最后，从证券市场发展的实际情况来看，不加区分地适用全额连带责任可能会给金融中介和证券服务机构带来较大的冲击。据统计，随着近年来债券违约行为的增加，出于对巨额连带责任的担忧，债券承销市场已经出现了"寒蝉效应"，头部商业银行的承销意愿和承销份额大幅下降，一些地方性商业银行的承销份额大幅增长，债券市场已经出现了"劣币驱逐良币"的苗头。[1]

值得指出的是，本案判决虽然开创性地采用了部分连带责任的审理思路；但在过错比较方面，并未明确是依据何种理据将中介机构的责任比例划定为 25% 和 15%，是基于所有应负责任主体之间的过错比较，还是限于本案四方当事人之间的过错比较，判决书未作明确交代。如果是对中安科公司、中安消技术公司、招商证券公司、瑞华事务所之间过错进行比较的结果，则中安科公司和中安消技术公司属于故意实施虚假陈述，共计承担 60% 的赔偿责任，招商证券

[1] 参见最高人民法院中国应用法学研究所编：《人民法院案例选》(总第 172 辑)，人民法院出版社 2022 年版。

公司和瑞华事务所因其过失共计承担40%的赔偿责任,那么中安科公司的董监高等应当承担多大比例的过错责任方为妥当,可能还需要推敲。美国法院的做法是在衡量所有应负责任主体的过错程度的基础上,根据各个被告的过失大小确定其应当承担的连带责任范围。对于这一裁判方法能否为我们所借鉴,审判实践中有一种观点认为,民事诉讼的审理对象限于参加诉讼的当事人之间,对于未参与本案诉讼的当事人,法院无权在案件审理中确定其过错和应当承担的责任比例,所以应在案件当事人之间进行过错比较。至于所有应负责任主体的过错比较问题,可以留待在连带责任人之间的追偿和分担诉讼中具体解决。这种处理方法有其合理性,但缺陷也非常明显:一方面会使当事人同一行为的过错程度受到的判决评价不一,另一方面也会增加追偿与分担诉讼的讼累。事实上,在案件审理中如果对信息披露文件的制作、发布过程中相关参与主体的活动进行了全方位的审查,对于在案当事人的过错程度,不难得出结论。当然,最为理想的方法,还是在立法层面能够作出较为明确的规定,以解决民事裁判的效力范围问题。

综上所述,在证券虚假陈述侵权民事案件中,行政处罚决定等证明虚假陈述存在的证据是人民法院受理案件的条件,在审查起诉阶段并不要求责任主体均受到行政处罚后才能被列为被告并受理案件。在发行人虚假陈述的情况下,证券服务机构的注意义务和应负责任范围,应限于其各自的工作范围和专业领域,其制作、出具的文件有虚假记载、误导性陈述或者重大遗漏的,应当按照《证券法》及其相关司法解释的规定,考量其过错程度、造成投资者损失的原因力等因素,分别确定其应当承担的法律责任。《证券法》第85条、第163条规定的连带责任并非仅限于全额连带赔偿,部分连带责任仍是法律所认可的一种责任形式。本案通过对连带责任范围进行理论分析,提炼裁判思路,对于进一步完善"过责相当"的证券民事赔偿责任制度作出了积极探索,具有非常重大的实践价值。

第三节　五洋债案

五洋债案是证券纠纷领域全国首例适用代表人制度审理的案件,也是全国首例公司欺诈发行债券案，一直以来备受业界关注。2020 年 12 月 31 日，杭州市中级人民法院对五洋债案作出一审判决，该判决是《债券会议纪要》发布以来判决的第一起案件，也是证券虚假陈述纠纷领域首次判决律师事务所承担连带责任的案件，具有典型意义。

一、案情简介

五洋建设是一家位于浙江的民营企业，曾经入选中国企业 500 强。五洋建设于 2015 年 8 月及 2015 年 9 月分两期向合格投资者公开发行公司债券“15 五洋债”(8 亿元)和“15 五洋 02”(5.6 亿元)，合计 13.6 亿元。2017 年 8 月 14 日，“15 五洋债”未能偿还回售及付息资金，发生回售违约，“15 五洋 02”触发交叉违约。

2018 年 7 月 6 日，《中国证监会行政处罚决定书》(〔2018〕154 号)对五洋建设、陈某樟作出处罚，认定当事人存在以下违法事实：五洋建设以虚假申报文件骗取公开发行公司债券核准。

2019 年 1 月 22 日，《中国证监会行政处罚决定书》(〔2019〕6 号)对大信会计作出处罚。

2019 年 11 月 11 日，《中国证监会行政处罚决定书》(〔2019〕121 号)对德邦证券作出处罚。

2020 年 7 月 13 日，杭州市中级人民法院受理这起原告 487 人的全国首例证券虚假陈述集体诉讼案件。

原告 487 人均系债券投资者，购买了五洋建设发行在外的公司债券“15 五洋债”与/或“15 五洋 02”，陈某樟系五洋建设董事长、控股股东，德邦证券系上述债券的承销商与受托管理人，大信会计、锦天城律所、大公国际系上述债券发行的第三方专业机构。

因五洋建设存在债券欺诈发行、违反信息披露义务作出虚假陈述等违规行为，原告购买的案涉债券受到投资损失。鉴于本案被告多已受到中国证监会作出的行政处罚，原告起诉请求五洋建设对原告损失承担赔偿责任，陈某樟作为五洋建设违规行为的直接负责人、德邦证券作为债券承销商、大信会计等作为中介机构未勤勉尽责应承担连带赔偿责任。根据中国证监会对案涉欺诈发行、虚假陈述行为作出的行政处罚决定,本案虚假陈述实施日应确定为案涉债券上市日即 2015 年 9 月 10 日与 2015 年 11 月 2 日,虚假陈述揭露日应确定为中国证监会立案调查公告日即 2017 年 8 月 11 日。

经查明,在五洋建设发布的公司债募集说明书中,德邦证券声明:“本公司已对募集说明书及其摘要进行了核查,确认不存在虚假记载、误导性陈述或重大遗漏,并对其真实性、准确性和完整性承担相应的法律责任。”大信会计、锦天城律所、大公国际均声明:已阅读募集说明书及其摘要,确认募集说明书及其摘要与其出具的报告、意见书不存在矛盾,对发行人在募集说明书及其摘要中引用的报告、意见书的内容无异议,确认募集说明书不会因所引用内容而出现虚假记载、误导性陈述或重大遗漏,并对其真实性、准确性和完整性承担相应的法律责任。

具体审查承销机构与中介机构的工作内容,发现各机构均存在不同程度未尽责履职的情形。德邦证券作为债券承销商,违反证券承销业务规定,未充分核查公开发行募集文件的真实性、准确性,专业把关不严。大信会计为用于债券发行的年度财务报表出具审计报告,在未获取充分、适当的审计证据加以验证的前提下,认可五洋建设关于应收账款和应付账款“对抵”的账务处理,出具存在虚假记载的审计报告,未勤勉尽责。大公国际作为资信评级机构,对项目核查中发现的五洋建设重大资产处置问题,未进一步核实关注并合理评定信用等级。锦天城律所为债券发行出具法律意见书,在大公国际《2015 年公司债券信用评级报告》已提示重大资产变化事项的情况下,未见锦天城律所对该重大合同及所涉重大资产变化事项关注核查,对不动产权属尽职调查不到位,未能发现占比较高的重大资产减少情况对五洋建设偿债能力带来的法律风险,存在过错。

二、法院判决

杭州市中级人民法院于 2020 年 12 月 31 日作出(2020)浙 01 民初 1691 号民事判决:(1)驳回叶某芳、陈某威等原告对被告五洋建设的起诉。(2)确认王某、孔某严等原告对被告五洋建设享有总计 246, 870, 287. 25 元债权。王某等原告于本判决生效之日起 10 日内向被告五洋建设交回债券,被告五洋建设可依据生效法律文书申请债券登记结算机构注销王某等原告所持有的债券。(3)被告陈某樟、德邦证券、大信会计就被告五洋建设对叶某芳、陈某威等原告的总计 494, 303, 965. 14 元债务本息承担连带赔偿责任;对被告五洋建设的上述第二项债务承担连带赔偿责任。(4)被告锦天城律所(特殊普通合伙)就被告五洋建设对叶某芳、陈某威等原告的总计 494, 303, 965. 14 元债务本息在 5% 范围内承担连带赔偿责任;对被告五洋建设的上述第二项债务在 5% 范围内承担连带赔偿责任。(5)被告大公国际就被告五洋建设对叶某芳、陈某威等原告的总计 494, 303, 965. 14 元债务本息在 10% 范围内承担连带赔偿责任;对被告五洋建设的上述第二项债务在 10% 范围内承担连带赔偿责任;上述第三项、第四项、第五项各被告应承担的连带赔偿责任于本判决生效之日起 10 日内履行。(6)被告陈某樟、德邦证券、大信会计于本判决生效之日起 10 日内支付叶某芳、陈某威等原告支出的律师费 11 万元,被告锦天城律所(特殊普通合伙)在 5% 范围内连带负担,被告大公国际在 10% 范围内连带负担。(7)驳回原告的其他诉讼请求。

宣判后,五洋建设、陈某樟、德邦证券、大信会计、锦天城律所、大公国际提出上诉。浙江省高级人民法院于 2021 年 9 月 22 日作出(2021)浙民终 515 号民事判决书,驳回上诉,维持原判。随后德邦证券、大信会计、锦天城律所申请再审,最高人民法院于 2021 年 12 月 9 日作出(2021)最高法民申 7613 号民事裁定书,驳回德邦证券的再审申请,于 2022 年 6 月 21 日作出(2022)最高法民申 372 号民事裁定书,驳回大信会计、锦天城律所的再审申请。

法院生效判决认为,发行人、发行人的实际控制人以及债券承销机构、会计师事务所、律师事务所、信用评级机构等中介机构违反证券法律规定,在证券发行或者交易过程中,对重大事件作出违背事实真相的虚假记载、误导性陈述,或者在披露信息时发生重大遗漏、不正当披露,导致投资者产生损失的,应当对投资者的损失承担相应赔偿责任。

本案中部分原告已就债券违约事实向仲裁机构申请仲裁并获得生效裁决,

部分原告已就债券违约损失向五洋建设破产管理人申报债权并获得确认。该两部分原告与五洋建设之间的还本付息债权债务关系已经法定程序得以认定,故对于该两部分原告,应驳回其对五洋建设的起诉。至于该两部分原告与陈某樟、德邦证券、大信会计、锦天城律所、大公国际之间的争议因并未得到有效法律文书的确认,原告仍有权提起本案诉讼。

五洋建设于2015年8月和2015年9月分别公开发行"15五洋债"债券8亿元、"15五洋02"债券5.6亿元,共计13.6亿元。2014年《证券法》第16条第1款规定:"公开发行公司债券,应当符合下列条件:(一)股份有限公司的净资产不低于人民币三千万元,有限责任公司的净资产不低于人民币六千万元;(二)累计债券余额不超过公司净资产的百分之四十;(三)最近三年平均可分配利润足以支付公司债券一年的利息;(四)筹集的资金投向符合国家产业政策;(五)债券的利率不超过国务院限定的利率水平;(六)国务院规定的其他条件。"根据查明的事实,五洋建设在编制用于公开发行公司债券的2012~2014年年度财务报表时,违反会计准则,通过将所承建工程项目应收账款和应付款项"对抵"的方式,同时虚减企业应收账款和应付账款,导致上述年度少计提坏账准备、多计利润,其自身最近3年平均利润不足以支付公司债券一年利息,并不具备前述发行条件。2014年《证券法》第63条规定:"发行人、上市公司依法披露的信息,必须真实、准确、完整,不得有虚假记载、误导性陈述或者重大遗漏。"第69条规定:"发行人、上市公司公告的招股说明书、公司债券募集办法、财务会计报告、上市报告文件、年度报告、中期报告、临时报告以及其他信息披露资料,有虚假记载、误导性陈述或者重大遗漏,致使投资者在证券交易中遭受损失的,发行人、上市公司应当承担赔偿责任;发行人、上市公司的董监高和其他直接责任人员以及保荐人、承销的证券公司,应当与发行人、上市公司承担连带赔偿责任,但是能够证明自己没有过错的除外;发行人、上市公司的控股股东、实际控制人有过错的,应当与发行人、上市公司承担连带赔偿责任。"五洋建设作为发行人,不符合发行条件,以虚假财务数据骗取债券公开发行核准,已构成欺诈发行;其行为误导原告在一级市场购入债券,导致原告在债券到期后未能获得本息兑付而产生损失。五洋建设应就其欺诈发行行为对从一级市场购入债券的原告承担赔偿责任。五洋建设于2018年1月19日在上海证券交易所网站发布《关于收到中国证券会〈行政处罚事先告知书〉的公告》系五洋建设欺诈发行违法行为在全国范围首次被公开揭露。在该揭露日之前于二级市场购入债券的原告,系基于对前述记载了虚假财务数据的公开募集文件的信赖买入债券,并因五洋建设未能兑付到期本息产生损失,应认定其损失与五洋建设的虚假信息披露之间存在因果关系。五洋建设应就其证券市场虚假陈述行为对该部分原告承担赔偿责任。鉴于五洋建设于2018年12月3日经人民法院裁定进入破产重整程序,就原告基于上述赔偿责任向其所享有的债权,法院予以确认。

被告陈某樟系五洋建设的法定代表人、实际控制人,对公司的经营情况、利润水平以及利润产生方式应当知晓。陈某樟在公司报表利润与实际情况存在重大差异的情况下,在相关募集文件上签字确认,积极推进公司债券的发行,且未能证明自己没有过错,应当与五洋建设承担连带赔偿责任。

被告德邦证券系"15五洋债""15五洋02"债券的承销商。2014年《证券法》第31条规定:"证券公司承销证券,应当对公开发行募集文件的真实性、准确性、完整性进行核查;发现有虚假记载、误导性陈述或者重大遗漏的,不得进行销售活动;已经销售的,必须立即停止销售活动,并采取纠正措施。"中国证券业协会为规范证券公司开展中小企业私募债券承销业务发布的《证券公司中小企业私募债券承销业务尽职调查指引》(已失效)和《证券公司开展中小企业私募债券承销业务试点办法》(已失效)两个行业规范亦明确:证券公司应对承销业务中涉及的、可能影响企业偿债能力的其他重大事项进行调查,核实相关发行文件的真实性、准确性和完整性;承销商尽职调查包括但不限于对财务状况及偿债能力,承销商应调查主要财务指标、调查主要资产状况。查阅有关明细资料,咨询注册会计师,调查企业的应收款项形成原因、收回可能性等。而公募债券的发行相较于私募债券,受众面更广、影响更大,德邦证券在案涉债券发行中应参考上述私募债券的行业规范,对发行人财务状况、偿债能力、应收账款情况、主要资产状况负有更高、更严的核查义务,并对其自身出具文件的真实性、准确性、完整性负责。然而,德邦证券违反证券承销业务规定,未充分核查公开发行募集文件的真实性、准确性，在关注到五洋建设应收账款回收风险问题时，未充分履行核查程序，调查企业应收账款形成原因、收回可能性；在发现五洋建设投资性房地产在资产中占比较高，要求项目组说明投资性房地产的具体内容及位置、经营情况、公允价值确定依据、目前的市场价值时，仅以房地产价值咨询报告代替资产评估报告作为东舜百货大厦和华联商厦两处投资性房地产入账依据，对投资性房地产未充分履行调查、复核程序排除合理怀疑；在项目组成员知悉2015年五洋建设控股子公司沈阳五洲公司已与沈阳出版发行集团有限公司签订协议，将东舜百货大厦以大幅低于公允价值的价格出售，该事项可能会对五洋建设发行条件以及偿债能力产生重大影响的情况下，未将此风险作为重大事项写入核查意见。上述行为均表明德邦证券作为承销商审慎核查不足，专业把关不严，未勤勉尽职，对“15五洋债”“15五洋02”债券得以发行、交易存在重大过错。故应当与五洋建设承担连带赔偿责任。

被告大信会计为用于“15五洋债”“15五洋02”债券公开发行的五洋建设2012～2014年年度财务报表出具审计报告。《审计侵权司法解释》第5条规定：“注册会计师在审计业务活动中存在下列情形之一，出具不实报告并给利害关系人造成损失的，应当认定会计师事务所与被审计单位承担连带赔偿责任。……（二）明知被审计单位对重要事项的财务会计处理与国家有关规定相抵触，而不予指明……”第6条第2款第7项规定，如果注册会计师未根据审计的要求采用必要的调查方法获取充分的审计证据，应当认定会计师事务所存在过失。大信会计在未获取充分、适当的审计证据加以验证的前提下，认可五洋建设关于应收账款和应付账款“对抵”的账务处理，为五洋建设2012～2014年年度财务报表出具了标准无保留意见的审计报告；在得知审计报告用于五洋建设发债目的时，未按照其已有工作方案，将该项目的风险级别从C类调整为风险程度更高的B类并追加相应的审计程序。以上行为均表明，大信会计作为审计机构出具存在虚假记载的审计报告，未勤勉尽职，对“15五洋债”“15五洋02”债券得以发行、交易存在重大过错，故应当与五洋建设承担连带赔偿责任。

锦天城律所和大公国际虽未受到行政处罚，但与被诉债券发行行为有关，是本案的适格被告。锦天城律所、大公国际虽对财务数据相关事项仅负有一般注意义务,但其应当对可能涉及债券发行条件、偿债能力的重大债权债务、重大资产变化等事项给予关注和提示。

被告大公国际系本次债券发行的资信评级机构。本案中根据大公国际出具的《2015 年度企业信用评级报告》《2015 年公司债券信用评级报告》所载内容,其对沈阳五洲项目的并购价格、截至 2014 年年底房产价值以及 2015 年 2 月出售房产等事项进行了披露,而上述房产的出售价格大幅低于公允价值。由于五洋建设资产中该投资性房产占比较高,该事项属于可能影响发债条件、偿债能力的重大事项,但大公国际对项目核查中提出的“关于沈阳五洲出售事项公司的会计处理”之修改意见,未进一步核实关注并合理评定信用等级,存在过错,故酌情确定大公国际对五洋建设应负的民事责任在 10% 范围内承担连带责任。

被告锦天城律所受五洋建设的委托,对发行过程、配售行为、参与认购的投资者资质条件、资金划拨等事项进行见证,并出具专项法律意见书。在大公国际《2015 年公司债券信用评级报告》已提示五洋建设控股子公司出售投资性房产事项的情况下,未见锦天城律所对该重大合同及所涉重大资产变化事项关注核查,对不动产权属尽职调查不到位,未能发现占比较高的重大资产减少情况给五洋建设偿债能力带来的法律风险,故锦天城律所亦未勤勉尽职,存在过错,故酌情确定锦天城律所对五洋建设应负的民事责任在 5% 范围内承担连带责任。

三、评析

本案争议焦点主要集中在公募债券发行中存在欺诈发行、虚假陈述行为的情况下,应如何判断债券承销机构与中介机构是否已尽勤勉尽责之注意义务,如何确认承销机构与中介机构的责任边界。对于该部分的解析,在本书第四章和第五章已结合本案进行详述。

值得注意的是,与常见的证券虚假陈述案件相比,本案有多个创新突破之处:一是作为全国首例公募债券欺诈发行案件,准确适用《证券法》与《债券会议纪要》的相关规定,明确了债券欺诈发行中侵权责任的认定标准。二是对于债券承销机构与第三方专业机构在虚假陈述责任纠纷案件中的责任厘定进行了分析与研判，明确并强调了“看门人”机构未尽责履职的法律后果，判决承销商与中介机构应付出违法违规的成本，对投资者的损失予以赔偿。三是自 2019 年《证券法》实施后已开普通代表人诉讼之先河，率先依托法院智能化平台，搭建了投资者快速、便捷、高效维权的救济渠道。

附　录

1. 中华人民共和国刑法(2020 修正)(节录)

[1979 年 7 月 1 日第五届全国人民代表大会第二次会议通过　1997 年 3 月 14 日第八届全国人民代表大会第五次会议修订　根据 1998 年 12 月 29 日第九届全国人民代表大会常务委员会第六次会议通过的《全国人民代表大会常务委员会关于惩治骗购外汇、逃汇和非法买卖外汇犯罪的决定》、1999 年 12 月 25 日第九届全国人民代表大会常务委员会第十三次会议通过的《中华人民共和国刑法修正案》、2001 年 8 月 31 日第九届全国人民代表大会常务委员会第二十三次会议通过的《中华人民共和国刑法修正案(二)》、2001 年 12 月 29 日第九届全国人民代表大会常务委员会第二十五次会议通过的《中华人民共和国刑法修正案(三)》、2002 年 12 月 28 日第九届全国人民代表大会常务委员会第三十一次会议通过的《中华人民共和国刑法修正案(四)》、2005 年 2 月 28 日第十届全国人民代表大会常务委员会第十四次会议通过的《中华人民共和国刑法修正案(五)》、2006 年 6 月 29 日第十届全国人民代表大会常务委员会第二十二次会议通过的《中华人民共和国刑法修正案(六)》、2009 年 2 月 28 日第十一届全国人民代表大会常务委员会第七次会议通过的《中华人民共和国刑法修正案(七)》、2009 年 8 月 27 日第十一届全国人民代表大会常务委员会第十次会议通过的《全国人民代表大会常务委员会关于修改部分法律的决定》、2011 年 2 月 25 日第十一届全国人民代表大会常务委员会第十九次会议通过的《中华人民共和国刑法修正案(八)》、2015 年 8 月 29 日第十二届全国人民代表大会常务委员会第十六次会议通过的《中华人民共和国刑法修正案(九)》、2017 年 11 月 4 日第十二届全国人民代表大会常务委员会第三十次会议通过的《中华人民共和国刑法修正案(十)》和 2020 年 12 月 26 日第十三届全国人民代表大会常务委员会第二十四次会议通过的《中华人民共和国刑法修正案(十一)》修正]

第一百七十八条　伪造、变造国库券或者国家发行的其他有价证券,数额较大的，处三年以下有期徒刑或者拘役，并处或者单处二万元以上二十万元以下罚金；数额巨大的，处三年以上十年以下有期徒刑，并处五万元以上五十万元以下罚金；数额特别巨大的，处十年以上有期徒刑或者无期徒刑，并处五万元以上五十万元以下罚金或者没收财产。

伪造、变造股票或者公司、企业债券，数额较大的，处三年以下有期徒刑或者拘役，并处或者单处一万元以上十万元以下罚金；数额巨大的，处三年以上十年以下有期徒刑，并处二万元以上二十万元以下罚金。

单位犯前两款罪的，对单位判处罚金，并对其直接负责的主管人员和其他直接责任人员，依照前两款的规定处罚。

第一百七十九条　未经国家有关主管部门批准，擅自发行股票或者公司、企业债券，数额巨大、后果严重或者有其他严重情节的，处五年以下有期徒刑或者拘役，并处或者单处非法募集资金金额百分之一以上百分之五以下罚金。

单位犯前款罪的，对单位判处罚金，并对其直接负责的主管人员和其他直接责任人员，处五年以下有期徒刑或者拘役。

第一百八十条　证券、期货交易内幕信息的知情人员或者非法获取证券、期货交易内幕信息的人员，在涉及证券的发行，证券、期货交易或者其他对证券、期货交易价格有重大影响的信息尚未公开前，买入或者卖出该证券，或者从事与该内幕信息有关的期货交易，或者泄露该信息，或者明示、暗示他人从事上述交易活动，情节严重的，处五年以下有期徒刑或者拘役，并处或者单处违法所得一倍以上五倍以下罚金；情节特别严重的，处五年以上十年以下有期徒刑，并处违法所得一倍以上五倍以下罚金。

单位犯前款罪的，对单位判处罚金，并对其直接负责的主管人员和其他直接责任人员，处五年以下有期徒刑或者拘役。

内幕信息、知情人员的范围，依照法律、行政法规的规定确定。

证券交易所、期货交易所、证券公司、期货经纪公司、基金管理公司、商业银行、保险公司等金融机构的从业人员以及有关监管部门或者行业协会的工作人员，利用因职务便利获取的内幕信息以外的其他未公开的信息，违反规定，从事与该信息相关的证券、期货交易活动，或者明示、暗示他人从事相关交易活动，情节严重的,依照第一款的规定处罚。

第一百八十一条 编造并且传播影响证券、期货交易的虚假信息,扰乱证券、期货交易市场,造成严重后果的,处五年以下有期徒刑或者拘役,并处或者单处一万元以上十万元以下罚金。

证券交易所、期货交易所、证券公司、期货经纪公司的从业人员,证券业协会、期货业协会或者证券期货监督管理部门的工作人员,故意提供虚假信息或者伪造、变造、销毁交易记录,诱骗投资者买卖证券、期货合约,造成严重后果的,处五年以下有期徒刑或者拘役,并处或者单处一万元以上十万元以下罚金;情节特别恶劣的,处五年以上十年以下有期徒刑,并处二万元以上二十万元以下罚金。

单位犯前两款罪的,对单位判处罚金,并对其直接负责的主管人员和其他直接责任人员,处五年以下有期徒刑或者拘役。

第一百八十二条 有下列情形之一,操纵证券、期货市场,影响证券、期货交易价格或者证券、期货交易量,情节严重的,处五年以下有期徒刑或者拘役,并处或者单处罚金;情节特别严重的,处五年以上十年以下有期徒刑,并处罚金:

(一)单独或者合谋,集中资金优势、持股或者持仓优势或者利用信息优势联合或者连续买卖的;

(二)与他人串通,以事先约定的时间、价格和方式相互进行证券、期货交易的;

(三)在自己实际控制的账户之间进行证券交易,或者以自己为交易对象,自买自卖期货合约的;

(四)不以成交为目的,频繁或者大量申报买入、卖出证券、期货合约并撤销申报的;

(五)利用虚假或者不确定的重大信息,诱导投资者进行证券、期货交易的;

(六)对证券、证券发行人、期货交易标的公开作出评价、预测或者投资建议,同时进行反向证券交易或者相关期货交易的;

(七)以其他方法操纵证券、期货市场的。

单位犯前款罪的,对单位判处罚金,并对其直接负责的主管人员和其他直接责任人员,依照前款的规定处罚。

2. 中华人民共和国证券法(2019 修订)(节录)

(1998 年 12 月 29 日第九届全国人民代表大会常务委员会第六次会议通过　根据 2004 年 8 月 28 日第十届全国人民代表大会常务委员会第十一次会议《关于修改〈中华人民共和国证券法〉的决定》第一次修正　2005 年 10 月 27 日第十届全国人民代表大会常务委员会第十八次会议第一次修订　根据 2013 年 6 月 29 日第十二届全国人民代表大会常务委员会第三次会议《关于修改〈中华人民共和国文物保护法〉等十二部法律的决定》第二次修正　根据 2014 年 8 月 31 日第十二届全国人民代表大会常务委员会第十次会议《关于修改〈中华人民共和国保险法〉等五部法律的决定》第三次修正　2019 年 12 月 28 日第十三届全国人民代表大会常务委员会第十五次会议第二次修订)

第六十三条　通过证券交易所的证券交易,投资者持有或者通过协议、其他安排与他人共同持有一个上市公司已发行的有表决权股份达到百分之五时,应当在该事实发生之日起三日内,向国务院证券监督管理机构、证券交易所作出书面报告,通知该上市公司,并予公告,在上述期限内不得再行买卖该上市公司的股票,但国务院证券监督管理机构规定的情形除外。

投资者持有或者通过协议、其他安排与他人共同持有一个上市公司已发行的有表决权股份达到百分之五后,其所持该上市公司已发行的有表决权股份比例每增加或者减少百分之五,应当依照前款规定进行报告和公告,在该事实发生之日起至公告后三日内,不得再行买卖该上市公司的股票,但国务院证券监督管理机构规定的情形除外。

投资者持有或者通过协议、其他安排与他人共同持有一个上市公司已发行的有表决权股份达到百分之五后,其所持该上市公司已发行的有表决权股份比例每增加或者减少百分之一,应当在该事实发生的次日通知该上市公司,并予公告。

违反第一款、第二款规定买入上市公司有表决权的股份的，在买入后的三十六个月内，对该超过规定比例部分的股份不得行使表决权。

第七十三条 采取协议收购方式的，收购人收购或者通过协议、其他安排与他人共同收购一个上市公司已发行的有表决权股份达到百分之三十时，继续进行收购的，应当依法向该上市公司所有股东发出收购上市公司全部或者部分股份的要约。但是，按照国务院证券监督管理机构的规定免除发出要约的除外。

收购人依照前款规定以要约方式收购上市公司股份，应当遵守本法第六十五条第二款、第六十六条至第七十条的规定。

第七十六条 收购行为完成后，收购人与被收购公司合并，并将该公司解散的，被解散公司的原有股票由收购人依法更换。

收购行为完成后，收购人应当在十五日内将收购情况报告国务院证券监督管理机构和证券交易所，并予公告。

第一百七十九条 国务院证券监督管理机构工作人员必须忠于职守、依法办事、公正廉洁，不得利用职务便利牟取不正当利益，不得泄露所知悉的有关单位和个人的商业秘密。

国务院证券监督管理机构工作人员在任职期间，或者离职后在《中华人民共和国公务员法》规定的期限内，不得到与原工作业务直接相关的企业或者其他营利性组织任职，不得从事与原工作业务直接相关的营利性活动。

第一百九十三条 违反本法第五十六条第一款、第三款的规定，编造、传播虚假信息或者误导性信息，扰乱证券市场的，没收违法所得，并处以违法所得一倍以上十倍以下的罚款；没有违法所得或者违法所得不足二十万元的，处以二十万元以上二百万元以下的罚款。

违反本法第五十六条第二款的规定，在证券交易活动中作出虚假陈述或者信息误导的，责令改正，处以二十万元以上二百万元以下的罚款；属于国家工作人员的，还应当依法给予处分。

传播媒介及其从事证券市场信息报道的工作人员违反本法第五十六条第三款的规定，从事与其工作职责发生利益冲突的证券买卖的，没收违法所得，并处以买卖证券等值以下的罚款。

第二百零二条 违反本法第一百一十八条、第一百二十条第一款、第四款的规定，擅自设立证券公司、非法经营证券业务或者未经批准以证券公司名义开展证券业务活动的，责令改正，没收违法所得，并处以违法所得一倍以上十倍以下的罚款；没有违法所得或者违法所得不足一百万元的，处以一百万元以上一千万元以下的罚款。对直接负责的主管人员和其他直接责任人员给予警告，并处以二十万元以上二百万元以下的罚款。对擅自设立的证券公司，由国务院证券监督管理机构予以取缔。

证券公司违反本法第一百二十条第五款规定提供证券融资融券服务的，没收违法所得，并处以融资融券等值以下的罚款；情节严重的，禁止其在一定期限内从事证券融资融券业务。对直接负责的主管人员和其他直接责任人员给予警告，并处以二十万元以上二百万元以下的罚款。

3. 中华人民共和国民事诉讼法(2021 修正)(节录)

(1991 年 4 月 9 日第七届全国人民代表大会第四次会议通过　根据 2007 年 10 月 28 日第十届全国人民代表大会常务委员会第三十次会议《关于修改〈中华人民共和国民事诉讼法〉的决定》第一次修正　根据 2012 年 8 月 31 日第十一届全国人民代表大会常务委员会第二十八次会议《关于修改〈中华人民共和国民事诉讼法〉的决定》第二次修正　根据 2017 年 6 月 27 日第十二届全国人民代表大会常务委员会第二十八次会议《关于修改〈中华人民共和国民事诉讼法〉和〈中华人民共和国行政诉讼法〉的决定》第三次修正　根据 2021 年 12 月 24 日第十三届全国人民代表大会常务委员会第三十二次会议《关于修改〈中华人民共和国民事诉讼法〉的决定》第四次修正)

第二十九条 因侵权行为提起的诉讼，由侵权行为地或者被告住所地人民法院管辖。

第五十五条 当事人一方或者双方为二人以上，其诉讼标的是共同的，或者诉讼标的是同一种类、人民法院认为可以合并审理并经当事人同意的，为共同诉讼。

共同诉讼的一方当事人对诉讼标的有共同权利义务的，其中一人的诉讼行为经其他共同诉讼人承认，对其他共同诉讼人发生效力；对诉讼标的没有共同权利义务的，其中一人的诉讼行为对其他共同诉讼人不发生效力。

第一百五十七条 裁定适用于下列范围：

(一)不予受理；

(二)对管辖权有异议的；

(三)驳回起诉；

(四)保全和先予执行；

(五)准许或者不准许撤诉；

(六)中止或者终结诉讼；

(七)补正判决书中的笔误；

(八)中止或者终结执行；

(九)撤销或者不予执行仲裁裁决；

(十)不予执行公证机关赋予强制执行效力的债权文书；

(十一)其他需要裁定解决的事项。

对前款第一项至第三项裁定，可以上诉。

裁定书应当写明裁定结果和作出该裁定的理由。裁定书由审判人员、书记员署名，加盖人民法院印章。口头裁定的，记入笔录。

第一百七十七条 第二审人民法院对上诉案件，经过审理，按照下列情形，分别处理：

(一)原判决、裁定认定事实清楚，适用法律正确的，以判决、裁定方式驳回上诉，维持原判决、裁定；

(二)原判决、裁定认定事实错误或者适用法律错误的，以判决、裁定方式依法改判、撤销或者变更；

(三)原判决认定基本事实不清的，裁定撤销原判决，发回原审人民法院重审，或者查清事实后改判；

(四)原判决遗漏当事人或者违法缺席判决等严重违反法定程序的，裁定撤销原判决,发回原审人民法院重审。

原审人民法院对发回重审的案件作出判决后,当事人提起上诉的,第二审人民法院不得再次发回重审。

第一百七十八条　第二审人民法院对不服第一审人民法院裁定的上诉案件的处理,一律使用裁定。

4.中华人民共和国行政复议法(2017 修正)(节录)

(1999 年 4 月 29 日第九届全国人民代表大会常务委员会第九次会议通过　根据 2009 年 8 月 27 日第十一届全国人民代表大会常务委员会第十次会议《关于修改部分法律的决定》第一次修正　根据 2017 年 9 月 1 日第十二届全国人民代表大会常务委员会第二十九次会议《关于修改〈中华人民共和国法官法〉等八部法律的决定》第二次修正)

第二条　公民、法人或者其他组织认为具体行政行为侵犯其合法权益,向行政机关提出行政复议申请,行政机关受理行政复议申请、作出行政复议决定,适用本法。

第十四条　对国务院部门或者省、自治区、直辖市人民政府的具体行政行为不服的,向作出该具体行政行为的国务院部门或者省、自治区、直辖市人民政府申请行政复议。对行政复议决定不服的,可以向人民法院提起行政诉讼;也可以向国务院申请裁决,国务院依照本法的规定作出最终裁决。

第二十八条　行政复议机关负责法制工作的机构应当对被申请人作出的具体行政行为进行审查,提出意见,经行政复议机关的负责人同意或者集体讨论通过后,按照下列规定作出行政复议决定:

(一)具体行政行为认定事实清楚,证据确凿,适用依据正确,程序合法,内容适当的,决定维持。

(二)被申请人不履行法定职责的,决定其在一定期限内履行。

(三)具体行政行为有下列情形之一的,决定撤销、变更或者确认该具体行政行为违法;决定撤销或者确认该具体行政行为违法的,可以责令被申请人在一定期限内重新作出具体行政行为：

1. 主要事实不清、证据不足的；

2. 适用依据错误的；

3. 违反法定程序的；

4. 超越或者滥用职权的；

5. 具体行政行为明显不当的。

（四）被申请人不按照本法第二十三条的规定提出书面答复、提交当初作出具体行政行为的证据、依据和其他有关材料的，视为该具体行政行为没有证据、依据，决定撤销该具体行政行为。

行政复议机关责令被申请人重新作出具体行政行为的，被申请人不得以同一的事实和理由作出与原具体行政行为相同或者基本相同的具体行政行为。

5. 中华人民共和国行政诉讼法（2017 修正）（节录）

（1989 年 4 月 4 日第七届全国人民代表大会第二次会议通过　根据 2014 年 11 月 1 日第十二届全国人民代表大会常务委员会第十一次会议《关于修改〈中华人民共和国行政诉讼法〉的决定》第一次修正　根据 2017 年 6 月 27 日第十二届全国人民代表大会常务委员会第二十八次会议《关于修改〈中华人民共和国民事诉讼法〉和〈中华人民共和国行政诉讼法〉的决定》第二次修正）

第二十五条　行政行为的相对人以及其他与行政行为有利害关系的公民、法人或者其他组织，有权提起诉讼。

有权提起诉讼的公民死亡，其近亲属可以提起诉讼。

有权提起诉讼的法人或者其他组织终止，承受其权利的法人或者其他组织可以提起诉讼。

人民检察院在履行职责中发现生态环境和资源保护、食品药品安全、国有财产保护、国有土地使用权出让等领域负有监督管理职责的行政机关违法行使职权或者不作为，致使国家利益或者社会公共利益受到侵害的，应当向行政机关提出检察建议，督促其依法履行职责。行政机关不依法履行职责的，人民检察院依法向人民法院提起诉讼。

第四十五条　公民、法人或者其他组织不服复议决定的，可以在收到复议决定书之日起十五日内向人民法院提起诉讼。复议机关逾期不作决定的，申请人可以在复议期满之日起十五日内向人民法院提起诉讼。法律另有规定的除外。

第四十九条　提起诉讼应当符合下列条件：

（一）原告是符合本法第二十五条规定的公民、法人或者其他组织；

（二）有明确的被告；

（三）有具体的诉讼请求和事实根据；

（四）属于人民法院受案范围和受诉人民法院管辖。

第六十二条　人民法院对行政案件宣告判决或者裁定前，原告申请撤诉的，或者被告改变其所作的行政行为，原告同意并申请撤诉的，是否准许，由人民法院裁定。

第六十九条　行政行为证据确凿，适用法律、法规正确，符合法定程序的，或者原告申请被告履行法定职责或者给付义务理由不成立的，人民法院判决驳回原告的诉讼请求。

第七十条　行政行为有下列情形之一的，人民法院判决撤销或者部分撤销，并可以判决被告重新作出行政行为：

（一）主要证据不足的；

（二）适用法律、法规错误的；

（三）违反法定程序的；

（四）超越职权的；

（五）滥用职权的；

（六）明显不当的。

第七十九条　复议机关与作出原行政行为的行政机关为共同被告的案件，人民法院应当对复议决定和原行政行为一并作出裁判。

第八十九条　人民法院审理上诉案件，按照下列情形，分别处理：

(一)原判决、裁定认定事实清楚,适用法律、法规正确的,判决或者裁定驳回上诉,维持原判决、裁定;

(二)原判决、裁定认定事实错误或者适用法律、法规错误的,依法改判、撤销或者变更;

(三)原判决认定基本事实不清、证据不足的,发回原审人民法院重审,或者查清事实后改判;

(四)原判决遗漏当事人或者违法缺席判决等严重违反法定程序的,裁定撤销原判决,发回原审人民法院重审。

原审人民法院对发回重审的案件作出判决后,当事人提起上诉的,第二审人民法院不得再次发回重审。

人民法院审理上诉案件,需要改变原审判决的,应当同时对被诉行政行为作出判决。

第九十一条 当事人的申请符合下列情形之一的,人民法院应当再审:

(一)不予立案或者驳回起诉确有错误的;

(二)有新的证据,足以推翻原判决、裁定的;

(三)原判决、裁定认定事实的主要证据不足、未经质证或者系伪造的;

(四)原判决、裁定适用法律、法规确有错误的;

(五)违反法律规定的诉讼程序,可能影响公正审判的;

(六)原判决、裁定遗漏诉讼请求的;

(七)据以作出原判决、裁定的法律文书被撤销或者变更的;

(八)审判人员在审理该案件时有贪污受贿、徇私舞弊、枉法裁判行为的。

6. 最高人民法院关于适用《中华人民共和国民事诉讼法》的解释(2022 修正)(节录)

(2014 年 12 月 18 日最高人民法院审判委员会第 1636 次会议通过　根据 2020 年 12 月 23 日最高人民法院审判委员会第 1823 次会议通过的《最高人民法院关于修改〈最高人民法院关于人民法院民事调解工作若干问题的规定〉等十九件民事诉讼类司法解释的决定》第一次修正　根据 2022 年 3 月 22 日最高人民法院审判委员会第 1866 次会议通过的《最高人民法院关于修改〈最高人民法院关于适用《中华人民共和国民事诉讼法》的解释〉的决定》第二次修正,该修正自 2022 年 4 月 10 日起施行)

第二百二十一条　基于同一事实发生的纠纷,当事人分别向同一人民法院起诉的,人民法院可以合并审理。

7. 最高人民法院关于审理证券市场虚假陈述侵权民事赔偿案件的若干规定(节录)

(2021 年 12 月 30 日由最高人民法院审判委员会第 1860 次会议通过　法释〔2022〕2 号　2022年 1 月 21 日公布　自 2022 年 1 月 22 日起施行)

第二条　原告提起证券虚假陈述侵权民事赔偿诉讼,符合民事诉讼法第一百二十二条规定,并提交以下证据或者证明材料的,人民法院应当受理:

(一)证明原告身份的相关文件;

(二)信息披露义务人实施虚假陈述的相关证据;

(三)原告因虚假陈述进行交易的凭证及投资损失等相关证据。

人民法院不得仅以虚假陈述未经监管部门行政处罚或者人民法院生效刑事判决的认定为由裁定不予受理。

第六条　原告以信息披露文件中的盈利预测、发展规划等预测性信息与实际经营情况存在重大差异为由主张发行人实施虚假陈述的，人民法院不予支持，但有下列情形之一的除外：

（一）信息披露文件未对影响该预测实现的重要因素进行充分风险提示的；

（二）预测性信息所依据的基本假设、选用的会计政策等编制基础明显不合理的；

（三）预测性信息所依据的前提发生重大变化时，未及时履行更正义务的。

前款所称的重大差异，可以参照监管部门和证券交易场所的有关规定认定。

第七条 虚假陈述实施日，是指信息披露义务人作出虚假陈述或者发生虚假陈述之日。

信息披露义务人在证券交易场所的网站或者符合监管部门规定条件的媒体上公告发布具有虚假陈述内容的信息披露文件，以披露日为实施日；通过召开业绩说明会、接受新闻媒体采访等方式实施虚假陈述的，以该虚假陈述的内容在具有全国性影响的媒体上首次公布之日为实施日。信息披露文件或者相关报导内容在交易日收市后发布的，以其后的第一个交易日为实施日。

因未及时披露相关更正、确认信息构成误导性陈述，或者未及时披露重大事件或者重要事项等构成重大遗漏的，以应当披露相关信息期限届满后的第一个交易日为实施日。

第八条 虚假陈述揭露日，是指虚假陈述在具有全国性影响的报刊、电台、电视台或监管部门网站、交易场所网站、主要门户网站、行业知名的自媒体等媒体上，首次被公开揭露并为证券市场知悉之日。

人民法院应当根据公开交易市场对相关信息的反应等证据，判断投资者是否知悉了虚假陈述。

除当事人有相反证据足以反驳外，下列日期应当认定为揭露日：

（一）监管部门以涉嫌信息披露违法为由对信息披露义务人立案调查的信息公开之日；

（二）证券交易场所等自律管理组织因虚假陈述对信息披露义务人等责任主体采取自律管理措施的信息公布之日。

信息披露义务人实施的虚假陈述呈连续状态的,以首次被公开揭露并为证券市场知悉之日为揭露日。信息披露义务人实施多个相互独立的虚假陈述的,人民法院应当分别认定其揭露日。

第九条 虚假陈述更正日,是指信息披露义务人在证券交易场所网站或者符合监管部门规定条件的媒体上,自行更正虚假陈述之日。

第十条 有下列情形之一的,人民法院应当认定虚假陈述的内容具有重大性:

(一)虚假陈述的内容属于证券法第八十条第二款、第八十一条第二款规定的重大事件;

(二)虚假陈述的内容属于监管部门制定的规章和规范性文件中要求披露的重大事件或者重要事项;

(三)虚假陈述的实施、揭露或者更正导致相关证券的交易价格或者交易量产生明显的变化。

前款第一项、第二项所列情形,被告提交证据足以证明虚假陈述并未导致相关证券交易价格或者交易量明显变化的,人民法院应当认定虚假陈述的内容不具有重大性。

被告能够证明虚假陈述不具有重大性,并以此抗辩不应当承担民事责任的,人民法院应当予以支持。

第十一条 原告能够证明下列情形的,人民法院应当认定原告的投资决定与虚假陈述之间的交易因果关系成立:

(一)信息披露义务人实施了虚假陈述;

(二)原告交易的是与虚假陈述直接关联的证券;

(三)原告在虚假陈述实施日之后、揭露日或更正日之前实施了相应的交易行为,即在诱多型虚假陈述中买入了相关证券,或者在诱空型虚假陈述中卖出了相关证券。

第十二条 被告能够证明下列情形之一的,人民法院应当认定交易因果关系不成立:

(一)原告的交易行为发生在虚假陈述实施前,或者是在揭露或更正之后;

(二)原告在交易时知道或者应当知道存在虚假陈述,或者虚假陈述已经被证券市场广泛知悉;

(三)原告的交易行为是受到虚假陈述实施后发生的上市公司的收购、重大资产重组等其他重大事件的影响;

(四)原告的交易行为构成内幕交易、操纵证券市场等证券违法行为的;

(五)原告的交易行为与虚假陈述不具有交易因果关系的其他情形。

第十三条 证券法第八十五条、第一百六十三条所称的过错,包括以下两种情形:

(一)行为人故意制作、出具存在虚假陈述的信息披露文件,或者明知信息披露文件存在虚假陈述而不予指明、予以发布;

(二)行为人严重违反注意义务,对信息披露文件中虚假陈述的形成或者发布存在过失。

第十四条 发行人的董事、监事、高级管理人员和其他直接责任人员主张对虚假陈述没有过错的,人民法院应当根据其工作岗位和职责、在信息披露资料的形成和发布等活动中所起的作用、取得和了解相关信息的渠道、为核验相关信息所采取的措施等实际情况进行审查认定。

前款所列人员不能提供勤勉尽责的相应证据,仅以其不从事日常经营管理、无相关职业背景和专业知识、相信发行人或者管理层提供的资料、相信证券服务机构出具的专业意见等理由主张其没有过错的,人民法院不予支持。

第十五条 发行人的董事、监事、高级管理人员依照证券法第八十二条第四款的规定,以书面方式发表附具体理由的意见并依法披露的,人民法院可以认定其主观上没有过错,但在审议、审核信息披露文件时投赞成票的除外。

第十六条 独立董事能够证明下列情形之一的,人民法院应当认定其没有过错:

(一)在签署相关信息披露文件之前,对不属于自身专业领域的相关具体问题,借助会计、法律等专门职业的帮助仍然未能发现问题的;

(二)在揭露日或更正日之前,发现虚假陈述后及时向发行人提出异议并监督整改或者向证券交易场所、监管部门书面报告的;

（三）在独立意见中对虚假陈述事项发表保留意见、反对意见或者无法表示意见并说明具体理由的，但在审议、审核相关文件时投赞成票的除外；

（四）因发行人拒绝、阻碍其履行职责，导致无法对相关信息披露文件是否存在虚假陈述作出判断，并及时向证券交易场所、监管部门书面报告的；

（五）能够证明勤勉尽责的其他情形。

独立董事提交证据证明其在履职期间能够按照法律、监管部门制定的规章和规范性文件以及公司章程的要求履行职责的，或者在虚假陈述被揭露后及时督促发行人整改且效果较为明显的，人民法院可以结合案件事实综合判断其过错情况。

外部监事和职工监事，参照适用前两款规定。

第十七条 保荐机构、承销机构等机构及其直接责任人员提交的尽职调查工作底稿、尽职调查报告、内部审核意见等证据能够证明下列情形的，人民法院应当认定其没有过错：

（一）已经按照法律、行政法规、监管部门制定的规章和规范性文件、相关行业执业规范的要求，对信息披露文件中的相关内容进行了审慎尽职调查；

（二）对信息披露文件中没有证券服务机构专业意见支持的重要内容，经过审慎尽职调查和独立判断，有合理理由相信该部分内容与真实情况相符；

（三）对信息披露文件中证券服务机构出具专业意见的重要内容，经过审慎核查和必要的调查、复核，有合理理由排除了职业怀疑并形成合理信赖。

在全国中小企业股份转让系统从事挂牌和定向发行推荐业务的证券公司，适用前款规定。

第十八条 会计师事务所、律师事务所、资信评级机构、资产评估机构、财务顾问等证券服务机构制作、出具的文件存在虚假陈述的，人民法院应当按照法律、行政法规、监管部门制定的规章和规范性文件，参考行业执业规范规定的工作范围和程序要求等内容，结合其核查、验证工作底稿等相关证据，认定其是否存在过错。

证券服务机构的责任限于其工作范围和专业领域。证券服务机构依赖保荐机构或者其他证券服务机构的基础工作或者专业意见致使其出具的专业意见存在虚假陈述,能够证明其对所依赖的基础工作或者专业意见经过审慎核查和必要的调查、复核,排除了职业怀疑并形成合理信赖的,人民法院应当认定其没有过错。

第十九条 会计师事务所能够证明下列情形之一的,人民法院应当认定其没有过错:

(一)按照执业准则、规则确定的工作程序和核查手段并保持必要的职业谨慎,仍未发现被审计的会计资料存在错误的;

(二)审计业务必须依赖的金融机构、发行人的供应商、客户等相关单位提供不实证明文件,会计师事务所保持了必要的职业谨慎仍未发现的;

(三)已对发行人的舞弊迹象提出警告并在审计业务报告中发表了审慎审计意见的;

(四)能够证明没有过错的其他情形。

第二十条 发行人的控股股东、实际控制人组织、指使发行人实施虚假陈述,致使原告在证券交易中遭受损失的,原告起诉请求直接判令该控股股东、实际控制人依照本规定赔偿损失的,人民法院应当予以支持。

控股股东、实际控制人组织、指使发行人实施虚假陈述,发行人在承担赔偿责任后要求该控股股东、实际控制人赔偿实际支付的赔偿款、合理的律师费、诉讼费用等损失的,人民法院应当予以支持。

第二十一条 公司重大资产重组的交易对方所提供的信息不符合真实、准确、完整的要求,导致公司披露的相关信息存在虚假陈述,原告起诉请求判令该交易对方与发行人等责任主体赔偿由此导致的损失的,人民法院应当予以支持。

第二十二条 有证据证明发行人的供应商、客户,以及为发行人提供服务的金融机构等明知发行人实施财务造假活动,仍然为其提供相关交易合同、发票、存款证明等予以配合,或者故意隐瞒重要事实致使发行人的信息披露文件存在虚假陈述,原告起诉请求判令其与发行人等责任主体赔偿由此导致的损失的,人民法院应当予以支持。

第二十三条 承担连带责任的当事人之间的责任分担与追偿,按照民法典

第一百七十八条的规定处理,但本规定第二十条第二款规定的情形除外。

保荐机构、承销机构等责任主体以存在约定为由,请求发行人或者其控股股东、实际控制人补偿其因虚假陈述所承担的赔偿责任的,人民法院不予支持。

第二十四条　发行人在证券发行市场虚假陈述,导致原告损失的,原告有权请求按照本规定第二十五条的规定赔偿损失。

第二十五条　信息披露义务人在证券交易市场承担民事赔偿责任的范围,以原告因虚假陈述而实际发生的损失为限。原告实际损失包括投资差额损失、投资差额损失部分的佣金和印花税。

第二十六条　投资差额损失计算的基准日,是指在虚假陈述揭露或更正后,为将原告应获赔偿限定在虚假陈述所造成的损失范围内,确定损失计算的合理期间而规定的截止日期。

在采用集中竞价的交易市场中,自揭露日或更正日起,被虚假陈述影响的证券集中交易累计成交量达到可流通部分100%之日为基准日。

自揭露日或更正日起,集中交易累计换手率在10个交易日内达到可流通部分100%的,以第10个交易日为基准日;在30个交易日内未达到可流通部分100%的,以第30个交易日为基准日。

虚假陈述揭露日或更正日起至基准日期间每个交易日收盘价的平均价格,为损失计算的基准价格。

无法依前款规定确定基准价格的,人民法院可以根据有专门知识的人的专业意见,参考对相关行业进行投资时的通常估值方法,确定基准价格。

第二十七条　在采用集中竞价的交易市场中,原告因虚假陈述买入相关股票所造成的投资差额损失,按照下列方法计算:

(一)原告在实施日之后、揭露日或更正日之前买入,在揭露日或更正日之后、基准日之前卖出的股票,按买入股票的平均价格与卖出股票的平均价格之间的差额,乘以已卖出的股票数量;

(二)原告在实施日之后、揭露日或更正日之前买入,基准日之前未卖出的股票,按买入股票的平均价格与基准价格之间的差额,乘以未卖出的股票数量。

第二十八条　在采用集中竞价的交易市场中,原告因虚假陈述卖出相关股

票所造成的投资差额损失,按照下列方法计算:

(一)原告在实施日之后、揭露日或更正日之前卖出,在揭露日或更正日之后、基准日之前买回的股票,按买回股票的平均价格与卖出股票的平均价格之间的差额,乘以买回的股票数量;

(二)原告在实施日之后、揭露日或更正日之前卖出,基准日之前未买回的股票,按基准价格与卖出股票的平均价格之间的差额,乘以未买回的股票数量。

第二十九条 计算投资差额损失时,已经除权的证券,证券价格和证券数量应当复权计算。

第三十条 证券公司、基金管理公司、保险公司、信托公司、商业银行等市场参与主体依法设立的证券投资产品,在确定因虚假陈述导致的损失时,每个产品应当单独计算。

投资者及依法设立的证券投资产品开立多个证券账户进行投资的,应当将各证券账户合并,所有交易按照成交时间排序,以确定其实际交易及损失情况。

第三十一条 人民法院应当查明虚假陈述与原告损失之间的因果关系,以及导致原告损失的其他原因等案件基本事实,确定赔偿责任范围。

被告能够举证证明原告的损失部分或者全部是由他人操纵市场、证券市场的风险、证券市场对特定事件的过度反应、上市公司内外部经营环境等其他因素所导致的,对其关于相应减轻或者免除责任的抗辩,人民法院应当予以支持。

第三十二条 当事人主张以揭露日或更正日起算诉讼时效的,人民法院应当予以支持。揭露日与更正日不一致的,以在先的为准。

对于虚假陈述责任人中的一人发生诉讼时效中断效力的事由,应当认定对其他连带责任人也发生诉讼时效中断的效力。

第三十三条 在诉讼时效期间内,部分投资者向人民法院提起人数不确定的普通代表人诉讼的,人民法院应当认定该起诉行为对所有具有同类诉讼请求的权利人发生时效中断的效果。

在普通代表人诉讼中,未向人民法院登记权利的投资者,其诉讼时效自权利登记期间届满后重新开始计算。向人民法院登记权利后申请撤回权利登记的投资者,其诉讼时效自撤回权利登记之次日重新开始计算。

投资者保护机构依照证券法第九十五条第三款的规定作为代表人参加诉讼后,投资者声明退出诉讼的,其诉讼时效自声明退出之次日起重新开始计算。

8. 最高人民法院关于适用《中华人民共和国行政诉讼法》的解释(节录)

(2017 年 11 月 13 日由最高人民法院审判委员会第 1726 次会议通过　2018 年 2 月 6 日公布　法释〔2018〕1 号　自 2018 年 2 月 8 日起施行)

第十二条　有下列情形之一的,属于行政诉讼法第二十五条第一款规定的“与行政行为有利害关系”:

(一)被诉的行政行为涉及其相邻权或者公平竞争权的;

(二)在行政复议等行政程序中被追加为第三人的;

(三)要求行政机关依法追究加害人法律责任的;

(四)撤销或者变更行政行为涉及其合法权益的;

(五)为维护自身合法权益向行政机关投诉,具有处理投诉职责的行政机关作出或者未作出处理的;

(六)其他与行政行为有利害关系的情形。

第六十九条　有下列情形之一,已经立案的,应当裁定驳回起诉:

(一)不符合行政诉讼法第四十九条规定的;

(二)超过法定起诉期限且无行政诉讼法第四十八条规定情形的;

(三)错列被告且拒绝变更的;

(四)未按照法律规定由法定代理人、指定代理人、代表人为诉讼行为的;

(五)未按照法律、法规规定先向行政机关申请复议的;

(六)重复起诉的;

(七)撤回起诉后无正当理由再行起诉的;

(八)行政行为对其合法权益明显不产生实际影响的;

(九)诉讼标的已为生效裁判或者调解书所羁束的;

（十）其他不符合法定起诉条件的情形。

前款所列情形可以补正或者更正的，人民法院应当指定期间责令补正或者更正；在指定期间已经补正或者更正的，应当依法审理。

人民法院经过阅卷、调查或者询问当事人，认为不需要开庭审理的，可以径行可以迳行裁定驳回起诉。

第一百一十六条 当事人主张的再审事由成立，且符合行政诉讼法和本解释规定的申请再审条件的，人民法院应当裁定再审。

当事人主张的再审事由不成立，或者当事人申请再审超过法定申请再审期限、超出法定再审事由范围等不符合行政诉讼法和本解释规定的申请再审条件的，人民法院应当裁定驳回再审申请。

9. 上市公司信息披露管理办法（2021 修订）（节录）

（2021 年 3 月 4 日中国证券监督管理委员会 2021 年第 3 次委务会议审议通过 2021 年 3 月 18 日公布 中国证券监督管理委员会令第 182 号 自 2021 年 5 月 1 日起施行）

第二十二条 发生可能对上市公司证券及其衍生品种交易价格产生较大影响的重大事件，投资者尚未得知时，上市公司应当立即披露，说明事件的起因、目前的状态和可能产生的影响。

前款所称重大事件包括：

（一）《证券法》第八十条第二款规定的重大事件；

（二）公司发生大额赔偿责任；

（三）公司计提大额资产减值准备；

（四）公司出现股东权益为负值；

（五）公司主要债务人出现资不抵债或者进入破产程序，公司对相应债权未提取足额坏账准备；

（六）新公布的法律、行政法规、规章、行业政策可能对公司产生重大影响；

（七）公司开展股权激励、回购股份、重大资产重组、资产分拆上市或者挂牌；

（八）法院裁决禁止控股股东转让其所持股份；任一股东所持公司百分之五以上股份被质押、冻结、司法拍卖、托管、设定信托或者被依法限制表决权等，或者出现被强制过户风险；

（九）主要资产被查封、扣押或者冻结；主要银行账户被冻结；

（十）上市公司预计经营业绩发生亏损或者发生大幅变动；

（十一）主要或者全部业务陷入停顿；

（十二）获得对当期损益产生重大影响的额外收益，可能对公司的资产、负债、权益或者经营成果产生重要影响；

（十三）聘任或者解聘为公司审计的会计师事务所；

（十四）会计政策、会计估计重大自主变更；

（十五）因前期已披露的信息存在差错、未按规定披露或者虚假记载，被有关机关责令改正或者经董事会决定进行更正；

（十六）公司或者其控股股东、实际控制人、董事、监事、高级管理人员受到刑事处罚，涉嫌违法违规被中国证监会立案调查或者受到中国证监会行政处罚，或者受到其他有权机关重大行政处罚；

（十七）公司的控股股东、实际控制人、董事、监事、高级管理人员涉嫌严重违纪违法或者职务犯罪被纪检监察机关采取留置措施且影响其履行职责；

（十八）除董事长或者经理外的公司其他董事、监事、高级管理人员因身体、工作安排等原因无法正常履行职责达到或者预计达到三个月以上，或者因涉嫌违法违规被有权机关采取强制措施且影响其履行职责；

（十九）中国证监会规定的其他事项。

上市公司的控股股东或者实际控制人对重大事件的发生、进展产生较大影响的，应当及时将其知悉的有关情况书面告知上市公司，并配合上市公司履行信息披露义务。

10. 证券期货违法行为行政处罚办法(节录)

(2021年7月8日中国证券监督管理委员会2021年第5次委务会议审议通过　中国证券监督管理委员会令第186号　2021年7月14日公布施行)

第十一条　中国证监会及其派出机构调查、收集的证据包括:

(一)书证;

(二)物证;

(三)视听资料;

(四)电子数据;

(五)证人证言;

(六)当事人的陈述;

(七)鉴定意见;

(八)勘验笔录、现场笔录。

证据必须经查证属实,方可作为认定案件事实的根据。以非法手段取得的证据,不得作为认定案件事实的根据。

第十五条　电子数据原则上应当收集有关数据的原始载体。收集电子数据原始载体确有困难的,可以制作复制件,并以现场笔录或其他方式记录参与人员、技术方法、收集对象、步骤和过程等。具备条件的,可以采取拍照或录像等方式记录取证过程。对于电子数据的关键内容,可以直接打印或者截屏打印,并由证据提供人签字确认。

第十六条　当事人的陈述、证人证言可以通过询问笔录、书面说明等方式调取。询问应当分别单独进行。询问笔录应当由被询问人员及至少二名参与询问的执法人员逐页签名并注明日期;如有修改,应当由被询问人签字确认。

通过书面说明方式调取的,书面说明应当由提供人逐页签名或者盖章并注明日期。

第十七条　对于涉众型违法行为,在能够充分证明基本违法事实的前提下,执法人员可以按一定比例收集和调取书证、证人证言等证据。

第十八条 下列证据材料,经审查符合真实性、合法性及关联性要求的,可以作为行政处罚的证据:

(一)中国证监会及其派出机构在立案前调查或者监督检查过程中依法取得的证据材料;

(二)司法机关、纪检监察机关、其他行政机关等保存、公布、移交的证据材料;

(三)中国证监会及其派出机构通过依法建立的跨境监督管理合作机制获取的证据材料;

(四)其他符合真实性、合法性及关联性要求的证据材料。

第十九条 中国证监会及其派出机构根据案情需要,可以委托下列单位和人员提供协助:

(一)委托具有法定鉴定资质的鉴定机构对涉案相关事项进行鉴定,鉴定意见应有鉴定人签名和鉴定机构盖章;

(二)委托会计师事务所、资产评估事务所、律师事务所等中介机构以及专家顾问提供专业支持;

(三)委托证券期货交易场所、登记结算机构等检验、测算相关数据或提供与其职能有关的其他协助。

第二十条 中国证监会及其派出机构可以依法要求当事人或与被调查事件有关的单位和个人,在指定的合理期限内,通过纸质、电子邮件、光盘等指定方式报送与被调查事件有关的文件和资料。

第二十一条 中国证监会及其派出机构依法需要采取冻结、查封、扣押、限制证券买卖等措施的,按照《中华人民共和国行政强制法》等法律、法规以及中国证监会的有关规定办理。

第二十二条 中国证监会及其派出机构依法需要采取封存、先行登记保存措施的,应当经单位负责人批准。

遇有紧急情况,需要立即采取上述措施的,执法人员应当在二十四小时内向单位负责人报告,并补办批准手续。单位负责人认为不应当采取的,应当立即解除。

第二十三条 采取封存、先行登记保存措施的，应当当场清点，出具决定书或通知书，开列清单并制作现场笔录。

对于封存、先行登记保存的证据，中国证监会及其派出机构可以自行或采取委托第三方等其他适当方式保管，当事人和有关人员不得隐藏、转移、变卖或者毁损。

第二十四条 对于先行登记保存的证据，应当在七日内采取下列措施：

（一）根据情况及时采取记录、复制、拍照、录像、提取电子数据等证据保全措施；

（二）需要检查、检验、鉴定、评估的，送交检查、检验、鉴定、评估；

（三）依据有关法律、法规可以采取查封、扣押、封存等措施的，作出查封、扣押、封存等决定；

（四）违法事实不成立，或者违法事实成立但依法不应予以查封、扣押、封存的，决定解除先行登记保存措施。

第二十七条 案件调查终结，中国证监会及其派出机构根据案件不同情况，依法报单位负责人批准后，分别作出如下决定：

（一）确有应受行政处罚的违法行为的，根据情节轻重及具体情况，作出行政处罚决定；

（二）违法行为轻微，依法可以不予行政处罚的，不予行政处罚；

（三）违法事实不能成立的，不予行政处罚；

（四）违法行为涉嫌犯罪的，依法移送司法机关。

对情节复杂或者重大违法行为给予行政处罚，中国证监会及其派出机构负责人应当集体讨论决定。

第二十八条 中国证监会设立行政处罚委员会，对按照规定向其移交的案件提出审理意见、依法进行法制审核，报单位负责人批准后作出处理决定。

中国证监会派出机构负责人作出行政处罚的决定之前，依法由从事行政处罚决定法制审核的人员进行法制审核。

第二十九条 中国证监会及其派出机构在行政处罚过程中发现违法行为

涉嫌犯罪的,应当依法、及时将案件移送司法机关处理。

司法机关依法不追究刑事责任或者免予刑事处罚,但应当给予行政处罚的,中国证监会及其派出机构依法作出行政处罚决定。

第三十条 行政处罚决定作出前,中国证监会及其派出机构应当向当事人送达行政处罚事先告知书,载明下列内容:

(一)拟作出行政处罚的事实、理由和依据;

(二)拟作出的行政处罚决定;

(三)当事人依法享有陈述和申辩的权利;

(四)符合《中国证券监督管理委员会行政处罚听证规则》所规定条件的,当事人享有要求听证的权利。

第三十二条 中国证监会及其派出机构对已经送达的行政处罚事先告知书认定的主要事实、理由、依据或者拟处罚决定作出调整的,应当重新向当事人送达行政处罚事先告知书,但作出对当事人有利变更的除外。

第三十三条 当事人收到行政处罚事先告知书后,可以申请查阅涉及本人行政处罚事项的证据,但涉及国家秘密、他人的商业秘密和个人隐私的内容除外。

第三十四条 证券期货违法行为的违法所得,是指通过违法行为所获利益或者避免的损失,应根据违法行为的不同性质予以认定,具体规则由中国证监会另行制定。

第三十五条 中国证监会及其派出机构应当自立案之日起一年内作出行政处罚决定。有特殊情况需要延长的,应当报经单位负责人批准,每次延长期限不得超过六个月。

中国证监会及其派出机构作出行政处罚决定的,应当依照《中华人民共和国行政处罚法》的规定,在七日内将行政处罚决定书送达当事人,并按照政府信息公开等规定予以公开。

第三十六条 行政执法文书可以采取《中华人民共和国民事诉讼法》规定的方式送达当事人。当事人同意的,可以采用传真、电子邮件等方式送达。

第三十七条 申请适用行政执法当事人承诺制度的,按照有关规定办理。

11. 最高人民检察院、公安部关于印发《最高人民检察院、公安部关于公安机关管辖的刑事案件立案追诉标准的规定(二)》的通知(2022 修订)(节录)

(公通字〔2022〕12 号　2022 年 4 月 6 日公布　自 2022 年 5 月 15 日起施行)

第二十九条　[擅自发行股票、公司、企业债券案(刑法第一百七十九条)] 未经国家有关主管部门批准或者注册,擅自发行股票或者公司、企业债券,涉嫌下列情形之一的,应予立案追诉:

(一)非法募集资金金额在一百万元以上的;

(二)造成投资者直接经济损失数额累计在五十万元以上的;

(三)募集的资金全部或者主要用于违法犯罪活动的;

(四)其他后果严重或者有其他严重情节的情形。

本条规定的"擅自发行股票或者公司、企业债券",是指向社会不特定对象发行、以转让股权等方式变相发行股票或者公司、企业债券,或者向特定对象发行、变相发行股票或者公司、企业债券累计超过二百人的行为。

第三十条　[内幕交易、泄露内幕信息案(刑法第一百八十条第一款)] 证券、期货交易内幕信息的知情人员、单位或者非法获取证券、期货交易内幕信息的人员、单位,在涉及证券的发行,证券、期货交易或者其他对证券、期货交易价格有重大影响的信息尚未公开前,买入或者卖出该证券,或者从事与该内幕信息有关的期货交易,或者泄露该信息,或者明示、暗示他人从事上述交易活动,涉嫌下列情形之一的,应予立案追诉:

(一)获利或者避免损失数额在五十万元以上的;

(二)证券交易成交额在二百万元以上的;

(三)期货交易占用保证金数额在一百万元以上的;

(四)二年内三次以上实施内幕交易、泄露内幕信息行为的;

（五）明示、暗示三人以上从事与内幕信息相关的证券、期货交易活动的；

（六）具有其他严重情节的。

内幕交易获利或者避免损失数额在二十五万元以上，或者证券交易成交额在一百万元以上，或者期货交易占用保证金数额在五十万元以上，同时涉嫌下列情形之一的，应予立案追诉：

（一）证券法规定的证券交易内幕信息的知情人实施或者与他人共同实施内幕交易行为的；

（二）以出售或者变相出售内幕信息等方式，明示、暗示他人从事与该内幕信息相关的交易活动的；

（三）因证券、期货犯罪行为受过刑事追究的；

（四）二年内因证券、期货违法行为受过行政处罚的；

（五）造成其他严重后果的。

第三十一条　［利用未公开信息交易案（刑法第一百八十条第四款）］证券交易所、期货交易所、证券公司、期货公司、基金管理公司、商业银行、保险公司等金融机构的从业人员以及有关监管部门或者行业协会的工作人员，利用因职务便利获取的内幕信息以外的其他未公开的信息，违反规定，从事与该信息相关的证券、期货交易活动，或者明示、暗示他人从事相关交易活动，涉嫌下列情形之一的，应予立案追诉：

（一）获利或者避免损失数额在一百万元以上的；

（二）二年内三次以上利用未公开信息交易的；

（三）明示、暗示三人以上从事相关交易活动的；

（四）具有其他严重情节的。

利用未公开信息交易，获利或者避免损失数额在五十万元以上，或者证券交易成交额在五百万元以上，或者期货交易占用保证金数额在一百万元以上，同时涉嫌下列情形之一的，应予立案追诉：

（一）以出售或者变相出售未公开信息等方式，明示、暗示他人从事相关交易活动的；

（二）因证券、期货犯罪行为受过刑事追究的；

（三）二年内因证券、期货违法行为受过行政处罚的；

（四）造成其他严重后果的。

第三十二条 ［编造并传播证券、期货交易虚假信息案（刑法第一百八十一条第一款）］编造并且传播影响证券、期货交易的虚假信息，扰乱证券、期货交易市场，涉嫌下列情形之一的，应予立案追诉：

（一）获利或者避免损失数额在五万元以上的；

（二）造成投资者直接经济损失数额在五十万元以上的；

（三）虽未达到上述数额标准，但多次编造并且传播影响证券、期货交易的虚假信息的；

（四）致使交易价格或者交易量异常波动的；

（五）造成其他严重后果的。

第三十三条 ［诱骗投资者买卖证券、期货合约案（刑法第一百八十一条第二款）］证券交易所、期货交易所、证券公司、期货公司的从业人员，证券业协会、期货业协会或者证券期货监督管理部门的工作人员，故意提供虚假信息或者伪造、变造、销毁交易记录，诱骗投资者买卖证券、期货合约，涉嫌下列情形之一的，应予立案追诉：

（一）获利或者避免损失数额在五万元以上的；

（二）造成投资者直接经济损失数额在五十万元以上的；

（三）虽未达到上述数额标准，但多次诱骗投资者买卖证券、期货合约的；

（四）致使交易价格或者交易量异常波动的；

（五）造成其他严重后果的。

第三十四条 ［操纵证券、期货市场案（刑法第一百八十二条）］操纵证券、期货市场，影响证券、期货交易价格或者证券、期货交易量，涉嫌下列情形之一的，应予立案追诉：

（一）持有或者实际控制证券的流通股份数量达到该证券的实际流通股份总量百分之十以上，实施刑法第一百八十二条第一款第一项操纵证券市场行为，连续十个交易日的累计成交量达到同期该证券总成交量百分之二十以上的；

（二）实施刑法第一百八十二条第一款第二项、第三项操纵证券市场行为，连续十个交易日的累计成交量达到同期该证券总成交量百分之二十以上的；

（三）利用虚假或者不确定的重大信息，诱导投资者进行证券交易，行为人进行相关证券交易的成交额在一千万元以上的；

（四）对证券、证券发行人公开作出评价、预测或者投资建议，同时进行反向证券交易，证券交易成交额在一千万元以上的；

（五）通过策划、实施资产收购或者重组、投资新业务、股权转让、上市公司收购等虚假重大事项，误导投资者作出投资决策，并进行相关交易或者谋取相关利益，证券交易成交额在一千万元以上的；

（六）通过控制发行人、上市公司信息的生成或者控制信息披露的内容、时点、节奏，误导投资者作出投资决策，并进行相关交易或者谋取相关利益，证券交易成交额在一千万元以上的；

（七）实施刑法第一百八十二条第一款第一项操纵期货市场行为，实际控制的账户合并持仓连续十个交易日的最高值超过期货交易所限仓标准的二倍，累计成交量达到同期该期货合约总成交量百分之二十以上，且期货交易占用保证金数额在五百万元以上的；

（八）通过囤积现货，影响特定期货品种市场行情，并进行相关期货交易，实际控制的账户合并持仓连续十个交易日的最高值超过期货交易所限仓标准的二倍，累计成交量达到同期该期货合约总成交量百分之二十以上，且期货交易占用保证金数额在五百万元以上的；

（九）实施刑法第一百八十二条第一款第二项、第三项操纵期货市场行为，实际控制的账户连续十个交易日的累计成交量达到同期该期货合约总成交量百分之二十以上，且期货交易占用保证金数额在五百万元以上的；

（十）利用虚假或者不确定的重大信息，诱导投资者进行期货交易，行为人进行相关期货交易，实际控制的账户连续十个交易日的累计成交量达到同期该期货合约总成交量百分之二十以上，且期货交易占用保证金数额在五百万元以上的；

（十一）对期货交易标的公开作出评价、预测或者投资建议，同时进行相关期货交易，实际控制的账户连续十个交易日的累计成交量达到同期该期货合约总成交量的百分之二十以上，且期货交易占用保证金数额在五百万元以上的；

（十二）不以成交为目的，频繁或者大量申报买入、卖出证券、期货合约并撤销申报，当日累计撤回申报量达到同期该证券、期货合约总申报量百分之五十以上，且证券撤回申报额在一千万元以上、撤回申报的期货合约占用保证金数额在五百万元以上的；

（十三）实施操纵证券、期货市场行为，获利或者避免损失数额在一百万元以上的。

操纵证券、期货市场，影响证券、期货交易价格或者证券、期货交易量，获利或者避免损失数额在五十万元以上，同时涉嫌下列情形之一的，应予立案追诉：

（一）发行人、上市公司及其董事、监事、高级管理人员、控股股东或者实际控制人实施操纵证券、期货市场行为的；

（二）收购人、重大资产重组的交易对方及其董事、监事、高级管理人员、控股股东或者实际控制人实施操纵证券、期货市场行为的；

（三）行为人明知操纵证券、期货市场行为被有关部门调查，仍继续实施的；

（四）因操纵证券、期货市场行为受过刑事追究的；

（五）二年内因操纵证券、期货市场行为受过行政处罚的；

（六）在市场出现重大异常波动等特定时段操纵证券、期货市场的；

（七）造成其他严重后果的。

对于在全国中小企业股份转让系统中实施操纵证券市场行为，社会危害性大，严重破坏公平公正的市场秩序的，比照本条的规定执行，但本条第一款第一项和第二项除外。